TASCABI

Di Umberto Eco
nei "Tascabili Bompiani"

Umberto Eco

SUGLI SPECCHI

e altri saggi

TASCABILI BOMPIANI

ISBN 88-452-0303-4

III edizione "Tascabili Bompiani" febbraio 1990

NOTA INTRODUTTIVA

Se cercassi di mostrare che questo libro ha una fisionomia unitaria ed è stato pensato come un discorso omogeneo, cercherei di arrampicarmi su quegli specchi a cui esso, per pura sineddoche, s'intitola.

Il libro raccoglie saggi di estetica, interpretazioni di fenomeni della cultura popolare, letture critiche di testi, scritti filosofici e semiotici.

Ho infatti riunito qui una serie di interventi, più o meno occasionali (come attestano i riferimenti raccolti a p. 363) e dove il tema era imposto o suggerito dall'invito a un convegno, da una richiesta di prefazione, da un dovere/piacere polemico, da un libro che dovevo recensire.

Se li ho riuniti è perché credo che questi scritti, abbiano ribadito idee a cui sono affezionato o mi siano serviti ad abbozzarne altre. E siccome molti di essi non sono più facilmente reperibili, mi piaceva rimetterli in circolazione. Per non dire di quelli che si possono considerare inediti, almeno in italiano.

Alcuni sono interventi accademici, altri (pochi, e ora rielaborati) erano interventi giornalistici; la maggior parte sta a metà strada, il tema è impegnativo ma la trattazione sacrifica le note e le citazioni a favore di una maggiore immediatezza. Spero siano tutti egualmente leggibili. Ero incerto se inserire quelli dell'ultima sezione, indubbiamente più ardui, ma mi è parso si collegassero ai precedenti – da un lato – e ad altri miei libri più recenti, dall'altro.

Nel riunirli mi sono reso conto che si riecheggiavano a vicenda, talora al limite della ripetizione, ed erano attraversati da correnti tematiche comuni. Non dovevo stupirmene, non solo perché son tutti della stessa mano, o perché sono stati quasi tutti scritti nello stesso giro di anni, ma anche perché è normale (e

5

giusto, e utile) che un autore, intervenendo da convegno a convegno, da discussione a discussione, scritta o orale che sia, accumuli esperienze, si affezioni ad esempi che gli paiono più calzanti, operi trasbordi e migrazioni di argomenti...

Ho cercato allora di collegarli per nuclei tematici, anche per aiutare il lettore a orientarsi. Questi nuclei, o sezioni, valgono quello che valgono, e non sarà difficile spesso vedere un rapporto assai stretto tra due saggi collocati in sezioni diverse.

In conclusione, e lo ripeto, non tento di presentare questi testi come capitoli, strettamente coordinati, di un discorso filato. Penso però che possano essere affrontati come una galassia di osservazioni non del tutto sconnesse, tra cui chi legge potrà tracciare i raccordi che gli parranno opportuni.

Non penso di dovermi scusare per le disuguaglianze stilistiche. A seconda delle origini, alcuni scritti sono più duri e puntigliosi, altri hanno il tono della nota o della conversazione più distesa. L'unità, caso mai, sta nella rosa dei problemi. Comunque quasi nessuno di questi scritti appare esattamente nella forma in cui è stato pubblicato la prima volta. Nel cercare di collegarli ho tagliato per eliminare le ripetizioni, ho aggiunto, talora ho rifuso testi diversi che avevano un tema comune.

In ogni caso, il lettore digiuno di tecnicismi semiotici, e più interessato alle questioni sull'arte e sulle comunicazioni di massa, può evitare di leggere gli scritti dell'ultima sezione. Sopravviverà lo stesso.

Milano, giugno 1985

MODI DI RAPPRESENTAZIONE

SUGLI SPECCHI *

1. L'immagine riflessa è un segno?

Gli specchi sono un fenomeno semiosico? Ovvero, sono segni le immagini riflesse dalla superficie degli specchi? Potrebbe darsi che queste domande non avessero senso – nel senso che il buon senso imporrebbe di rispondere che gli specchi sono specchi. In ogni caso non è ozioso porsi la questione: potrebbe aver poco senso scoprire che anche le immagini speculari sono segni, ma potrebbe averne di più scoprire che e perché *non* lo sono. Anche ammesso che sappiamo già tutto sugli specchi, escluderli dal novero dei segni potrebbe portarci a definire meglio un segno (almeno per ciò che esso non è).

Naturalmente occorrerebbe, prima, stabilire cosa si intende sia per "segno" che per "specchio". Ma sorge subito la questione se le due definizioni non siano in qualche modo legate, e circolarmente: cosicché non si saprebbe se partire dagli specchi per definire i segni, o dai segni per definire gli specchi. Cosa ci assicura che, partendo da una definizione di segno, essa non sia già costruita in modo da escludere gli specchi? Più facile sembrerebbe partire dagli specchi (di cui si assume che l'ottica parli ormai in modo oggettivamente incontrovertibile): ma anche definire cosa sia uno specchio, escludendo ciò che non lo è, può dipendere da certe assunzioni previe, per quanto inconfessate, sulla natura dei fenomeni semiosici in quanto diversi da quelli speculari.

A stabilire una priorità non esistono buoni argomenti filogenetici. Che l'uomo sia animale semiosico pare assodato, ma il dirlo non esclude che esso lo sia proprio in virtù di una ancestrale esperienza speculare. Certo il mito di Narciso sembra mettere in scena un animale già parlante, ma quanto ci si può fidare dei miti? Dal punto di vista filogenetico la questione è affine a quella dell'uovo e della gallina, o a quella delle origini del linguaggio. In mancanza di buoni protocolli sul "momento aurorale" della specie, conviene tacere. Anche dal punto di vista ontogenetico le garanzie sono scarse. Da un lato siamo incerti se la semiosi fondi la percezione o la percezione la semiosi (e quindi se la semiosi fondi il pensiero o viceversa). Le riflessioni di Lacan sullo stadio dello specchio ci suggeriscono che percezione (o almeno percezione del proprio corpo come di una unità non frammentata) e esperienza speculare vadano di pari passo. Ed ecco che percezione, pensiero, coscienza della propria soggettività, esperienza speculare, semiosi, appaiono come momenti di un nodo abbastanza inestricabile, come punti di una circonferenza a cui sembra arduo assegnare un punto d'inizio.

2. L'immaginario e il simbolico

Le pagine di Lacan sullo stadio dello specchio sembrano risolvere in partenza il nostro problema. Lo specchio è un fenomeno-soglia, che marca i confini tra immaginario e simbolico. Fra i sei e gli otto mesi il bambino si confronta con la propria immagine riflessa nello specchio. In una prima fase confonde l'immagine con la realtà, in una seconda fase si rende conto che si tratta di una immagine, in una terza comprende che l'immagine è la sua. In questa "assunzione giubilatoria" dell'immagine il bambino ricostruisce i frammenti non ancora unificati del proprio corpo, ma il corpo è ricostruito come qualcosa di esterno e – si dice – in termini di simmetria inversa (concetto su cui dobbiamo ritornare).

L'esperienza speculare rileva ancora dell'immaginario, come dell'immaginario rileva l'esperienza del mazzo di fiori prodotto come immagine illusoria dallo specchio sferico descritto nella "Topica dell'immaginario".[1] La padronanza immaginaria del proprio corpo consentita dalla esperienza dello specchio è prematura rispetto alla padronanza reale: lo "sviluppo non ha luogo che nella misura in cui il soggetto s'integra al sistema simbolico, vi si esercita, vi si afferma tramite l'esercizio di una parola vera" (tr. it., p. 107). Si ricorda, per inciso, che quello che Lacan chiama il simbolico è il semiosico, anche se si tratta di un semiosico identificato col linguaggio verbale. Nell'assunzione giubilatoria dell'immagine speculare si manifesta una matrice simbolica in cui l'io si precipita in forma primordiale e il linguaggio è quello che gli deve restituire la propria funzione di soggetto *nell'universale*.[2]

Come vedremo questa restituzione "nell'universale" dovrebbe essere propria di ogni processo semiosico, anche se non verbale. Momento in cui si profila il "viraggio" dell'io speculare in io sociale, lo specchio è "crocevia strutturale" o, come dicevamo, fenomeno-soglia.

3. Entrare dallo specchio

Se pure, tuttavia, queste conclusioni sono valide, esse ci dicono cosa sia (o meglio a che cosa serva) lo specchio in un momento particolare, unico e irripetibile, dell'ontogenesi del soggetto. Le riflessioni sullo stadio dello specchio non escludono, insomma, che a stadi superiori dello sviluppo della vita simbolica lo specchio possa essere usato come fenomeno semiosico. Per questo converrà ora proporci un percorso diverso. Non interrogarsi su di un momento aurorale o primario (sia esso filo o ontogenetico) bensì sull'uso che gli umani adulti fanno degli specchi – umani adulti che già producono segni e si percepiscono come soggetti, e che soprattutto già hanno familiarità con le immagini speculari. Cogliendo il problema a questo stadio ci si potrà avvalere delle proprie esperienze quotidiane, nel senso di una riduzione fenomenologica, senza dover interrogare quelle (inverificabili) dei nostri antenati o quelle (definite congetturalmente, in base a dati esterni) dei nostri figli infanti. Salvo che il problema è, ancora una volta, se partire dalla esperienza dello specchio o da quella del segno.

Se di circolo si tratta, tanto vale entrarvi da un punto qualsiasi. Decidiamo di entrare dallo specchio (come vedremo, senza rimanerci *dentro*) dato che l'ottica pare sapere molto sugli specchi, mentre è dubbio quanto la semiotica sappia sui segni.

4. Fenomenologia dello specchio: gli specchi non invertono

Definiamo inizialmente come specchio ogni superficie regolare capace di riflettere la radiazione luminosa incidente (si escludono quindi "specchi" per altri tipi di onde, come i ponti radio). Tali superfici sono o piane o curve. Intendiamo per specchio piano una superficie che fornisce una immagine virtuale, diritta, ribaltata (o simmetrica), speculare (di uguale grandezza dell'oggetto riflesso), priva di cosiddette aberrazioni cromatiche. Intendiamo per specchio convesso una superficie che fornisce immagini virtuali, diritte, ribaltate e rimpicciolite. Intendiamo per specchio concavo una superficie che: a) quando l'oggetto sta tra il fuoco e lo spettatore, fornisce immagini virtuali, diritte, ribaltate, ingrandite; b) quando l'oggetto varia di posizione, dall'infinito alla coincidenza col punto focale, fornisce immagini reali, capovolte, ingrandite o rimpicciolite a seconda dei casi, in punti diversi dello spazio, che possono essere osservate dall'occhio umano o raccolte da uno schermo. Si trascurano gli specchi paraboloidici, elissoidici, sferici o cilindrici, perché di uso non comune nella nostra esperienza quotidiana, e i cui eventuali risultati verranno considerati sotto le rubriche generiche di specchi deformanti e di teatri catottrici.

Già in queste definizioni occorrerebbe interrogarsi sul significato di termini come "virtuale" e "reale". L'immagine reale degli specchi concavi è, dal punto di vista del senso comune, irreale, e viene chiamata "reale" non solo perché il soggetto che la percepisce può confonderla con un oggetto fisicamente consistente, ma anche perché può venir raccolta da uno schermo, ciò che non succede con le immagini virtuali. Quanto all'immagine virtuale è detta tale perché lo spettatore la percepisce come se essa fosse dentro lo specchio, mentre lo specchio ovviamente non ha un "dentro". Più curiosa è invece la definizione per cui l'immagine speculare sarebbe "ribaltata", ovvero simmetrica, o – come si dice comunemente – a simmetria inversa. Tale opinione (che lo specchio ponga la destra al posto della sinistra e viceversa) è così radicata che qualcuno ha anche suggerito che gli specchi abbiano questa curiosa virtù, di scambiare la destra con la sinistra ma non l'alto con il basso. La catottrica non autorizzerebbe certo questa conclusione: se, invece di essere abituati a specchi verticali praticassimo molto specchi posti orizzontalmente sul soffitto, come usano i libertini, ci convinceremmo che gli specchi ribaltano anche l'alto con il basso, mostrandoci un mondo a testa in giù.

Ma il punto è che neppure gli specchi verticali ribaltano o invertono. Lo specchio riflette la destra esattamente dove c'è la destra e la sinistra dove c'è la sinistra. È l'osservatore (ingenuo, anche quando fa il fisico) che per immedesimazione si figura di essere l'uomo dentro lo specchio, e guardandosi si accorge che porta, diciamo, l'orologio al polso destro. Ma il fatto è che lo porterebbe se egli, l'osservatore, fosse colui che sta dentro lo specchio (*Je est un autre!*). Chi invece eviti di comportarsi come Alice e non penetri dentro lo specchio, non soffre di questa illusione. Tanto è vero che tutti riusciamo, alla mattina in bagno, a usare egregiamente lo specchio senza comportarci come degli spastici. Ci comportiamo anzi da spastici quando, volendo tagliarci le basette, usiamo specchi laterali contrapposti, e ci troviamo ad osservare immagini che (riflessioni di riflessioni) hanno la destra dove noi sentiamo di aver la destra e viceversa. Segno che il nostro cervello si è abituato a usare gli specchi così come essi riflettono fedelmente ciò che sta loro di fronte, come si è abituato a capovolgere l'immagine retinica che, essa sì, è davvero capovolta. Salvo che ha avuto milioni di anni (compresi molti prima dell'apparizione dell'*homo sapiens*) per abituarsi a capovolgere l'immagine retinica, e in modo tale che la riflessione critica per millenni non ha sospettato nulla di questo fenomeno, ma ne ha avute poche migliaia per abituarsi all'immagine speculare. Pertanto sul piano percettivo o motorio la interpreta correttamente, ma sul piano della riflessione concettuale non riesce ancora del tutto a separare il fenomeno fisico dalle illusioni che esso incoraggia, in una sorta di divario tra percezione e giudizio. Così usiamo l'immagine speculare in modo giusto ma ne parliamo ancora in modo sbagliato, come se essa facesse ciò che in effetti siamo noi a farle fare (e cioè si ribaltasse).

Se riduciamo il fenomeno speculare a un puro schema astratto, ci accorgiamo che non avvengono fenomeni tipo camera oscura (fig. 1) bensì fenomeni in cui nessun raggio si incrocia (fig. 2). È solo se antropomorfizziamo ciò che nello schema corrisponde all'oggetto reale, che questo oggetto acquista coscienza di una destra e di una sinistra e le paragona all'oggetto che si riflette sulla superficie e all'oggetto virtuale che appare al di là della superficie – ma sempre partendo dal calcolo illusorio di cosa sarebbero destra e sinistra se quell'oggetto anziché riflesso, fosse reale.

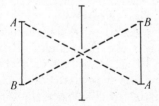

Figura 1

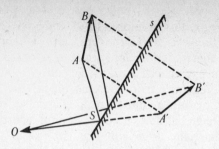

Figura 2

Davanti allo specchio non si dovrebbe parlare di ribaltamento, bensì di assoluta congruenza; la stessa che si verifica quando premo la carta assorbente su di un foglio su cui ho scritto con inchiostro fresco. Che poi io non riesca a leggere ciò che è rimasto impresso sulla carta assorbente (se non usando appunto uno specchio, e cioè ricorrendo a una congruenza di una congruenza, come accade con gli specchi laterali contrapposti del bagno) tutto ciò ha a che fare con le mie abitudini di lettura, non con il rapporto di congruenza. Segno che la specie ha avuto più migliaia di anni per imparare a leggere gli specchi che non per imparare (a eccezione di Leonardo) a leggere le carte assorbenti. Le quali, si ripete, appaiono scritte al contrario se le confrontiamo alle regole grammatologiche, ma se le consideriamo come impressioni *in atto* registrano i segni a inchiostro esattamente dove essi si appoggiano sulla loro superficie.

La specie sa ormai usare gli specchi proprio perché sa che non c'è un uomo nello specchio e che colui a cui si deve riferire la destra e la sinistra è colui che guarda, non colui (virtuale) che sembra guardare l'osservatore.

Tutto questo ci dice come sia difficile parlare degli specchi come se ne parlassimo prima di averli conosciuti e praticati (ed è facile immaginare lo sgomento dell'infante nello stadio fatale, quando ancora non conosce neppure il proprio corpo). Noi siamo, da adulti, come siamo proprio perché siamo (anche) animali catottrici: che hanno elaborato la doppia attitudine a guardare se stessi (per quanto possibile) e gli altri sia nella realtà percettiva che nella virtualità catottrica.

Certo usiamo gli specchi più disinvoltamente per quanto riguarda il nostro corpo che non quello altrui.

Mentre scrivo ho davanti uno specchio che riflette, alle mie spalle, una porta con una maniglia. Per stabilire se la maniglia sia a destra o a sinistra (di chi?), per stabilire in che direzione dovrei muovere (all'indietro) il braccio se volessi lanciare il mio accendino onde colpire la maniglia, controllo prima *col* e *sul* mio corpo. Dovrei muovere la mano destra, all'indietro, nella direzione della mia spalla sinistra, dietro alla quale vedo la maniglia. Ecco, eseguo, colpisco (più o meno) la maniglia. Ora so (ma sapevo anche prima di tentare) che se mi voltassi la maniglia sarebbe alla mia destra. Ma ho dovuto compiere questi calcoli di ribaltamento perché di fatto miravo (con gli occhi) alla porta virtuale che stava dentro lo specchio. Era un problema *mio*. Tra specchio e porta (privi entrambi di organi percettivi) non c'era alcun rapporto di ribaltamento.

5. Pragmatica dello specchio

Noi usiamo bene, di solito, gli specchi. Questo significa che abbiamo introiettato regole di interazione catottrica. Il che impone di parlare di una *pragmatica* dello specchio. Il problema è che, per usare bene lo specchio, bisogna anzitutto *sapere che abbiamo di fronte uno specchio* (condizione essenziale anche nelle fasi dello stadio lacaniano, perché lo specchio non sia semplice illusione o esperienza allucinatoria).

Appurato che ciò che noi percepiamo è una immagine speculare, noi partiamo sempre dal principio *che lo specchio "dica la verità"*. La dice a tal punto che non si preoccupa neppure di ri-ribaltare l'immagine (come fa invece la fotografia stampata, che vuole procurarci una illusione di realtà). Lo specchio non si consente neppure questo piccolo artificio volto a favorire la nostra percezione o il nostro giudizio. Esso non "traduce". Registra ciò che lo colpisce così come lo colpisce. Esso dice la verità in modo disumano, come sa chi – allo specchio – perde ogni illusione sulla propria freschezza. Il cervello interpreta i dati retinali, lo specchio non interpreta gli oggetti.

Ma è proprio questa acclarata natura olimpica, animale, disumana degli specchi che ci permette di fidarci di loro. Ci si fida degli specchi così come ci si fida, in condizioni normali, dei propri organi percettivi.

Ora si capisce perché si è parlato di "pragmatica": valgono per gli specchi, in assoluto, certe regole che, per convenzioni sociali e assai relativamente, valgono per le interazioni conversazionali, salvo che in queste si mette in conto la menzogna come infrazione. Non così con gli specchi.

15

6. *Gli specchi come protesi e come canali*

Ci fidiamo degli specchi come ci fidiamo degli occhiali e dei cannocchiali, perché come occhiali e cannocchiali essi sono *protesi*.

Una protesi, in senso proprio, è un apparecchio che sostituisce un organo mancante (arto artificiale, dentiera); ma in senso lato è ogni apparecchio che estende il raggio di azione di un organo. In tal senso possono essere considerati protesi i cornetti acustici, i megafoni, i trampoli, le lenti di ingrandimento, i periscopi. Una protesi estende l'azione dell'organo stesso, ma può avere sia funzioni *magnificanti* (come la lente) che *riducenti* (le pinze permettono di estendere il raggio di prensilità delle dita, ma eliminano sensazioni termiche e tattili). Lo specchio in tal senso è una protesi assolutamente neutra, e consente di cogliere lo stimolo visivo dove l'occhio non potrebbe pervenire (di fronte al proprio corpo, dietro un angolo, in una cavità) con la stessa forza ed evidenza. Talora lo specchio può funzionare come protesi riducente (specchi curvi, o specchi affumicati, in cui si sacrifica la percezione delle lunghezze d'onde per privilegiare la percezione dei rapporti d'intensità).

Le protesi possono essere meramente *estensive* (come la lente) o *intrusive* (come il periscopio o certe specole usate dai medici): lo specchio si presta a entrambi gli usi (lo specchio può cioè essere usato per estendere la portata dell'occhio come se avessi organi visivi sul dito indice). Anche gli specchi *en abîme* del negozio del barbiere svolgono funzione intrusiva. La magia degli specchi consiste nel fatto che la loro estensività-intrusività non solo ci permette di guardare meglio il mondo ma anche di guardare a noi stessi così come ci vedono gli altri: si tratta di una esperienza unica, e la specie non ne conosce di consimili.

In quanto protesi gli specchi sono *canali*. Un canale è ogni *medium* materiale che consente il passaggio di informazione (il concetto di informazione è qui inteso in senso fisico, come passaggio di stimoli-segnali computabili quantitativamente, e non ha ancora nulla a che vedere con i fenomeni semiosici).

Non tutti i canali sono protesi, perché non tutti estendono il raggio di azione di un organo (l'aria è per esempio il canale attraverso cui viaggiano le onde sonore); tutte le protesi sono invece canali o *media*. Ci possono essere canali di canali. Per esempio se si usa lo specchio per riflettere raggi di luce mediante i quali si modulano segnali Morse, lo specchio è un canale primario che veicola la luce, la quale – riflessa – diventa a sua volta canale secondario che veicola i tratti pertinenti dell'alfabeto Morse. In ogni caso questo fenomeno, che riguarda la riflessione e canalizzazione di raggi luminosi, non ha nulla a che vedere con l'immagine speculare.

L'identificazione dello specchio con il canale ci permette di eliminare i casi in cui l'immagine speculare viene usata come *sintomo* di una presenza. Per esempio, osservando uno specchio posto verticalmente davanti a me e diagonalmente rispetto al piano di osservazione, posso rendermi conto che nella stanza accanto si muovono figure umane. Anche in questo caso lo specchio agisce da protesi, ma si potrebbe pensare che – in quanto le immagini riflesse sono sintomo di presenze altrove – esso possa rivestire funzioni semiosiche. Tuttavia ogni canale, in quanto appare in funzione, è sintomo dell'esistenza di una fonte emittente di segnali. In tal senso quando qualcuno mi parla, indipendentemente da ciò che esso mi dice, io posso intendere il suo atto di parola come duplice sintomo: del fatto che non è muto e del fatto che vuole dire qualcosa, ovvero esprimere uno stato interno. Questi casi, in cui lo stato di attività del canale si fa sintomo e della sua efficienza e della esistenza di una fonte, riguardano però l'uso sintomatico che si fa del canale, e non dei "messaggi" che esso veicola. Lo specchio usato come sintomo ci dice qualcosa sullo specchio stesso e sull'uso che se ne può fare, non sull'immagine speculare.

In quanto canale-protesi lo specchio può provocare inganni percettivi, come tutte le protesi. Entro in una stanza e credo di vedere un uomo che mi viene incontro, accorgendomi solo dopo che si tratta della mia immagine riflessa da uno specchio. Questo "stare dell'immagine per qualcosa d'altro", sia pure transitorio, potrebbe indurci ad intravedere un abbozzo di fenomeno semiosico. Ma si tratta di una illusione percettiva, come posso averne anche senza specchi, quando appunto "prendo lucciole per lanterne" o, come si dice, do corpo alle ombre.

Parimenti si possono produrre inganni presentando come specchi quelli che specchi non sono. C'è una scena, in un film dei Marx Brothers, in cui Groucho si osserva a uno specchio; ma lo specchio non è uno specchio, bensì una cornice vuota dietro alla quale Harpo cerca goffamente (e con effetti comici) di imitare i gesti di Groucho. Questo fenomeno di menzogna *sugli* specchi o *circa* gli specchi non ha naturalmente nulla a che vedere con l'immagine speculare. La rappresentazione che l'ingannatore esegue è certamente qualcosa che ha a che fare con la finzione, con la significazione, con la menzogna attraverso segni, ma tutto ciò non riguarda la natura dell'immagine speculare. Se ne parlerà a proposito di una semiotica della messa in scena, che può essere finalizzata ad un uso degli specchi in quanto canali.

7. Le icone assolute

Si è detto che la protesi catottrica estende la portata dell'organo e gli fornisce stimoli analoghi a quelli che riceverebbe se fosse in grado di funzionare là dove la protesi ne prolunga il raggio di azione. In questo senso lo specchio mi fornisce un *doppio assoluto* del campo stimolante. Ingenuamente si potrebbe dire che lo specchio mi fornisce una "icona" dell'oggetto, se si definisce l'icona come una immagine che ha tutte le proprietà dell'oggetto rappresentato. Ma l'esperienza catottrica mi dice che (se pure esistono segni detti "icone" dotati di tali proprietà) l'icona assoluta catottrica non è una icona ma un doppio.[3] Il foglio di carta su cui sto scrivendo è (al livello macroscopico della mia esperienza percettiva e delle finalità pratiche a cui lo destino) il doppio del foglio di carta che ho appena finito di riempire. Ma non per questo considero uno come "segno" dell'altro. Si dirà che l'immagine dello specchio non sta al suo oggetto come il primo foglio sta al secondo. Ma occorre considerare che l'immagine speculare non è un doppio dell'oggetto, è un doppio del campo stimolante cui si potrebbe accedere se si guardasse l'oggetto in luogo della sua immagine riflessa.

Che l'immagine speculare, sia tra i casi di doppi, il più singolare, e esibisca caratteri di unicità, spiega appunto perché gli specchi abbiano ispirato tanta letteratura: questa virtuale duplicazione degli stimoli (che talora funziona come se ci fosse una duplicazione e del mio corpo oggetto, e del mio corpo soggetto che si sdoppia e si pone di fronte a se stesso), questo furto di immagine, questa tentazione continua di ritenermi un altro, tutto ciò fa dell'esperienza speculare una esperienza assolutamente singolare, sulla soglia tra percezione e significazione. È proprio da questa esperienza di iconismo assoluto che nasce il sogno di un segno che abbia le stesse caratteristiche. Per questo si disegna (e si producono appunto i segni detti "iconici"): per realizzare senza specchio ciò che lo specchio consente. Ma il più "realistico" dei disegni non esibisce tutte le caratteristiche di duplicazione assoluta proprie dello specchio (oltre al fatto, di cui si dirà, che il disegno si pone in un rapporto diverso di dipendenza rispetto all'oggetto di cui è disegno). Quindi l'esperienza speculare può spiegare la nascita di una nozione come quella (semiotica) di iconismo, ma non ne viene spiegata.

Tuttavia lo specchio, fenomeno-soglia, può prestarsi ad alcune operazioni che, per così dire, lo rendono ancora più "soglia". Infatti posso ridurre l'iconismo assoluto delle immagini speculari, e gli specchi affumicati sono un esempio eccellente di questa tecnica. Lo specchio si avvicina a diventare protesi riducente.

Immaginiamo uno specchio composto di strisce orizzontali di superficie riflettente intervallate da sottili strisce opache. L'immagine virtuale che io vedo è ovviamente incompleta. Sul piano della ricostruzione percettiva il risultato può essere eccellente, con variazioni di efficacia a seconda della larghezza delle strisce opache. Immaginando strisce opache di grandezza ragionevole, anche se l'immagine riflessa non è la mia (su cui so ormai già molto, cosí che la costruzione del percetto potrebbe avvalersi di informazioni previe), posso percepire in modo soddisfacente l'oggetto riflesso. Ciò non toglie che siano intervenuti elementi (sia pure minimi) di interpretazione.

Tuttavia elementi interpretativi di questo genere intervengono anche nella percezione di oggetti del mondo circostante. Il buio, la presenza di ostacoli opachi, la nebbia, sono tutti "rumori" sul canale che rendono meno definiti i dati sensoriali e impongono sforzi interpretativi onde addivenire alla formazione (spesso congetturale) del percetto.

Se tali sforzi interpretativi e congetturali vanno intesi come semiosici, allora la semiosi si insinua in ogni aspetto della nostra relazione col mondo circostante: ma anche se si ammette ciò, non si deve pertanto concludere che ogni processo auroralmente semiosico sia produttivo e interpretativo di segni. Se anche lo specchio impone processi semiosici, resta da definire in che senso questi processi non concludano alla produzione, interpretazione e uso di "segni".

8. *Gli specchi come designatori rigidi*

Gli specchi hanno una curiosa caratteristica. Sino a che li osservo, mi restituiscono i tratti del mio volto: ma se inviassi per posta alla persona amata uno specchio, in cui mi sono lungamente specchiato, perché si ricordasse delle mie parvenze, essa non potrebbe vedermi (e vedrebbe se stessa).

L'ovvietà che si è appena messa in luce è degna di qualche riflessione (non speculare). Se le immagini dello specchio dovessero essere paragonate alle parole, esse sarebbero simili ai pronomi personali: come il pronome io che se lo pronuncio io vuole dire "me", e se lo pronuncia un altro vuole dire quell'altro. Tuttavia può accadermi di trovare un messaggio in una bottiglia, con sopra scritto "io sono naufragato nell'arcipelago Juan Fernandez" e saprei pur sempre che un altro (qualcuno che non sono io) è naufragato. Ma se trovo uno specchio nella bottiglia, una volta che abbia compiuto il considerevole sforzo di tirarlo fuori, vedrò sempre me stesso, chiunque lo abbia inviato come messaggio. Se lo specchio "nomina" (ma chiaramente si tratta di una metafora) esso nomina un solo oggetto concreto, ne nomina uno per volta, e nomina sempre e solo l'oggetto che gli sta di fronte. In altre parole, qualunque cosa una immagine speculare sia, essa è determinata, nelle sue origini e nella sua sussistenza fisica, da un oggetto, che chiameremo il referente dell'immagine.

Nel tentativo estremo di trovare ancora un rapporto tra immagini speculari e parole potremmo paragonare l'immagine dello specchio a un nome proprio. Se in una stazione affollata gridassi "Giovanni!" avrei molte probabilità di vedere molte persone che si voltano. Ciascun Giovanni presente riferirebbe il nome a se stesso. Il che ha permesso a molti di dire che i nomi propri hanno un rapporto diretto col loro portatore. Eppure se qualcuno, che guarda dalla finestra, dice "Ecco laggiù Giovanni!", io che sono all'interno della stanza e che non conosco Giovanni, so in ogni caso che l'altro ha visto (o dice di aver visto) un essere umano di sesso maschile (salvo usi impropri del linguaggio). Dunque nemmeno i nomi propri rinviano direttamente a un oggetto la cui presenza ne determini l'emissione. Non solo il mio compagno potrebbe aver mentito e aver alluso a Giovanni quando Giovanni non c'era, ma l'espressione linguistica /Giovanni/ ha anzitutto la proprietà di rinviarmi a un contenuto generico. Tanto è vero che se qualcuno decide di battezzar /Giovanni/ la propria figlia infante, gli farei notare che sta usando impropriamente dell'onomastica corrente, perché /Giovanni/ serve di solito per nominare maschi.

Dunque c'è differenza tra una immagine speculare e un nome proprio. Ovvero l'immagine speculare è *nome proprio assoluto* così come è icona assoluta. In altri termini, il sogno semiotico di nomi propri che siano immediatamente legati al loro referente (così come il sogno semiotico di una immagine che abbia tutte le proprietà dell'oggetto a cui va riferita) nasce proprio da una sorta di *nostalgia catottrica*. C'è infatti una teoria dei nomi propri come *designatori rigidi*[4] per cui i nomi propri non potrebbero essere mediati da descrizioni definite (del tipo "Giovanni è quel tale che...") né sottomessi a esercizi controfattuali (del tipo: "Giovanni sarebbe ancora Giovanni se non fosse quel tale che...?"): essi sono legati per una catena di designazione continua, catena detta "causale", a un oggetto originario a cui sono stati assegnati da una sorta di "battesimo" iniziale.

Ora sono proprio gli specchi che ci consentono di immaginare una situazione di questo genere. Supponiamo che lungo una distanza di alcuni chilometri, da un punto A dove esiste l'oggetto riflesso a un punto B dove esiste l'osservatore (che non può in condizioni normali vedere il punto A) si ponga una serie continua di specchi, a intervalli regolari e con acconcia inclinazione, in modo che per un gioco di riflessioni a catena l'osservatore in B scorga sull'ultimo specchio l'immagine dell'oggetto in A. Saremmo sempre nel caso di una protesi-canale. Si deve naturalmente presupporre che il numero di specchi sia dispari. Infatti solo a queste condizioni l'ultimo specchio in B fornirebbe all'osservatore l'immagine dell'oggetto originario come la vedrebbe se esso fosse riflesso nel primo specchio in A. Con un numero pari di specchi l'immagine apparirebbe "ribaltata" due volte e non saremmo più di fronte all'effetto di una protesi speculare semplice, ma a quello di apparecchi catottrici più complessi che hanno appunto funzioni di traduzione. In ogni caso, per il problema che qui ci concerne, basta che l'osservatore sappia se gli specchi sono pari e dispari, e si regolerà come si regola davanti al proprio specchio in bagno, o davanti a una serie di specchi da barbiere. Ora, in forza dei principi enunciati come "pragmatica dello specchio", l'osservatore sa che a) lo specchio finale dice la verità e che b) è uno specchio; pertanto sa che c) l'oggetto riflesso esiste realmente in quello stesso istante nel punto A. Questa catena causale fa della immagine speculare finale un designatore rigido dell'oggetto fonte di stimoli, anzi si sa che l'immagine finale "battezza", per così dire, l'oggetto iniziale, in quello stesso istante.

Un tale apparato catottrico sarebbe un apparato a designazione rigida. Non c'è alcun artificio linguistico che possa fornire le stesse garanzie, neppure un nome proprio, perché in tale caso verrebbero a mancare due requisiti per una designazione assolutamente rigida: a) l'oggetto originario potrebbe non solo non esistere più ma non essere mai esistito; b) nessuna garanzia sarebbe data che il nome corrisponde proprio a quell'oggetto e non a un altro che possiede caratteristiche generiche analoghe.

Pertanto si scopre che tutta la semantica della designazione rigida è una (pseudo) semantica delle immagini speculari, e che nessun termine linguistico può essere designatore rigido assoluto (così come non esistono icone assolute). Mancando la condizione di assolutezza, ogni designatore rigido che non sia un'immagine speculare, inquinabile nella sua rigidità in vari modi e sotto diverse condizioni, diventa un designatore "floscio".

Solo l'immagine speculare, come designatore assolutamente rigido, non può essere messa in questione da controfattuali. Infatti non potrei mai domandarmi (salvo violare i principi pragmatici che regolano i miei rapporti con gli specchi): "se l'oggetto di cui percepisco l'immagine avesse proprietà diverse da quelle dell'immagine che percepisco, sarebbe ancora lo stesso oggetto?". Ma questa garanzia anti-controfattuale mi è data solo da quel fenomeno-soglia che è appunto lo specchio.

La teoria dei designatori rigidi è vittima della magia degli specchi.

9. Sui segni

Se lo specchio non ha nulla di analogo ai nomi propri, a maggior ragione non ha nulla di analogo ai nomi comuni, i quali appunto rinviano sempre e anzitutto (salvo il loro uso indicale) a concetti generici. Ma questo non ci dice ancora che l'immagine speculare non sia un segno perché la tradizione semiotica, dalla grecità ai giorni nostri, ha elaborato un concetto di segno che va al di là del concetto di segno verbale.

Secondo le definizioni più antiche un segno è *aliquid* che *stat pro aliquo*. Il tipo di segno rammemorativo più elementare, teorizzato dagli stoici, è quello del fumo che sta per il fuoco. Ora si tratta di vedere se l'immagine speculare *sta per* il corpo che la causa in quanto riflessione così come il fumo *sta per* il fuoco che lo causa. Se si interpreta in modo corretto la prima e più completa teoria del segno che mai sia stata prodotta (e cioè quella degli stoici), ci si rende conto che qualsiasi cosa può essere assunta come segno di qualsiasi altra cosa purché si tratti di un *antecedente* che diventa rivelativo del *conseguente* (dove antecedente e conseguente hanno il valore che assumono nel rapporto logico di implicazione: non si tratta di rapporto cronologico, dato che – come nel caso del fuoco e del fumo – il conseguente può benissimo essere la causa più o meno cronologicamente remota dell'antecedente).

Ma questa definizione non è sufficiente. Occorre aggiungere i seguenti requisiti:

1. Perché l'antecedente diventi segno del conseguente occorre che l'antecedente sia potenzialmente *presente* e percepibile mentre il conseguente deve essere necessariamente *assente*: infatti, se vedo il fumo che sorge dalle fiamme, non ho alcun bisogno di eleggerlo a segno del fuoco. L'assenza del conseguente assume due forme: una che diremo preliminarmente necessaria all'esistenza del segno come tale (e cioè il conseguente deve essere al di fuori del mio raggio percettivo) e l'altra opzionale, nel senso che il conseguente, come causa remota, può non sussistere più materialmente nel momento in cui interpreto il segno (si vedano le tracce, le impronte, magari di animali preistorici).

2. Di conseguenza l'antecedente può essere prodotto anche se il conseguente non sussiste e non è mai sussistito. Posso produrre fumo con mezzi chimici per far credere che c'è stato fuoco. Il segno serve anche *per mentire* circa gli stati del mondo.

3. Il segno può essere usato per mentire perché *l'antecedente* (espressione) *non richiede il conseguente come sua causa* né necessaria né efficiente. L'antecedente è presunto come causabile dal conseguente, ma non ne è necessariamente causato.

4. C'è un'altra caratteristica dell'antecedente-espressione: esso è sempre e comunque correlato a un *contenuto* più o meno generale) e non al referente.

5. Ma la semiotica stoica ci dice qualcosa di più. Non dice che è segno il fumo, e tantomeno il fumo come *occorrenza* materiale. Il segno stoico è un *incorporale*, ed è la relazione di implicazione tra due proposizioni ("se c'è fumo, allora c'è fuoco", che si potrebbe anche tradurre nei termini di una legge: "tutte le volte che c'è fumo si deve assumere che ci sia fuoco"). La relazione semiotica è dunque una *legge* che correla un antecedente *tipo* a un conseguente *tipo*. Il segno non è dato dal fatto che *questo* fumo mi rinvii a *quel* fuoco: la classe generale delle occorrenze riconoscibili come fumo rinvia alla classe ge-

23

nerale delle occorrenze definibili come fuoco. La relazione intercorre tra tipi e non tra occorrenze.

6. Il fatto che la relazione semiotica intercorra tra tipi fa sì che essa sia *indipendente dal canale* o medium materiale in cui, e attraverso cui, vengono prodotte e veicolate le sue occorrenze corrispondenti. Il rapporto segnico fumo/fuoco rimane tale sia che il fumo sia prodotto chimicamente, sia che venga nominato verbalmente o che venga rappresentato per immagini. Il rapporto che lega punti e linee alle lettere dell'alfabeto, istituito dal codice Morse, rimane inalterato sia che punti e linee vengano trasmessi come semplici segnali elettrici sia che vengano battuti da un carcerato contro il muro della sua cella.

7. Infine, e qui in parte sviluppiamo (ma non troppo) i concetti stoici originali, il contenuto di una espressione è *interpretabile*. Se alla vista del fumo qualcuno mi annuncia del fuoco, posso sempre chiedergli cosa intende per fuoco, e colui può spiegarmelo mostrandomi del fuoco, l'immagine di una fiamma, pronunziando una definizione verbale, evocandomi una sensazione termica, citandomi un episodio precedente in cui io ho esperito la presenza del fuoco. Così all'emissione del nome /Giovanni/ io posso chiedere quale sia il significato del nome e non è necessario che il parlante mi metta necessariamente di fronte a Giovanni, ma basta che me lo definisca in qualche modo (il marito di Lucia, il tipo che hai conosciuto ieri, colui raffigurato in questa miniatura, quello che cammina tenendo la testa così e così, eccetera). Non solo ogni interpretazione mi definisce il contenuto dell'espressione, ma ciascuna a proprio modo *me ne fa conoscere qualcosa di più.*[5]

10. *Perché gli specchi non producono segni*

Poste queste sette premesse è ormai chiaro in che senso una immagine speculare non sia un segno:

1a. L'immagine speculare (anche assunta come antecedente) è presente, e in presenza di *un referente che non può essere assente.* Non rinvia mai a conseguenti remoti. Il rapporto tra oggetto e immagine è il rapporto tra due presenze, senza alcuna mediazione. Il conseguente entra (proprio in forma dell'azione di protesi dello specchio) nel raggio percettivo dell'interprete.

2a. L'immagine è *causalmente prodotta dall'oggetto* e non si può produrre in assenza dell'oggetto.

3a. Come si è già visto, quindi, l'immagine speculare *non può essere usata per mentire*. Si può mentire *sulla* e *circa* le immagini speculari (facendo passare per immagine speculare fenomeni che non lo sono) ma non si può mentire *con* e *attraverso* l'immagine speculare.

4a. L'immagine speculare *non è correlabile a un contenuto*, ovvero potrebbe anche esserlo (io guardo la mia immagine nello specchio per riflettere circa le caratteristiche generiche del corpo umano), ma solo grazie a un suo rapporto necessario col referente. I segni possono essere riferiti a un referente perché rinviano anzitutto a un contenuto, mentre l'immagine speculare può rinviare a un contenuto solo perché intrattiene un rapporto primario col referente.

5a. Pertanto l'immagine speculare non stabilisce mai un rapporto tra tipi ma *solo tra occorrenze* (il che è un altro modo di distinguere l'immaginario dal simbolico – il simbolico implicando una mediazione di carattere "universale", che è appunto rapporto tra tipi).

6a. Va da sé che l'immagine speculare *non è indipendente dal medium o canale* in cui è modulata e da cui è vincolata. Fa corpo con uno e un solo canale, lo specchio.

7a. Infine l'immagine speculare *non è interpretabile*. È interpretabile semmai (in termini di inferenze di vario genere, definizioni, descrizioni sempre più analitiche) l'oggetto a cui essa rinvia, ovvero il campo stimolante di cui costituisce un doppio. L'immagine in quanto tale può solo essere riflessa, tale e quale, da un secondo (terzo, quarto...) specchio. D'altra parte se l'interpretabilità è caratteristica dei contenuti, una immagine senza contenuto è per definizione non interpretabile (almeno nel senso che abbiamo conferito al concetto di interpretabilità).

11. *Freaks: gli specchi deformanti*

Le immagini speculari non sono segni e i segni non sono immagini speculari. Eppure ci possono essere casi in cui gli specchi sono usati in modo da produrre processi definibili come semiosici.

Il primo caso curioso è quello degli specchi deformanti, i cui mirabili effetti erano già celebrati dai fisici arabi e dal *Roman de la rose*. Strana protesi, lo specchio deformante estende, ma deforma la funzione dell'organo, come un cornetto acustico che trasformasse ogni discorso in un brano di opera buffa. Dunque, una protesi con *funzioni allucinatorie*. Se prendiamo sostanze allucinogene, continuiamo a percepire forme, colori, suoni, odori, ma in modo alterato. Gli organi sensori funzionano in modo anomalo. Eppure sappiamo che sono i nostri organi sensori, di cui di solito ci fidiamo. Se non sappiamo di essere drogati, prestiamo loro fede, con gli effetti più imprevedibili; se lo sappiamo, nella misura in cui riusciamo ancora a controllare le nostre reazioni, ci sforziamo di *interpretare* e tradurre i dati sensoriali per ricostruire percezioni "corrette" (ovvero analoghe a quelle della maggioranza degli esseri umani).

Così avviene con lo specchio deformante. Se non sappiamo né che è specchio né che è deformante, allora ci troviamo in una situazione di normale inganno percettivo.

Più interessante è il caso in cui sappiamo di avere di fronte uno specchio deformante, come accade nei Luna Park. Il nostro atteggiamento è allora duplice: da un lato ci divertiamo, e cioè godiamo delle caratteristiche allucinatorie del canale. Decidiamo allora di accettare (lucidamente) di avere tre occhi, o una pancia enorme, o le gambe cortissime, così come si accetta una fiaba. In realtà ci poniamo in una sorta di vacanza pragmatica: accettiamo che gli specchi, che di regola debbon dire la verità, non la dicano. Ma la nostra sospensione dell'incredulità non riguarda tanto l'immagine, quanto la virtù della protesi deformante. Il gioco è complesso: da un lato mi comporto come se mi trovassi di fronte a uno specchio piano, che dice la verità, e trovo che mi rinvia una immagine "irreale" (di ciò che io non sono). Se prendo l'immagine per buona, aiuto per così dire lo specchio a mentire. Il piacere che provo in questo gioco non è di ordine strettamente semiosico, è di ordine estetico. Lo faccio anche con altre protesi, per esempio se osservo il mondo con una lente colorata. Ma il gioco non è diverso da quello che faccio se, in mezzo a un grande brusìo, mi comprimo le palme delle mani sulle orecchie, sollevandole e ricomprimendole ritmicamente, in modo da udire un rumore "irreale".

Però contemporaneamente (o subito dopo) subentra un altro atteggiamento: siccome so di trovarmi davanti a uno specchio, penso che in qualche modo esso dica pur sempre la verità perché riflette (sia pure "male") dei raggi incidenti provenienti dal mio corpo. (Naturalmente il discorso vale anche se guardo nello specchio deformante il corpo altrui, ma è indubbio che tutta la faccenda diventa psicologicamente più interessante, narcisistica-mente, se il corpo è il mio).

In tale situazione io interpreto i dati che lo specchio mi fornisce, nello stesso modo in cui, nei fenomeni di rifrazione, pur non cessando di vedere il bastone che si spezza nell'acqua, io tuttavia interpreto i dati continuando a giudicare il bastone come diritto. Esistono regole interpretative (se non a livello percettivo, almeno a livello di giudizio intellettuale) per "deco-dificare" le illusioni ottiche. Davanti allo specchio deformante metto in gioco alcune *regole di proiezione*, per cui a tale lun-ghezza o ampiezza dell'immagine virtuale deve corrispondere talaltra lunghezza o ampiezza nell'oggetto riflesso. Procedo come se dovessi interpretare un tipo di proiezione cartografica nei termini di un'altra. Tali regole proiettive non sono diverse da quelle che applico per riconoscere in un disegno stilizzato, cari-caturale, appena accennato, le caratteristiche dell'oggetto o della classe di oggetti-tipo a cui rinvia.

In tal senso l'esperienza dell'immagine deformata costituisce un ulteriore fenomeno-soglia che sposta i confini tra lo speculare e il semiosico. Se non fosse che, come già detto, anche l'immagi-ne deformata è parassitaria rispetto al referente, dovremmo dire che del semiosico essa ha molte caratteristiche, sia pure abbozza-te, imprecise e fluttuanti. Per esempio in questo rapporto, che è pur sempre tra occorrenza e occorrenza, sono portato a vedere me stesso come il tipo di un altro (di un gigante, di un nano, di un essere mostruoso): c'è come l'inizio di un processo di univer-salizzazione, un dimenticare il referente per fantasticare sul contenuto – sia pure come tentazione continuamente repressa, controllata dalla coscienza della singolarità del fenomeno, da un ragionare a freddo sulla situazione allucinatoria in atto... C'è un "sapere di più" su ciò che sono o potrei essere, una aurora di esercizio controfattuale, un inizio di semiosi.

Forse, terrorizzati da questa possibilità, releghiamo gli specchi deformanti nei castelli incantati, per non dover mettere in crisi la frontiera, che istintivamente abbiamo così bene tracciato, tra catottrica e semiosi.

Ultima annotazione, indubbiamente l'immagine rinviatami dallo specchio deformante è sintomo del fatto che lo specchio, come canale, è appunto deformante. Così come l'immagine del bastone spezzato mi dice che il bastone (se già non lo sapessi) è immerso nell'acqua. Abbiamo già descritto questi usi sintomatici dell'immagine, dove l'immagine non ci dà informazioni sull'oggetto, ma sulla natura del canale. In questi casi è la mia sorpresa percettiva (come mai vedo il bastone spezzato, il mio volto con tre occhi, quando so che invece "non è il caso"?) che diventa sintomo delle anomalie del canale. Per cui lo sforzo semiosico intercorre tra sorpresa percettiva (in questo caso equivalente a una sensazione termica anomala) e canale, non tra immagine e oggetto.

12. *La messa in scena procatottrica*

Veniamo ora a un caso più inquietante. Io sono in una stanza, ho davanti a me uno specchio verticale, posto obliquamente rispetto ai raggi che emanano dal mio corpo. In effetti io vi vedo non me stesso, ma qualcuno nella stanza accanto, il quale agisce senza sapere di essere visto. Caso analogo a quello dello sceriffo che nel film western vede, sullo specchio del bancone del saloon, che ha davanti a sé, il bandito che entra alle sue spalle. Questi casi non paiono problematici, si è detto che lo specchio è protesi, e in certi casi svolge l'azione intrusiva di un periscopio.

Ma immaginiamo ora che nella stanza accanto ci sia un soggetto S_1 il quale sa che S_2 lo sta spiando attraverso lo specchio, ma assume (correttamente) che S_2 creda che S_1 non sappia che S_2 lo veda. Ora S_1 vuole far credere a S_2 che egli (credendosi non visto) sta facendo qualcosa che lo qualifica, ed esegue alcune azioni che S_2 deve ritenere spontanee, mentre sono azioni che S_1 fa per S_2 e a suo esclusivo beneficio (o maleficio). S_1 dunque sta mettendo in atto una rappresentazione di tipo quasi teatrale, salvo che lo spettatore deve confondere il teatro con la realtà. S_1 usa l'immagine speculare per mentire. Cosa c'è di semiosico in questa situazione?

Tutto, eppure nulla che riguardi l'immagine speculare in sé. Anche nell'uso del linguaggio verbale io posso fare una asserzione vera allo scopo di dare a intendere al mio interlocutore qualcosa d'altro (circa le mie idee, i miei sentimenti o altro) che non corrisponde a verità. E lo stesso avviene in questo caso. L'immagine speculare continua ad avere tutte le caratteristiche di ottusa onestà che avrebbe se S_1 agisse in buona fede; essa riflette esattamente ciò che S_1 fa. È ciò che S_1 fa che è *messa in scena*, e quindi artificio semiotico. Esiste una messa in scena profilmica.[6] Io posso anche credere che la macchina da presa sia lo strumento più "veritiero" del mondo, ma questo non ha nulla a che vedere con la predisposizione della scena che essa riprenderà – e rispetto alla quale io posso o non posso nutrire la convinzione che sia materia di finzione. Di fronte a un film che rappresenta una fata con sette nani su di un cocchio volante, io so che fata, nani e cocchio sono messa in scena (finta) e poi so, più o meno, quanto mi debba fidare della fedeltà della camera che l'ha ripresa. Solo un bambino può, assumendo come pura trasparenza la ripresa cinematografica, assumere come realtà anche la messa in scena (ma la sua immaturità riguarda una semiotica della messa in scena non una semiotica della ripresa cinematografica).

Nello stesso modo esiste una *messa in scena procatottrica*. Con essa si possono creare illusioni di realtà. Ma in tal caso tutto il discorso semiotico si sposta dall'immagine speculare alla messa in scena. L'immagine speculare è canale dei segni procatottrici. Queste riflessioni suggeriscono anche che, oltre a una messa in scena procatottrica, può esistere anche una grammatica dell'inquadratura e una tecnica del montaggio catottrico. S_1 può inclinare lo specchio in modo che S_2 veda solo alcuni aspetti della scena che si sta svolgendo nella stanza accanto (indipendentemente dal fatto che essa sia reale o messa-in-scena). Lo specchio è sempre artificio inquadrante, e l'inclinarlo in un certo modo sfrutta questa sua proprietà. Ancora una volta, l'artificio semiosico non riguarda l'immagine speculare (che come al solito restituisce le cose così come lo specchio le vede) ma la manipolazione del canale.

Immaginiamo ora che S_1 disponga di un comando a distanza che fa inclinare lo specchio secondo i propri voleri, in modo che egli possa mostrare a S_2, a distanza di pochi secondi, prima un particolare di ciò che avviene in un angolo della stanza accanto, poi un altro aspetto di ciò che avviene in un altro angolo. Se nel primo angolo lo specchio mostra un certo oggetto, nell'altro un individuo che guarda davanti a sé con sguardo atono, S_1 potrebbe creare catottricamente quello che nel montaggio cinematografico si chiama effetto Kuleshov. A seconda del "montaggio" che elabora, S_1 può far credere a S_2 che l'uomo seduto guarda volta a volta con astio, con lussuria, con sorpresa, diversi oggetti. Un rapido gioco di inclinazione degli specchi potrebbe far perdere a S_2 il senso delle effettive relazioni spaziali tra gli oggetti. In questo caso la manovra degli specchi potrebbe produrre una vera e propria situazione semiosica, un racconto, una finzione, una manipolazione veridittiva...

Un uso degli specchi come canali può consentire messa in scena, inquadratura e montaggio delle inquadrature, tutti artifici semiosici che daranno una resa maggiore quando riguarderanno immagini non speculari. Ciò che rimarrebbe inalterato (qualsiasi sia l'allucinazione provata da S_2) sarebbe la natura asemiosica delle immagini speculari, sempre ancorate causalmente al loro referente. S_2 potrebbe essere portato a processi di universalizzazione, quasi dimenticare che osserva immagini speculari, vivendo così una "storia-tipo" e non una storia occorrenza. La natura speculare di questa storia farebbe sì che essa non possa però essere separata dai propri referenti causativi, la terrebbe ancora a metà strada tra semiosi e specularità, tra simbolico e immaginario.

Tuttavia l'esperimento potrebbe essere ripetuto il giorno dopo. Cosa vi sarebbe di diverso dalla messa in scena naturale (e cioè da una normale commedia) dove pare che ogni riproduzione di occorrenza gestuale sia legata fisicamente alla presenza di un attore che la incarna?

È che nella rappresentazione teatrale l'attore non è referente del discorso, ne è semmai canale esso stesso, e i suoi gesti occorrenze rinviano a gesti tipo interpretabili, riferiti ad altri esseri umani. Mentre in questa rappresentazione catottrica le immagini speculari (lo specchio agendo come canale) rinvierebbero a referenti – salvo sforzo interpretativo dell'osservatore, per derealizzare l'esperienza. Ma in tal caso lo spettatore (il presupposto, ricordiamolo, è che egli sappia che sta osservando uno specchio) si comporterebbe ancora una volta, ambiguamente, come Alice, sarebbe entrato nello specchio, vivrebbe l'immagine virtuale come se fosse reale. Ancora una volta una situazione-soglia, allucinatoria.

La natura speculare di questa storia farebbe sì che essa non possa però essere separata dai propri referenti causativi: essa resterebbe ancora a metà strada tra semiosi e specularità, tra simbolico e immaginario.

13. *Arcobaleni e fate morgane*

Fenomeno di riflessione parziale è l'arcobaleno, anche se misto a fenomeni di rifrazione e dispersione della luce solare che attraversa piccole gocce d'acqua nei bassi strati dell'atmosfera. Tuttavia la sua immagine non è mai vissuta come immagine speculare. Esso può essere usato semiosicamente in soli due casi. Può essere visto come prodigio, "segno" emesso dalla divinità: ma non più di quanto non siano assunti come segni i temporali, i maremoti, le eclissi, i voli degli uccelli. L'umanità da tempo immemorabile semiotizza vari fenomeni fisici, ma non in funzione di una loro specifica natura catottrica.

L'arcobaleno può però essere inteso e usato come sintomo (della fine del temporale). Come tale può funzionare anche in assenza del referente congetturato, perché si danno arcobaleni anche nelle gole delle cascate. In ogni caso, anche quando venga correttamente usato come sintomo della presenza di gocce d'acqua sospese nell'atmosfera, esso è sintomo non di un oggetto ma di una situazione anomala del canale. Quanto alle fate morgane e fenomeni similari, esse non vengono mai percepite, dall'osservatore ingenuo, come fenomeni speculari: rappresentano casi di illusione percettiva. L'osservatore critico può intenderli come sintomo di una situazione del canale atmosferico e della presenza di un oggetto lontano. Appurato questo, può anche usarli come immagini speculari di quell'oggetto, e quindi come protesi.

14. *Teatri catottrici*

Ma sono proprio i fenomeni di fata morgana che ci introducono ad altri giochi con gli specchi, variamente definiti nei secoli come *Theatrum catoptricum*, *Theatron polydicticum*, *Theatrum Protei*, *Speculum heterodicticum*, *Multividium*, *Speculum multiplex*, *Tabula scalata*, eccetera.[7] Tutte queste macchinazioni si possono ridurre a tre alternative.

a) Attraverso specchi si moltiplicano ed alterano immagini *virtuali* di oggetti, in qualche modo messi in scena, che l'osservatore riconosce come riflessi da specchi.

b) Attraverso il gioco combinato di specchi variamente ricurvi, partendo da un oggetto messo in scena, si creano immagini *reali* che l'osservatore deve ritenere effetto di prodigio.

c) Attraverso specchi piani, disposti in modo acconcio, si crea su di una superficie speculare l'immagine di più oggetti sovrapposti, giustapposti, amalgamati, in modo da dare all'osservatore, ignaro di assistere a un gioco catottrico, l'impressione di apparizioni prodigiose.

Ora, nel caso a), l'osservatore, conscio della natura catottrica del gioco, non è in situazione diversa da quella di colui che si trovi in presenza di specchi variamente contrapposti che egli stesso manovra. Può godere esteticamente della manipolazione del canale o dei canali. Mentre, quando con un binocolo osserva meglio una messa in scena teatrale, il binocolo è finalizzato alla percezione della messa in scena, in questo caso è la messa in scena che è finalizzata alla percezione estetica delle possibilità della protesi-canale. In ogni evento fruito esteticamente si hanno fenomeni di *autoriflessività*. Il fruitore focalizza la propria attenzione non solo sulla forma dei messaggi ma anche sul modo in cui vengono sfruttati sui canali, così come in una esecuzione orchestrale non si gode soltanto della melodia (che come tale è indipendente dal canale) ma anche del modo in cui sono sfruttate le risorse dello strumento.

Nei casi b) e c) siamo invece di nuovo in situazioni affini a quelle delle fate morgane e delle illusioni ottiche in genere. Gli specchi sono usati ancora come canali, ma l'osservatore non concentra su di essi alcuna attenzione perché ne ignora la presenza. Al massimo gode esteticamente di una messa in scena di cui ignora la natura. Se poi crede di trovarsi di fronte a un prodigio, la sua situazione non è diversa da quella di colui che vede se stesso in uno specchio e crede di trovarsi di fronte a un intruso in carne e ossa. Pura illusione percettiva, non esperienza di immagine speculare vissuta in quanto tale.

Alla luce della tipologia dei modi di produzione segnica (vedi il mio *Trattato di semiotica generale*, 3.6.6) queste produzioni di illusioni percettive possono definirsi come stimolazioni programmate. Come tali si basano su una messa in scena che è fenomeno semiosico (tanto è vero che potrebbe essere canalizzata anche altrimenti; e non si usano più teatri di specchi da quando si può disporre di diversi sistemi di proiezione di immagini), ma le immagini speculari usate sono in sé veridiche e asemiosiche.

15. *Specchi che "congelano" l'immagine*

Proseguiamo ora il nostro esperimento fenomenologico, immaginando specchi magici (nel senso di: veramente magici, e non usati per produrre impressioni di magia). Immaginiamo di disporre di uno *specchio congelante*. L'immagine riflessa si congela sulla superficie, anche quando l'oggetto scompare. Finalmente abbiamo istituito una relazione di assenza tra antecedente e conseguente. Tuttavia non avremmo eliminato il legame causale tra referente originario e immagine. Un passo avanti, allora, ma minimo. Specchio congelante è la lastra fotografica. Si assume qui naturalmente l'esistenza di una lastra capace di riprodurre l'immagine con una altissima definizione (lunghezza d'onda, rapporti d'intensità, contorni): e d'altra parte siamo capaci di ricostruire percettivamente anche immagini date da specchi spezzati o interrotti da strisce opache. Cosa rende una fotografia simile a una immagine speculare? Una assunzione pragmatica per cui la camera oscura dovrebbe dire la verità quanto lo specchio, e in ogni caso attestare la presenza di un oggetto impressore (presente nel caso dello specchio, passato nel caso della fotografia).

La differenza è che la lastra impressionata costituisce appunto una *impronta* o una *traccia*. Una traccia ha alcune caratteristiche diverse dall'immagine speculare, anche trascurando i rapporti di rovesciamento, sulla lastra, di ri-rovesciamento, sulla foto stampata, di restituzione della simmetria inversa, ovvero di effettivo ribaltamento di quella simmetria congruente che caratterizzava l'immagine speculare. Ciò che ci interessa è che la lastra *traduca i raggi luminosi in altra materia*. Ciò che percepiamo non sono più raggi luminosi, ma rapporti di intensità allo stato puro, e rapporti di pigmentazione. C'è stata quindi una *proiezione* da materia a materia. Il canale perde di consistenza, la foto può essere ritradotta su materie diverse, i rapporti rimangono inalterati. L'immagine non è così libera dal canale come l'alfabeto Morse lo è dal materiale in cui i suoi segnali-tipo possono essere realizzati, ma c'è un principio di liberazione.

Questa *eteromatericità*, tipica di tutte le impronte [8] fa sì che nell'ontogenesi del soggetto lo "stadio della foto" sia molto più tardo che lo stadio dello specchio. L'infante non fa fatica a riconoscersi nell'immagine speculare, il bambino di età prescolare fa molta fatica (e necessita un certo apprendimento) per riconoscere gli oggetti fotografici: anzi di solito assume le immagini come espressioni che rinviano a un contenuto generico, e solo attraverso questo passaggio all'universale compie poi atti di riferimento impropri. Vede la foto di una donna, la assume come foto di donna-tipo, applica questo tipo a una donna occorrenza y, e asserisce che quella è la foto della mamma. Sbaglia a *riferire* quel nome proprio-improprio, quel designatore floscio che è l'immagine fotografica. Siamo già nella semiosi.

Gli effetti di questi primi errori si riflettono nella nostra pragmatica della foto. Testimone che qualcosa c'era a impressionar la lastra (sovente usata come prova), essa tuttavia genera sempre il sospetto che quel qualcosa non ci fosse. Sappiamo che qualcuno, o per messa in scena, o per truccaggio ottico, o per misteriosi giochi di emulsione, solarizzazione, et similia, può aver fatto apparire l'immagine di qualcosa che non era, che non è stato, che non sarà mai il caso. La foto può mentire. Lo sappiamo persino quando assumiamo, ingenuamente, quasi fideisticamente, che essa non menta. Il referente oggettivo è congetturato, ma rischia di dissolversi ad ogni istante in puro contenuto. Una foto è la foto di *un* uomo o la foto di *quell'*uomo? Dipende dall'uso che ne facciamo.[9] Talora, per passaggio surrettizio al generico (universale, contenuto) prendiamo la foto di x come se fosse la foto di y. Non è semplice errore percettivo, come se vedessimo nello specchio l'immagine di x che entra e credessimo che si tratta di y: è qualcosa di più, è che in ogni impronta, per quanto ben definita come quella della lastra impressionata, *i caratteri generici finiscono per prevalere sui caratteri specifici*.

Nello specchio, tranne teatri catottrici, scelgo io l'inquadratura, anche quando spio gli altri: basta che mi sposti. Tra l'altro, nello specchio, se mi vedo a mezzo busto, senza le gambe, basta che mi avvicini e vi guardi *dentro*, verso il basso, e per quanto possibile vedrò anche le gambe che prima l'immagine non mi offriva. L'oggetto è lì, a causare l'immagine, anche dove io inizialmente non la vedevo. Nella foto invece l'inquadratura è già data, ed è ferrea; se l'immagine non ha gambe quelle gambe non le vedrò mai, devo solo presupporle: potrebbe essere la foto di un *cul-de-jatte*. E già quelle che presuppongo non sono le gambe di colui, ma la sua "bipedità". L'impressione di referenza si sfalda subito in un gioco di contenuti. La foto è già fenomeno semiosico.

Secondo esperimento magico: l'immagine congelata *si muove*. Il cinema, ovviamente. Dove intervengono tutte le considerazioni fatte per la foto, più quanto riguarda la grammatica del montaggio, con tutti gli effetti di menzogna e di universalizzazione che essa consente. Impronte, ma in movimento.

Terzo esperimento. L'impronta ha bassissima definizione, lo specchio sembra un congelatore di immagini, ma non ho più neppure la garanzia che si tratti di uno specchio, e che ci fosse un referente a determinare l'immagine. Tutto quanto si vede non solo è messa in scena, inquadratura, scelta dell'angolo visuale, ma effetto di una operazione sulla superficie in modo che essa sembra riflettere raggi provenienti da un oggetto. Siamo al quadro. Qui ormai tutti i requisiti del fenomeno semiosico sono osservati, la fisica della produzione si lega alla pragmatica della interpretazione in modo radicalmente diverso da quanto avviene per l'immagine speculare.

I nostri tre esperimenti immaginari ci hanno portato a immaginare fenomeni che non hanno più nulla a che vedere con gli specchi. Anche se, nel trattare questi fenomeni, non si riesce mai ad abbondonare del tutto il ricordo dell'immagine speculare, di cui essi sono scimmia (così come l'arte è sempre *simia naturae*).

Tuttavia occorre riprendere per un momento il nostro esperimento della sequenza di specchi posti a intervalli regolari lungo una fila di colline.

Si tratta ora di supporre che, in luogo della serie di specchi, vi siano altri apparati che trasformano i raggi luminosi provenienti dall'oggetto iniziale in segnali elettrici che un apparecchio finale ritrasforma in segnali ottici. L'immagine ricevuta in arrivo avrebbe tutte le caratteristiche di quelle impronte che sono le fotografie e le immagini cinematografiche: eteromateriche, a definizione più bassa dell'immagine speculare (ma abbiamo deciso di considerare questo inconveniente come provvisorio), ritradotte (ri-ribaltate). E tuttavia un tale sistema sembrerebbe, come la catena di specchi, un sistema di designazione rigida, perché l'immagine sarebbe determinata dal referente presente che la causa, e il rapporto sarebbe da occorrenza a occorrenza.

Naturalmente questo dispositivo, in cui si riconosce un modello schematico di trasmissione televisiva, avrebbe questa caratteristica solo se la emissione fosse *in diretta*. Una emissione televisiva in differita non si distingue, quanto all'atteggiamento pragmatico che induce, da una proiezione cinematografica, salvo differenze nella definizione dell'immagine e nel tipo di stimolo sensoriale veicolato sino all'occhio. Solo una ripresa televisiva in diretta avrebbe, dello specchio, il rapporto assoluto col referente.

Salvo che (e il principio potrebbe valere anche per la serie di specchi che riflettono una immagine a distanza) è proprio il divario spaziale tra referente e immagine che ingenera, più o meno inconsciamente, un sospetto di potenziale assenza. L'oggetto dovrebbe esserci, ma potrebbe anche non esserci. Senza tener conto di un elemento peraltro fondamentale, e cioè che la pratica dell'emissione differita ingenera in ciascun destinatario diffidenze circa la veridicità della emissione diretta. L'immagine televisiva, dal punto di vista pragmatico, partecipa dei vantaggi della immagine speculare, e degli svantaggi delle altre impronte foto e cinematografiche. È occorrenza, parassitaria al referente, ma potrebbe anche non esserlo. Chi può essere sicuro? E lungo il canale, quante e quali manipolazioni possono essere intervenute? E quanto contano non solo l'inquadratura, ma il montaggio, quel montaggio che si fa sentire anche in diretta, per il quale la camera decide quali aspetti del referente reale esplorare, e il messaggio può creare effetti Kuleshov ad ogni istante?

Ma questi raffronti tra le impronte fotosensibili e le immagini speculari ci dicono almeno qualcosa di molto importante per una semiotica della immagine fotografica, cinematografica e televisiva. Essa si trova entro i confini del semiosico, ma non certo entro i confini del linguistico. Ogni impronta è una proiezione che funziona come un tutto toposensitivo, non come una sequenza di elementi discreti e replicabili per *ratio facilis*.[10] Il modo di interpretare una impronta (che è già segno) è affine a quello con cui si interpreta una immagine speculare deformata o bassamente definita (che segno non è). Si procede per rapporti proiettivi, a tale dimensione nell'immagine deve corrispondere tale dimensione, se non nell'oggetto-occorrenza (referente), almeno nell'oggetto-tipo (contenuto) di cui l'immagine mi "parla". Le vere e proprie categorie "grammaticali" intervengono a livello di inquadratura e di montaggio. Le impronte non sono immagini speculari ma si procede a leggerle *quasi come se* lo fossero.

E talora si può fruire delle possibilità semiosiche di tali immagini-impronte come se fossero immagini speculari, e quindi risultato di una percezione "reale" tout court, investigandone le strategie ai livelli manipolatori superiori. Salvo ri-interrogarci sulle modalità, abbondantemente culturalizzate, di interpretazione delle immagini-impronte, quando si ponga il problema del loro presunto rapporto causale col referente.

16. L'experimentum crucis

In ogni caso, per quanto forti siano le illusioni, le ambiguità, le confusioni "sulla soglia", la tentazione di omologare immagini speculari e impronte, basta ricorrere all'*experimentum crucis*: si riproduca uno specchio in una fotografia, in una inquadratura cinematografica o televisiva, in un quadro. Queste immagini di immagini speculari non funzionano come immagini speculari. Dello specchio non si dà impronta o icona che non sia un altro specchio. Lo specchio, nel mondo dei segni, diventa il fantasma di se stesso, caricatura, irrisione, ricordo.

Si può fare un ritratto, fotografico o pittoresco, e convincere che è "realistico", più vero dell'originale. Degli specchi non si dà immagine più vera degli originali. Il catottrico, capace di riflettere (senza modificarlo) il semiosico che esiste fuori di esso, non può essere "riflesso" dal semiosico. Il semiosico può solo universalizzarlo, ridurlo a genere, schema, concetto, puro contenuto.

I due universi, di cui il primo è soglia al secondo, non hanno punti di passaggio, i casi limite degli specchi deformanti sono punti di catastrofe, a un certo momento bisogna pur decidersi, o si è di qua o si è di là.

L'universo catottrico è una realtà capace di dare l'impressione della virtualità. L'universo semiosico è una virtualità capace di dare l'impressione della realtà.

* Il lettore troverà in questo saggio, e nel resto del libro, l'opposizione tra *semiosi* e *semiotica*. La semiosi è quel fenomeno, tipico degli esseri umani (e secondo alcuni anche degli angeli e degli animali) per cui – come dice Peirce – entrano in gioco un segno, il suo oggetto (o contenuto) e la sua interpretazione. La semiotica è la riflessione teorica su che cosa sia la semiosi. Quindi il semiotico è colui che non sa mai che cosa sia la semiosi, ma è disposto a scommettere la vita sul fatto che ci sia.

[1] Jacques Lacan, *Il seminario, I*, Torino, Einaudi, 1978.
[2] Jacques Lacan, *Scritti*, Torino, Einaudi, 1974.
[3] Umberto Eco, *Trattato di semiotica generale*, Milano, Bompiani, 1975, 3.4.7.
[4] Saul Kripke, *Norme e necessità*, Torino, Boringhieri, 1982.
[5] Ch. S. Peirce, *Semiotica*, Torino, Einaudi, 1980, p. 189.
[6] Gianfranco Bettetini, *Produzione del senso e messa in scena*, Milano, Bompiani, 1975.
[7] Jurgis Baltrušaitis, *Lo specchio*, Milano, Adelphi, 1981.
[8] Cfr. U. Eco, *Trattato*, cit., 3.6.
[9] Nelson Goodman, *I linguaggi dell'arte*, Milano, Saggiatore, 1976.
[10] Cfr. U. Eco, *Trattato*, cit., 3.4.9.

IL SEGNO TEATRALE

Vorrei premettere che il teatro rappresenta la forma di comunicazione artistica che mi è più estranea, alla quale non ho mai dedicato studi particolari e che negli ultimi anni, per ragioni del tutto contingenti, mi ha trovato assente e distratto. Questa premessa non è fatta con rammarico e vergogna ma per ragioni di efficacia metodologica: diciamo che sono lieto di sacrificarmi come cavia per la buona riuscita della nostra tavola rotonda.

Ho cioè l'occasione di trovarmi nelle stesse condizioni dell'Averroè di cui parla Borges in uno dei suoi racconti, che si pone il problema di che cosa sia una azione drammatica, avendone trovato la definizione astratta in Aristotele, senza che la sua civiltà gliene avesse mai proposto un esempio concreto. Averroè era incapace, secondo il racconto, di riconoscere un'azione teatrale che alcuni bambini sotto la sua finestra stavano di fatto svolgendo, giocando a impersonare personaggi diversi.

Io confido che la mia estraneità, più che come distrazione, si costituisca come *Verfremdung*, straniamento rivelatore. Voglio pormi cioè di fronte all'azione teatrale nelle sue forme più elementari, con l'occhio del semiologo, per capire due cose:

a) i problemi che l'esistenza stessa di una azione teatrale elementare pongono allo studioso della significazione;

b) quali problemi gli studiosi della significazione hanno elaborato e chiarito in modo tale da poter offrire, indirettamente, utili suggerimenti a chi si interessa di teatro.

Vorrei partire da un esempio, lasciato cadere quasi per caso a conclusione di una discussione sui segni iconici, dal grande maestro della semiotica Charles Sanders Peirce (*Collected Papers* 2.282).

L'esempio riguarda un uomo ubriaco, esibito per dimostrare la necessità della temperanza. A ben riflettere, si tratta di una situazione teatrale per eccellenza: un essere umano, coi suoi gesti quotidiani e i suoi caratteri più vistosi, viene esposto a fini rappresentativi. La sua rappresentatività non è quella della rappresentazione teatrale, è quella per cui un segno rappresenta sempre qualcosa d'altro, agli occhi di qualcuno, sotto qualche rispetto o capacità, come Peirce diceva. È però non è un caso se per indicare l'azione teatrale usiamo, almeno in italiano, il termine "rappresentazione" che è lo stesso che si usa per il segno. Chiamare una rappresentazione teatrale uno "show" accentua solo i suoi caratteri di ostentazione di una certa realtà; chiamarla un "play" accentua i suoi caratteri ludici e fittizi; chiamarla "performance" accentua i suoi caratteri esecutivi: ma chiamarla "rappresentazione" accentua il carattere segnico di ogni azione teatrale, dove qualcosa, fittizio o no, viene ostentato, attraverso qualche forma di esecuzione, a fini ludici, ma anzitutto affinché stia al posto di qualcos'altro.

Il teatro è anche finzione solo perché è anzitutto segno. È giusto dire che molti segni non sono finzioni, nella misura in cui anzi pretendono di denotare cose realmente esistenti: ma il segno teatrale è segno fittizio non perché sia un segno finto o un segno che comunica cose inesistenti (e si tratterebbe poi di decidere cosa significa dire che una cosa o un evento sono inesistenti o falsi) ma perché finge di non essere un segno. E riesce in questa impresa perché il segno teatrale appartiene ai segni classificati da qualcuno come naturali e non artificiali, motivati e non arbitrari, analogici e non convenzionali.

In altre parole, l'elemento primario di una rappresentazione teatrale (al di là della collaborazione di altri segni come quelli verbali, scenografici, musicali) è dato da un corpo umano che si sostenta e si muove. Un corpo umano che si muove si presenta come una cosa vera, eventualmente oggetto di segni possibili (fotografabile, definibile verbalmente, disegnabile...). Ma l'elemento segnico del teatro consiste nel fatto che questo corpo umano non è più una cosa tra le cose perché qualcuno lo esibisce, ritagliandolo dal contesto degli eventi reali, e lo costituisce come segno – costituendo al tempo stesso come significanti i movimenti che esso compie e lo spazio in cui si iscrivono.

Tale è l'ubriaco di Peirce. Quando beveva e barcollava per conto proprio era un oggetto di cui si poteva eventualmente parlare. Ora che è stato ostentato, anche se non è un soggetto che parla, è già comunque una "parola". L'ubriaco vero sta per la classe degli ubriachi. Esso è un significante il cui significato (interpretabile in parole, disegni, definizioni e concetti) è "uomo ubriaco". Questa situazione elementare ci consente tre ordini di osservazione:

a) non è necessario, affinché ci sia un segno, che il segno venga emesso intenzionalmente da qualcuno e venga costruito artificialmente come segno; basta che esista una convenzione che consenta di interpretare come segno un evento, anche naturale come un sintomo, un indizio o, appunto, un "campione";

b) tuttavia come segno l'ubriaco è stato emesso da qualcuno, così come l'oggetto trovato, dal momento che l'artista lo espone in un museo, è stato in qualche modo *prodotto* come opera d'arte;

c) il nostro ubriaco consignifica varie cose; a un primo livello esso significa "un uomo ubriaco"; a un livello retorico, significa per antonomasia "ubriachezza"; nella misura in cui l'antonomasia viene sviluppata in metonimia esso connota "i pericoli dell'intemperanza"; e infine, poiché ogni segno richiama per antonimia il proprio opposto, l'antonimo, elevato a sua volta ad antonomasia e sviluppato in metonimia, significa "i vantaggi della temperanza". Come vedete, una intera azione teatrale con finalità persuasive si è sviluppata nel momento stesso in cui una qualche dama dell'esercito della salvezza ha cinicamente usato il pover'uomo per indurre i suoi simili a consumare qualche birra in meno.

Poniamo ora che il nostro ubriaco spontaneamente parli e dica, per esempio, "io sono infelice". Già nella vita quotidiana questa operazione avrebbe messo in gioco una serie di fenomeni semiosici. In breve, avremmo avuto un soggetto dall'enunciazione, l'ubriaco che nel momento stesso in cui usa termini culturalizzati, si annulla nel soggetto dell'enunciato. L'*io* che proferisce non è più lui, è il soggetto che la cultura gli offre linguisticamente per definirsi. Questo pronome inoltre avrebbe avuto valore di indice, come una freccia indicativa, un vettore di attenzione, il cui significato è "quanto verrà detto in seguito va riferito al soggetto dell'enunciazione".

Ma, messo sulla pedana teatrale, l'ubriaco che dice *io* non propone più questo indice per indicare il se stesso reale, bensì per indicare quel significato "uomo ubriaco" a cui egli rinvia.

Non ci vuole molta immaginazione per riconoscere nel problema grammaticale di questo pronome il problema del paradosso dell'attore e dei personaggi in cerca di autore. La proposta nuova è piuttosto: quanto e come le moderne tecniche di analisi semantica e sintattica possano aiutare a ridefinire la finzione teatrale; e quanto la finzione teatrale costituisca un territorio privilegiato per mettere alla prova problemi semantici e sintattici quali l'uso degli indici grammaticali nelle situazioni di riferimento.

Il nostro ubriaco ripropone anche il problema della definizione dei segni iconici (ingenuamente creduti avere una somiglianza con l'oggetto a cui si riferiscono) e il problema della semiotizzazione dell'oggetto di riferimento, e cioè dell'oggetto che diventa segno.

Perché, affinché il nostro ubriaco significhi "uomo ubriaco" e, per la catena retorica già detta, "elogio della temperanza", non è necessario che venga considerato in tutte le sue caratteristiche fisiche. Sarà per esempio irrilevante che abbia una giacca nera piuttosto che grigia e un naso aquilino piuttosto che camuso. Non sarà irrilevante che la giacca sia nuova o lisa, e il naso rosso e bitorzoluto. Può darsi che sia irrilevante se abbia trentadue o ventotto denti, ma non è irrilevante che i quattro denti mancanti siano degli incisivi superiori; e comunque sarebbe pertinente la differenza tra ventotto e tre denti. Un oggetto, una volta eletto a segno, funziona come tale per alcuni e solo alcuni dei suoi caratteri, non per altri, e dunque costituisce già (nell'ambito della convenzione rappresentativa) una astrazione, un modello ridotto, un costrutto semiosico.

Ora poniamo che il nostro ubriaco faccia un movimento, accenni a incespicare. Può farlo senza volerlo, oppure perché è preso a sua volta da una foia esibizionistica (egli vuole tenere allegra la compagnia). Nel primo caso il gesto è un sintomo, e tuttavia funziona come segno per chi da esso inferisca l'instabilità motoria dell'avvinazzato (e dunque l'incespicamento corrobora la significazione di sciagurata intemperanza). L'incespicamento voluto sarebbe invece segno a tutti gli effetti, ma chi dice che sarà interpretato come voluto? O che l'ubriaco lo abbia eseguito affinché fosse interpretato come voluto?

Considerando che i segni possono essere emessi e ricevuti sia intenzionalmente (+) che inintenzionalmente (−) da parte dell'Emittente (E) e dal Destinatario (D), e dato che quest'ultimo può attribuire o no all'Emittente una Intenzione (IE), ecco che le varie possibilità sono espresse dalla seguente matrice:

41

	E	D	IE
1	+	+	+
2	+	+	−
3	+	−	+
4	+	−	−
5	−	+	+
6	−	+	−
7	−	−	+
8	−	−	−

Malgrado l'astrattezza della matrice è facile vedere come ciascuno dei casi corrisponda a una situazione comunicativa che occorre normalmente nella vita quotidiana.

1. Io fingo di camminare come uno zoppo e voi riconoscete la rappresentazione volontaria di uno zoppo.

2. Io simulo e fingo di essere zoppo e voi mi credete uno zoppo che tradisce involontariamente il suo difetto.

3. Per congedare un importuno compagno di strada, mi fingo affaticato e zoppico con fatica. Costui non coglie intenzionalmente il segno ma avverte un senso di disagio e se ne va. Più tardi si rende conto di aver ricevuto un messaggio e capisce che era stato emesso intenzionalmente.

4. Stessa situazione precedente, salvo che l'importuno, ripensandoci, pensa che io avessi tradito involontariamente il mio disagio.

5. Passeggiando con un importuno tradisco involontariamente il mio disagio e zoppico con aria affaticata. Costui coglie il messaggio e lo pensa emesso intenzionalmente.

6. Sul lettino dello psicanalista mi lascio sfuggire un lapsus. Lo psicanalista lo decodifica come messaggio preciso anche se sa che non era intenzionale.

7. e 8. Casi analoghi al 3. e al 5., salvo una diversa strategia del malinteso.

Si può osservare che la matrice riproduce alcuni dei modelli di interazione tra parlanti così splendidamente analizzati da Erving Goffman. Ma è altrettanto evidente che qui abbiamo modellizzati i casi fondamentali di commedia degli equivoci, da Menandro a Pirandello, salvo che in un'opera teatrale le situazioni si intersecano, ciascun personaggio rappresentando una prospettiva diversa.

Si aggiunga che, se si considera la matrice come modello di una combinatoria teatrale, occorrerebbe aggiungervi un nuovo valore e cioè il modo con cui l'Emittente vorrebbe che il Destinatario gli attribuisse una intenzione. Si introduce allora un elemento di volizione dell'equivoco: è la situazione (su cui si è già dilettato Lacan) della lettera rubata, ovvero quella dell'ebreo di Varsavia che dice all'amico "perché mi menti dicendo che vai a Cracovia affinché io creda che tu vai a Lenberg mentre in realtà vai davvero a Cracovia?" Perché mi mostri un ubriaco facendomi credere che, attraverso gli effetti dell'ubriachezza, dovrebbe elogiare la temperanza, mentre di fatto tu godi nell'invitarmi all'ubriachezza?

E se l'ubriaco incespica, tradisce involontariamente la sua instabilità motoria, o finge di incespicare per rappresentare ludicamente un ubriaco che incespica, o vuole teatralmente rappresentare un ubriaco che finge di incespicare per far credere che finge di essere ubriaco – e dunque per far credere di non esserlo (dove l'intenzione finale dell'attore è di mostrare che il personaggio è davvero ubriaco)? Non so se queste osservazioni servano più al semiologo per capire il fenomeno teatrale o all'uomo di teatro per capire i fenomeni semiosici o a entrambi per capire ciascuno il proprio problema specifico.

Propongo delle note, degli accenni, sperando che qualcuno li raccolga. Ma c'è in ogni caso tutta una serie di studi semiotici che possono dire qualcosa a chi fa del teatro.

Abbiamo detto che l'ubriaco esegue certi comportamenti, muove la lingua, articola suoni, parole, grugniti e rutti, si muove in uno spazio. Ecco tre campi di indagine semiotica:

la cinesica: essa studia il significato dei gesti, delle espressioni del viso, degli atteggiamenti motori, delle posture corporali: ciascuno di questi tratti cinesici è per lo più codificato; come indicazioni di massima darei il saggio di Jakobson sui gesti motori per il sì e il no, lo studio di Mauss sulle tecniche del corpo, le ricerche del volume *Paralinguistica e Cinesica* e infine gli ultimi studi di Birdwhistell raccolti in *Kinesics and Context*;

la paralinguistica: essa studia le intonazioni, le inflessioni di voce, il diverso significato di un accento, un sussurro, una esitazione, un tonema, una inflessione, persino un singhiozzo e uno sbadiglio; a sfogliare le ricerche di Trager e altri (si veda sempre *Paralinguistica e Cinesica*) ci si accorge che non c'è suono emesso tra (o sopra, o sotto) una parola e l'altra che non sia significativo, quasi sempre per convenzione culturale precisa; chi fa teatro, e quindi deve articolare significazione a tutti i livelli comportamentali, non può ignorare queste tecniche che, per l'essere tecniche di chiarificazione del codificato, sono formidabili strumenti per l'articolazione della simulazione;

la prossemica: chi ha letto libri come *La dimensione nascosta* di Hall sa ormai che non vi è minima alterazione delle distanze spaziali tra due esseri che non abbia un significato differenziale; per rappresentare due siciliani che parlano tra loro occorre disporre di uno spazio diverso da quello che intercorrerebbe tra due piemontesi; so benissimo che attori e registi risolvono queste situazioni d'istinto, ma credo che chiarire e perfezionare i dati dell'istinto sia importante; so anche che molte intuizioni sia della cinesica che della prossemica e della paralinguistica, sono venute ai semiologi proprio dallo studio delle tecniche di addestramento teatrale; una buona ragione per ritrovare l'esperienza teatrale a una fase di maggiore sofisticazione analitica e definizione scientifica.

Ricordo il fascino che ispirava un film come *L'armata a cavallo* di Jancsò; ricordo di aver capito come tutto il senso di inumanità e crudeltà, disperazione e follia che il film, parlando della guerra, riusciva ad ispirare, fosse dato da un uso calcolato dello spreco dei movimenti e della alterazione delle normali distanze tra personaggi. Quando ne parlai all'autore egli confessò di non conoscere i testi a cui mi riferivo, ma mi confermò che istintivamente aveva avuto presenti questi modelli di comportamento comunicativo.

Una conclusione del genere potrebbe indurre a dire che il contributo della semiotica al teatro è minimo; esso scopre i propri principi da solo e per naturale e spontanea inventività, e tanto meglio se il semiologo ne trarrà poi occasione di riflessione. Ma credo che, come la spontaneità inventiva nutre la riflessione scientifica, così la riflessione scientifica possa potenziare l'invenzione. Nessuno è diventato scrittore studiando la linguistica, ma i grandi scrittori studiano i problemi della lingua che usano.

Dice il grammatico indiano al barcaiolo: sai la grammatica? e quando questi risponde di no, gli dice: hai perso metà della tua vita. Dice il barcaiolo al grammatico, quando la barca si rovescia: sai nuotare? e quando questi risponde di no gli dice: allora ha perso tutta la tua vita. Ma cosa ci sarebbe di meglio di un grammatico che sapesse nuotare e di un barcaiolo che conoscesse la grammatica?

IL LINGUAGGIO DEL VOLTO

1. La fisiognomonomia (o fiosognonomia, o fisiognomònica, o fisiognòmica, o fisiognomia) è una scienza molto antica. O meglio, che sia scienza non è sicuro, che sia antica è certo. A sfogliare Aristotele (per esempio *Analitici Primi*, II, 70 b) si trova che è possibile giudicare la natura di un uomo o di un animale sulla base della sua struttura corporea, dato che tutte le affezioni naturali trasformano simultaneamente il corpo e l'animo: e così i tratti del volto, o le dimensioni degli altri organi, sono segni che rimandano ad un carattere interno. Aristotele fa l'esempio del leone, che senza dubbio è coraggioso, e si chiede quale sia il segno esterno di questo coraggio. Lo trova nelle "grandi estremità", e ne deduce che un uomo con un paio di piedi consistenti non potrà essere che coraggioso.

In altri termini, il volto è lo specchio dell'anima. Questa convinzione non è scientifica, fa parte di quella che Hegel chiamerà una "fisiognomica naturale": come resistere alla tentazione, anche nel corso della nostra vita quotidiana, di pensare che un individuo dagli occhi foschi e iniettati di sangue, dal muso prognato, dal naso camuso, dai grandi canini aguzzi, dalla barba ispida e sudaticcia non sia la persona meno adatta per affidargli i nostri risparmi o la custodia della nostra macchina con i bambini a bordo?

Da questa disposizione naturale si passa facilmente alla scienza, per quanto intuitiva possa essere: e di scienza fisiognomica hanno accennato Cicerone, Quintiliano, Plinio, Seneca, Galeno, Alberto Magno, Campanella, sino ad arrivare (e non poteva essere diversamente) a Darwin e a Lombroso.

Sostenuta dall'autorità della scienza, la fisiognomica naturale può celebrare allora i propri fasti: e la narrativa popolare, dopo che all'inizio dell'Ottocento la frenologia (come vedremo) aveva incoraggiato la ricerca di corrispondenze tra le protuberanze craniche e le disposizioni psichiche, altro non è che un'orgia di fisiognomica naturale:

Da una bettola situata tra via Barbaroux e via Bertola, uscì un uomo male in arnese, con la faccia butterata dal vaiuolo, la fronte depressa, gli occhi iniettati di sangue, la bocca enorme (Carolina Invernizio, *I misteri delle cantine*).

Era alto, snello, nervoso, il volto pallido, ma come invaso da una nube fosca... Le labbra sottili si disegnavano appena e la bocca pareva piuttosto una lunga ferita non ancora rimarginata... Forse, esaminando bene l'angolo della mascella e la curva della bocca, un'occhio scrutatore d'anime avrebbe potuto sorprendervi una certa durezza fredda ed egoista, forse anche qualcosa di felino, pazienza cioè e ferocia... (Luigi Natoli, *I Beati Paoli*).

Non si poteva immaginare qualcosa di più terrificante del volto di questo brigante. La faccia era solcata in tutte le direzioni da cicatrici livide e profonde; le labbra tumefatte dall'azione corrosiva del vetriolo; le cartilagini del naso tagliate; le narici surrogate da due buchi informi. Gli occhi grigi, chiarissimi, microscopici, tondi tondi, sprizzavano ferocia; la fronte schiacciata come quella di una tigre era quasi nascosta da un berretto di pelle con pelo lungo e rossiccio... si sarebbe pensato alla criniera di un mostro. Il Maestro non era alto più di cinque piedi e due o tre pollici: la testa, smisuratamente grossa, s'incassava tra due spalle larghe, alte, potenti, carnose... aveva le braccia lunghe e muscolose, le mani corte, grosse e pelose sin sopra le dita; le gambe erano un po' arcuate, ma i polpacci enormi denunciavano una forza atletica (Eugène Sue, *I misteri di Parigi*).

Naturalmente vale anche l'inverso, e una figura soavissima tradisce un animo nobile e gentile:

La Goualeuse aveva sedici anni e mezzo. Una fronte purissima, bianchissima, sovrastava un volto d'un ovale perfetto. Una frangia di ciglia così lunghe da arricciarsi un poco, velava per metà due grandi occhi azzurri. La peluria della prima giovinezza vellutava due gote tonde e vermiglie. La piccola bocca purpurea, il naso fine e dritto, il mento con la fossetta, erano, d'una adorabile dolcezza di linee... (E. Sue, *I misteri di Parigi*).

Viso lungo e bruno; zigomi sporgenti, segno di scaltrezza; muscoli mascellari sviluppati enormemente, indizio da cui si riconosce infallibilmente il guascone... l'occhio aperto e intelligente, il naso a uncino, ma di linea elegante; troppo alto per un adolescente, troppo basso per un adulto, un occhio poco esperto avrebbe potuto scambiarlo per il figlio di un fittavolo in viaggio, se non fosse stato per la lunga spada... (Alexandre Dumas, *I tre moschettieri*). .

Nell'ultimo ritratto la sapienza fisiognomica raggiunge il massimo, poiché i tratti del volto qui minacciano di rivelare addirittura la professione del padre. Eppure il ritratto in Dumas appare come uno strumento di introspezione assai insidioso.

Nello stesso capitolo in cui viene così indulgentemente descritto D'Artagnan, entra in scena una bella signora "tra i venti e i ventidue anni... un essere pallido e biondo, dai lunghi capelli ricciuti cadenti sulle spalle, dai grandi occhi azzurri languidi, dalle labbra rosse e dalle mani d'alabastro". Di costei Athos dirà, nel capitolo ventisettesimo, che "era bella come le Grazie" e che "attraverso l'ingenuità dovuta ai suoi anni traspariva un temperamento ardente, un temperamento non di donna ma di poeta": un angelo di candore. Costei nel capitolo cinquantaquattro appare come "una vergine santa in attesa del martirio". Questa donna è Milady, un mostro d'infamia, la quintessenza del tradimento, della crudeltà, dell'intrigo, dell'impudicizia cortigiana: ladra, avvelenatrice, bugiarda e seduttrice. Orrore. Dunque la fisiognomica non è scienza sicura! E il narratore romantico, che pure ci convince sui suoi miserabili, presentandoceli con la fronte bassa e gli occhi rotondi, sa anche giocare sull'equivoco e ci presenta eroi satanici che appaiono bellissimi e celano nel profondo del loro cuore malato le più sordide passioni.

Il romanzo giallo di seconda generazione, la *hard boiled novel*, da Dashiell Hammett a Mickey Spillane, sino al Fleming di James Bond, fa tesoro della lezione, e ci produce (accanto a una generazione di gangsters dal volto sordido) una sequenza di donne bionde e tenerissime che alla fine il detective è costretto ad uccidere, col cuore gonfio d'amore e gli occhi scintillanti di odio, perché altro non sono che la personificazione stessa del Male.

2. Quest'uso ambiguo della fisiognomica naturale (brutto e cattivo; bello e cattivo; brutto e buono; bello e buono) ricalca ovviamente antiche tendenze: da un lato l'istinto di associare l'animo al volto, dall'altro la propensione, abbastanza cattolica, di vedere nella bellezza una maschera del maligno. Di fronte alla incostanza della fisiognomica naturale, la fisiognomica detta scientifica non tenta facili associazioni: non è la bellezza ad esprimere necessariamente i sentimenti positivi, l'analisi va condotta su più sottili segnali.

Incomincia, con pretese di scientificità, Giovan Battista Della Porta, napoletano, nell'Italia rinascimentale. Studioso di "magia naturale", dove non si sa quanto l'aggettivo corregga il sostantivo, inventore a tempo perso e senza saperlo del cannocchiale, del microscopio e della camera oscura, Della Porta scrive nel 1586 una *De humana physiognomonia* dove compara i volti degli animali, pecora, scimmia, leone, cane, bue e così via, ai volti degli uomini e ne trae osservazioni sul loro carattere: "l'esperienza ci fa scorgere con facilità che l'animo non è impassibile rispetto ai moti del corpo, così come il corpo si corrompe per le passioni dell'anima".

Spira al di sotto di questa fiducia, come avverrà per lo stesso Lavater, una visione del divino che, circolando per tutti gli esseri, non può non manifestare la sua saggezza regolatrice anche nei tratti del viso. E i principi della fisiognomica si estendono dagli uomini e dagli animali sino alle piante e ai corpi celesti. I disegni sono belli e persuasivi, ed è difficile sottrarsi alla fiducia che la bontà e la mitezza non traspaiano senza alcun dubbio dal volto non bello ma sereno di un essere pecoriforme dagli occhi umidi di moralissimi belati.

Da quel punto in avanti come tenere a freno il fisiognomista? I trattati pullulano. E a dire il vero alcuni precedono quello stesso di Della Porta. Barthélemy Coclès, nella sua *Physiognomonia* del 1533 disegna donne dotate di salute eccellente, uomini dotati di temperamento caldo, fronti d'uomini irascibili, crudeli e cupidi, oppure leggeri e pettegoli, Jean d'Indagine, nella *Chiromancie*, 1549, ci presenta bocche di uomini audaci e temerari, spudorati e bugiardi, dentature d'uomini crudeli (i denti sono sporgenti), occhi d'uomini pigri, occhi d'uomini instabili, lussuriosi, traditori e mentitori. Ma Coclès faceva di più: e procedeva alla fisiognomica dei capelli e delle barbe, rappresentando la barba d'un individuo brutale e dominatore e i capelli (morbidamente raffaelleschi) di un individuo timido e debole. Licenze, queste, che potevano permettere a Lichtenberg, qualche secolo dopo, mentre reagiva violentemente alla fisiognomica di Lavater, di affermare che "supposto che il fisiognomista abbia colto una sola volta l'uomo, basterebbe prendere una decisione risoluta per rendersi di nuovo incomprensibili per millenni". Milady aveva capito, appunto, questa lezione.

Ma i fisiognomisti non demordono: Wulson de la Colombière, Robert Fludd, Michel Lescot nel Seicento, e altri ancora, continuano a stilare trattati, fermamente convinti che un naso rincagnato denoti la lussuria.

È che la fisiognomica, venata di intuitivo buon senso e di ten-

tazioni divinatorie, si accompagna allo sviluppo dello studio ana-
tomico, e uomini dotti e serissimi la prendono spesso sul serio.
Così che possiamo arrivare a Lavater e ai suoi *Physiognomische
Fragmente zur Beforderung der Menscherkenntnis un Menschen-
liebe*, quattro volumi, pubblicati dal 1774 al 1778, con la collaborazione e l'adesione entusiasta di Goethe e Herder.

3. Johann Kaspar Lavater (1741-1801), teologo, pastore, ora-
tore sacro di grande successo, autore di un *Giuseppe d'Ari-
matea*, un *Canti svizzeri* (patriottici), una *Messiade* e un *Abra-
mo e Isacco* è come Della Porta (a cui si ispira) convinto che
ogni granello di sabbia ed ogni foglia contenga l'infinito, che
esistano sottili armonie tra il corpo e l'anima, che la virtù
abbellisca e il vizio deformi. Siccome unisce al sentimento religioso tendenze illuministiche, traduce questa fiducia in una sorta
di osservazione "scientifica" del mondo naturale: e trova così le
corrispondenze, anche lui, tra uomini e animali, tratti del volto e
passioni dell'anima, madri e figli, membri di una stessa comunità
nazionale. Studia il volto, il capo, le mani, conduce una rassegna
di fisionomie dei grandi personaggi del passato (naturalmente
attraverso l'idealizzazione delle incisioni settecentesche), si propone il fine di migliorare moralmente l'umanità, finisce la sua
vita in un raptus di misticismo che gli fa dimenticare i suoi
buoni propositi razionalistici, litiga con Goethe, muore ucciso da
un soldato di Massena di cui le cronache non riportano i tratti
del viso e la lunghezza dei piedi.

In quello stesso volgere di secolo Franz Joseph Gall inventa
la frenologia. Tutte le facoltà mentali, tutte le tendenze, gli
istinti, i sentimenti, hanno la loro rappresentazione sulla superficie del cervello. Coloro che hanno spiccate qualità mnemoniche
hanno il cranio rotondo con occhi a fior di testa e distanti l'uno
dall'altro. E poi le bozze.

Siccome Gall a modo suo anticipa la ricerca sulle localizzazio-
ni cerebrali, eccolo alla ricerca delle bozze che, in punti diversi
del cranio, esprimeranno il prevalere dell'una o dell'altra facoltà.
La chiesa austriaca lo accusa di materialismo e determinismo.
Gall va a Parigi e con il suo collaboratore Spurzheim scrive una
*Anatomie et physiologie du système nerveux en général et du
cerveau en particulier, avec observations sur la possibilité de
reconnaître plusieurs dispositions intellectuelles et morales de
l'homme et des animaux par la configuration de leur têtes*,
1810-1819. Apriti cielo. Su intervento dello stesso Napoleone

gli vengono negati onori accademici, l'Europa intera discute sulle bozze del cranio, Lichtenberg si arrabbia e afferma: "Se qualcuno venisse fuori con queste parole: – Tu è vero agisci da persona per bene; ma io vedo dal tuo aspetto che ti fai forza e che in cuor tuo sei un birbante – non v'ha dubbio che sino alla consumazione dei secoli a un discorso siffatto ogni uomo in gamba risponderà con un ceffone".

Giorgio Guglielmo Federico Hegel, ne *La fenomenologia dello spirito* (1807, cap. C. AA., V, A, c) rincara la dose: "la frenologia naturale non pensa soltanto che un uomo accorto debba avere dietro gli orecchi una protuberanza grossa come un pugno, ma anche che la moglie infedele debba avere, non proprio in se stessa, ma nel suo legittimo consorte, delle protuberanze frontali".

4. Ma Hegel non si limita a queste sarcastiche piacevolezze. Il suo discorso è assai complesso e riguarda il modo in cui lo spirito, forza attiva, possa determinare il cervello in cui ha sede e il cranio che comprime il cervello, se una cosa morta come le ossa craniche possano imporre la loro conformazione ai moti dello spirito, e se tra i due non si disponga una sorta di libero e imprevedibile adattamento. Se, infine, dato anche che esistano predisposizioni originarie manifestantesi nella conformazione cranica, queste non siano mere possibilità, che l'azione stessa, e il moto della crescita storica di un individuo, non potranno indirizzare e correggere ad altri fini. E, quanto ai tratti lavateriani del volto, quale funzione di segno possano avere questi atteggiamenti della fisionomia immota, quando l'uomo esprime meglio se stesso attraverso il proprio operare, e il risultato delle proprie azioni. Il testo è arduo e sottile, i sarcasmi rivolti a Lavater e alla fisiognomica pesanti e persino scurrili (il capitolo si conclude con una osservazione sulla ambiguità stessa dei nostri organi, fusione di eccelso ed infimo, che "l'innocenza della natura esprime nella congiunzione dell'organo della suprema perfezione, quello della procreazione, e dell'organo del pisciare"), il tentativo è quello di sottrarre la libera creatività dello spirito alle ragioni della determinazione fisica (e qui Hegel è a modo proprio in ritardo sul povero Lavater e sul poverissimo Gall), ma nel contempo il filosofo avverte come il discorso sul cranio e la fisionomia potrebbe portare a marchiare un individuo o una razza per sempre, senza tener conto delle azioni e delle variazioni della storia.

5. Col che (è ovvio, e la letteratura critica in argomento non manca) si arriva a Lombroso.

L'esame del delinquente fatto dall'antropologia criminale ha stabilito trovarsi in questi una quantità di caratteri abnormi anatomici, biologici e psicologici, molti dei quali hanno significato atavico. E siccome a questi caratteri atavici si associano tendenze e manifestazioni criminose e queste sono normali e frequentissime negli animali e nei popoli primitivi e selvaggi, così è legittimo concludere che anche nei criminali queste tendenze siano naturali, nel senso che dipendono necessariamente dalla loro organizzazione, analoga, per inferiorità di struttura e di funzioni fisiche e psichiche, a quelle dei popoli primitivi e dei selvaggi e qualche volta degli animali (Lombroso, *L'uomo delinquente*).

Qualche anno fa all'università di Bologna Antonio Conversano aveva presentato una tesi sul bandito Musolino, ed era interessante rilevare, dai documenti riportati, come le perizie di difesa e di accusa, tramite l'influenza lombrosiana, fossero ricche di tratti lavateriani. Il perito di difesa Bianchi fa notare come il bandito presenti "sub microcefalia, stenogratocefalia, fronte alquanto fuggente, plasiosopropia, asimmetria toracica, loboli auricolari sessili, mancinismo motore". Il perito dell'accusa si diffonde anche sull'inferiorità etnica dei calabresi in genere. Lombroso, chiamato a dare un parere, si pronuncia in base alla fotografia e ipotizza che Musolino non sia un tipo criminale completo, ma qualcosa di mezzo tra il criminale nato e il criminaloide.

Ma con la tradizione lombrosiana siamo arrivati assai vicino al lavaterismo dei tempi nostri. Recentemente un gruppo di operatori artistici milanesi ha organizzato una mostra in cui si esibivano sia le normali schede segnaletiche della polizia (la solita foto fatta di fronte, a forte illuminazione) sia la foto formato tessera che di solito i quotidiani pubblicano dei sospetti di qualche reato. Per una sorta di lavaterismo inconscio della macchina fotografica (misteriosi rapporti tra il Della Porta ottico e il Della Porta fisiognomista!) non c'è foto di questo genere in cui il soggetto non assuma un aspetto di ripugnante degenerazione (e basta controllare sulla nostra patente). Ora non v'è lettore di quotidiano nel quale, di fronte a questo tipo di foto, non scattino riflessi lavateriani, così che il "presunto colpevole" si trasforma emotivamente nel delinquente nato lombrosiano. Né diverso deve essere stato il circuito mentale che ha dominato il riconoscimento di Valpreda fatto dal tassista Rolandi, attraverso appunto la mediazione precedente di una foto.

Dopo di che resterebbe da chiedersi quanto dello schematismo lombrosiano e addirittura lavateriano domini la costruzione degli identikit. E infine quanto di lavaterismo inconscio si sia spostato dalla memoria visiva ai codici verbali, orientando quelle manifestazioni di razzismo a cui sovente i giornali indulgono quando titolano pezzi di cronaca nera con "calabrese uccide la moglie a Torino" (e mai "bergamasco uccide la moglie", ma semmai "ragioniere o commerciante uccide la moglie"): dove fatalmente l'immagine del criminale bruno e ricciuto, dalle sopracciglia folte, si impone attraverso la scelta dell'aggettivo che rimanda a un modello etnico standardizzato.

6. In questi casi si parla di razzismo, più o meno inconscio o edulcorato. E non per metafora, perché la linea che unisce Lombroso ai teorici del razzismo è facilmente rintracciabile.

Ecco infatti i classici del razzismo contemporaneo, pronti a dipingere l'ebreo dalle labbra carnose, il naso adunco, le orecchie puntute, l'occhio maligno trasudante avarizia, ingordigia, lussuria; e il latino piccolo nero e svogliato, e l'ariano alto e biondo, sereno e pacato nel gestire, dal cranio dolcemente dolicocefalo. Dove la bibliografia si fa popolatissima, e basti citare, tanto per fare l'esempio di un moderno Lavater impazzito, tale Ludwig Clauss (*Rasse und Seele*, 1926) che divide gli uomini in sferici, parabolici, piramidali e poligonali. Sferici sono gli italiani e i polacchi (naso convesso, occhi rotondi, gambe corte, movimenti rapidi e fluidi), parabolici i tedeschi e gli scandinavi (cranio, faccia e collo allungati, gambe lunghe, decorso lento e imponente). Piramidali sono gli ipertesi e teatralissimi ebrei, poligonali i negri, mostruosamente conformati, con la fronte angolata, il naso informe, la faccia lunga nella metà superiore e larga in quella inferiore.

Siamo al fumetto. E infatti fumetto e caricatura sono i luoghi in cui la fisiognomica acquista valore operativo di stenografia e accenna, in pochi tratti enfatizzati, una intera storia psicologica e morale. Basandosi appunto sui pregiudizi (e in parte sulla sapienza antica) di una fisiognomica naturale: usandoli e rinforzandoli.

7. Gran parte degli appunti che precedono erano stati scritti come introduzione a un libretto di felicissime caricature di personaggi contemporanei, maliziosamente accostate a capitoli di un *Il Lavater portatile*, edito a Milano dai Fratelli Vallardi nel

1811 [1]. Facile vi appariva, per appuntarvi gli strali di una matita neo-lavateriana, il volto del senatore Fanfani (anche se non meno crudelmente erano trattati personaggi ben più aitanti). Osservavo in quella sede che tuttavia infinite e severe sono le vie del contrappasso, e che sovente chi di Lavater ferisce di Lavater perisce.

Infatti era stato proprio l'accademico di Arezzo che nel suo libro *Cattolicesimo e protestantesimo nella formazione storica del capitalismo* elaborava la teoria per la quale, nel corso della storia mondiale, i periodi di espansione economica erano quelli in cui erano stati al potere uomini brevilinei, mentre la longilineocrazia aveva portato a periodi di recessione in cui l'azione cedeva il posto alla contemplazione.

Teoria ripresa ne *I mutamenti economici dell'Europa moderna e l'evoluzione costituzionalistica delle classi dirigenti*, nuovo monumento al politico brevilineo o, per dirlo a tutto tondo, di bassa statura. Teoria che non solo testimonia il lavaterismo di ritorno del Fanfani, che chiaramente associa a un dato tipo fisico determinate capacità psicologiche e morali, ma che al tempo stesso presenta una chiara concezione della cultura: dato che i periodi inquinati dai longilinei oziosi e negati all'azione sono quelli in cui fioriscono le *humanitates* e "la cultura trionfa". E che questa sia prospettiva spiacevole agli occhi dello scrittore, lo si evince dalla frase in cui egli contrappone lo spirito mercantile del Trecento a quello cultural-artistico del Quattrocento: "mentre la mentalità albertiana, e *peggio ancora* (sottolineatura nostra) lo spirito che pervade le corti e le classi dirigenti italiane del Quattro-Cinquecento, è proprio d'un tipo longilineo".

A comprova della tesi, il Fanfani procede ad analizzare i volti consegnatici della pittura dell'epoca. Mancano in queste opere fanfaniane le comparazioni con i musi delle scimmie e dei cani, forse perché l'autore inclina, come è noto, alla pittura astratta, e non poteva surrogare l'analisi storica con ricostruzioni *ad hoc*.

Non sono mancati tuttavia al Fanfani agiografi che ne hanno sviluppato la lezione (e rimandiamo per il florilegio completo al divertente libello *Lo stile del professore*, pubblicato dalla Sugar), i quali tracciano del loro soggetto un profilo che nulla ha da invidiare alle sue pagine di derivazione lavateriana. Si legga per esempio cosa ne dice Roberto Gervaso: "Soltanto i compagni di partito, che ne temono il piglio e il cipiglio sfuggono, o s'illudono di sfuggire, i suoi diabolici fluidi. Ne sprigiona da tutti i pori e da tutte le cavità: dagli occhi, minuettanti come fioretti nella schermaglia, roteanti come daghe nell'a corpo a corpo, mulinanti come durlindane nell'urto campale; dalle narici sbuffanti come froge; dalle labbra minacciose ora come fauci propizianti, ora come cibori; dalla gladiatoria cervice. Ne emana anche dalla voce procellosa nell'invettiva, sferzante nel sarcasmo, paterna nell'esortazione, carezzevole nella lusinga, e dal gesto che le fa da contrappunto e ne è, a sua volta, scandito".

Lo schema ci suona familiare: è quello dei ritratti di Sue, di Dumas, di Carolina Invernizio.

Il cerchio si salda, la fisiognomica naturale, tanto sospetta a Hegel, non è morta.

---

[1] J. K. Lavater, *Manuale portatile o sia dell'arte di conoscere gli uomini dai tratti del volto, con XXXII esempi scientifici*, con disegni di Franco Testa, Milano, Moizzi, s.d.

L'ILLUSIONE REALISTICA

L'apertura della mostra dell'arte nazista, al Kunstverein di Francoforte, è avvenuta in ritardo il 15 ottobre 1974 alle otto di sera, preceduta da una animata conferenza stampa e dal volantinaggio di gruppuscoli che invitavano i cittadini a sabotarla. La tesi era che non si può esercitare l'oggettività filologica su di un fenomeno ancora vivo come il nazismo, e che rivisitare l'arte del Terzo Reich significava riproporla come mito pericoloso.

Bastava invece dare una occhiata ai saloni della mostra per rendersi conto che i suoi organizzatori avevano montato una macchina didattica molto rigorosa dove ogni opera veniva contrappuntata da una foto o da un pannello che mostravano l'altro volto delle cose: frasi di Brecht, di Horkheimer, documenti sul massacro degli ebrei, eccetera eccetera.

Una mostra da portarci i bambini delle scuole, caso mai, perché imparino quanto siano esili i confini tra dittatura, follia, tragedia, stupidità e cattivo gusto. Si era dunque tentati di pensare che l'imbecillità non abbia colore, per cui era naturale che una mostra che raccoglieva i campioni più evidenti dell'imbecillità di destra fosse contestata da una sparuta minoranza di imbecilli di sinistra. Ma una sfumatura di perplessità è risorta quando si sono lette delle rapide annotazioni a matita fatte da qualche visitatore su di un pannello bianco, del tipo: "Questa sì che era vera arte". C'è allora da chiedersi se il visitatore sprovveduto e pigro, che non legga i pannelli e non s'impegni nella decifrazione dei contrasti visivi tra mito e realtà, non fosse affascinato da questa sequenza di signore bionde al bagno, lavoratori muscolosi e sudati, soldati dalla mascella quadrata, vecchi contadini intenti amorosamente alla coltivazione di cibi autarchici, paesaggi agresti solcati da autostrade e ponti a molte arcate, plastici di città future squadrate e imperiali. Perché infine questi quadri, queste statue, danno l'impressione della "realtà", le signore nude hanno la boccuccia di rosa che invita a baciar, e le pudenda dei giovanotti nudi che simboleggiano il Partito, il Lavoratore o la Giovinezza, sembrano "vere".

E poi, già prima di recarsi alla mostra, gravava nella memoria il ricordo della mostra milanese dell'iperrealismo americano, e ci si domandava se anche l'arte nazista non fosse stata a proprio modo un esempio di realismo "magico" da esaminare senza troppi rigurgiti moralistici, per riscoprire le radici profonde di un atteggiamento che oggi ci viene riproposto in tutt'altro contesto ideologico. E senza poter evitare che affiorasse, affiorava infine un altro fantasma, quello del realismo socialista di stampo sovietico. Cosa differenzia questi tre tipi di "realismo", quale è il loro rapporto con la realtà e con la pittura?

La politica culturale nazista è stata indubbiamente più livellatrice di quella fascista e nel panorama dell'arte hitleriana non si intravede quel gioco di concessioni e strizzate d'occhio che permetteva al fascismo di lasciar vivere Terragni accanto a Piacentini o Campigli e Sironi accanto agli scultori del Foro Mussolini. Ma anche così sarebbe inesatto dire che il nazismo ha diffuso uno stile uniforme: esso ha piuttosto patentato come buono stile ariano una serie abbastanza disordinata di speculazioni tra cui emerge una sola linea "pura" e coerente, quella delle parate nello stadio di Norimberga e dell'architettura di Albert Speer: un neoclassicismo pesante e angoloso, titanico e wagnerizzante, di cui alla mostra francofortese sono esempi minori ma agghiaccianti una sorta di "von Chirico" teutonico e gaglioffo, quell'Otto Hirth che dipinge piazze quasi surreali, a cui omini veri (non manichini) ed ombre "realistiche" tolgono ogni magia, e un piano per la ricostituzione urbanistica di Monaco di Hermann Giesler, dove il kolossal si sposa con la noia e la ripetitività.

Ma forse i due esempi più convincenti sono due modelli di ingresso e snodo di autostrada (in fondo le autostrade sono state la più tipica realizzazione architettonico-urbanistica nazista): nel primo modello i piloni di ingresso avrebbero dovuto essere alti quanto una quarantina di automobili sovrapposte; nel secondo (autore Josef Thorak), a dividere due ciclopiche corsie avrebbe dovuto ergersi una sorta di monumento al lavoro, dalla mole approssimativa della basilica di San Pietro, particolarmente adatto a creare incidenti a catena, frenate irresponsabili, allucinazioni nelle notti di nebbia. In tutti questi casi non si può certo parlare di realismo, quanto piuttosto di Irrealismo Assoluto, disprezzo demenziale per la scala umana, anti-Modulor programmatico.

Questo Irrealismo architettonico produce, a livello scultoreo, degli esempi che definirei di Iporealismo. Qui, apparentemente, i corpi nudi degli atleti, del Genio della Vittoria di Wamper, dei guerrieri di Arno Breker, sono accademicamente "giusti": a posto i bicipiti e i deltoidi, le donne hanno persino i seni, sembrano tutti veri. Ma "sembrano".

Perché a girarci intorno ci si accorge che queste figure allegoriche si assomigliano tutte, non sono individui ma tipi simbolici astratti; il realismo sa sempre dove fermarsi, per esempio gli uomini hanno un pene perfetto, completo di peluria pubica amorosamente scolpita, mentre le donne non hanno quasi né pube né vagina: la mistica nazista con i suoi risvolti omosessuali addomesticava la realtà anatomica secondo esigenze ideologiche. E si vedano infine i *Camerati* di Thorak, dove i piedi e le mani sono più grossi del dovuto, e tuttavia non si tratta di tensione espressionistica ma di millanteria visiva (come chi, a parole, dicesse: "Ti do uno sganassone che ti faccio girare la testa due volte intorno al collo").

Ma, accanto all'Irrealismo e all'Iporealismo, la mostra francofortese mostra altre tendenze.

Chiamiamo la prima Accademismo Speculativo. In poche parole, si tratta del contributo di quella pletora di pittori falliti, di specialisti dell'oleografia, di pennelli già votati alla decorazione delle scatole da cipria e da cioccolatini, che trovano improvvisamente un mercato politico, i gerarchi che si deliziano dei nudi a sfondo mitologico, e che vogliono trovare nelle Lede e nelle Veneri le fattezze delle loro Clarette e delle loro Eve. Qui la mostra di Francoforte offre alcune delle sue cose più gustose, un impareggiabile giudizio di Paride con Paride in calzoni tirolesi e le tre dee con il viso da prostitute di quart'ordine (di Ivo Saliger), oppure un quadro di tale Heymann, dalla struttura apparentemente raffaellesca (donna con Bambino e Battista) ma in cui l'occhio dell'italiano esperto riconosce la traccia del Maestro: Boccasile! Per arrivare infine a esercitazioni più manieristicamente coscienti, come il *Gelöste Stunde* di Bernhard Müller, in cui si ritrovano i ricordi di certo accademismo italiano, tra Funi e Borra.

A questa corrente potremmo associare, come sottoprodotto

del sottoprodotto, tutta una serie di miserabili pittori della domenica che, avvertiti del fatto che al Regime piacciono fabbriche, chiatte, segherie, miniere, mettono il loro sciagurato e inabile pennello al servizio di una deprimente e monotona paesaggistica; oppure gli ineffabili pingitori di cavalli, vacche, buoi all'aratro.

Ma qui ci stiamo avvicinando a un'altra corrente, forse la più interessante, perché non può non farci rievocare visioni analoghe già sofferte in musei moscoviti. L'arte nazista incoraggiava i quadri con soldati in guerra, minatori dal volto annerito, terrazzieri dai muscoli tesi, forgiatori con la faccia avvampata dal fuoco. E tutti costoro sono parenti assai stretti dei personaggi notissimi del realismo socialista.

In entrambi i casi i personaggi non sono Universali, non sono rappresentati in pose astratte, fuori dal tempo e dallo spazio, ma appaiono come rappresentanti di arti e mestieri intenti a gesti caratteristici: rappresentano "figure tipiche in circostanze tipiche". Che gli uni stiano costruendo il nazismo e gli altri il socialismo, è abbastanza irrilevante dal punto di vista pittorico: e anche il contenutista più arrabbiato non può negare che, trasportati da un museo all'altro, questi quadri diventerebbero indistinguibili e potrebbero via via rappresentare lo Sterratore Tedesco o lo Sterratore Ucraino senza apprezzabili differenze. Si dovrà dunque dire che una sola ideologia artistica accomuna gli Opposti Estremismi Storici?

Il fatto è che però non bisogna trattare questi quadri come oggetti d'arte. Cerchiamo di vederli per quel che sono, strumenti di persuasione di massa. Si tratta di nobilitare il lavoro subalterno e di convincere il lavoratore che spalare carbone è gesto altrettanto nobile che fare la guerra su di un cavallo bardato di ferro, o danzare il valzer nel palazzo di un imperatore. Per raggiungere questo scopo c'è una formula: la citazione pittorica. Se il lavoro in miniera viene rappresentato con gli stessi colori, lo stesso tipo di pennellata, la stessa osservanza della prospettiva e delle leggi anatomiche con cui venivano rappresentati un tempo i Re Magi, la Vergine, Luigi XVI, o gli ufficiali di Napoleone, l'identificazione è ottenuta. Ecco allora che questo cosiddetto "realismo" non è affatto preoccupato della realtà, ma è invece preoccupato della Pittura. I quadri riproducono fedelmente la Pittura così com'è (anzi com'era). Il realismo nazista e il realismo di Stato staliniano non sono dei realismi ma dei "pittoricismi". Come tali possono dare talora perfino dei discreti risultati figurativi capaci di mutare di senso politico a seconda del titolo, del luogo in cui sono esposti, della circostanza storica in cui sono visti. Si tratta di quadri ideologicamente "neutri", buoni a tutti gli usi, così come un fucile funzione tanto in mano a un guerrigliero angolano che a un colonnello greco.

Infine, alla mostra francofortese, si scopre anche un piccolo gruppo di quadri che attraggono l'attenzione a causa della loro eccellente fattura, e che a prima vista fanno gridare all'Iperrealismo. Il più tipico fra questi è la *Kahlenberger Bauernfamilie* di Adolf Wissel. L'origine è evidente, siamo di fronte agli ultimi echi della Neue Sachlichkeit.

Salvo che nei quadri di quella corrente d'avanguardia vi era originalmente una cattiveria, una capacità di denuncia psicologica, che in questi suoi tardi rappresentanti è del tutto assente: i personaggi "iperrealisti" di Wissel non si compromettono. Difficile dire che siano "nazisti", e certamente non sono eroici: ma non sono neppure consci della loro pietrificazione. Stanno in attesa. Sanno di non essere "veri" ma vorrebbero sembrarlo; per non correre rischi, non si sforzano troppo: mirabile parabola della falsa coscienza di qualcuno che indubbiamente sapeva dipingere, non voleva rinunciare ai propri stilemi, ma cercava di piacere al regime.

Chi uscisse ora dalla mostra di Francoforte per recarsi senza indugi in quella milanese degli Iperrealisti si accorgerebbe che gli americani, nella loro puntigliosa figuratività, non cercano affatto di farci credere che essi riproducono le cose. Si sforzano invece di far capire che stanno riproducendo la fotografia delle cose, con tutta la fissità, la cromaticità meccanica, il taglio, gli appiattimenti e le profondità tipiche della fotografia.

L'Iperrealismo denuncia il fatto che la realtà, come ci siamo abituati a vederla, è effetto di una manipolazione meccanica: e quindi mette in pubblico la propria falsità programmatica. L'Iporealismo, l'Irrealismo, il Pittoricismo di Stato e l'Accademismo della pittura nazista invece cercano di far credere alla realtà che rappresentano. La falsità non è dichiarata, è esercitata surrettiziamente. L'Iporealismo è bugiardo perché vuol farci credere che dica la verità, mentre l'Iperrealismo mette subito in chiaro il fatto che sta dicendo bugie. Questa è la grande differenza fra i due.

Che poi il grosso pubblico sia pronto ad avvicinare fenomeni così diversi come se in entrambi i casi vi fosse un richiamo alla "sana" figurazione ("finalmente si capisce tutto, non come nelle opere d'avanguardia dove non si capiva niente!"), questo significa solo che il "crampo dell'iconismo", l'attitudine ingenua per cui si prende come oggettivamente fedele tutto ciò che appare in qualche modo "riconoscibile", è una antica malattia della percezione.

E forse la difficoltà a riconoscere quanto le immagini possano mentire è la stessa che si prova a riconoscere le menzogne del Potere.

Difficile lacerare il Velo di Maya.

IL MILIONE: DESCRIVERE L'IGNOTO

Mentre scrivo non so ancora nulla del *Marco Polo* televisivo, non so se sarà fedele al *Milione* o se ne trarrà spunto per una libera ricreazione del personaggio. Si suppone che gli sceneggiati televisivi da un grande libro ne incoraggino la lettura, ed eccomi a verificare la legge, persino in anticipo: mi sono riletto *Il Milione*. Poi mi sono chiesto quanti, dopo aver visto le puntate televisive andranno ad acquistarlo in edizione economica, e che piaceri potranno trarne. La lingua della versione toscana detta "Ottimo" (come si sa Polo dettò le sue memorie in prigione a Rustichello da Pisa e questi scriveva in francese, ma il testo originale è del 1298 e la versione toscana è del 1309) non è alla portata del lettore comune, anche se si legge senza troppe difficoltà, e le parole incomprensibili fanno atmosfera. Ma, a prescindere da quanto ne racconterà la televisione come si deve leggere *Il Milione*, ovvero la versione di quel *Libro di Monsieur Marco Polo, cittadino veneziano, soprannominato Milione, dove son descritte le meraviglie del mondo?*

La domanda che mi sorgeva rileggendolo non è come possono intenderlo i lettori di oggi, ma come l'abbiano inteso i lettori di allora. E capire cosa potesse rappresentare allora forse ci può aiutare a suggerire come andrebbe letto oggi. Perché (e anticipo la mia conclusione) *Il Milione* si inserisce, e neppure ultimo, in una serie di racconti enciclopedici che descrivono le terre ignote e più o meno leggendarie, quasi sempre scritti da autori che non si erano mai mossi da casa loro, e racconta quasi le stesse cose, ma da giornalista, ovvero da inviato speciale.

Due secoli prima dell'invenzione della stampa, tre o quattro prima del trionfo degli "avvisi" e delle "gazzette", il libro di Marco Polo anticipa un genere. Salvo che il genere era talmente in anticipo che non era facile accettarlo. Faccio subito un esempio. Alquanto posteriore alla stesura del *Milione* eccone un bel manoscritto francese, ora conservato alla Bibliothèque Nationale di Parigi, ed ecco la miniatura che illustra il capitolo 157, dove Polo descrive il reame di Coilu, che poi si trova sulla costa del Malabar. In quel capitolo si racconta di una popolazione che raccoglie il pepe e (nella versione toscana) i "mirabolani emblici", che non so bene se siano delle specie di prugne o altro genere di frutti ricchi di tannino. E come rappresenta il miniatore gli abitanti del Malabar? Ecco, uno è un Blemma, e cioè uno di quei favolosi esseri senza testa con la bocca sullo stomaco, l'altro è uno Sciapode, che sta sdraiato all'ombra del suo unico piede, e il terzo un Monocolo. Esattamente quanto il lettore del manoscritto si attendeva di trovare in quella regione, che poi è l'India, regno del leggendario Prete Gianni, o Presto Giovanni come lo chiama Polo. Il bello è che nel testo di Polo questi tre mostri non sono affatto menzionati. Polo dice che gli abitanti di Coilu sono neri, vanno in giro nudi, e che la zona (e pensate che bel partito poteva trarne il miniatore) è ricca di leoni neri, pappagalli bianchi dal becco rosso, e pavoni. Inoltre Polo, con la bella freddezza che lo contraddistingue quando riporta di costumi un poco inusuali per i buoni cristiani, annota che costoro hanno scarso senso della moralità e sposano indifferentemente la cugina, la matrigna o la moglie del fratello.

Perché il miniatore si permette di inserire questi tre esseri, che non esistono nell'universo del *Milione* (e a conti fatti non esistono neppure in quello delle nostre scienze naturali ed umane), contro ogni evidenza testuale? Perché lui, come i suoi lettori, ai tempi di Polo e anche oltre, fidando in una catena ininterrotta di dottissime enciclopedie che ragguardavano sulle meraviglie del mondo, sapeva che *dovevano* esserci. Il mercante Marco Polo era semplicemente uno sfacciato che si permetteva non di raccontare come le cose dovevano essere ma (e son parole sue o di Rustichello) di "divisare delle provincie e dei paesi ov'egli fu". Testimone oculare. Pare un mestiere facile, ma a quei tempi non lo era affatto. Per l'inviato speciale non c'era una definizione sindacale.

Chi era, allora, il compilatore di enciclopedie storiche e geografiche? Un signore che sedendo a tavolino si basava sui testi venerabili di Plinio, di Solino, di Isidoro di Siviglia, e via via sulle varie enciclopedie del dodicesimo secolo, lo *Speculum Mundi* di Vincenzo di Beauvais, o il *Trésor* di Brunetto Latini. E in questi testi i vari paesi, veri o leggendari che fossero, erano abitati da animali fantasiosissimi, e da esseri stranissimi, le cui caratteristiche non erano però affatto arbitrarie. Questi esseri avevano giusto le caratteristiche che servivano a trasformarli in esempi viventi, in leggibili allegorie: così il patriarca di questi trattatelli enciclopedici, il *Fisiologo*, apparso tra II e III secolo della nostra era, raccontava che il leone avesse l'abitudine di cancellare con la coda le sue impronte per depistare i cacciatori, ma questa caratteristica era "necessaria" perché il leone potesse funzionare come simbolo del potere di Cristo, che cancella i nostri peccati. E diceva che la fenice ogni cinquecento anni arrivava a Eliopoli e si consumava sul fuoco dell'altare, per risorgere (come è noto) tre giorni dopo dalle proprie ceneri; e questa proprietà era "necessaria" perché la fenice fosse simbolo del Salvatore. E in tal senso il leone era tanto "vero" quanto la fenice.

Il Saggiatore ha pubblicato un'edizione del *Trattato delle cose più meravigliose e più notabili che si trovano al mondo* di un autore incerto noto come John Mandeville. Mandeville, è sicuro, non si è mai mosso da casa sua, e scrive quasi sessant'anni dopo Polo. Ma per Mandeville raccontare di geografia significa ancora raccontare di esseri che *devono esserci*, non che ci sono, anche se da alcune sue pagine si può pensare che tra le sue fonti ci fossero anche le pagine del testimone oculare Marco Polo. Non è che Mandeville dica sempre e solo panzane: per esempio parla del camaleonte come di una bestia che cambia colore, però aggiunge che è simile a una capra. Ora è interessante paragonare la Sumatra, la Cina meridionale, l'India di Mandeville con quelle di Polo. C'è un nucleo che rimane in gran parte identico, salvo che Mandeville popola queste contrade di animali e mostri umanoidi che ha trovato sui libri precedenti. Polo, no.

Intendiamoci. Polo era un mercante, e non era uomo di molte letture. D'altra parte inizia il suo viaggio a diciassette anni e torna che ne ha quarantuno e nel giro di tre anni va subito a combattere, finisce prigioniero di guerra e detta le sue memorie. Di cose europee non deve averne lette molte, caso mai le leggende che racconta, e le panzane che ha l'aria di bere, le ha udite nel Catai. Ma in qualche modo la cultura delle enciclopedie medievali lo aveva toccato (tra l'altro, molte delle informazioni delle enciclopedie medievali provengono, per lunghi tragitti storici, dal leggendario orientale). E il bello di Messer Marco Polo è che, a modo proprio, è uomo del suo tempo e non riesce a sottrarsi all'influenza di quei libri – magari non letti – che gli insegnano cosa dovrebbe vedere.

La pagina più significativa è quella sugli unicorni, che gli appaiono a Giava. Ora, che gli unicorni ci siano, un uomo del medioevo non lo mette in discussione. Tra parentesi, a leggere quel trattato onnicomprensivo che è *The Lore of the Unicorn* di Odeil Shepard (1930), di persone che hanno visto e descritto l'unicorno ce ne sono state anche molto tempo dopo Marco Polo. Per esempio il viaggiatore elisabettiano Edward Webbe; o Vincent Le Blanc, che nel 1567 ne vede tre, nel serraglio del Sultano, in India, e addirittura all'Escuriale di Madrid; il missionario gesuita Lobo nel Seicento (tradotto da Samuel Johnson) che lo vede in Abissinia; e poi John Belle nel 1713; per finire, ma non definitivamente, nientemeno che col dottor Livingstone.

Che l'unicorno esistesse lo aveva detto il *Fisiologo*, che aveva dato origine, in Europa, alla leggenda che per catturarlo si dovesse esporre nella foresta una vergine immacolata, e come diceva ancora trent'anni prima di Marco Polo, Brunetto Latini, "quando l'unicorno vede la fanciulla, la sua natura gli dae che, incontamente ch'egli la vede, si ne va da lei, e pone giuso tutta la sua fierezza...".

Poteva Marco Polo non cercare unicorni? Li cerca, e li trova. Voglio dire, non può evitare di guardare alle cose con gli occhi della cultura. Ma una volta che ha guardato, e visto, in base alla cultura passata, ecco che si mette a riflettere da inviato speciale, e cioè come colui che non solo fornisce informazioni nuove ma anche critica e rinnova i cliché del falso esotismo. Perché gli unicorni che lui vede sono di fatto dei rinoceronti, un poco diversi da quei caprioli graziosi e bianchi, col cornetto a spirale, che appaiono sullo stemma della corona inglese.

Polo è spietato: gli unicorni hanno "pelo di bufali e piedi come leonfanti", il corno è nero e grosso, la lingua è spinosa, la testa sembra un cinghiale e, in definitiva, "ella è molto laida bestia a vedere. Non è, come si dice di quà, ch'ella si lasci prendere alla pulcella, ma è il contrario". Come dire: non mandatele ragazzine, che ve le incorna a testa bassa. Triste, ma è così.

L'altra cosa che colpisce in Polo, in questo dire le cose come stanno, è che il suo libro è dominato dalla curiosità, ma mai da una forsennata meraviglia, e men che mai dallo sgomento. Racconta come un antropologo moderno, se c'è una civiltà in cui si usa dare la moglie ai forestieri, ed anzi i mariti ne provano gusto, lo racconta, e amen.

Ne ha viste (ma viste, non sentite dire) tante che non si stupisce più di niente. Quindi il mondo di cui parla non è incredibile, anche se è stupefacente: è, semplicemente, e proprio per questo lui ne racconta. Certo, sente voci misteriose nel deserto di Lop, ma provate a cavalcare per settimane e settimane nel deserto. Certo, prende per buona tutta la storia dell'impero di Prete Gianni, ma c'era in giro tanto di lettera, diplomatica (seppure falsa, oggi lo sappiamo) mandata cent'anni prima all'imperatore di Bisanzio. Prende i coccodrilli per serpentoni con le sole zampe anteriori, ma non dovete pretendere che ci andasse troppo vicino. Mi sa che trova più antropofagi di quelli che vi fossero, ma alla fin fine viaggiava raccogliendo testimonianze in terre in cui si parlavano lingue che lui doveva imparare a fatica. Però trova il petrolio, e il carbon fossile, e ne parla in modo molto corretto.

Tra visioni influenzate dalla tradizione, da cui si scioglie a fatica, come stropicciandosi gli occhi, ne ha altre in cui sembra antitradizionale persino a noi. Probabilmente per lui gli uomini o son bianchi, o son neri, ma è certo che non gli passa per la testa l'idea di una razza gialla. Gli abitanti di Cipangu (che è il Giappone) hanno la pelle bianca, e il Gran Can, che è un mongolo, "hae lo suo viso bianco e vermiglio come rosa". Il bello è che forse ha ragione lui, perché anche se le enciclopedie (oggi) parlano ancora di pelle giallastra, quando noi guardiamo bene un cinese o un giapponese, ci accorgiamo che non è giallo come il feroce Ming imperatore di Mongo, ma al massimo non è bianco e rosso come un tirolese. Che poi il Gran Can fosse proprio rosa e vermiglio, beh, forse si truccava, o forse Polo lo guardava con occhi affettuosi, abbagliato dalle sue vesti e dai suoi gioielli.

Talora pare proprio che inventi leggende come i suoi predecessori e come i suoi successori, come quando ci parla del moscado, profumo squisito che si trova sotto l'ombelico, in una "postema" o ascesso di un animale simile a una gatta. Eppure, andate a controllare su di un'enciclopedia: l'animale c'è, in Asia, e si chiama "moscus moschiferus", una specie di cervo, che ha i denti proprio come Polo li descrive, e che nel derma della parte addominale, sul davanti dell'apertura prepuziale, secerne un muschio dal profumo penetrantissimo. E inoltre è la versione toscana che lo fa simile a "una gatta", perché nell'originale francese si dice giustamente che è simile a una gazzella. Polo si guardava intorno, e registrava con tanta freddezza mercantile che noi crediamo che racconti panzane, con la grinta dell'impunito.

A differenza di ogni enciclopedia medievale, non allegorizza e non moralizza, registra per coloro che lo seguiranno lungo quelle vie, che sono vie commerciali. In un certo senso è smagato e realista come Machiavelli, e parla da tecnico a dei tecnici.

Il suo mondo ha reagito alla provocazione, leggendolo come se fosse uno dei suoi predecessori fantasiosi, e così temo che faremo noi, magari influenzati da termini araldici come "lionfante" o "salamandra".

Ma la salamandra di cui parla è un tessuto fatto d'amianto, che egli ben descrive, non l'animale del bestiario che vive e si crogiola nel fuoco. "E queste sono le salamandre, e l'altre sono favole".

LE TENTAZIONI DELLA SCRITTURA

La nascita della scrittura è l'argomento scelto dalle Galéries Nationales du Grand Palais di Parigi per questa mostra: a pensarci bene era una sfida non da poco. Passi per i geroglifici egizi, sempre divertenti, colorati (ma tutto sommato abbastanza noti); però accanto e prima ancora viene la scrittura cuneiforme sumera, assira e babilonese, e qui i documenti sono tavolette, quasi sempre abbastanza piccole, che hanno la sventura, agli occhi del profano, di assomigliarsi l'una all'altra come gocce d'acqua, e tutte insieme riescono ad evocare solo l'idea di un maniacale lavoro d'uncinetto.

Se poi si pensa che alcune di queste sono piccolissime e lo scriba le incideva inquadrandone una porzione microscopica attraverso una canna, per tracciare caratteri che ora riusciamo a distinguere solo con l'ingrandimento fotografico, ecco che a questo punto una mostra di tavolette in cuneiforme poteva trasformarsi in una raccolta monotona di sassi. Che fare?

Fossimo stati nel maggio '68, una sassaiola molto snob, anche se finire all'ospedale per trauma cranico da frammento del codice di Hammurabi non avrebbe consolato le vittime.

Gli organizzatori della mostra hanno invece escogitato una soluzione spettacolare. Ci sono le tavolette, le statue, cilindri, quando non c'è l'oggetto vero c'è la fotografia, ma il tutto è allietato da pannelli didattici, cosicché la mostra si presenta un poco come un libro le cui pagine, illustratissime, siano appese alle pareti, in teche, su schermi.

Di fatto il catalogo – ricchissimo – sostituirebbe la mostra, salvo che dà più gusto vedere da vicino gli oggetti originali e una volta che ci viene spiegato cosa dicono e in quale modo, le pietre vere, bene illuminate diventano – ci si perdoni il gioco di parole – parlanti.

Il percorso della mostra diventa allegro e dopo un poco si è presi dal gioco, sino a che si arriva alla sezione infantile e si ha voglia di finire nel recinto dei bambini, che plasmano la creta e con uno stiletto ricopiano geroglifici e cunei, come tanti piccoli scribi.

Ma anche il divertimento di decifrare cunei e geroglifici non è da poco. Ci si sente nei panni del gran re che riceve il messaggero con la sua tavoletta illeggibile (i re non erano degli intellettuali, né le cose sono cambiate molto da allora), e lo scriba di corte gli traduceva il messaggio: "Caro amico, ti mando due tizi che qualcuno qui accusa di essere spie del nemico. Vedi di buttarli nell'Eufrate, se muoiono vuol dire che erano colpevoli, se si salvano sono innocenti, e allora fammelo sapere che metterò a morte il loro accusatore". Semplice ed efficace, secondo il codice di Hammurabi, non so se funzioni col Tevere altrimenti potremmo regolare tanti processi in sospeso.

Insomma una mostra piena di rebus e di frasi polidescritte, una Pagina della Sfinge della *Settimana Enigmistica*. Non faccio questo riferimento a caso perché gli organizzatori hanno avuto il buon senso di scendere ad esempi del genere per farci capire come funzionavano quei vari sistemi di scrittura.

Fanno anzi di più: ci hanno sempre detto che molti bassorilievi e pitture egizie erano veri e propri fumetti, ma c'era sempre il sospetto che queste fossero licenze interpretative inventate da Lancelot Hogben e dagli appassionati di Yellow Kid. Qui invece serissimi egittologi e curatori di museo hanno il coraggio di esibire il documento originale e di metterci accanto una ricostruzione disegnata coi fumetti veri e propri, con tanto di nuvoletta e i geroglifici tradotti in buon francese, con i barcaioli che si consultano o gli dei impegnati in educate conversazioni. Ed ecco che una civiltà sepolta diventa viva e divertente, anche per il visitatore di scarsa cultura archeologica. Segno che per fare una bella mostra non ci vogliono moltissimi pezzi, non tutti debbono essere originali autentici e il feticismo del reperto può essere temperato dall'immaginazione. Ecco una mostra da leggere, un libro animato e – se vogliamo – una geniale sceneggiatura televisiva già pronta da essere messa in onda.

Vissuta in questo modo la mostra può indurre a molte altre intuizioni. Per cominciare, è stato un bene che si imparasse a scrivere? Viene alla mente l'episodio raccontato da Platone, quando il faraone rimprovera il dio Toth che ha appunto inventato la scrittura. È finita, gli dice, l'uomo non riuscirà più a coltivare i propri pensieri e la propria interiorità, perché tu gli stai insegnando a oggettivare la propria anima sopra tavolette e papiri. Addio memoria, ora gli uomini impareranno a ricordare attraverso questi mezzucci. Sembra un discorso odierno sui minicalcolatori, ed è una curiosa filippica che viene voglia di attribuire a un Socrate per nulla inclinato a scrivere. Meno male che Platone ha scritto al suo posto e dopo alcune migliaia di anni ci rendiamo conto che l'invenzione della scrittura non ha impedito per esempio a Proust di coltivare e la memoria e la propria interiorità. Ma gli egiziani lo sapevano bene, se questo dio Toth è divenuto non solo l'inventore del linguaggio e della scrittura ma anche il patrono degli scribi, il dio della medicina e della magia: divinità semiotica quante altre mai, sapeva che leggere i segni incisi sulla pietra e leggere i sintomi su di un corpo umano, come d'altronde tracciare segni per dirigere il corso della natura, è tutta la stessa cosa. Non a caso il dio Toth è spesso rappresentato come una scimmia: scrivere, come parlare, è imitare attraverso segni la realtà.

Come si imitano le cose coi segni della scrittura? Questa mostra coi suoi ideogrammi che vagamente rievocano la forma delle cose, ci fa pensare a quegli inventori dei "primi tropi" di cui ci parla Vico, che interpretano il mondo "per sostanze animate": momento aurorale in cui tutto è metafora e onomatopea. Però la mostra evidenzia assai bene come rapidamente il segno imitativo diventi subito astratto, perda il suo riferimento visivo agli oggetti, il pittogramma si fa geroglifico, e il geroglifico rimane immagine ma passa a rappresentare un suono.

Viene alla mente l'altro dialogo platonico, il *Cratilo*, in cui si discute se le parole siano nate per natura o per convenzione, e la conclusione prudente è che forse all'inizio i suoni imitavano le cose, ma poi questa parentela diretta si è perduta, e quello che era immagine viva di un oggetto è diventato segno convenzionale.

Il segno imitativo si stilizza perché la creta e lo stilo non permettono di tracciare bene le curve. In secondo luogo sin dall'inizio gli ideogrammi non imitano i caratteri della cosa, ma i tratti pertinenti di una concezione mentale della cosa. La terra è rappresentata da una losanga, la parola da una rozza silhouette umana con dei trattini trasversali che accennano alla barba, e quindi attraggono l'attenzione sulla bocca come luogo di produzione della parola.

Come si vede, non è tanto pura imitazione quanto un gioco

complesso di sineddochi e metonimie visive. Ci vuole una bella fantasia per riconoscere la nozione "re" in una vaga sagoma umana con una sorta di spazzola sulla testa (lo scacciamosche o scettro regale). D'altra parte se non ci volesse fantasia, chiunque avrebbe potuto interpretare gli ideogrammi che invece restarono incomprensibili per duemila anni, e Champollion, per la gran tensione di decifrarli, ne è morto a quarantadue anni.

Quanto all'immaginifico gesuita barocco padre Kircher, che credeva di poter interpretare tutto in chiave imitativa, ne ha combinate delle belle. Vede una serie di disegnini e legge: "I benefici del divino Osiris devono essere procurati per mezzo di cerimonie sacre e dalla catena dei geni in modo da ottenere i benefici del Nilo". Si frega le mani e va a dormire contento, ignorando che quei segni volevano solo dire "Apries" che era il nome di un faraone. Questo perché gli egiziani, con meravigliosa impudenza, usavano alcuni geroglifici in senso pittografico e altri in senso fonetico, come noi usiamo le lettere dell'alfabeto.

Ancora una volta viene in mente Vico, del quale ci han raccontato a scuola che egli pensava che prima gli dei parlassero per sineddochi e metonimie (fonti, scogli, ruscelli), poi gli eroi per metafore (le labbra del vaso, il collo della bottiglia) e infine gli uomini passassero alla lingua "pistolare", ben più convenzionale. Ma Vico sapeva benissimo che non si può parlare la prima lingua se non sulla base dell'ultima, e che le tre lingue, ovvero i tre modi di produrre segni, sono nate insieme: come a dire che l'invenzione poetica nasce sempre su di un precedente tessuto culturale.

Queste tavolette ci mostrano inoltre che leggere è stato sempre, sin da allora, interpretare, perché bisognava decidere secondo il contesto come una immagine dovesse essere correlata al suo significato e secondo qualc direzione procedere nella lettura. Come in un rebus occorreva decidere cosa leggere per primo, se il segno fonetico o il segno pittografico. In più bisognava inventarsi le vocali e molti segni che erano omofoni, come quando lo stesso suono rinvia a significati diversi. Allora gli egizi dovettero inventare dei segni contestuali. Così ci sono segni che rinviano ad idee (casa, mucca, vento), segni che rinviano a suoni (l'immagine della bocca, che si pronuncia "er" serve a rappresentare la consonante "r") e ci sono infine segni puramente determinativi: dato lo stesso segno che rappresenta un gioco di dama e un filo d'acqua, se vi si aggiunge come determinativo il segno della stoffa, si legge "tessuto", se vi si aggiunge invece il segno di un uccello si legge "essere malato". Per non parlare della metàtesi grafica, dove l'ordine dei segni si inverte per ragioni decorative, così che leggere diventa un'arte.

La scrittura come metafora della testualità, i codici che si complicano di regole contestuali, questo dio Toth ha inventato davvero tutto, le teorie della deriva interpretativa, le mistiche dell'ermeneutica, le quali dimostrano semmai ai tempi nostri un'ineliminabile nostalgia del geroglifico, ma di un geroglifico inteso ancosa alla maniera di Kircher. Perché gli egiziani, e i sumeri, con queste invenzioni riuscivano a scrivere di economia, di catasto, di politica, insomma, comunicavano e non si perdevano soltanto nel piacere del testo.

Osservazioni finali sulle tentazioni della scrittura. Nasce per registrare dati, ma subito passa a rivestire funzioni ideologiche. Si scrive tantissimo per celebrare, per stabilire diritti, per sottolineare priorità. La scrittura si fa subito strumento di potere. Non soltanto per i re che non sanno scrivere, ma per gli scribi. La mostra ci dice molto sulla formazione di una casta intellettuale, sulle origini della scuola come luogo di privilegio. E questi scribi non solo si organizzano, fissano dei curricula, celebrano le difficoltà, la bellezza e il potere del loro lavoro (essi, i custodi della parola), ma si fanno anche continuamente rappresentare dalle immagini.

Servitori, custodi di biblioteche chiuse ai profani, impegnati in un lavoro talmente schivo e umile che per colpa della loro riservatezza si perde per millenni il segreto della loro scrittura, in verità sono orgogliosissimi del loro ruolo, vanitosi, sono sempre lì seduti o in piedi, a due passi dal re o dal faraone. E per essere sempre più importanti le inventano tutte, cambiano le regole del gioco grafico, incidono piccolo piccolo per poter leggere solo loro, complicano i rebus perché (tentazione mai morta) più scrivi oscuro più acquisisci potere.

Come si pongono questi scribi rispetto al potere? Apparentemente ne sono i servi, gli amanuensi. Ma se di questo potere sappiamo qualcosa e se esso ha potuto imporsi, era anche opera loro. Tanto che oggi percorrendo i corridoi della mostra non sappiamo più se quanto essi ci raccontano sia veramente avvenuto, perché a testimoniare di quei grandi imperi ci sono rimaste solo le loro tavolette. Avrebbero potuto mentire, inventare regni e re che non fossero mai esistiti.

E se ci avessero mentito i grandi decifratori del Sette-Ottocento, come in fondo, senza saperlo, mentiva padre Kircher? Se tutta la mostra ci raccontasse una storia inventata non dagli scribi ma dai loro interpreti moderni? Se queste pietre in realtà raccontassero tutt'altra storia?

Per fortuna rimane la pietra di Rosetta. Scritta in geroglifico, in demotico e in greco, il testo greco ci dice esplicitamente che la pietra è trilingue; luogo di una possibile menzogna, i linguaggi e le scritture sono anche la sola garanzia di verità che ci rimane, e i segni si interpretano a vicenda. Che quelle parole illustrate dicano davvero ciò che sappiamo, lo sappiamo a causa di altre parole.

I segni – esili fantasmi – ci assicurano che i faraoni sono realmente esistiti in carne e ossa, stabiliscono un legame saldo tra l'avventura degli occhi e l'avventura delle dita che oggi toccano ancora mummie friabilissime e altrimenti senza nome.

DELLA CATTIVA PITTURA

Le grandi mostre retrospettive sono sempre utili per sfatare le leggende e correggere i cliché. Siccome siamo stati educati a pensare ad Hayez come a un pittore Kitsch, per correggere i miei cliché sono andato a vedere la mostra di Hayez. È molto "camp", si sa, scoprire che il Kitsch (presunto) era invece arte "vera", così come d'altra parte ricevere l'illuminazione che l'arte detta "vera" fosse invece Kitsch, e per questo mi sono affrettato ad andare a vedere Hayez. Il giorno prima che chiudesse. Non ci sono andato all'inizio per prendere distanza, e perché ritengo che, se un pittore ha lavorato più di centanni fa, vederlo un mese prima o un mese dopo sia la stessa cosa.

La sorpresa che ho provato alla mostra di Hayez è che il cliché non doveva essere corretto. In termini molto chiari, Hayez è un pittore pessimo. Anzi, non è un pittore, è un bravo illustratore che oggi potrebbe far copertine per romanzi popolari, e ancora ancora, perché persino i vari Frazetta hanno ormai elaborato tecniche ben più sottili. E dico che mi è dispiaciuto vedere tante scolaresche scorrazzare per quelle sale con guide comunali che spiegavano loro i misteri del romanticismo pittorico, perché mi è venuto il doloroso sospetto che queste tenere menti, così brutalizzate nella fase più delicata della loro maturazione, si avviino a drogarsi di realismo socialista.

A una mostra si reagisce d'istinto. I miei istinti erano molto ben disposti (che godimento mi ripromettevo da questa rivisitazione neomedievale!), eppure d'istinto, ad ogni quadro, mi dicevo che Hayez faceva cattiva pittura.

Mi sono così accorto che non si può evitare di far dell'estetica perché, a meno che si reagisca a queste esperienze con giudizi emotivi (del genere "quel tipo io non lo sopporto", e senza giustificazioni che non siano le ragioni supreme del desiderio), per dire che un pittore è cattivo bisogna pur avere una Idea dell'Arte.

Mi sono accorto che l'idea dell'arte in base alla quale respingevo Hayez era ancora quella che praticavo da qualche tempo, sia pure senza più sfoderarla ad ogni occasione. Potrei riassumerla ancora nella formula di origine jakobsoniana, *autoriflessività e ambiguità*, tutt'al più chiarendo un po' meglio.

Noi siamo abituati a ritenere opere d'arte quegli oggetti che a) da un lato ci obbligano a considerare il modo in cui sono fatti e b) dall'altro, in qualche misura, ci lasciano inquieti perché non è così pacifico che vogliano dire quello che apparentemente sembrano dire. In tal senso la "ambiguità" non è necessariamente riducibile alla deformazione, all'innovazione stilistica, alla rottura delle aspettative; può essere anche questo (e spesso nell'arte contemporanea lo è o lo era) ma soprattutto vuole dire "sovrappiù di senso" o "polisemia" che dir si voglia (o vogliamo dire "apertura"?). L'opera è lì, quadro, poesia, romanzo, sembra che ci racconti che esiste da qualche parte una donna, un fiore, una collina dalla quale si vedono altre colline, un poeta che ama una creatura angelicata, eppure ci accorgiamo che non dice solo quello, ma che suggerisce qualcosa di più (e talora proprio il contrario di quello che sembra dire).

Ora veniamo all'ottimo Hayez. Prima impressione: quando ci dice "ecco qui il doge Tal dei Tali che riceve il messo dell'inquisitore" (oppure "ecco qui i patrioti greci che debbono lasciare piangendo la loro terra"), sembra che egli ci dica esattamente queste cose e nulla di più. Quel doge è proprio un doge (il guaio è che di solito non è *quel* doge, ma *un* doge, la Dogaressità in generale), non è altro che un doge che ascolta i messi dell'inquisitore, e siccome il messaggio gli reca dolore (lo dice anche il titolo, a scanso di equivoci) il doge è proprio addolorato, e addolorati sono paggi e famigli intorno a lui (per inciso, i messi dell'inquisitore sono invece subdoli e malvagi, come loro si conviene). E che diavolo mi importa della storia di quel doge, di cui ho felicemente dimenticato il nome? Proprio nulla, è ovvio. Hayez non mi fa "palpitare" la tela: ma, se l'espressione può parere ancora impressionistica, dirò che non mi suggerisce l'idea che in quel che dice vi sia un sovrappiù di senso.

Possiamo domandarci: c'è davvero un sovrappiù di senso in una bella colonna dorica, o in un quadrato di van Doesburg? Facciamo conto di no, per ora. Ma scatta qui l'altro aspetto (complementare) dell'oggetto artistico, la sua autoriflessività.

Succede che non smetto mai, di fronte al tempio o al quadro astratto, di ammirare *come la cosa sia stata fatta bene*. Lo so che è difficile dire cosa significhi "essere fatto bene", ma di fronte a questa esperienza dell'autoriflessività, di fronte allo stupore per la cura e la mirabile passione con cui l'artista ha fatto "bene" quella cosa (magari così irrilevante, come un cilindro o un quadrato), mi sorge il sospetto che il sovrappiù di senso ci sia, e che quella configurazione voglia suggerirmi "altro".

Posso dire che la pittura di Hayez è molto malfatta perché mi ricorda il modo in cui io (dilettante di disegno, anche se non insipido cartoonist per commensali) cerco di disegnare. Faccio una figura, diciamo un monaco (come è mio costume) in primo piano, poi mi vergogno di essere così piatto, e disegno altri due monaci in secondo piano. Siccome so di prospettiva (sia pure ad occhio) faccio i due monaci di sfondo più piccoli del primo. Ma accade che, se appena tento di annerire la tonaca del primo, con tratti di *pentel*, rischio di confonderla con la tonaca altrettanto tratteggiata dei secondi. E allora, per far capire agli altri (e a me stesso), che le tre figure stanno su piani diversi e sono tre diverse figure, do di contorno, ricalco le linee che dividono il primo monaco dallo spazio bianco infinito, e dalle linee che circoscrivono gli altri due monaci. In altre parole, invece di lasciare che i corpi appaiano *ne*, nascano *da*, si definiscano *entro* lo spazio luminoso per contrasti di luce e colori, li costringo nell'armatura di un contorno.

Ora se andate a vedere da vicino cosa fa Hayez vi accorgerete che fa la stessa cosa. Una gamba è una gamba, e per rendere questo mirabile fatto evidente, Hayez *contorna* la gamba, non con una linea nera a carboncino (perché al postutto è un artigiano che sa il mestiere), ma di fatto la contorna, la separa da ciò che non è gamba, dal resto dell'universo, e se guardate il quadro da vicino vi accorgerete che col pennello ha passato e ripassato le linee della gamba, perché il colore e la luce non gli bastavano. E questo si chiama disegnare, e disegnare a colori, se volete, ma non *dipingere*. E poi, anche disegnare a colori credo che sia un'altra cosa. E allora è chiaro, con una gamba così gamba (così "gambosa", direbbe la Lucy di Charlie Brown), come potete sospettare che vi sia un secondo senso? Gamba è, gamba rimane.

Hayez sa a tal punto che d'altri sensi non ve ne sono che, per evitare "equivoci", come si diceva sopra, pone la massima cura nel non rappresentar *quel* doge, *quel* crociato, *quel* conte, ma la Dogaressità, la Crociatità o la Contità. E per farlo non ha che da pescare nel repertorio della iconografia dei suoi tempi, così che ciascuna delle sue bambine, o ciascuno dei suoi guerrieri, ci ricorda qualcuno che abbiamo già visto, con quei nasi lunghi e affilati, quegli occhi tristi, quei capelli grassi, lisci e non soffiati: li abbiamo già incontrati nelle belle incisioni dei libri Sonzogno, in Jeannot, per intenderci, e nei suoi minori. Hayez disegna disegni, illustra illustrazioni. E badate, non mi importa che lo facesse "prima" di altri. Lo fa.

Questa infelice sua condizione ci spiega però perché al postutto egli sia parso eccellente pittore ai suoi committenti e ammiratori del secolo scorso. Non possiamo infatti credere che l'Ottocento non avesse una idea dell'arte e fosse disposto a prendere tutto per buono. È che l'Ottocento, o almeno quell'Ottocento italiano, aveva una sua idea della pittura come *commento alla letteratura e al teatro*. Hayez piaceva non per motivi pittorici, ma per motivi letterari e scenografici. Piaceva perché rappresentava la gestualità e la disposizione spaziale delle scene di melodramma (per questo i suoi ambienti sono così monumentali e vuoti, come se attendessero una invasione di comparse), perché traduceva esattamente sulla tela espressioni che erano apprezzate sulla pagina, del tipo "alzò gli occhi lacrimosi al cielo", o sulla scena, ove si attende di udir l'orma dei passi spietati.

Qualche anno fa Aurelio Minonne aveva pubblicato un bel saggio su "Il codice cinesico nel 'prontuario delle pose sceniche' di Alamanno Morelli" (*Versus* 22, gennaio-aprile 1979), dove esaminava la logica "cinesica" (la semiotica gestuale) dei teorici del teatro ottocentesco, con il suo codice di pose e gesti dal significato esattamente e convenzionalmente definito. Il teatro ottocentesco (specie il melodramma) viveva di queste convenzioni, e senza capirle si rischia di prendere Verdi per un trombone. Nello stesso saggio Minonne mostrava che le stesse istruzioni per la scena erano realizzate dai pittori ottocenteschi italiani, massime (appunto) Hayez. Prova che committenti e pubblico chiedevano ad Hayez, quando dipingeva, di *ricordare loro il teatro*. Se questa era la richiesta che i fruitori rivolgevano alla pittura, bene ha fatto per un poco la pittura a soddisfare la richiesta e a provvedere per così dire una soddisfazione vicaria: essa veicolava occasioni di rivivere emozioni estetiche provate a teatro. E siccome questo tipo di esperienza (l'evocazione della teatralità) era essenziale per quel pubblico, essa diventava *valore primario*, a scapito di quegli altri che noi riteniamo oggi fondamentali per definire la pittura in quanto tale. Per cui c'è da domandarsi se per quel pubblico la pittura di Hayez non avesse davvero un sovrappiù di senso: essa non parlava di *quel* doge o della Dogaressità, ma del teatro che essa non era, e della vita o della storia come teatro (cantato).

Se è così forse nell'Ottocento Hayez era un artista. Ma certo oggi è difficile ammetterne la possibilità.

Evidentemente nell'Ottocento il richiamo intertestuale (la pittura come suggerimento del teatro) prevaleva sulla considerazione testuale (la pittura come pittura). Forse Hayez non era post-moderno, perché – modernissimo (adeguato ai suoi tempi) – forniva al pubblico la merce che esso gli chiedeva, e cioè una pittura che non parlasse di pittura. Ma può essere letto in senso post-moderno, come trionfo spudorato dell'intertestualità, come pittore che viveva di citazioni extra-pittoriche.

Tutto è possibile, e viviamo in una civiltà esteticamente libera, e flessibile. Ma se l'idea di opera ha ancora un senso, persino il "misreading" di Hayez, che ce lo fa grande, può essere legittimato in base a una ispezione del suo testo pittorico, sia pure in libero e aperto dialogo con ciò che testo non è, ma ambiente, enciclopedia di un'epoca.

Però (e certo è che con gli anni si diventa conservatore) preferirei che ai fanciulli Hayez venisse presentato come un pittore che non faceva buona pittura, sia pure in un contesto culturale in cui l'idea di buona pittura contava molto meno dell'idea di "letteratura" e di letteralità della pittura.

Bisognerà pure spiegare perché l'Idea dell'Arte dell'Ottocento non sia più la nostra – salvo il rispetto dovuto a tutte le Idee (purché non pretendano di presentarsi come *la* Idea).

1. *Quale sogno?*

Che cosa hanno in comune i personaggi nibelungici di Frazetta con le estenuate creature dei preraffaelliti? Che cosa i paladini di Battiato con la nascita del purgatorio di Le Goff? E se si incontrassero, a bordo di qualche oggetto volante non identificato nei dintorni di Montaillou, Dart Vader e Jacques Fournier parlerebbero lo stesso linguaggio? E se sì, sarebbe il latino? Il latino del vangelo secondo san Lucas?

Come tutti i sogni, anche quello del medioevo minaccia di essere illogico, e luogo di mirabili difformità. Ce lo hanno detto in molti, e tanto forse basterebbe a non indurci a trattare in modo omogeneo ciò che omogeneo non è.

Ma ogni vertigine di disomogeneità può essere nominata come campo unificato quando esibisca al proprio interno una rete di somiglianze di famiglia. Tra queste occorrerà pure districarsi.

Quando si inizia a sognare il medioevo? Evidentemente quando, se il medioevo fosse diurno, il giorno è finito, e inizia la rielaborazione notturna, nelle sue naturali forme oniriche. E poiché, per consenso delle male genti, il medioevo è la notte, si dovrebbe iniziare a sognarne quando sorge il nuovo giorno e, secondo un noto poemetto goliardico, tra la scoperta dell'America e la presa di Granada (due nomi che, come vedete, il presente ama associare tanto quanto l'amò il passato), l'umanità ilare si risveglia cantando "che sollievo, che sollievo, è finito il medioevo!". E a quel punto, sia pure ad occhi aperti, incomincia a sognarne.

Badate che in questa mia rapida cavalcata, come si conviene a un buon cavaliere degli evi bui, sarò rapido come il vento, e percorrerò solo le belle terre d'Italia, ché a voler rivisitare le tappe del sogno medievale nell'universo mondo non mi basterebbe la vita, e rischierei di arrivare alla fine del mio cammino senza aver posto le mani sul Santo Graal di una ragionevole conclusione. E dunque si parta.

2. Quattro secoli di sogni

Iniziano i poeti rinascimentali, che con la dovuta ironia rivisitano le avventure dei paladini, dico Pulci, e Boiardo e Ariosto, ma prima di loro e con minore ironia l'autore dei *Reali di Francia* e del *Guerrin Meschino*. E sulle radici del medioevo e della sua gloria, ragiona con freddezza filologica Lorenzo Valla (per distruggere un mito, non per celebrarlo né tantomeno per sognarlo, ma in ogni caso rievocando il tempo che fu).

Gioca di rievocazione linguistica medievale il *Baldus*, e l'occhio alla tarda classicità e al medioevo bizantino volge il Trissino, cantando l'Italia liberata dai Goti. Se il babbo Bernardo canta un Amadigi di Gaula, il figlio Torquato non trova di meglio che far cantare romanze manieristiche a medievalissimi crociati (su cui, certo, egli non ironizza come i suoi maggiori, usandoli dunque in altro senso). Che se poi scrive una tragedia sarà su Re Torrismondo, sovrano dei Goti.

Il Seicento pare poco attento alla restaurazione medievale, come se il concilio di Trento non avesse rivestito di panni barocchi il proprio sogno di una riforma mai avvenuta, ma non dobbiamo guardare solo ai letterati. Che in quest'epoca – anzi da prima – riciclano la filosofia medievale, all'inizio del Cinquecento il cardinal Gaetano (e a tal punto che gli incauti non capiscano mai bene dove abbia terminato di scrivere Tommaso e dove lui inizi), e poi Pedro da Fonseca, e Pietro Ramo, e in epoca barocca Francisco Suarez, per finire col grande Jean Poinsot, meglio noto ai neoscolastici come Giovanni di San Tommaso, per non parlare dei nemici di Galileo, meno sciocchi di quanto si creda. E tutti costoro vivono il loro sogno medievale così bene che tutti quanti, a cominciare dai neoscolastici più illustri del nostro tempo, prendono la loro scolastica controriformistica come scolastica buona e autentica, e vi attingono a piene mani, disconoscendo il fatto che tutti coloro erano qualcosa di meglio che non degli scolastici in ritardo, e solo oggi si inizia a rileggerli come autori del proprio tempo, che a modo proprio guardavano in avanti.

E che diremo del Settecento razionalista e illuminato? Che del medioevo inizia la ricostruzione filologica con *Rerum Italicarum Scriptores* del Muratori, mentre il Bettinelli si affanna, sì, a parlar contro Dante, ma ne parla, e ne parla perché evidentemente qualcuno ai suoi tempi ne parla ancora, e troppo, a parer suo. Ché poi, se al Bettinelli va storto Dante, non gli va storto il medioevo, perché nel *Risorgimento d'Italia*, rifacendosi alle scoperte di Muratori, cerca di rivalutare quanto accade nei secoli dopo il Mille.

D'altra parte nello stesso periodo Gasparo Gozzi scrive una difesa di Dante. E il secolo dei lumi finisce, come nel resto dell'Europa, con le Ossianiche di Cesarotti. Il romanticismo è alle porte, e la letteratura inglese si sta popolando di castelli ed abbazie gotiche. Tra non moltissimo Chateaubriand ci dirà, respirando aria balsamica sotto le volte ogivali di una foresta celtica, che cosa sia il genio del cristianesimo.

A quel punto l'Italia risorgimentale si popola di medi evi rivisitati in tutti i generi e in ogni sistema semiotico a disposizione. Canta Pellico una Francesca, Manzoni un Adelchi, suona la buccina del Grossi per i Lombardi alla prima crociata, giura Berchet a Pontida, si batte a Benevento il Guerrazzi, freme il Prati sulla cena di Alboino re, risfoglia Amari i fatti del Vespro Siciliano, e che fa il De Sanctis tra un esilio e una vittoria, se non lezioni su Dante e saggi sul Petrarca?

Per non dire del *Marco Visconti* e del *Folchetto di Provenza* di Grossi (Folchetto che bello al pari di una rosa in fra le nordiche nebbie viaggia), del *Convinto d'Alboino* di Guadagnoli, del *Castello di Trezzo* di Bazzoni, dei *Beati Paoli* di Felice Bisazza (che non sono settecenteschi come quelli di Natoli, ma del secolo dodicesimo, perché anche la mafia ha radici medievali), della *Lega di Lombardia* di Cesare Balbo, delle *Lettere siciliane del secolo XIII* di Santorre di Santarosa, o della pleiade di romanzi e romanzetti di Diodata Saluzzo di Roero, del Folleti, dell'Agrati, o del Bertolotti. Per finire con Carlo Tenca, che cito per le ragioni non ingenue ma sicuramente sentimentali che alcuni di voi potranno intravedere.

Dunque Tenca scrive nel 1840 *La Ca' dei cani. Cronaca milanese del secolo XIV cavata da un manoscritto di un canottiere di Barnabò Visconti*, e così formula la sua prefazione ai lettori:

...perché gli episodi sono pur necessari, anzi costituiscono la parte principale di un racconto storico, vi abbiamo introdotto l'esecuzione di cento cittadini impiccati sulla pubblica piazza, quella di due frati abbruciati vivi, l'apparizione di una cometa, tutte descrizioni che valgono per quelle di cento tornei, e che hanno il pregio di sviare più che mai la mente del lettore... Oltre di che l'erudizione vi è sparsa a piene mani, essendoci stato di aiuto in ciò il nostro cronista, il quale pare sia andato razzolando tra le memorie dei suoi tempi, e ne abbia fatto tesoro nella sua storia. Anzi fu sì grande questa sua smania di narrare fatti che raccolse in un anno solo avvenimenti di cinque o sei anni...

Rispetto allo stile e alla lingua, che tengono oggidì primato d'importanza, ci siamo sforzati di stare più strettamente che per noi si potesse vicino alla verità... Ond'è che al signore e al principe abbiamo posto in bocca un linguaggio fiorito e sentenzioso, adorno di frasi studiate e peregrine, al popolo un parlar basso e ruffianesco, misto di solecismi e d'arzigogoli d'ogni fatta. Anche in ciò i comuni lettori troveranno quella varietà e diremmo quasi screziatura che tanto piace nella comune dei romanzi.

E intanto fremono i palcoscenici di trovatori verdiani e gli amanti dell'Hayez, col cappello da studente del quart'anno, baciano le loro castellane che hanno avuto la ventura di farsi riassettare i damaschi dal trovarobe della Scala. Ma fosse solo Hayez: fanno quadri di argomento medievale Adeodato Malatesta, Ludovico Lipparini, Massimo D'Azeglio, e Faruffini, e Domenico Morelli, e Nicolò Barabino, giù giù sino a De Carolis, quando ormai, altrove, Ruskin e Morris han lanciato la loro moda, e i decadenti francesi mettono nello shaker mistico del SAR Josephin Peladan e i Rosacroce e i Templari, per offrire un'alternativa d'avanguardia tradizionale alla nascente tradizione del moderno.

Né si sottrae l'architettura al richiamo del sogno, e mentre Boito scrive sul modello medievale come rifondazione di una logica costruttiva degli edifici, Pelagio Pelagi e Alessandro Sidoli rifanno alla medievale i centri storici, si costruiscono o si ricostruiscono le facciate del duomo di Napoli, della cattedrale di Amalfi, di Santa Croce e di Santa Maria del Fiore, per la gioia del turista non ancora post-moderno, in cerca disperata di autenticità storica. Modenesi disegna la facciata di San Petronio, Salvatico la cattedrale di Trento, Coppedé il castello Mackenzie, Falcini, Treves e Michele la sinagoga di Firenze, mentre Edoardo Arborio Mella scrive i suoi *Elementi di architettura gotica* nel 1857.

Non basterà l'unità d'Italia a distogliere poeti e narratori dal sogno medievale: non parliamo di Carducci e delle sue chiese di Polenta, dei suoi San Miniati, del suo sire canuto d'Hohenzollern che pensa tra sé "morire – per man di mercatanti che cinsero pur ieri – ai lor malpingui ventri l'acciar dei cavalieri", mentre d'alti fuochi Alessandria, su su per l'Appennino illumina la fuga del Cesar ghibellino, e i fuochi della Lega rispondon da Tortona e un canto di vittoria per la pia notte suona. Ma si intenerisce Pascoli sulla dolce prospettiva di Paolo Uccello e su re Enzo, Verga intese deliziose novelle minori di stile gotico, Giacosa gioca a scacchi, Benelli fa beffe a cena, Gozzano va per insulae perditae, Comparetti ritorna vincitore dalla ingente selva virgiliana.

3. Perché oggi?

Parleremo allora oggi di moda medievale perché Pederiali o Malerba han scritto i loro romanzi e Battiato ha affidato a discepoli di Eleanor Fini e di Fabrizio Clerici le armature dei suoi pupi palermitani sottoposti a plastica facciale dal chirurgo del Fuori?

Pare, e mi pare, che la moda medievale, e il sogno del medioevo, attraversi tutta la cultura italiana, ed europea per sovramercato, come già è stato suggerito. E del perché di questa fascinazione molti altri han parlato. Non si sogna il medioevo perché sia il passato, perché di passati la cultura occidentale ne ha millanta, e non si vede perché non si debba tornare alla Mesopotamia o a Sinhue l'egiziano. Ma è che, ed è stato detto, il medioevo rappresenta il crogiolo dell'Europa e della civiltà moderna. Il medioevo inventa tutte le cose con cui ancora stiamo facendo i conti, le banche e la cambiale, l'organizzazione del latifondo, la struttura dell'amministrazione e della politica comunale, le lotte di classe e il pauperismo, la diatriba tra stato e chiesa, l'università, il terrorismo mistico, il processo indiziario, l'ospedale e il vescovado, persino l'organizzazione turistica, e sostituite le Maldive a Gerusalemme o a San Jago de Compostela e avete tutto, compresa la guida Michelin. E infatti noi non siamo ossessionati dal problema della schiavitù o dell'ostracismo, o del perché si debba, e necessariamente, uccidere la propria madre (problemi classici per eccellenza), ma di come far fronte all'eresia, e ai compagni che sbagliano, e a quelli che si pentono, di come si debba rispettare la propria moglie e languire per la propria amante, perché il medioevo inventa anche il concetto dell'amore in occidente.

4. Ricostruire e rabberciare

Come si distingue la nostra libera propensione verso l'eredità classica dalla nostra necessaria attenzione all'eredità medievale? Credo che possiamo opporre il modello della *ricostruzione filologica* al modello del *rabberciamento utilitaristico*. L'antichità classica la si ricostruisce, si scavano i fori imperiali, si sostiene il Colosseo che periclita, si ripulisce l'Acropoli: ma non li si riempie di nuovo, una volta riscoperti li si contempla.

Invece quanto rimane del medioevo lo si rabbercia e si continua a riutilizzarlo come contenitore, per porvi qualcosa che non potrà mai essere radicalmente diverso di quel che già vi stava. Si rabbercia la banca, si rabbercia il comune, si rabberciano Chartres e San Gimignano, ma non per venerarli e contemplarli, bensì per continuare ad abitarli. Si paga, se mai, il biglietto per visitare il tempio greco o la galleria dei busti dei filosofi, ma nel duomo di Milano o nella chiesetta dei Mille si va ancora ad ascoltar la messa, e si elegge il nuovo sindaco nel palazzo comunale del XII secolo. Si discute se fare eserciti di mercenari o di cittadini coscritti, non sul come ricostruire la legione tebana. Il sogno del medioevo si esercita sempre su ciò che può e deve essere rabberciato, mai su ciò che si può museificare.

E se pure qualcuno può obiettare che noi viviamo ancora di Aristotele, di Platone e di Plotino, attenti allo sbaglio di prospettiva. Quando li si usa come se fossero dei contemporanei, li si usa e rabbercia come eredità medievale, ché tale è l'Aristotele dei neoscolastici. Che se appena un filologo ce lo restituisce così come era e non come il medioevo ce lo ha consegnato, questo Aristotele non è più maestro di vita, ma testo per esame. Caso mai, per i migliori, diventa modello di un pensiero possibile, non strumento per pensare oggi nei suoi propri termini. Rabberciava Aristotele il Taparelli d'Azeglio, e fa una storia dei suoi rabberciamenti il Minio Paluello, e su quella base si può credere ancora a una teoria della sostanza e degli accidenti che ci permette, oggi, di avvicinarci alla mensa eucaristica, ma non appena il severo filologo ricostruisce l'Aristotele perduto ed originale, usciamo dal rabberciamento e dall'uso per entrare nel santuario della venerazione accademica.

5. Dieci tipi di medioevo

Ma se si torna al medioevo solo rabberciandolo, mai rico-struendolo nella sua interezza e autenticità (quale?), allora forse ogni sogno del medioevo (dal 1492 ad oggi) non rappresenta il sogno del medioevo ma il sogno di un medioevo.

Se ogni sogno del medioevo è il sogno di un medioevo, di quale sogno e di quale medioevo parliamo?

Lasciatemi tentare una tipologia dei molti medi evi che abbiamo conosciuto – rozza e generica come tutte le tipologie.

1. Il medioevo come *maniera e pretesto*. Quello del Tasso, per intenderci, quello del melodramma. Non c'è reale interesse per un'epoca, l'epoca viene vissuta come "luogo" mitologico in cui far rivivere personaggi contemporanei.

2. Il medioevo della *rivisitazione ironica*, quello dell'Ariosto, forse anche quello di Cervantes. Si torna all'immaginario di un'epoca passata, vista appunto come passata e irriproducibile, per ironizzare sui nostri sogni e su quello che non siamo più ("o gran bontà dei cavalieri antiqui..."). Ariosto rivisita il medioevo come Leone rivisita il West. È il medioevo della nostalgia, ma si tratta di una nostalgia atea.

3. Il medioevo come *luogo barbarico*, terra vergine di sentimenti elementari, epoca e paesaggio al di fuori di ogni legge. È il medioevo della Heroic Fantasy contemporanea, ma è anche il medioevo del *Settimo sigillo* e della *Fontana della vergine* di Ingmar Bergman. Nulla vieterebbe che le stesse passioni elementari fossero vissute all'epoca di Gilgamesh, o sulle coste della Fenicia. Il medioevo viene scelto in quanto spazio buio, *dark ages* per eccellenza. Ma in quel buio si desidera vedere una luce "altra". In tal senso, dovunque e in qualsiasi tempo si svolga, la Tetralogia wagneriana appartiene a questo medioevo. Esso è per vocazione a disposizione di ogni sogno di barbarie e forza bruta trionfante, ed ecco perché viene sempre, da Wagner a Frazetta, sospettato di nazismo. È nazista ogni vagheggiamento di una forza, eminentemente virile, che non sappia né leggere né scrivere: il medioevo, con Carlo Magno che appena sapeva fare la propria firma, si presta mirabilmente a questi sogni di un ritorno alla villosità incontaminata. Quanto più peloso il modello, tanto maggiore il vagheggiamento: l'Hobbit sia modello u-

mano per i nuovi aspiranti a nuove e lunghe notti dei lunghi coltelli.

4. Il medioevo *romantico* che prediligie la cupezza del castello diroccato sullo sfondo del fortunale irto di lampi, abitato da fantasmi di spose violate e assassinate la notte stessa delle nozze. Medioevo ossianico e neogotico, parente prossimo delle efferatezze orientali di Vathek. Medioevo ottocentesco, ma ancora il medioevo di certa *space opera* in cui l'astronave si sostituisce al torrione.

5. Il medioevo della *philosophia perennis*. Forse inteso come *escamotage* arguto da Gaetano e da Giovanni di San Tommaso, preso drammaticamente sul serio da una mente piccola come quella di padre Taparelli d'Azeglio, e da una mente grande quale qualla del cardinal Mercier e, per ascendere in ordine di grandezza, di Etienne Gilson. Covato con amore, quasi con lussuria, dallo sguardo allucinato di Maritain, con ostinazione conservatrice da Pio XII, in spirito di Heroic Fantasy massmediatica dal crocifero Woytila, questo medioevo presenta aspetti di finezza filologica e altri di dogmatismo antistorico. È infinitamente preferibile, nell'universo cattolico, al falso modernismo dei baroni spiritualisti, che rileggono Gentile attraverso Rosmini.

6. Il medioevo delle *identità nazionali*, quale fu quello di Scott e di tutti i risorgimentali, che vedevano negli evi fulgidi della riscossa comunale un modello vincente di lotta contro il dominio straniero.

7. Un medioevo *carducciano*, tutto restauro, a celebrazione della Terza Italia, un po' falso e un po' filologico, tutto sommato bonaccione e ipocrita, funzionale alla rinascita e allo stabilizzarsi di una Nazione in cerca di identità. Ma parente del medioevo decadente, quello delle estasi di Des Esseintes sui manoscritti della tarda latinità, per intenderci, e di certo dannunzianesimo, e dei preraffaelliti, e di Ruskin e di Morris. E se pongo insieme Carducci e Dante Gabriele Rossetti (con tutto il neomisticismo medievaleggiante dei Fedeli d'Amore e le interpretazioni occultistiche di Dante) è perché, repubblicano l'uno e aristocratico l'altro, entrambi si iscrivono in fondo in un disegno di restaurazione, dove il medioevo è visto come antidoto alla modernità.

8. Il medioevo di Muratori e delle *Rerum italicarum*, un medioevo non diverso da quello di *Annales*, salvo che il primo ricostruiva filologicamente un'epoca sulle grandi croniche e hi-

storie e il secondo sui registri parrocchiali, sui regesti dell'Inquisizione, sugli atti notarili. Il primo per ritrovare gli avvenimenti; il secondo per ritrovare i comportamenti quotidiani delle folle senza storia e le strutture della vita materiale, ma entrambi intesi a comprendere, alla luce dei nostri problemi e delle nostre curiosità, cosa sia stata un'epoca che non si può ridurre a un cliché e va riscoperta nella sua pluralità, nel suo pluralismo e nelle sue contraddizioni. Fanno parte di questo medioevo le ricerche strutturali di Viollet-le-Duc, l'iconografia di Mâle e l'iconologia di Panofsky, per non dire di ogni buon studio di ricostruzione filosofica, che miri alla comprensione critica più che al riutilizzo passionale. Ma guarda caso, in tutti questi casi a nessuno viene in mente di parlare di moda. Si tratta infatti solamente di buon lavoro. O forse sarà perché chi parla di mode, di solito questo lavoro non lo conosce.

9. Il medioevo della *Tradizione*. Luogo in cui ha preso forma (vorrei dire: in modo iconograficamente stabile) il culto di un sapere ben più antico, quello del misticismo ebraico e arabo, e della gnosi. È il medioevo sincretistico che vede nella leggenda del Graal, nella vicenda storica dei Cavalieri del Tempio, e da questi attraverso la affabulazione alchemica, gli Illuminati di Baviera, sino all'attuale massoneria di rito scozzese, il dipanarsi di una sola e continua storia iniziatica. Acritico e antifilologico, questo medioevo vive di allusioni e di illusioni, esso riesce sempre e mirabilmente a decifrare, ovunque e con qualsiasi pretesto, lo stesso messaggio. Fortunatamente, per noi e per gli adepti, il messaggio è andato perduto, ciò che rende l'iniziazione un processo senza fine, rosacroce e delizia per i privilegiati che resistono, impermeabili all'abito popperiano della falsificazione, devoti ai paralogismi della simpatia universale. Mistico e sincretistico, esso voracemente ascrive alla propria storia intemporale tutto ciò che non può essere né provato né falsificato.

10. E infine, il medioevo dell'*attesa del Millennio*, attesa che ha ossessionato in modi diversi ogni secolo, dai circoncellioni ai terroristi, dai fraticelli agli ecologisti. Fomite di molte insanie, quando è stato vissuto con nervi deboli e mente allucinata, nemmeno chi riflette con mente pura e nervi saldi potrà completamente dimenticarlo. Esso ci accompagna, monito e minaccia, permanente richiamo alla possibilità di un Olocausto, e ci dice di fare attenzione, per saper identificare l'Anticristo quando batta alla porta, sia pure in abiti borghesi, o in divisa militare.

6. Scegliere il medioevo di cui si sogna

A questo punto ci si può legittimamente chiedere a quale medioevo si pensa quando si parla di neomedioevo, di ritorno al medioevo e di moda medievale. Perché è chiaro che ogni volta si tratta e si tratterà di qualche cosa di diverso, talora auspicabile, talora innocuo, come è innocua la letteratura, purché fatta dai minori, talora insidioso e pericoloso. E occorrerà essere molto chiari nel dire a chiare lettere a cosa si allude quando si celebra un ritorno al medioevo. Perché il medioevo o è un'epoca storica che finisce nel 1492, o è la storia del rabberciamento continuo che la nostra civiltà va facendo di quel che accadde tra la caduta dell'impero romano e la scoperta dell'America. Dire a quale dei dieci tipi di medioevo si stia ritornando, significa dire chi siamo e cosa vogliamo, se ci stiamo semplicemente divertendo, se vogliamo capire, o se ci prestiamo senza comprendere al gioco di qualche restaurazione.

Quando Roberto Vacca parlò di medioevo prossimo venturo, egli stava pensando al crollo dei grandi sistemi tecnologici, crollo che avrebbe instaurato un nuovo medioevo feudale o prefeudale, fondato sulla penuria e sulla lotta per l'esistenza. Risposi allora che il medioevo era già cominciato, e cioè che non bisogna attendere la guerra atomica per vagheggiare o temere un nuovo medioevo. Ma il mio medioevo era inteso come un'epoca di transizione, di pluralità e di pluralismo, di contraddizione tra un impero che nasce, un impero che muore, e una terza società che sta sorgendo. Il mio medioevo si presentava come un'epoca "interessante", perché era un'epoca di rimescolamento di carte in cui alle grandi penurie si affiancavano le grandi invenzioni, e la prefigurazione di nuovi modi di vita. In questo senso il medioevo come modello può interessarmi, ma il modello funziona in senso prospettico e, vorrei dire, fondamentalmente ottimistico.

Ma il medioevo può essere preso anche come modello di una Tradizione che, per definizione, ha sempre ragione. E questo neo-medioevo, prodotto dei mercati dell'assoluto, pavento – e vi invito a demistificare. Usando le parole di un critico, che in piena fioritura neomedievale nel secolo scorso, avendo evidentemente del medioevo una idea restrittiva che non posso che respingere, tuttavia aveva intravisto il senso negativo di ogni ritorno nostalgico e idealizzante, nutrito di passione anziché di ragion critica.

Così terminerò citandovi Carlo Giuseppe Londonio, un critico che amo perché la via a lui intitolata si stende sotto al mio balcone, in belle simmetrie neoclassiche, fornendomi ogni mattina al risveglio una prospettiva d'alberi vuoi in fiore vuoi nordicamente spogli e intirizziti di brina. Londonio fu, nella controversia che divise classici e romantici, romantico moderato, e quanto fosse moderato nel suo romanticismo lo si vede dal risentito scetticismo con cui, non senza esibire umori pre-positivistici, polemizza col sogno del medioevo che si sognava ai tempi suoi:

Dopo aver esaminato la dottrina nella nuova scuola romantica sotto l'aspetto letterario mi resta a dire qualche cosa dell'influenza morale e dello scopo che essa può avere. Trattasi niente meno che di correggere il mondo e di far rivivere, se fosse possibile, la beata ignoranza e la feroce anarchia dei tempi della cavalleria. Davvero l'impresa è grande e degna di lode, se non altro, la buona intenzione degli odierni riformatori delle lettere e dei costumi. Ma, sia detto con loro buona pace, Dio ci preservi dal veder realizzate le loro speranze. Che i nostri costumi abbisognino d'ammenda, l'accordo. Ma che dobbiamo farci specchio di quei tempi, questo è quello che non posso concedere. Non v'è volta che io miri sulla vetta dei monti i solitari avanzi di qualche diroccato castello, ch'io non mi senta stringere il cuore e correre per l'ossa un brivido di orrore. Quei merli, quelle torri mi richiamano alla mente quei tempi di barbarie, di depravazione che ora da taluni, nella esaltazione della poetica loro immaginazione, ci si dipingono come l'età dell'oro. Bello è il leggere nelle antiche cronache e nei poemi dei nostri epici le magnanime imprese dei cavalieri erranti, ma quale barbarie, quale anarchia non suppone necessariamente quello stato di società in cui la virtù e l'innocenza, mal difese dalle leggi, erano costrette a porsi sotto la protezione di un privato! Rimontiamo a quell'epoca sfortunata e vedremo l'Europa ricoperta di boschi, di lande, di paludi; le provincie, le città, le famiglie stesse divise da odii eterni, lacerarsi, distruggersi a vicenda; nessun commercio, nessuna comunicazione da nazione a nazione; le scienze e le arti neglette, la giustizia conculcata dalla violenza, la religione deturpata dalla superstizione; i sovrani mancanti di forza per farsi ubbidire dai propri vassalli e per proteggere il popolo contro la loro prepotenza; i baroni sempre in guerra fra loro e concordi solo nell'opporsi alla volontà del sovrano e al bene dello stato; il popolo avvilito e valutato quanto le bestie da soma; vedremo l'onore, la vita, le sostanze abbandonate alla fortuita decisione del duello e della prova del fuoco e dell'acqua bollente; vedremo l'Europa intera armarsi più e più volte per togliere dalle mani degli infedeli i luoghi consacrati dalle più venerande memorie della nostra religione, e quei campioni della croce, quei modelli di religione, di virtù, d'onore, deturpare con mille scellerataggini il nome cristiano e perir vittime della discordia, della slealtà, della dissolutezza. Se tali sono, come lo sono purtroppo, quei tempi eroici che si propongono alla nostra ammirazione, ben possiamo felicitarci di vivere in questo secolo prosaico e in mezzo all'attuale depravazione... Romantici vogliamo esserlo anche noi italiani, noi figli primogeniti della moderna civilizzazione, noi da cui ebbe forma e splendore l'ancor rozza poesia de' trovatori: romantici sì, ma avversi ai pregiudizi, alla malinconia, alla superstizione; romantici nelle idee, nelle opinioni, negli affetti, ma fedeli all'esempio e ai precetti classici nelle applicazioni delle forme e delle regole d'arte. (*Cenni critici sulla poesia romantica*, 1817).

Sottoscriveremo a quanto Londonio pensa del medioevo e del primato morale e civile degli italiani? Certo no, altrimenti rileggeremmo lui con lo stesso fervore acritico con cui i suoi amici romantici rileggevano il medioevo.

Ma sottoscriverei alla sua manifestazione di buon senso lombardo, e tradurrei il suo richiamo in questi termini: sognate il medioevo, ma chiedetevi sempre quale. E perché.

Quanto la nostra epoca ha forse veramente in comune col medioevo è al postutto il vorace pluralismo enciclopedico. Va bene, e probabilmente ormai tutti preferiamo la cattedrale di Strasburgo, vagheggiata da Goethe, al tempio malatestiano, se proprio si deve parlare fuori dai denti. Ma Galileo aveva ragione (almeno, Popper ci insegna, sino a che non avrà di nuovo torto) e nessun sogno potrà mai farcelo dimenticare.

Quindi, lunga vita al medioevo e al suo sogno, purché non sia un sonno della ragione.

Di mostri ne abbiamo generati abbastanza.

TRA ESPERIMENTO E CONSUMO

IL GRUPPO 63, LO SPERIMENTALISMO
E L'AVANGUARDIA

Le ragioni di un ricupero

In una ricognizione degli eventi culturali italiani degli anni sessanta, il Gruppo 63 ha certamente diritto a una menzione diffusa. Tuttavia, più che rifare la sua storia, elencarne i membri e le opere che ha incoraggiato, suscitato o direttamente prodotto, occorre partire dalla fine e chiederci perché il gruppo sia stato così ampiamente celebrato e ricordato in occasione del suo ventennale, nel 1983.

In tal modo, nel cercare di stabilire queste ragioni, si farà una analisi della sensibilità culturale italiana degli anni sessanta e degli anni ottanta a un tempo.

Che il gruppo sia stato celebrato oltre il prevedibile, è un dato di fatto. Non c'è stato quotidiano nazionale o locale che non abbia dedicato alla celebrazione almeno una intera terza pagina, per non parlare dei servizi dei settimanali. E sono stati chiamati a discutere, in queste ideali tavole rotonde, i protagonisti di ambo le parti della barricata, i membri del gruppo e i loro antichi nemici, ciascuno giocando, paradossalmente, sia il ruolo del testimone che quello del giudice distaccato.

Ora è vero che negli ultimi decenni i mass media praticano molto ciò che gli americani chiamano "*instant nostalgia*", e cioè la nostalgia del momento immediatamente preterito, ma l'ampiezza delle rievocazioni ci suggerisce che dietro a esse vi debbano essere altre ragioni. Se negli anni della sua attività al gruppo sono stati attribuiti vizi che esso non poteva vantare, negli anni della sua celebrazione gli sono state attribuite, come vedremo, virtù di cui esso non era responsabile. Così da far nascere il sospetto che la cultura italiana, facendo apparentemente i conti con il gruppo, di fatto facesse i conti con altro, e al postutto con se stessa.

Per capire cosa sia avvenuto, nei sessanta e negli ottanta, occorrerà porsi alcune domande:

— se il gruppo sia mai esistito;
— se fosse un gruppo di avanguardia;
— se fosse un gruppo sperimentale;
— se queste due ultime caratteristiche potessero coesistere e come;
— se la dialettica tra le varie caratteristiche del gruppo abbia influito sul suo funzionamento, sulla sua fine, sulla sua riscoperta ventanni dopo.

È esistito il Gruppo 63?

Il Gruppo 63, è stato detto, non esisteva. Nel senso organizzativo del termine era vero: si trattava in effetti di una comunità di scrittori, saggisti, pittori, musicisti, che da tempo si conoscevano e che facevano cose di comune interesse.

Il gruppo dunque esisteva come fatto di costume e come manifestazione occasionale: nel senso in cui esiste una filodrammatica in cui persone, che nella vita fanno mestieri assai diversi, si riuniscono talora per provare una commedia, animati certo da molti gusti in comune, e si mostrano in pubblico una volta ogni sei mesi.

Forse è stata questa sua "imprendibilità" a renderlo e irritante e influente al tempo stesso. Non era una massoneria in cui, con buone raccomandazioni, ci si potesse iscrivere, sia pure in segreto (e a rischio di non essere accettati dalla maggioranza dei soci). Era piuttosto come una festa di paese, di cui fa parte chi è presente e partecipa dello spirito generale e del genius loci.

Il gruppo come tale affiorava all'esistenza solo quando si facevano delle riunioni in cui i partecipanti si presentavano a vicenda i propri lavori e si criticavano l'un l'altro senza vergogna e senza complicità. In questo senso, anzitutto, si voleva contestare un costume letterario fondato sul vicendevole incensamento, o se si vuole, sul modello del mutuo soccorso. C'è stato quindi nel Gruppo 63 qualcosa che ha anticipato (in modello ridotto) la contestazione del Sessantotto. Un costume, una presa della parola al di là dei rituali (anche se poi, necessariamente, queste pratiche hanno creato il loro rituale).

Ma il gruppo non era un "movimento" come quello del Sessantotto. I membri del gruppo – a differenza dei movimentisti del Sessantotto – non erano più dei giovani in attesa di inserirsi nel ciclo produttivo, o intesi a rifiutare l'inserimento. Avevano già chi trenta e chi quarant'anni e già lavoravano nell'industria culturale, nelle case editrici, nei giornali, nell'università. Per questo, caso mai, quando è arrivata la contestazione sessantottesca, l'atteggiamento del gruppo è stato contraddittorio e, per così dire, interrogativo. Tuttavia è stata proprio la rivista del gruppo, *Quindici*, ad interessarsi subito del Sessantotto e a ospitare testi dei leader del movimento. Ma non ci si limitava a pubblicare le loro opinioni. Quando era necessario le si criticava. Gli uomini del gruppo cercavano di ridefinire il loro ruolo di generazione di mezzo, tra gli anziani e i giovanissimi. Nel far questo, come vedremo, hanno scoperto di non essere più un gruppo. Questo non sarebbe accaduto se il gruppo fosse esistito come istituzione: è accaduto perché esisteva come atmosfera, e le atmosfere, oltre che impalpabili, sono mercuriali e volatili.

Sul piano letterario e artistico in generale il rapporto tra i "membri" è sempre stato molto complesso. Il gruppo era colto e sperimentale, asserivano alcuni, e vedeva il proprio dovere di contestazione come dovere culturale, da svolgersi nel laboratorio dei linguaggi. Ma per altri si trattava di qualcosa come un movimento di avanguardia, per nulla silenzioso e riservato.

Tuttavia i movimenti dell'avanguardia storica aspiravano in un certo senso a impadronirsi della vita, a diventare pratica quotidiana, mentre sembra che gli intellettuali del gruppo fossero molto scettici su questa possibilità.

Tanto è vero che non hanno ceduto alla provocazione del post-Sessantotto, che ha trasportato le tecniche dell'avanguardia storica direttamente nei comportamenti quotidiani, ha per così dire rifatto il surrealismo o il dadaismo "sur nature". Di lì – del resto, e come ho cercato di mostrare nel mio *Sette anni di desiderio* – la crisi del cosiddetto "movimento", che è rimasto vittima di una utopia estetica antichissima: credendo di far politica ha cercato di realizzare, di trasportare l'arte nella vita. Il che è molto difficile, per non dire impossibile.

Il Gruppo 63 non poteva prendere questa direzione, forse proprio per il fatto che esso era al contempo un gruppo di avanguardia e un gruppo di scrittori sperimentali e di loro sostenitori (con tutta la prudenza, il senso umbratile del lavoro nell'antro alchemico, che questa caratteristica comportava).

Ma ecco che a questo punto è necessario distinguere meglio sperimentalismo da avanguardia, come del resto autori del gruppo, quali per esempio Guglielmi, avevano già fatto negli anni sessanta.

Sperimentalismo

Se sperimentare significa operare in modo innovativo rispetto alla tradizione assestata, ogni opera d'arte che noi celebriamo come significativa è stata a proprio modo sperimentale.

Era sperimentale per Manzoni scrivere una storia che si svolgeva nel Seicento, secolo di umiliazione nazionale, proprio nel vivo degli orgogli risorgimentali in cui si prediligeva il medioevo come epoca di glorie e riscosse nazionali. Era sperimentale per Rabelais giocare, ironicamente, sul patrimonio della cultura sorbonarda e sorbonizzante, così come sarebbe sperimentale oggi scrivere in un modo che mettesse in questione la semiotica implicita della Ecole Pratique des Hautes Etudes. Era sperimentale Conrad (infatti Marlow parla come nessuno prima di lui aveva parlato – almeno in un romanzo), ed erano sperimentali i giochi sul punto di vista messi in opera (e teorizzati) da Henry James.

Certo, come in una sorta di Fattoria degli Animali della letteratura, vi sono scrittori e artisti che sono più sperimentali di altri. Anche intuitivamente si potrà ammettere che Joyce esperimentasse più di quanto non facesse James. Una buona prova intuitiva e sociologica della sperimentalità di un artista è: "quanto è comprensibile?". La risposta "nulla" non garantisce la sperimentalità dell'artista, perché al postutto può sempre trattarsi di un dilettante velleitario, ma ci induce comunque ad aprire una inchiesta sulla possibile sperimentalità dell'artista in questione. Uno scrittore può risultare incomprensibile perché non conosce la grammatica o perché volutamente offende (e indirettamente ristruttura) le regole della grammatica tradizionale.

In ogni caso ciò che caratterizza sociologicamente – se non testualmente – l'autore sperimentale (e abbiamo visto che ogni grande autore è in qualche misura più o meno sperimentale) è la volontà di *farsi accettare*. Egli offende, ma a scopo vorrei dire pedagogico, per ottenere consenso. Il sogno di un autore sperimentale è che i suoi esperimenti, col tempo, diventino norma.

Naturalmente per giudicare un autore sperimentale occorre

farlo in base alle sue opere non in base alla sua poetica, perché si può progettar molto e praticar poco.

Avanguardia

Diversa è la situazione dell'avanguardia. Anzitutto non si può mai parlare di un'opera d'avanguardia, ma di un'opera (o non-opera, abbozzo di poetica, manifesto, dichiarazione) prodotta nell'ambito di un movimento d'avanguardia.

Tipico del movimento d'avanguardia è la decisione provocatoria, il voler offendere socialmente le istituzioni culturali (letterarie o artistiche) attraverso prodotti che si manifestino come inaccettabili.

Le osservazioni più limpide fatte su tutti i movimenti di avanguardia di questo secolo sono ancora quelle di Renato Poggioli nella sua *Teoria dell'arte di avanguardia*.[1]

Le caratteristiche che Poggioli fissava per qualsiasi movimento di avanguardia erano:

— *attivismo*: entusiasmo, fascino dell'avventura, gratuità del fine;

— *antagonismo*: si agisce contro qualcosa o contro qualcuno;

— *nichilismo*: nessuno scrupolo nel radere al suolo gli ostacoli tradizionali, disprezzo dei valori correnti;

— *culto della giovinezza*;

— *ludicità*: arte come gioco;

— *agonismo*: nel senso di senso agonico dell'olocausto, capacità di suicidio al momento giusto, gusto della propria catastrofe.

— *rivoluzionarismo e terrorismo* (in senso culturale);

— *autopropaganda*: violenta e "autopubblicitaria" imposizione del proprio modello come unico;

— *prevalenza della poetica sull'opera*.

Credo che si possano rivisitare tutti i movimenti di avanguardia del nostro secolo, dai futuristi al Gruppo 63, ritrovandovi (mutatis mutandis) questi elementi.

Sperimentalismo versus avanguardia

Questo ci permette di opporre sperimentalismo e avanguardia.

Lo sperimentalismo gioca sull'opera singola, da cui chiunque potrà estrapolare una poetica, ma che vale anzitutto come opera; l'avanguardia gioca sul gruppo di opere o di non-opere, alcune delle quali altro non sono che meri esempi di poetica. Nel primo caso dall'opera si estrapola una poetica, nel secondo caso dalla poetica si estrapola l'opera.

Lo sperimentalismo tende a una provocazione interna alla storia di una data istituzione letteraria (romanzo come anti-romanzo, poesia come non poesia), mentre l'avanguardia tende a una provocazione esterna, vuole cioè che la società nel proprio complesso riconosca la sua proposta come un modo oltraggioso di intendere le istituzioni culturali artistiche e letterarie.

La Battaglia di Adrianopoli di Marinetti, presentata su una rivistina a circolazione limitata, altro non sarebbe stata che una proposta sperimentale. Recitata ad alta voce di fronte a un pubblico andato in una data sala per ascoltare quello che socialmente era ritenuto essere "poesia", provocava scandalo e rifiuto.

Quando Piero Manzoni dipinge una tela bianca fa ancora della pittura sperimentale: quando immette in un museo una scatola ermeticamente chiusa ed annuncia che contiene "merda d'artista", fa dell'avanguardia. Nel primo caso discute le possibilità stesse della pittura, nel secondo l'idea stessa di arte e di museificabilità.

A voler semplificare, e ricorrendo a una schematizzazione corrente nelle semiotiche testuali, se consideriamo da un lato una dialettica tra autore e lettore empirico di un testo, e dall'altro quella tra Autore e Lettore Modello (entrambi visti come strategie testuali), potremmo dire che l'avanguardia riguarda i rapporti tra autori e lettori empirici, lo sperimentalismo quello tra Autore e Lettore Modello:

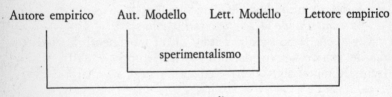

Indubbiamente le due anime (avanguardistica e sperimentale), convivevano nel gruppo e ne caratterizzavano la sostanziale ambiguità. Questo può spiegare perché partecipassero ai lavori del gruppo personaggi come Vittorini il cui *Menabò* era indubbiamente una rivista di esperimenti letterari ma non una rivista di avanguardia, e perché si trovassero a loro agio nel gruppo i giovani turchi del Gruppo 70 fiorentino, dalle connotazioni avanguardistiche, e scrittori neobarocchi come Manganelli.

Ma converrà del pari capire come il gruppo sia potuto "morire" per quello che concerneva la sua anima avanguardistica, senza per questo dissipare il reddito sperimentale che aveva accumulato.

Fedele al principio che ogni gruppo di avanguardia marcia consapevolmente verso la propria catastrofe, il gruppo si è ucciso praticamente con la chiusura di *Quindici*, e *Quindici* si chiude proprio nel momento del suo maggior successo commerciale e di prestigio.

Non vi è nulla di paradossale in tutto questo: *Quindici* era diventato un nuovo spazio in cui avrebbero dovuto esprimersi a un tempo le vecchie istanze "culturali" del gruppo e dei suoi padri fondatori, e le istanze sovvertitrici e "politiche" del "movimento". I membri del gruppo, di fronte alle scelte che si aprono davanti a loro, scoprono che non esisteva tra loro unità ideologica (lo si sapeva, ma la diversità rimaneva occultata dall'intento comune di *fare avanguardia*). A questo punto il gruppo scopre che come gruppo d'avanguardia non ha più alcuna funzione perché non tutti sono d'accordo *per chi* e *contro chi* battersi: il Sessantotto ha prodotto dei giochi di riallineamento, ha rovesciato antiche alleanze, ha persino sanato le ferite di tante battaglie polemiche. Il gruppo (attraverso *Quindici*) ha il merito storico (e anche fosse il suo unico merito, già sarebbe grande) di capire quando un movimento d'avanguardia deve finire per non sopravvivere pateticamente a se stesso.

A questo punto, si ha il rientro delle varie componenti sperimentali del gruppo nei rispettivi alvei di lavoro. Il gruppo rimane come eredità, e come deposito fruttifero per chi continuerà a lavorare da "cane sciolto".

Il Gruppo 63 e l'illuminismo padano

Si dovrà ora dire qualcosa di più preciso sui rapporti tra lo sperimentalismo del Gruppo 63 e lo stato della cultura internazionale di quel tempo. Il gruppo raccoglieva figli della prima generazione del dopoguerra, per cui l'Europa non aveva confini e che si trovavano a proprio agio sia con Leopardi che con Eliot.

Nel corso delle rievocazioni ispirate al ventennale del gruppo, nel 1983, si sono attribuiti al gruppo degli interessi e delle "scoperte" (linguistica, strutturalismo, sociologia delle comunicazioni di massa, semiotica, eccetera) di cui il gruppo in quanto tale non era responsabile. E inoltre non si trattava di "scoperte", perché scoprire Saussure nel 1963 sarebbe stato come scoprire oggi l'America viaggiando in jet, e a tariffa ridotta.

Chi scrive si occupava in quegli anni di strutturalismo, per esempio, ma in rapporto con studiosi, in Italia e all'estero, che col gruppo non avevano nulla a che vedere, anzi erano magari su posizioni critiche e ideologiche antitetiche. Ma è che la cultura italiana ha attribuito al gruppo tutto ciò che di nuovo circolava in quell'epoca. Questa è stata forse la vera influenza positiva del gruppo, essere diventato il simbolo, il catalizzatore della novità, della lotta contro i miti provinciali. Ecco perché oggi si mette così disinvoltamente insieme Gruppo 63 e contestazione politica. Eppure, a quei tempi, tra il gruppo e le rivistine politiche che poi avrebbero dato vita al movimento del Sessantotto, c'era polemica molto aspra.

Naturalmente tutti si respirava uno stesso clima, in cui non si poteva più parlare dei propri personali ricordi regionali, e tutta l'Europa, e l'America, discutevano gli stessi problemi.

In questo senso si potrebbe vedere il gruppo come la manifestazione più vistosa e provocatoria, ma abbastanza epigonale, di ciò che chiamerei "illuminismo padano". L'espressione è troppo sintetica, certo, e vale solo in quanto può apparire illuminante opporre, sin dal secolo scorso, un illuminismo lombardo all'idealismo meridionale.

Quanto al richiamo all'illuminismo lombardo, non è un caso che la rivista di Anceschi, sulle cui pagine i futuri membri del gruppo si incontrano e fanno le prime prove, fosse intitolata a Verri. Ma non è neppure un caso che nel 1832, ancor prima che la cultura napoletana dei De Sanctis, degli Spaventa, e dei Vera, si impadronisse dell'eredità hegeliana, la *Antologia* fiorentina, per la penna di Romagnosi, e dunque di un esponente della cultura lombarda, pubblicasse un feroce pamphlet antihegeliano.

Così, nel periodo in cui la cultura italiana era dominata dall'idealismo crociano, negli stessi anni del fascismo in cui per molti italiani l'idealismo crociano (con l'estetica e il gusto artistico letterario che ne conseguivano) rappresentava l'unico modello di un pensiero liberale e "europeo", l'Italia del nord era invece il luogo in cui si svolgeva il magistero antidealistico di Banfi; dove dall'esistenzialismo positivo di Abbagnano al neorazionalismo di Geymonat sino al secondo e all'ultimo Paci, si dibattevano i temi della filosofia contemporanea in spirito antitetico a quello del neoidealismo; dove – mentre gli elzeviristi tradizionali ancora toscaneggiavano – gli editori Rosa e Ballo pubblicavano Brecht e Yeats, gli espressionisti tedeschi e il primo Joyce; dove il torinese Frassinelli ci avvicinava a Kafka e al *Portrait* (via Pavese), e Vittorini prima scopriva e traduceva gli americani, poi con *Menabò* esplorava le prime forme di letterature del triangolo industriale; dove da tempo a Venezia si contrabbandavano Schoenberg e Strawinsky, così come più tardi a Milano nasceva uno dei due primi laboratori europei di musica elettronica. Per non parlare di ciò che era accaduto a monte, nella Trieste austro-ungarica all'inizio del secolo.

Dai nomi citati si capisce che "illuminismo padano" rimane una formula giornalistica, perché a questa ideale *Weltanschauung* padana appartenevano il sardo Gramsci e il siciliano Vittorini, così come molti intellettuali iscritti alle anagrafi milanese, o torinese, o bolognese, erano e rimanevano a tutto diritto membri dell'idealismo meridionale.

Ma non si può ignorare che alla *koiné* nordica appartenevano Gozzano e Pascoli e Montale, che poi i giovani critici del *Verri* avrebbero identificato come i veri maestri del Novecento (contro D'Annunzio, contro, naturalmente, Carducci e contro l'estetica dell'espressione). È chiaro che la distinzione non può essere etnica o geografica, e la formula dell'illuminismo padano caratterizza soltanto un modo di pensare, certamente più mitteleuropeo che mediterraneo. Ma proprio per questo non si era potuto evitare che questo modo di pensare si polarizzasse idealmente a nord della linea gotica, come non si può evitare di osservare che questa cultura padana fosse contemporanea e in qualche modo organica allo sviluppo del triangolo industriale (col che si capirà perché poi la cultura tradizionalistica italiana si scaglierà contro il Gruppo 63, padano di origine e sentimenti, anche se in trasferta di fondazione a Palermo, bollandolo come mosca cocchiera del neocapitalismo).

Né appaia bizzarro che una accusa cosí gergalmente marxista venisse dall'idealismo meridionale, perché allora gran parte del pensiero marxista italiano era più vicino alla matrice neoidealistica che non a quella razionalistica e, per materialista che fosse – ma raramente lo era – un marxista italiano non poteva non preferire il Croce di "poesia e non poesia" (e dello storicismo) allo spirito dell'*Encyclopédie* e al Gramsci che, con sovrana nonchalance per le distinzioni di genere, si incuriosiva sulla letteratura popolare o su altri fenomeni che erano più nel gusto della Padania che in quello della Magna Grecia.

Più tardi Arbasino escogiterà la felice immagine della "gita a Chiasso", per ricordare che sin dai primi decenni del secolo era possibile, e doveroso, intrattenere un rapporto più intenso e aggiornato con i fermenti delle avanguardie europee del Novecento, e con pensatori e scienziati che il magistero crociano e la riforma gentiliana dell'educazione avevano escluso dall'orizzonte degli interessi culturali italiani. Ma con questa formula Arbasino non farà altro che suggerire (proponendosi come modello di coloro che a Chiasso andavano) che nell'area padana la gita a Chiasso era la norma.

Ora, a voler periodizzare con qualche rozzezza, la cultura italiana rimane dominata dal modello idealistico napoletano sino a metà secolo (e si prenda la data della morte di Croce come cifra emblematica, così come il 1520, nei manuali di storia dell'arte, segna il passaggio tra rinascimento e manierismo). Nella seconda metà del secolo si impone bruscamente il modello illuministico padano, si riscopre l'eredità del positivismo, ci si accorge che la cultura italiana aveva dato Peano, Vailati, Pareto, esiliati nel purgatorio degli pseudoconcetti dalla filosofia dello spirito, ci si rivolge allo studio delle avanguardie storiche e della poesia anglosassone (massime Pound e Eliot)... È un clima, è il clima della collana "Idee Nuove" di Bompiani ispirata da Banfi, delle edizioni Einaudi, e poi del Mulino bolognese e dell'Universale Feltrinelli contro le vecchie copertine floreali del Laterza di Croce, ma è in quel clima che esplode l'attenzione per la sociologia, che ci si collega ai gruppi oltremontani dello strutturalismo linguistico, che si legge Sartre, Wittgenstein, Husserl o Merleau-Ponty, che gli architetti neorazionalisti del triangolo industriale integrano alla loro riflessione i portati della filosofia e della linguistica contemporanea, che l'universo degli intellettuali inseriti nelle grandi aziende neocapitalistiche si muove con diversa e più scientifica curiosità verso il mondo dei mass media (la televisione nasce prima a Torino, poi a Milano, e lentamente verso la fine degli anni cinquanta emigra verso Roma), è in questo clima che, se da un lato si pubblica *Il gattopardo* (come esame di coscienza sia della cultura meridionale che del modo colonialistico con cui la cultura padana l'aveva avvicinata) si leggono ora Gadda e Svevo, e ci si avvia lentamente non a scoprire la psicoanalisi, ma a capire che proprio in quella stessa area viveva e lavorava chi, in silenzio, l'aveva scoperta sin dall'inizio...

Questo è il clima, e *Il Verri* prima e il Gruppo 63 dopo ne sono una delle manifestazioni: salvo che, come si è detto, il gruppo è quello che manifesta in modo meno silenzioso, da minoranza assai "vocale".

Sappiamo oggi da dove proveniva il gusto sanguinetiano per una poesia di ispirazione medievale che rivalutava il simbolo e l'allegoria, nonché il richiamo all'inconscio, contro ogni poetica dell'espressione e del sentimento; o da dove provenisse il gusto per l'impasto tra lingua comune e gergo scientifico nella poesia di Pagliarani; e persino il riferimento al simbolismo anglosassone in molti poeti di "linea lombarda", o – sempre in quest'ambito – il gusto magico per la citazione dotta in Luciano Erba (anche se il Gruppo 63 trascurerà, a torto, questi fratelli maggiori). Tutto questo non poteva non apparire "naturale" nell'ambito della cultura padana, ma suonava a scandalo per l'Italia mediterranea. Di fronte alla vocalità provocatoria e tecnologicamente goliardica degli uffici stampa del Gruppo 63 (gestiti con senso allegramente "terroristico" da Balestrini – e chissà che questa sua postura provocatoria non abbia contribuito anni dopo a disegnare agli occhi degli inquirenti la sua figura di "eversore"), di fronte a queste manifestazioni l'opinione culturale italiana leggeva attraverso il Gruppo 63 l'immagine inquietante di qualcosa che lo precedeva e lo rendeva possibile. E voglio dire che attraverso il ricorso sanguinetiano alle poetiche medievali si scopriva addirittura il pericolo rappresentato dal suo mitissimo maestro Giovanni Getto, che già da alcuni anni stava rivalutando la lettura allegorica e filosofica del Paradiso dantesco, contro ogni buona abitudine pre e postromantica.

Perché questa era la posta in gioco: attraverso il colpo mortale che da tempo stava inferendo all'idealismo meridionale, l'illuminismo padano stava liquidando le ultime propaggini dello spirito romantico.

Questo spiega perché, non vent'anni dopo, ma quasi subito, al gruppo vengono ascritti peccati e virtú che sono invece dell'illuminismo padano in generale. L'illuminismo padano era sperimentale, perché "scientifico" e razionalistico (né credeva alla frattura tra le "due culture"): il gruppo sarà sperimentale e tecnologico ma, grazie alla propria componente avanguardistica, agirà come cassa di risonanza del più accademico illuminismo padano.

Questo spiega anche perché, appena un ventennio dopo, il gruppo venga celebrato, da quegli stessi che lo avevano avversato, e trattato con equanimità da quelli che erano stati i suoi critici più scandalizzati. In realtà si celebra nel gruppo ciò che il gruppo non era, se non di riflesso, si celebra cioè la vittoria degli pseudoconcetti sullo spirito assoluto. Le celebrazioni del gruppo sono solo uno dei tanti aspetti del tributo di adulazione che i vinti pagano a chiunque rappresenti ai loro occhi il vincitore.

Ma questo è stato possibile perché il gruppo è rimasto, nelle cronache e negli archivi, come unità sperimentale, ed è proprio dello sperimentalismo, quando vince le proprie battaglie, produrre accettazione. Il gruppo ha potuto essere celebrato come vicenda sperimentale perché come gruppo di avanguardia si era suicidato, con lucido e stoico gesto, nel 1969.

Se nel 1983 verrà lodato sarà solo perché ha saputo morire, e attraverso la sua celebrazione si sarà celebrato altro, e cioè la riconciliazione, ormai sancita e passata in giudicato, tra cultura italiana e cultura europea.

[1] Bologna, il Mulino, 1962.

IL TESTO, IL PIACERE, IL CONSUMO

Il "cosa", il "come" e i due tipi di Lettore Modello

Consumo, successo, piacere della lettura rappresentano un reticolo di fenomeni non facilmente distinguibili l'uno dall'altro. Quello che ci interessa osservare qui è che essi non sono in alternativa a sperimentalismo mentre sono in alternativa ad avanguardia.

Vorrei anzitutto mettere in evidenza alcuni punti che, a causa della loro ovvietà, rischiano di apparire come paradossali:

1. Ogni artista aspira ad essere letto. Non c'è corrispondenza privata di alcun artista che noi consideriamo "sperimentale" (da Joyce a Montale) che non dimostri come quell'autore, anche se sapeva di andare contro all'orizzonte d'attesa del proprio lettore comune e attuale, aspirasse a formare un proprio lettore futuro, capace di intenderlo e di gustarlo, segno che stava orchestrando la sua opera come sistema di istruzioni per un Lettore Modello che fosse in grado di capirlo, apprezzarlo ed amarlo. Non esiste autore che desideri essere illeggibile o inguardabile. Caso mai, come Joyce, aspira ad educare un "ideal reader affected by an ideal insomnia", ma spera con tutte le sue forze e agisce con tutta la sua abilità perché questo lettore possa un giorno esistere empiricamente.

2. Ogni testo aspira a procurare il piacere della propria lettura appropriata. Il narratore di *feuilleton* vorrà un lettore che sappia sospirare e lacrimare, Robbe-Grillet vorrà un lettore capace di degustare il romanzo futuro, entrambi vogliono qualcuno a cui "piaccia" leggere (o guardare, o ascoltare) il proprio prodotto.

3. Sembra che alcuni autori di narratività pura si disinteressino dello stile, aspirando a un lettore che apprezzi solo le *storie* che essi raccontano. Si potrebbe qui distinguere tra aspirazione al piacere dell'enunciato e al piacere dell'atto dell'enunciazione. Ovvero, in termini più classici, tra piacere del *cosa* e piacere del *come*. Vale a dire tra piacere per il Mondo Possibile disegnato dalla storia che il testo racconta o piacere per la strategia del racconto. Ma non vedrei questa distinzione come una semplice distinzione, comune all'estetica tradizionale, tra piacere per la forma o piacere per il contenuto. La moderna narratologia ci dice che una storia, indipendentemente dal sistema semiotico a cui è affidata, può avere una propria forma e non è proibito immaginare un autore che preveda nel proprio lettore modello il piacere che consegue alla percezione di un mondo possibile ben organizzato.

4. Ogni opera si propone almeno *due tipi di lettore*. Il primo è la vittima designata delle proprie strategie enunciative, il secondo è il lettore critico che gode del modo in cui è stato condotto ad essere vittima designata. Esempio palmare – ma non unico – di questa condizione della lettura, è il romanzo poliziesco, che sempre prevede un lettore di primo livello e un lettore di secondo livello. Il lettore di secondo livello deve godere non della storia raccontata ma del modo in cui la storia è stata raccontata. Ogni opera d'arte, oltre che di artigianato, rivolge al lettore la stessa domanda. Non si considerano qui i casi di opere più complesse in cui sono richiesti e prefigurati lettori di terzo, quarto, ennesimo livello. Pertanto un criterio estetico accettabile e non dissonante coi principi dell'estetica moderna, sarà di distinguere tra opere che mirano principalmente al piacere del lettore di primo livello e opere che mirano al piacere dei lettori di livello n.

Le prime potranno essere definite come opere "gastronomiche" le seconde come opere a finalità estetica.

Di alcuni casi limite

Infine ci sono opere in cui questa distinzione non è così chiara. È indubbio che ogni opera, dal racconto del mestierante al disegno del bambino, dai *Promessi sposi* alla *Critica della ragion pura*, rivolge sempre un appello (spesso patetico) al proprio lettore: "guarda come sono stata fatta bene!". Ma è altrettanto indubbio che ci sono alcune opere che, per così dire, eludono questo passaggio e mirano ad altro. Un tipico esempio di questo tipo di opera è il *1984* di Orwell. Dal punto di vista delle convenzioni letterarie è mal scritta, dal punto di vista ideologico è debitrice ad altre opere che, forse con maggior energia, negli anni precedenti avevano condannato la dittatura e il destino di un mondo fondato sulla tecnologia, da *Buio a mezzogiorno* a *Brave New World*. Nulla in questo romanzo è del tutto originale, compresi la figura del Grande Fratello, la sessione dell'odio, il rifacimento del *Times*, il rapporto sadomasochistico tra torturatore e vittima, la fusione di decadentismo e moralismo *liberal*, l'idea (comune a tutte le inquisizioni) che si possa essere uccisi solo dopo il pentimento, altrimenti non vale la pena di sacrificare la vita dell'eretico.

Eppure questo romanzo risolve la propria catena di citazioni per sovrabbondanza e impone una sorta di sgomento mitologico, porta alla luce terrori e tendenze latenti dei propri lettori, colpisce l'immaginario collettivo e affonda le proprie radici nel simbolismo dell'inconscio, gioca sugli archetipi.

Non vince per ragioni di stile, non racconta bene una storia nuova, e tuttavia diventa importante per ragioni affini a quelle che ci rendono indimenticabili e memorabili i miti e le grandi rivelazioni dei mistici.

Se la dialettica estetica tradizionale si svolge tra il piacere del *cosa* e il piacere del *come*, libri come quello di Orwell ci pongono di fronte all'esperienza di un *come* modesto e di un *cosa* al postutto già risaputo.

Ma la natura del *cosa* ci impedisce di limitarci alla dialettica estetica e ci fa restare (come si voleva un tempo di fronte all'impressione del sublime che è altra cosa del bello) inquieti di fronte a un mistero.

In effetti ciò che ci colpisce di fronte a *1984* non è che quel libro possa essere stato scritto, ma che qualcosa del genere possa accadere anche a noi. Dunque, come ricordava Kant per il piacere del sublime, non stiamo godendo di una regolarità senza legge, di una finalità senza scopo, di un universale senza concetto e di un piacere senza interesse, ma della sproporzione tra ragione e immaginazione, di qualcosa che appartiene (inquietantemente) alle profondità del nostro animo e non alla superficie o alla profondità dell'oggetto.

La consolazione, il piacere, l'innovazione, il successo

Di fronte a queste osservazioni sono ancora validi certi apparati categoriali che una sociologia della letteratura (apparentemente "democratica") ha mutuato dalle estetiche più aristocratiche, nate dal connubio tra romanticismo e avanguardie storiche?

Possiamo ancora identificare il piacevole con il non-artistico? Possiamo ancora identificare il consolatorio con ciò che soddisfa l'orizzonte di attese del fruitore e che pertanto non innova e non provoca? O addirittura, possiamo ancora porre da un lato, il consolatorio, il non innovativo, l'atteso e dall'altro l'inatteso, l'informativo, il provocatorio, ciò che insomma produrrebbe un piacere di ordine superiore e non banale? E che cosa significa soddisfare o provocare un orizzonte di attesa?

Credo che a questo punto occorra prendere atto della fondamentale relatività di queste nozioni e maneggiarle per quel che sono, nozioni relative al patrimonio di sapere, alla enciclopedia di un certo pubblico, e non aspetti "oggettivi" di un testo (ovvero l'oggettività nasce dal rapporto tra gli aspetti collettivamente identificabili del testo e l'enciclopedia di chi lo legge).

Occorre fondere la visuale estetica con quella antropologico-culturale.

I promessi sposi ribadisce attese del proprio pubblico o le frusta? E in tal senso, si offre a un consumo facile o prevede un lettore che deve ricostruire tutto il proprio apparato di lettura? Forse che Manzoni provocava i liberali laici e consolava i cattolici, o viceversa? E Balzac? Marx e Engels sono incerti se egli fosse il celebratore o il critico dell'universo legittimista. O se, come legittimista, fosse un critico provocatorio della borghesia in ascesa. Legittimista, tuttavia provoca la tradizione in cui crede, proponendo come realisticamente praticabili solo i crudi valori della competizione capitalitica. E, tra l'altro (anche a detta di Proust) scrive male. Ma racconta bene. Quale è la differenza?

Cos'è un romanzo sperimentale? Indubbiamente *Tristram Shandy* lo è, così intessuto di istanze dell'enunciazione, pronto a criticare la forma stessa del romanzo. Eppure diventa, ai suoi tempi, un best-seller e quindi riscuote un successo di massa, come osserva Leavis nel suo libro sul pubblico della narrativa anglosassone.[1] Leavis si domanda perché Virginia Wolf, altrettanto sperimentale, non sia divenuta altrettanto popolare. Ma il Settecento è affascinato dalla nuova forma del romanzo, che consuma senza rimorsi, e gode anche nell'interrogarsi su di essa. Il Novecento, questa forma l'ha già mitologizzata, o la consuma o la critica, ma non c'è più rapporto tra le due possibilità. *Robinson Crusoe* è un gran libro, assumo l'affermazione non come dato critico ma come dato statistico, per consenso delle genti. Consola il proprio lettore borghese settecentesco, lo riconferma nelle proprie credenze e nelle proprie speranze. Provoca identificazioni, agisce come operetta morale, instaura pedagogia. Ha tutte le caratteristiche, se si prendono alla lettera le affermazioni che ho appena fatto, per assomigliare (da un punto di vista sociologico) alla *Mano della morta* di Carolina Invernizio. Ma è un gran libro in un'epoca in cui leggere per divertirsi, e leggere romanzi per trovare modelli d'identificazione, è un gesto innovatore di un lettore appartenente a una classe emergente.

Che cosa si capisce ancora di *Robinson* oggi? Molto, e varrebbe la pena di interrogarci sempre e a fondo sul perché opere che rispondono alle richieste di un lettore passato continuano ancora ad affascinare i lettori futuri, domanda che si poneva già Marx a proposito del fascino dei classici. Credo che si potrebbe rispondere spiegando come ogni libro contenga in sé le indicazioni per comprendere il codice a cui si riferisce e cioè che ogni grande libro descrive al contempo la figura del Lettore Modello che vuole creare, così che leggendo *Robinson* tutti noi torniamo ad essere borghesi inglesi del XVIII secolo. Ma c'è pure il rischio che oggi lo si legga per la vicenda che narra, per trarne un piacere superficiale, perdendo tutto il godimento che era destinato al suo lettore d'elezione. E infatti oggi di questo romanzo possiamo dare due letture: una critica, che ci porti a vederlo così come funzionava ai suoi tempi, ed è lettura critica per pochi; ed una gastronomica, e in tal caso il libro ci racconta una storia così risaputa che non produce in effetti alcun successo di massa. Acquistato certo per obbligo, a edizioni regolari, *Robinson* oggi non è tuttavia un best-seller. Rischia di essere, credo, quello che gli americani chiamano un GUB, "great unread book", come la Bibbia e come Proust.

Non vorrei che questo apparisse come basso relativismo. È relativismo, ma "alto". Ripeto, è ancora possibile, credo, analizzare *Robinson* e mostrare come la sua complessità e organicità sia tale da permetterci di ricostruire in noi il suo lettore deputato, mentre lo stesso non accadrebbe con romanzetti scritti per compiacere immediatamente un pubblico molto preciso e circoscritto (che è poi un modo un poco più strutturale di dire che il grande autore mira pur sempre all'universale e non al proprio utile particolare).

Ma rimane fermo che, se non siamo capaci di cogliere la relatività delle categorie che usiamo, rischiamo non di guadagnare nulla e di perdere molto.

Si veda il caso del "successo". Un libro ottiene successo solo in due casi: se dà al pubblico ciò che esso si attende o se crea un pubblico che decide di attendersi ciò che il libro gli dà. Ovvero, ogni opera "piccola" risponde alle domande del pubblico che ha individuato, mentre ogni "grande" opera crea le domande del pubblico che decide di costruire. Non è facile stabilire se I promessi sposi o Robinson soddisfacessero un pubblico già esistente o creassero un pubblico futuro. Ma se non è facile per le opere del passato, è più facile per le opere del presente? Non lo saprei dire con esattezza, e dunque manovrerei le categorie del successo e della soddisfazione con molta prudenza.

Esaminiamo un caso di autore di successo, Carducci. Da alcuni dati gentilmente fornitimi dall'ufficio stampa della Zanichelli apprendo che le Odi barbare escono nel 1877 e fanno mille copie in dieci giorni. Nel 1878 esce la seconda edizione, la terza nell'80, la quarta nell'83, la quinta nell'87. Se in dieci giorni si vendono mille copie e poi si attende un anno per la ristampa, significa che la prima edizione era già di alcune migliaia di copie, e quindi si può calcolare che in una decina d'anni, con cinque edizioni, Odi barbare abbia fatto qualcosa come quaranta o cinquantamila copie.

Ora Carducci aveva successo perché dava al pubblico quella celebrazione della Terza Italia che il pubblico post-risorgimentale si attendeva. Non possiamo tuttavia negare che, nel blandirne le esigenze, Carducci d'altro canto "creava" il proprio pubblico, se non altro educandolo al gusto dei piedi "barbari" che egli, d'imperio testuale, riproponeva.

Vediamo ora un altro autore che ai suoi tempi fu considerato popolare, Lorenzo Stecchetti. Stecchetti proponeva al proprio pubblico un "maledettismo" che, in epoca post-romantica, era già merce di consumo. Nulla di strano perciò se i suoi Postuma (sempre da indicazioni della Zanichelli) vendono cinquemila copie in quattro mesi nel 1877 e dal '78 all'83 fanno altre dieci (dico dieci) edizioni. Alla dodicesima troviamo una avvertenza che raccomanda al pubblico di guardarsi dalle contraffazioni e nel 1905 siamo alla venticinquesima edizione.

Stecchetti come Ken Follett o come Harold Robbins? O, per restare più vicini ai suoi tempi, Stecchetti come Da Verona? Eppure il successo non spiega tutto. Credo che sia opportuno tornare anche al testo. Torniamo dunque almeno a *un* testo e rileggiamoci quel *Primo maggio 1895* che appare nelle *Rime di Argia Sbolenfi*:

Passano lenti. Un lampeggiar febbrile
    arde a ciascuno il ciglio.
Passan solenni e dalle dense file
    non si leva un bisbiglio.
Toccandosi le mani ognun di loro
    cerca il vicin chi sia.
Se i calli suoi non vi segnò il lavoro,
    quella è una man di spia.
Sotto l'aspra fatica e il reo destino
    molti son già caduti,
molti il carcer ne tiene od il confino,
    e pur sono cresciuti.
Striscia il gran serpe de la folla oscura
    dei ricchi su le porte.
Dentro, nello stupor de la paura,
    si ragiona di morte.
Intanto il passo de la muta schiera
    allontanar si sente
e nel silenzio de la fosca sera
    spegnersi lentamente.

Stecchetti è un maledetto "alla moda", eppure qui vediamo che va contro sia alla retorica carducciana della Terza Italia che a quella dei manifesti socialisti del suo tempo. Rappresenta lavoratori maledetti come *dandies*, e questo è il fatto nuovo. Non vende cose attese dal pubblico, offre qualcosa di nuovo che il suo pubblico oscuramente attendeva. Il suo schizzo non ha nulla a che vedere con il grande affresco del Quarto Stato, caso mai ci ricorda i proletari di Pasolini, e l'anticipo non è da nulla. Crea una risposta perché intuisce (ma al tempo stesso istituisce) un orizzonte d'attesa.

Ecco, forse l'esempio è da poco, ma serve, mi pare, per sottolineare due punti:

– che non si può mai parlare del successo come fatto sociologico e statistico senza rapportarlo alla situazione culturale in cui l'opera appare (la stessa poesia scritta oggi sarebbe, sì, veramente di maniera);

– non si può parlare del successo come fatto sociologico e statistico senza controllare sul testo le ragioni della interazione

111

tra un orizzonte d'attesa (attuale o virtuale) e la strategia testuale.

In altri termini l'opera va vista in rapporto con l'enciclopedia dell'epoca in cui appare.

La rilettura, tra letteratura e paraletteratura

Ma non basta, essa va vista anche in rapporto all'enciclopedia dei suoi lettori successivi, e anche in questo caso il raffronto testuale ci può dire perché un'opera nata con intenti di consumo possa, in un periodo successivo, diventare stimolo per esperienze di lettura più sofisticate.

Consideriamo il caso di *Fantomas* di Souvestre e Allain. Non c'è dubbio, (e un raffronto tra temi e stilemi della letteratura francese dell'epoca ce lo può dire) che la serie di Fantomas è scritta "male", in modo affrettato e raffazzonato, e che la vicenda del genio del male in lotta con le forze del bene non è né nuova né stupefacente. Caso mai abbiamo un esempio di buona abilità artigiana nel montare a ritmo serrato *topoi* già frusti e nel proporli al momento giusto. Eppure sappiamo che i surrealisti danno una lettura allucinata di Fantomas, sì che l'opera è tornata ad essere riletta da *happy few*, in chiave diversa (e con tirature ben più limitate – si veda il limitato successo della riproposta che ne ha fatto Mondadori una ventina d'anni fa in Italia).

Perché i surrealisti non riescono a fare la stessa operazione su Montepin o su Maurice Leblanc? Credo che varrebbe la pena di rileggere Fantomas per scoprire che quella che ci era parsa abilità artigiana nel maneggiare i *topoi* è al postutto anche grande energia visionaria nell'orchestrare a ritmo accelerato una sorta di alluvione di archetipi, sia pure degenerati. Un poco come avviene in un film come *Casablanca*, così intessuto di "già detto" (e per fini bassamente commerciali) ma così vertiginosamente ripetitivo da ingenerare sospetti di ironia, di consapevolezza nella citazione, di *mise en abîme* intertestuale, e quindi di riuscita estetica (al di là del progetto e delle convenzioni commerciali che stavano a monte dell'opera).

Sarei tentato di dire che paraletteratura non si è, si diventa. E per certe opere, grandi al tempo loro, e poi divenute pezzo di repertorio goduto nei suoi aspetti più superficiali, è vero. Credo che molti oggi facciano un uso paramusicale del melodramma ottocentesco, e un uso paraletterario persino di Boccaccio. Ma mi accorgo che la *boutade* può essere rovesciata. Paraletteratura si è nel momento in cui l'opera è prodotta per soddisfare un orizzonte d'attese ben definito e privo di sorprese; ma letteratura si diventa nel momento in cui una certa rilettura mette in luce caratteristiche del testo che non possono essere ridotte alla pura confezione gastronomica, e queste caratteristiche sono lì, anche se l'autore non ne era cosciente (si può al postutto essere un grande scrittore senza saperlo e inventare una nuova forma di piacere testuale, così come si può e si è sovente pessimo scrittore credendo il contrario). Rispetto al proprio mercato, rispetto al progetto mercantile che li muove, rispetto alla sete di denaro che li divora, Balzac e Dumas partono alla pari. Una analisi del testo (vi sfido a scrivere su *La dame de Monsoreau* quanto Barthes riesce a scrivere di *Sarrazine*) ci potrà dire quale sia la disparità di risultato, e perché oggi, se Dumas ci affascina, Balzac ci sgomenta.

Le virgolette

Le avventure della rilettura sono multiple, ci sono riletture che magnificano le potenzialità del testo, altre che le riducono. In questi giorni Barilli ha parlato del procedimento di virgolettatura come tipico di una letteratura postmoderna che mette in evidenza il proprio gioco di citazioni e la ironia che lo sostiene.[2] Ma ha poi osservato che il rischio di opere del genere è che esista un lettore che non coglie le virgolette e legge l'opera ingenuamente. D'accordo, ma possiamo ridurre il nostro discorso al rilievo puro e semplice di questa dialettica potenziale tra letture "astute" e letture ingenue e dunque degenerate?

La situazione è molto più complessa e non posso che rinviare a quello che ho scritto nel saggio "L'innovazione nel seriale".[3]

Gli esempi che fornisco in quella sede sono stati assunti provocatoriamente dall'universo delle comunicazioni di massa, per mostrare come anche le forme di *dialogismo intertestuale* si siano ormai trasferite nell'ambito della produzione popolare.

Credo di aver individuato una serie ascendente di artifici di virgolettatura che in qualche modo deve aver rilievo ai fini di una fenomenologia del valore estetico, e del piacere che ne consegue. Segno ancora una volta che le strategie della sorpresa e della novità nella ripetizione, se pure sono strategie semiotiche, in sé esteticamente neutre, possono dar luogo a diverse soluzioni diversamente apprezzabili sul piano estetico.

Dunque lo stesso tipo di procedimento può produrre sia eccellenza che banalità, può mettere il fruitore in crisi con se stesso e con la tradizione intertestuale nel suo complesso, e quindi può provvedergli facili consolazioni, proiezioni, identificazioni, può instaurare un patto con il fruitore ingenuo, esclusivamente, o esclusivamente con il fruitore critico, o con entrambi a livelli diversi e lungo un continuum di soluzioni non facilmente tipologizzabile.

Ecco, una serie sparsa di osservazioni che non presumono di offrire un nuovo modello, né semiotico, né estetico, né sociologico per discutere dei rapporti tra consumo e innovazione tra avanguardia, sperimentalismo e mass media. Queste osservazioni miravano se mai a mostrare l'insufficienza di queste categorie quando vengano usate come passepartout e presumano di spiegare dei fenomeni che sono, ci pare di aver mostrato, ben più sottilmente labirintici.

Se le teorie di un tempo non ci bastano non è perché il concetto stesso di teoria debba esser posto in questione. È che la crescita dei fenomeni, le interrelazioni di produzione e fruizione nel campo dell'arte, la consapevolezza sempre maggiore che stiamo acquistando su questi fatti, ci obbliga a procedere con maggior prudenza e ad assemblare materiale per teorie future, più accorte, più duttili.

E può darsi che ci si renda conto che uno stesso fenomeno può essere affrontato, e mai esaurito, dal punto di vista di più teorie, complementari e non mutuamente esclusive. Ormai lo sappiamo, non abbiamo mai a che fare con "oggetti" bruti, è la nostra ricerca che via via stipula la fisionomia dell'oggetto. E se questo lo sa il fisico nucleare, a maggior ragione dovrebbe ricordarlo lo studioso di scienze umane, che lo sapeva da tempo, anche se talora tende a dimenticarlo.

---

[1] Q. D. Leavis *Fiction and the reading public*, London, Chatto & Windus, 1968.
[2] Mi riferisco agli interventi al convegno di Palermo a cui era stata presentata anche la prima versione di questo mio saggio.
[3] Ora in questo volume.

IL TEMPO DELL'ARTE

Se Kant ha ragione, non v'è percezione e categorizzazione che non si inquadri nelle intuizioni pure dello spazio e del tempo.

È ragionevole quindi che ogni estetica e teoria delle arti si interroghi sul ruolo che gioca il tempo nel nostro approccio a un'opera d'arte. Ma se Kant ha ragione, ogni opera d'arte essendo oggetto di percezione, ogni opera d'arte instaura un rapporto particolare col tempo.

Ma di quale tempo si parla? È già così difficile stabilire cosa sia il tempo in termini fisici e cosmologici. Aggiungiamo le difficoltà proprie di ogni fisica e metafisica del tempo alle difficoltà proprie di ogni fisica e metafisica dell'arte, e troveremo che il problema del tempo nelle opere d'arte rischia di essere assai confuso.

Per questo ritengo che la funzione di un discorso introduttivo sul tema debba esser quella di definire in che senso parliamo del tempo nell'opera d'arte (rinunciando per il momento a definire che cosa si intenda per opera d'arte e usando questa dizione in modo assai intuitivo: per rifarmi alla splendida dichiarazione introduttiva con cui Dino Formaggio iniziava il suo volumetto *Arte*:[1] "arte è tutto ciò che gli uomini hanno chiamato arte").

In queste pagine mi riprometto di stabilire in quanti sensi la componente "tempo" entri a definire il nostro rapporto con l'arte. Non intendo elaborare una teoria del tempo nell'arte, bensì di stabilire in quanti sensi sia lecito parlare di tempo nell'arte.

Ritengo sia utile partire anzitutto da una serie di concetti fondamentali e comunemente usati in semiotica. Essi saranno chiariti in seguito, anche se per la loro definizione mi rifaccio a miei discorsi precedenti;[2] in ogni caso essi possono essere riassunti dallo schema che segue:

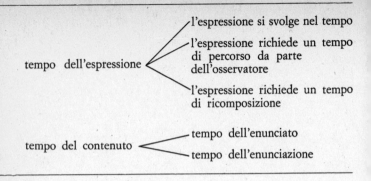

l'espressione si svolge nel tempo

l'espressione richiede un tempo di percorso da parte dell'osservatore

l'espressione richiede un tempo di ricomposizione

tempo dell'espressione

tempo del contenuto

tempo dell'enunciato

tempo dell'enunciazione

1. *Il tempo dell'espressione*

L'espressione nel tempo: il consumo fisico

L'opera d'arte è un oggetto che, indipendentemente dal modo in cui le persone la consumano, vive nel tempo, come ogni oggetto fisico. Questa definizione comprende anche le opere d'arte dette "concettuali" che talora si risolvono in un gesto, in una citazione, in un rimando puramente mentale. Immaginiamo infatti la situazione di un artista "concettuale" che decida che la sua opera consista nel pensare, tra le 12.55 e le 12.56 del 12 dicembre di un anno x, al proprio settimo compleanno. Di fronte a tale possibilità, o la nostra vita è una sequenza infinita di opere d'arte, o – per distinguere questo evento da altri che non sono stati prodotti con l'intenzione di far arte – l'artista dovrà affidare l'evento a una sorta di rappresentazione teatrale, e questa a una qualsiasi sorta di registrazione. Questa registrazione, che in qualche modo si deve concretare in un oggetto fisico, rappresenterà a tutti gli effetti l'opera d'arte e come tale sarà un oggetto consegnato al consumo temporale. In assenza di questo oggetto, è pure possibile che (in base a una determinata teoria dell'arte) vi sia stata produzione di opera d'arte, ma di questa produzione non si può parlare. Se ne può parlare al massimo in un saggio filosofico che teorizzi tale forma di peritura ed effimera arte, ma in tal caso il problema del tempo riguarda la filosofia e non l'arte (in effetti mi sento irritato quando l'artista concettuale mi impone di parlare di qualcosa che, per sua definizione, è ineffabile).

Ho fatto questa premessa per ribadire che un'opera d'arte è

sempre e anzitutto un sostrato, veicolo o "espressione" fisica – anche quando non veicola o esprime (se mai fosse possibile) alcun contenuto. Come ogni oggetto fisico esso vive nel tempo ed è sottoposto alla legge fisica del consumo. Si potrebbe sostenere che, sia dal punto di vista estetico che da quello semiotico, non ci interessa per nulla che una statua o un dipinto si consumino nel tempo sino a sparire. Nella misura in cui le grandi costruzioni architettoniche di Babilonia sono state distrutte, l'estetica non ha più nulla da dire su di esse, così come più nulla ne ha da dire la semiotica. Ovvero, semiotica ed estetica avranno qualcosa da dire sulle *rappresentazioni* che la cultura dà di quegli oggetti scomparsi. È possibile che ci sia stata una lingua adamica e prebabelica (che molti studiosi, da Dante ai semiologi inglesi del XVIII secolo hanno ricercato e tentato di ricostruire) ma di questa lingua, visto che non abbiamo reperti fisici su cui lavorare, non si dà alcuna semiotica, né alcuna critica letteraria dei poemi che in essa sono stati prodotti.

Il problema interessante nasce però quando abbiamo reperti di un'opera *quasi* perduta, ma *non del tutto*. In questi, nonostante l'azione del tempo o proprio in virtù dell'azione del tempo, noi leggiamo qualcosa di esteticamente interessante. Partendo dai reperti sottoposti all'azione distruttiva del tempo, noi cerchiamo di inferire – in base a quanto ci rimane – come l'opera avrebbe potuto essere. Per fare questo abbiamo bisogno di una teoria della legalità organica delle forme, per cui, malgrado il tempo abbia distrutto parte dell'oggetto, noi siamo capaci di ricostruirlo nella sua integrità sulla base di criteri di legalità e organicità (su questi problemi ha detto cose estremamente interessanti Luigi Pareyson).[3]

Tuttavia, questa temporalità dell'opera in quanto oggetto fisico ha probabilmente poco a che vedere con il rapporto tempo-arte. Prova ne sia che il problema esiste anche per la ricostruzione di qualsiasi reperto archeologico, di modi e strumenti di vita che nulla hanno a che vedere con l'arte.

L'espressione nel tempo: il flusso sintagmatico

Siamo qui al caso della musica, del cinema, o di opere d'arte plastica come i *mobiles* di Calder.

Il fatto che l'espressione si svolga nel tempo non ha nessun effetto, in linea di principio, sul contenuto. Un film si svolge nel tempo come espressione, e probabilmente racconta (sul piano del contenuto) di vicende che si svolgono parimenti nel tempo; ma lo stesso non accade affatto con una composizione musicale o con un *mobile*. La temporalità riguarda anzitutto il modo in cui l'espressione si svolge sotto i nostri occhi. La mobilità può essere sequenziale (film) o globale, come nel caso del *mobile*. Ne nascono diverse dinamiche di percezione dell'espressione.

Ci sono forme artistiche in cui il tempo della loro sintassi è anche il tempo della loro semantica, come la musica. Altre (come la musica e il film) in cui il tempo di esecuzione coincide con il tempo di consumo.

Opera immobile e tempo di percorso

Ci sono invece forme artistiche in cui l'opera si presenta spazialmente e temporalmente immobile ma, indipendentemente dal suo contenuto, essa richiede un *tempo di circumnavigazione*

Si tratta di solito di opere tridimensionali dove, se non si vuole avere di esse una esperienza parziale (come si avrebbe in una riproduzione bidimensionale) occorre un tempo di circumnavigazione dell'opera. Ciò vale per una statua come per una architettura. La statua e la costruzione architettonica impongono un tempo minimo fisso al loro consumatore. È certo che si può decidere di impiegare un anno, tra vari andirivieni, a circumnavigare la cattedrale di Chartres, ma è certo che esiste un tempo minimo in cui, a passo lento, la si può osservare e "capire" in modo soddisfacente. Le dimensioni dell'opera impongono il tempo minimo di circumnavigazione. Naturalmente l'opera, attraverso la sua forma, può decidere di ampliare o rallentare questo tempo di circumnavigazione. È certo che la Beinecke Library di Yale, in cui ogni lato dell'edificio è uguale all'altro, con lo stesso numero di finestre, impone un tempo di circumnavigazione minore della cattedrale di Chartres, in cui invece si suppone che l'utente prenda visione dei vari portali e delle loro sculture.

Naturalmente lo spettatore è libero di guardare a Chartres come a un cubo *minimal*, ma è ragionevole pensare che un pieno apprezzamento di Chartres si dia solo nel caso in cui non venga perduto nessuno dei suoi particolari architettonici e decorativi. In un certo senso l'abbondanza decorativa rappresenta una imposizione della forma architettonica sopra l'utente, dove la forma, arricchendosi di particolari, esige dall'utente una temporalità di degustazione maggiore. E non è detto che siano i particolari decorativi in quanto tali a esigere più tempo: talora la forma architettonica *causa* i particolari decorativi come artificio, per così dire, erotico, onde attirare meglio e più a fondo il degustatore sulle proprie strutture primarie. E credo che questa decisione di vedere la decorazione non come puro ornamento ma come *prescrizione di temporalità di percorso*, possa suggerire interessanti osservazioni critiche.

A questo punto si potrà ancora distinguere tra opere spazialmente immobili che impongono percorso lineare e opere che impongono percorso circolare; aggiungendo opere che impongono circumnavigazioni multiple, dato che ad ogni "viaggio" la prospettiva cambia e la comprensione dell'opera si arricchisce. È ovvio che ogni opera d'arte impone percorsi ripetuti, ma alcune eleggono questo principio a base della loro poetica.

Un esempio di tali opere è dato dall'informale e dall'*action painting*. In tali casi il quadro si offre a una prima ispezione ingenua nella quale bisogna mettere a fuoco un semplice grumo materico, ma a una seconda "lettura" il quadro richiede di essere visto come la traccia immobile della propria formazione. Quello che lo spettatore dovrebbe scoprire e godere è il percorso temporale del gesto produttivo.[4]

Mi chiedo però se questo sia ancora il caso di un tempo di percorso intorno all'espressione, perché in tali casi il quadro "racconta" le fasi della propria produzione come se fossero il proprio contenuto. Per questo sarà opportuno riconsiderare questi fenomeni nel paragrafo che dedicheremo al tempo del contenuto, e in particolare al tempo dell'enunciazione enunciata.

Se ho menzionato il fenomeno in questo paragrafo è perché nei casi di arte informale e di *action painting*, la decisione di introdurre un'ottica temporale *nell'opera* è lasciata alla volontà dello spettatore: l'opera potrebbe anche essere guardata senza pensare al tempo che è stato necessario a produrla.

Il tempo della ricomposizione

Infine vengono le opere che richiedono un tempo di ricomposizione. Tipico esempio un puzzle e un "lego": essi esigono (e non possono essere degustati appieno senza) un tempo operativo e manuale, un intervento manipolatore che deve *prendere tempo*. E se non si spende tempo a ricostruire o a ricomporre l'oggetto, l'oggetto non vale. Ci si può domandare se anche quella musica che si presenta sotto forma di partitura che deve essere interpretata ed eseguita, non giochi sulla indispensabilità di questo tempo esecutivo, che è pur sempre tempo di manipolazione fisica del veicolo ovvero dell'espressione. Non si riesce a godere dell'opera se non si lavora a manipolare l'espressione.

2. Il tempo del contenuto

Il tempo enunciato

Si può parlare di tempo enunciato in quelle arti il cui contenuto è il racconto di una sequenza temporale di fatti. Sembra che il tempo venga enunciato per eccellenza nella narrativa verbale, ma si enuncia una sequenza di fatti nella poesia, nel cinema e persino nella pittura. Sembra che un quadro, anche quando racconta un evento storico, parli sempre "al presente". Ma, specie nella pittura primitiva, il quadro, la predella, la pala d'altare, spesso raccontano sequenze di eventi, con i loro "prima" e i loro "dopo".

Molte opere di pittura tradizionali rappresentano il tempo nello spazio di una inquadratura, in modo che punti diversi dell'inquadratura rappresentino frazioni diverse di tempo. Per esempio nel *Carro di fieno* di Bosch l'immagine a sinistra rappresenta la caduta di Adamo ed Eva, l'immagine al centro rappresenta la vita terrestre e il giudizio finale, mentre lo spazio a destra rappresenta le pene infernali. In principio l'intera vicenda dovrebbe essere colta in un solo sguardo, ma in effetti il trittico presuppone una sorta di movimento del bulbo oculare: l'attenzione dello spettatore deve spostarsi da una parte all'altra del quadro, e il rapporto spaziale tra sinistra e destra deve venire letto come espressione del rapporto temporale (contenuto) tra prima e dopo. Ed ecco che ci troviamo di fronte a un caso in cui non vi è decorso temporale per quanto riguarda l'espressione, e pure una espressione immobile (e che non richiede tempo di percorso se non istantaneo), esprime come contenuto una temporalità enunciata.

Talora tuttavia il tempo dell'espressione diventa un artificio per poter cogliere il tempo del contenuto. Si veda la sequenza dell'Invenzione della Croce di Arezzo, dove lo spettatore si suppone debba deambulare per poter seguire il succedersi degli avvenimenti. L'espressione, a causa della stessa disposizione degli affreschi, impone un tempo di percorso, ma fruendo del tempo di percorso si coglie meglio il tempo "storico" e narrativo che l'affresco enuncia.

A questo punto si potrà comprendere perché si era parlato di tempo del contenuto nella pittura informale o nell'*action painting*. Il quadro "racconta" anche il tempo e le fasi temporali che sono state necessarie a produrlo. C'è una direzionalità del *dripping*, dell'impronta lasciata dalla mano che lascia sgocciolare il colore, c'è un tragitto del segno immobile, una traiettoria che viene "raccontata" a chi sa scorgerla e ricostruirla, e ci vuole uno *spazio di tempo*, un percorso né lineare né circolare, ma per così dire spiraliforme, per poter risalire alla dinamica del gesto che ha prodotto il segno.

Diverso il caso della rappresentazione del tempo nelle arti verbali, dove esso è rappresentato sotto forma di asserti su successioni di stati del mondo. In effetti la successione degli stati, che nel romanzo costituisce la *fabula*, non è necessariamente lineare: il discorso rappresenta l'artificio mediante il quale il testo dispone in una successione lineare (ma non cronologica) eventi che invece sul piano della storia o della fabula debbono essere ricostruiti in successione diversa. In poche parole, se la successione cronologica della fabula è A, B, C, la successione in manifestazione lineare può essere B, A, C, dove A costituisce un *flash back* rispetto a B. Fabula e discorso mettono in gioco il tempo dell'enunciato. Quando la storia verbale dice "Cappuccetto Rosso incontrò nel bosco un lupo e *poi* andò a casa dalla nonna", abbiamo a che fare con tre segmenti temporali (andata di Cappuccetto Rosso nel bosco, incontro col lupo, andata a casa dalla nonna) che il testo in qualche modo pone in scena come sequenza temporale *di cui si parla*. Diverso è il tempo dell'enunciazione.

Il tempo dell'enunciazione

Per enunciazione si intende l'atto di chi narra, o comunque "parla", sia in un testo verbale che in un testo visivo. Come tale questo atto dovrebbe appartenere alla vita privata dell'autore e non riguardare né la semiotica né l'estetica. Ma abbiamo visto che in un quadro di Pollock la storia del quadro (il come è stato fatto) viene a costituire parte della "storia" che esso narra. Parleremo in questi casi di *enunciazione enunciata*, ovvero dell'atto dell'enunciazione in quanto *messo in scena* come uno dei contenuti del testo.

Quando un autore spende molto tempo (e cioè molte pagine) a descrivere un paesaggio, non abbiamo eventi degni di nota nel tempo dell'enunciato, ma si ha un dispiegarsi interessante del tempo dell'enunciazione.

Il tempo dell'enunciazione può assumere anche la forma del ritmo che l'autore impone alla propria pagina, imponendo al lettore rallentamenti e tempi morti, come una lenta approssimazione agli eventi della storia. Vi possono essere storie fatte di niente, dove il tempo dell'enunciato si risolve in poche proposizioni, ma il tempo dell'enunciazione è lunghissimo. Si pensi agli *Exercices de style* di Queneau: il tempo dell'enunciato è ridotto al minimo, ma il lettore è insistentemente e palesemente invitato a godere il tempo dell'enunciazione. Il tempo che Queneau ha impiegato a escogitare i suoi novantanove esercizi di stile non fa parte della vita privata dell'autore: è messo in scena, esibito dall'autore come parte integrante del suo testo, e dunque l'enunciazione è enunciata e ha una sua propria temporalità esibita *nel* e *dal* testo.

Correlativo al tempo dell'enunciazione, ma non al tempo dell'enunciato, è il *tempo di lettura*. Certo, bisogna distinguere un tempo di lettura (e un lettore) empirico dal tempo di lettura del lettore modello, e cioè del lettore che il testo postula e presume.[5] Il tempo di lettura empirico qui non ci interessa: ciascuno può impiegare sei mesi a leggere una fiaba di Perrault e una settimana a leggere l'intera Bibbia. Ciò non ci impedisce di affermare che la Bibbia richiede al proprio lettore ideale un diverso e più allentato tempo di lettura di quanto non ne richieda Perrault. Nell'ambito del tempo dell'enunciazione enunciata una lunga descrizione paesaggistica postula un lettore modello più lento e di più ampio respiro che non un dialogo serratissimo in un romanzo di Dumas.

Infine, fa parte del tempo dell'enunciazione il *tempo di rilettura* che l'autore esplicitamente richiede al lettore. In *The murder of Roger Ackroyd* (*Dalle nove alle dieci*), Agatha Christie conduce il lettore attraverso una serie di previsioni destinate ad essere tutte smentite perché (fatto nuovo nella storia del genere poliziesco) l'assassino è lo stesso narratore. Ma alla fine del romanzo il narratore avverte il lettore che egli non lo ha ingannato, perché ha sempre detto quello che faceva, anche quando ha commesso il delitto, salvo che lo ha detto in forma di eufemismo (esempio: "feci quello che dovevo fare"). E invita il lettore a rileggere le pagine precedenti per riconoscere che se egli (il lettore) avesse voluto, sarebbe stato in grado di scoprire chi era l'assassino. In tal senso il libro *contratta* col lettore una possibilità di doppia lettura, una "ingenua" e una "critica", e invita il lettore ingenuo, alla fine della sua lettura ingenua, a iniziare la rilettura critica. Il libro della Christie è dunque un libro fatto per stimolare una duplice lettura e questa scansione temporale è messa in conto dall'autrice e dal testo stesso. Chiameremo, questo, un tempo narrativo *a loop*; dove potenzialmente (come in una istruzione per computer in *Basic language* che dica "goto"), il lettore potrebbe idealmente riprendere sempre il libro dall'inizio senza arrestarsi mai.

Il tempo della serie e dell'intertestualità

Resta, per finire, il tipo di temporalità imposto dai *serials* televisivi, come del resto fu imposto un tempo dal romanzo d'appendice. Qui, indipendentemente dalla temporalità dell'espressione (serie televisiva) o dalla temporalità sia dell'enunciato che dell'enunciazione, viene messa in gioco una particolare sensibilità temporale dello spettatore.

In altri termini nelle opere a serie si incastrano diversi tipi di temporalità:

a) l'opera enuncia un decorso temporale e, come vedremo, si tratta di un tempo "truccato";

b) l'opera fa sentire al consumatore che essa si svolge nel tempo: si pensi al *feuilleton* dove l'autore si mostrava sensibile alle stesse lettere dei suoi lettori, decidendo di cambiare la storia o di resuscitare un personaggio a seconda delle richieste che gli pervenivano dal lettore empirico – trasformato in una sorta di co-autore modello;

c) l'opera impone al lettore, fissando le pause e gli arresti, un ritmo di lettura e, per così dire, stabilisce quali siano i punti di *suspense*, i momenti in cui elaborare aspettative e tendersi nell'attesa (dilazionata) di ciò che potrà accadere;

d) l'opera impone al lettore di "ricordare", di collegare quanto egli conosce già dalle puntate precedenti, a quanto gli viene comunicato volta per volta; l'opera insomma introduce il tempo psicologico e idiosincratico del lettore nel proprio progetto di strategia comunicativa;

e) come vedremo ci sono casi, non riconducibili alla "serie", ma piuttosto legati al gioco di citazioni intertestuale che Bachtin chiamava "dialogismo", in cui il tempo dello spettatore diventa il tempo della sua competenza enciclopedica.

Alla serialità e ai suoi problemi è dedicato un altro saggio di questo libro, "L'innovazione nel seriale", e ad esso rimandiamo.

Dalla tipologia che in quella sede delineo, ripresa, ricalco, serie, saga, e così via, se ne deduce che anche con la serie si costituisce una sorta di duplice Lettore Modello, capace di vivere il tempo dell'enunciato in due modi diversi, più accelerato il primo, e puntato sul decorso della fabula, più dilatato il secondo, vissuto nel rivisitare il discorso e le sue strategie – appunto – dilatorie.

Del pari, nel saggio che segue, si vedrà come vi sia un *tempo della citazione*. Quando un testo cita un testo precedente, esso impone al ricettore una ispezione nella propria competenza intertestuale e nella propria conoscenza del mondo (ovvero, in complesso, nella propria competenza enciclopedica).

L'esplorazione della competenza enciclopedica richiede un tempo: non si tratta necessariamente di un tempo computabile a livello molare, (il corto circuito di riconoscimento può essere istantaneo), ma in ogni caso di tempo molecolare si tratta, sia pure calcolabile in milionesimi di secondo. E si tratta di dispendio energetico che, come vuole la seconda legge della termodinamica, ha qualcosa a che fare con la temporalità. Occorre, per capire l'opera, uscire *al di fuori* dell'opera ed esplorare che cosa sta *prima* dell'opera.

Ecco così che le nostre riflessioni a venire non dovranno soltanto mettere in questione il fenomeno della temporalità all'interno di un'opera singola (o di una serie di opere), ma anche il fenomeno complessivo che rende possibile le varie strategie di rivisitazione del tempo intertestuale. Così il nostro concetto di temporalità si allarga dal tempo enunciato e dal tempo dell'enunciazione, al tempo psicologico del consumatore e al tempo storico, ovvero al tempo della cultura.

¹ Dino Formaggio, *Arte*, Milano, Isedi, 1973.
² U. Eco, *Trattato di semiotica generale*, Milano, Bompiani, 1975.
³ L. Pareyson, *Estetica-Teoria della formatività*, Torino, Edizioni di « Filosofia », 1954.
⁴ Cfr. il nostro *Opera Aperta,* Milano, Bompiani, 1962.
⁵ Cfr. il nostro *Lector in fabula*, Milano, Bompiani, 1979.

L'INNOVAZIONE NEL SERIALE

1. *Il problema del seriale nei mass media*

L'estetica "moderna" ci ha abituati a riconoscere come "opere d'arte" degli oggetti che si presentano come "unici" (e cioè non-ripetibili) e "originali". Per originalità o innovazione ha inteso un modo di fare che mette in crisi le nostre attese, che ci offre una diversa immagine del mondo, che rinnova le nostre esperienze. Questo è stato l'ideale estetico affermatosi col Manierismo e che si è definitivamente imposto dalle estetiche del Romanticismo sino alle posizioni delle avanguardie di questo secolo.

Quando l'estetica moderna si è trovata di fronte alle opere prodotte dai mass media, ha negato loro ogni valore artistico proprio perché esse apparivano ripetitive, costruite secondo un modello sempre uguale, in modo da dare ai propri destinatari ciò che essi volevano e attendevano. Le ha definite come oggetti prodotti *in serie*, così come si producono molte automobili dello stesso tipo, secondo un modello costante. Anzi, la "serialità" dei mass media è stata considerata più negativa di quella dell'industria. Per capire questa natura negativa dei mass media rispetto alle altre produzioni industriali, occorre distinguere tra "produrre in serie un oggetto" e "produrre in serie i contenuti di espressioni apparentemente diverse".[1]

L'estetica, la storia dell'arte, l'antropologia culturale conoscono da gran tempo il problema della serialità. Hanno caso mai parlato di "artigianato" (anziché di arte) ma non hanno negato un valore estetico elementare a queste cosiddette "arti minori", come la produzione di ceramica, tessuti, utensili da lavoro. Hanno cercato di definire in che modo questi oggetti possono essere definiti "belli": sono delle ripetizioni perfette di uno stesso tipo o matrice, concepiti per assolvere a una funzione pratica. Greci e romani intendevano per *techne* o *ars* l'abilità nel costruire oggetti che funzionassero in modo ordinato e perfetto. Il giudizio di eccellenza veniva pronunciato sul modello, e le riproduzioni del modello erano riconosciute come belle o gradevoli in quanto era bello o gradevole il modello a cui esse si rifacevano, senza tentare di apparire originali. Inoltre anche l'estetica moderna sapeva che molte opere d'arte originali possono essere prodotte usando degli elementi prefabbricati e "seriali", per cui dalla serialità poteva nascere l'originalità. Accade così per l'architettura, ma è accaduto così anche per la poesia tradizionale, dove l'autore poteva usare degli schemi prefissati (come quello della sestina o della terzina), e tuttavia, pur permettendo al destinatario di riconoscere la presenza dello schema, intendeva provocargli l'esperienza dell'innovazione o dell'invenzione.

Diverso invece è il caso di espressioni che "fingono" di essere sempre diverse per trasmettere invece sempre lo stesso contenuto fondamentale. È il caso, nei mass media, del film commerciale, delle comic strips, della musica da ballo e – appunto – del cosiddetto *serial* televisivo, dove si ha l'impressione di leggere, vedere, ascoltare sempre qualcosa di nuovo mentre, in parole povere, ci viene sempre raccontata la stessa storia.

È questa serialità dei mass media che è parsa, alla cultura "alta", come serialità *degenerata* (e insidiosa) rispetto alla serialità scoperta e onesta dell'industria e dell'artigianato.

Naturalmente, nel corso di queste polemiche, si dimenticava che anche questo tipo di serialità è sempre stato presente in molte fasi della produzione artistica del passato. È seriale in questo senso molta arte primitiva, erano seriali molte forme musicali destinate all'intrattenimento (come la sarabanda, la giga o il minuetto) e a tale punto che molti compositori illustri non disdegnavano di costruire per esempio una *suite* secondo uno schema fisso, e vi inserivano variazioni su melodie già note e popolari. D'altra parte basta pensare alla commedia dell'arte, dove sopra un canovaccio prestabilito, gli attori improvvisavano con variazioni minime la loro rappresentazione, che raccontava pur sempre la stessa storia.

La presenza massiccia della serialità nei mass media oggi (e si pensi per esempio a generi come la *soap opera*, la *situation comedy* o la *saga* in tv) ci obbliga a ripensare con una certa attenzione all'intero problema. In che misura la serialità dei mass media è diversa da quella di molte forme artistiche del passato? In che misura non ci sta proponendo delle forme d'arte che, rifiutate dall'estetica "moderna", inducono a diverse conclusioni una estetica detta "postmoderna"?

2. Una tipologia della ripetizione

Serie e serialità, ripetizione e ripresa, sono concetti largamente inflazionati. La filosofia o la storia delle arti ci hanno abituati ad alcuni sensi tecnici di questi termini, che sarà bene eliminare: non parlerò di ripetizione nel senso di "ripresa" alla Kierkegaard, o di "répétition différente", nel senso di Deleuze. Nella storia della musica contemporanea, serie e serialità sono stati intesi in senso più o meno opposto a quello che stiamo discutendo in questa sede. La serie dodecafonica è il contrario della ripetitività seriale tipica dell'universo dei media, e a maggior ragione ne è diversa la serie postdodecafonica (entrambe, sia pure in modo diverso, sono schemi da usare una volta, e una volta sola, all'interno di una sola composizione).

Se apro un dizionario corrente, trovo che per "ripetere" si intende "dire o fare qualcosa di nuovo", ma nel senso di "dire cose già dette" o "fare monotonamente le stesse cose". Si tratta di stabilire che cosa si intende per "di nuovo" o per "stesse cose".

Dovremo quindi definire un primo senso di "ripetere" per cui il termine significa riprodurre una *replica* dello stesso tipo astratto. Due fogli di carta da macchina sono entrambi una replica dello stesso tipo merceologico.

In tale senso "la stessa cosa" di un'altra è quella che esibisce le stesse proprietà, almeno da un certo punto di vista: due fogli di carta sono gli stessi ai fini delle nostre esigenze funzionali, ma non sono gli stessi per un fisico interessato alla composizione molecolare degli oggetti. Dal punto di vista della produzione industriale di massa, si definiscono come *repliche* due *tokens* o occorrenze dello stesso *type* due oggetti tali che, per una persona normale dalle esigenze normali, in assenza di imperfezioni evidenti, sia la stessa cosa scegliere una replica piuttosto di un'altra. Sono repliche dello stesso tipo due copie di un film o di un libro.

La ripetitività e la serialità che ci interessano riguardano invece qualcosa che a prima vista non appare uguale a qualcosa d'altro.

Vediamo ora quali sono i casi in cui qualcosa ci si presenta (e viene venduto) come originale e diverso, eppure avvertiamo che esso in qualche modo ripete ciò che già conoscevamo e probabilmente lo compriamo proprio per queste ragioni.

2.1. *La ripresa*

Un primo tipo di ripetizione è la ripresa di un tema di successo ovvero la *continuazione*. L'esempio più famoso è il *Vent'anni dopo* di Dumas e nel campo cinematografico sono le varie riprese di archetipi come *Star Wars* o *Superman*. La ripresa nasce da una decisione commerciale, ed è puramente occasionale che il secondo episodio sia migliore o peggiore del primo.

2.2 *Il ricalco*

Il ricalco consiste nel riformulare, di solito senza renderne edotto il consumatore, una storia di successo. Quasi tutti i western commerciali di prima maniera erano ciascuno un ricalco di opere precedenti, o forse tutti insieme una serie di ricalchi da un archetipo di successo.

Una sorta di ricalco esplicito e denunciato come tale è il *remake*: vedi le varie edizioni dei film sul dottor Jekyll, sull'Isola del tesoro o sull'Ammutinamento del Bounty.

Sotto la categoria di ricalco possiamo classificare sia casi di vero e proprio plagio che casi di "riscrittura" con esplicite finalità interpretative.

2.3. *La serie*

2.3.1. Con la serie vera e propria abbiamo un fenomeno ben diverso. Anzitutto mentre il ricalco può non essere ricalco di situazioni narrative ma di procedimenti stilistici, la serie, direi, riguarda da vicino ed esclusivamente la struttura narrativa. Abbiamo una situazione fissa e un certo numero di personaggi principali altrettanto fissi, intorno ai quali ruotano dei personaggi secondari che mutano, proprio per dare l'impressione che la storia seguente sia diversa dalla storia precedente. La serie tipica può essere esemplificata, nell'universo della letteratura popolare, dai romanzi polizieschi di Rex Stout (personaggi fissi Nero Wolfe, Archie Goodwin, la servitù di casa Wolfe, l'ispettore Cramer, il sergente Stebbins e pochi altri), e nell'universo televisivo da *All in the family*, *Starsky and Hutch*, *Colombo*, eccetera. Metto insieme generi televisivi diversi, che vanno dalla *soap opera* alla *situation comedy*, sino al serial poliziesco.

La serie è stata abbondantemente studiata, e quando si è parlato di "strutture iterative nella comunicazione di massa" si intendeva appunto la struttura a serie.[2] Nella serie l'utente crede di godere della novità della storia mentre di fatto gode per il ricorrere di uno schema narrativo costante ed è soddisfatto dal ritrovare un personaggio noto, con i propri tic, le proprie frasi fatte, le proprie tecniche di soluzione dei problemi... La serie in tal senso risponde al bisogno infantile, ma non per questo morboso, di riudire sempre la stessa storia, di trovarsi consolati dal *ritorno dell'identico*, superficialmente mascherato.

La serie consola l'utente perché premia le sue capacità previsionali: l'utente è felice perché si scopre capace di indovinare ciò che accadrà, e perché gusta il ritorno dell'atteso. Siamo soddisfatti perché ritroviamo quanto ci attendevamo, ma non attribuiamo questo "ritrovamento" alla struttura del racconto bensì alla nostra astuzia divinatoria. Non pensiamo "l'autore del romanzo poliziesco ha fatto in modo che io indovinassi", bensì "io ho indovinato quello che l'autore del romanzo poliziesco cercava di nascondermi".

2.3.2. Troviamo una variazione della serie nella struttura a *flash-back*: si veda ad esempio la situazione di alcune storie a fumetti (come quella di Superman), dove il personaggio non è seguito lungo il corso lineare della propria esistenza, ma continuamente ritrovato in momenti diversi della sua vita, ossessivamente rivisitata per scoprirvi nuove occasioni narrative. Sembra quasi che esse fossero sfuggite prima al narratore, per distrazione, ma che la loro riscoperta non alteri la fisionomia del personaggio, già fissata una volta per tutte. In termini matematici questo sottotipo di serie può essere definito come un *loop*.

Le serie *a loop* vengono di solito escogitate per ragioni commerciali: si tratta, onde continuare la serie, di ovviare al naturale problema dell'invecchiamento del personaggio. Invece di fargli sopportare nuove avventure (che implicherebbero la sua marcia inesorabile verso la morte) lo si fa rivivere continuamente all'indietro. La soluzione *a loop* produce paradossi che sono già stati oggetto di innumerevoli parodie: il personaggio ha poco futuro ma ha un passato enorme, e tuttavia nulla del suo passato dovrà mai alterare il presente mitologico in cui egli è stato presentato al lettore sin dall'inizio. Non bastano dieci vite per fare accadere alla Little Orphan Annie quanto di fatto le è accaduto nei primi (e unici) dieci anni della sua vita.

2.3.3. Altra variazione della serie è la *spirale*. Nelle storie di Charlie Brown apparentemente accade sempre la stessa cosa, anzi, non accade nulla, eppure ad ogni nuova strip il carattere di Charlie Brown ne risulta arricchito e approfondito. Ciò che non accade né a Nero Wolfe né a Starsky o a Hutch: noi siamo sempre interessati a conoscere le loro nuove avventure, ma sappiamo già tutto quello che occorre sapere della loro psicologia e delle loro abitudini o capacità.

2.3.4. Aggiungerei infine quelle forme di serialità motivate, prima che dalla struttura narrativa, dalla natura stessa dell'attore: la sola presenza di John Wayne (o di Jerry Lewis), in assenza di regia molto personalizzata, non può che produrre lo stesso film, perché gli eventi nascono dalla mimica, dagli schemi comportamentali, talora dalla elementarità stessa del personaggio-attore, il quale non può che fare sempre e comunque le stesse cose. In questi casi, per quanto l'autore si ingegni a inventare storie diverse, di fatto il pubblico riconosce (con soddisfazione) sempre e comunque la stessa storia.

2.4. *La saga*

La saga è una successione di eventi, apparentemente sempre nuovi, che interessano, a differenza della serie, il decorso "storico" di un personaggio e meglio ancora di una genealogia di personaggi. Nella saga i personaggi *invecchiano*, la saga è una storia di senescenza (di individui, famiglie, popoli, gruppi).

La saga può essere *a linea continua* (il personaggio seguito dalla nascita alla morte, poi suo figlio, poi suo nipote e così via, potenzialmente all'infinito) o *ad albero* (il personaggio capostipite, e le varie diramazioni narrative che riguardano non solo i discendenti, ma i collaterali e gli affini, anche qui ramificando all'infinito e magari spostando il fuoco su nuovi nodi capostipiti: l'esempio più immediato è certamente *Dallas*).

Nata con intenti celebrativi ed approdata ai suoi *avatars* più o meno degenerati nei mass media, la saga è sempre in effetti una serie mascherata. In essa, a differenza della serie, i personaggi cambiano (cambiano in quanto si sostituiscono gli uni agli altri e in quanto invecchiano): ma in realtà essa ripete, in forma storicizzata, celebrando in apparenza il consumo del tempo, la stessa storia, e rivela all'analisi una fondamentale astoricità e atemporalità. Ai personaggi di *Dallas* accadono più o meno gli stessi eventi: lotta per la ricchezza e per il potere, vita, morte, sconfitta, vittoria, adulterio, amore, odio, invidia, illusione e delusione. Ma accadeva diversamente ai cavalieri della Tavola Rotonda, vaganti per le foreste bretoni?

2.5. Il dialogismo intertestuale

2.5.1. Alcune forme di dialogismo vanno al di là dei limiti di questo discorso. Si veda per esempio la citazione stilistica: un testo cita, in modo più o meno esplicito, una cadenza, un episodio, un modo di narrare cui rifà il verso. Quando la citazione è inafferrabile per l'utente e addirittura è prodotta inconsciamente dall'autore, siamo nella dinamica normale della creazione artistica: si riecheggiano i propri maestri. Quando la citazione *deve* essere inafferrabile dall'utente ma l'autore ne è cosciente, siamo di solito di fronte a un caso banale di *plagio*.

Più interessante è quando la citazione è esplicita e cosciente: siamo allora prossimi o alla *parodia*, o all'*omaggio* oppure, come avviene nella letteratura e nell'arte postmoderna, al *gioco ironico* sopra la intertestualità (romanzo sul romanzo e sulle tecniche narrative, poesia sulla poesia, arte sull'arte).

2.5.2. Un procedimento tipico della narrativa postmoderna è stato tuttavia molto usato di recente nell'ambito delle comunicazioni di massa: si tratta della *citazione ironica del topos*.

Ricordiamoci dell'uccisione del gigante arabo vestito di nero in *Raiders of the Lost Arch*. Oppure della citazione della scalinata di Odessa in *Bananas* di Woody Allen. Cosa accomuna queste due citazioni? In entrambi i casi lo spettatore, per godere l'allusione, deve conoscere i "luoghi" originali (nel caso del gigante un topos di genere, nel caso di *Bananas* un topos che appare per la prima e unica volta in un'opera singola, e in seguito diviene citazione d'obbligo – e dunque topos della critica cinematografica e del discorso cineamatoriale).

In entrambi i casi il topos è ormai registrato dalla "enciclopedia" dello spettatore, fa parte dell'immaginario collettivo, e come tale viene richiamato. Ciò che differenzia le due citazioni è semmai il fatto che in *Raiders* il *topos* viene citato per poterlo contraddire (non avviene quello che ci si attende in casi consimi-

131

li), mentre in *Bananas* il *topos* viene introdotto, con le dovute variazioni, solo a causa della sua incongruità. Congruo nel primo caso, e proprio per questo efficace quando viene contraddetto, incongruo nel secondo caso.[3]

Il primo caso ricorda la serie di *cartoons* che pubblicava anni fa *Mad*, dove ogni volta si raccontava "un film che vorremmo vedere". Per esempio l'eroina, nel west, legata dai banditi sui binari del treno, quindi, in un drammatico montaggio alla Griffith, l'alternanza di immagini che mostrano da un lato il treno che si approssima e dall'altro la cavalcata furiosa dei salvatori che cercano di arrivare in anticipo sulla locomotiva. In conclusione la ragazza (contrariamente a tutte le aspettative suggerite dal *topos* evocato) viene schiacciata dal treno. Qui ci troviamo di fronte a un gioco comico che sfrutta la presupposizione (esatta) che il pubblico riconosca il luogo originale, applichi alla sua citazione il sistema di aspettative che esso dovrebbe stimolare per definizione (intendo: per definizione del *frame* o sceneggiatura, quale ormai l'enciclopedia lo registra), e poi goda del modo in cui le sue aspettative vengono frustrate. A questo punto lo spettatore ingenuo, una volta contraddetto, supera la sua frustrazione trasformandosi in spettatore critico, che apprezza il modo in cui gli è stato giocato un bel tiro.

Nel caso di *Bananas* siamo invece ad un altro livello: lo spettatore con cui il testo instaura un patto non è lo spettatore ingenuo (che può essere al massimo colpito dall'apparizione di un evento incongruo) ma lo spettatore critico che apprezza il gioco ironico della citazione e, appunto, la sua voluta incongruità.

Tuttavia in entrambi i casi abbiamo un effetto critico collaterale: accortosi della citazione, lo spettatore è portato a riflettere ironicamente sulla natura topica dell'evento citato, e a riconoscere il gioco a cui è stato invitato come un gioco di massacro da compiere sull'enciclopedia.

Il gioco si complica, poi, nella ripresa di *Raiders*, e cioè in *Indiana Jones and the Temple of Doom*: qui l'eroe incontra non uno ma due nemici giganteschi. Nel primo caso lo spettatore si attendeva che, secondo gli schemi classici del film d'avventure, l'eroe fosse disarmato, e rideva quando scopriva che invece aveva una pistola e uccideva facilmente l'avversario. Nel secondo caso il regista sa che lo spettatore, che ha già visto il film precedente, si attende che l'eroe sia armato, e infatti Indiana

Jones cerca subito la pistola. Non la trova, e lo spettatore ride perché viene frustrato nelle attese che il primo film aveva creato.

2.5.3. I casi citati mettono in gioco una enciclopedia intertestuale: abbiamo cioè testi che citano altri testi e la conoscenza dei testi precedenti è presupposto necessario per l'apprezzamento del testo in esame.

Più interessante, per un'analisi della nuova intertestualità e dialogismo dei media, è l'esempio di *ET*, quando la creatura spaziale (invenzione di Spielberg) viene condotta in città durante lo Halloween e incontra un altro personaggio, mascherato da gnomo de *The Empire Strikes Back* (invenzione di Lucas). ET ha un sobbalzo e cerca di buttarsi incontro allo gnomo per abbracciarlo, come se si trattasse di un vecchio amico. Qui lo spettatore deve conoscere molte cose: deve certo conoscere l'esistenza di un altro film (conoscenza intertestuale), ma deve anche sapere che entrambi i mostri sono stati progettati da Rambaldi, che i registi dei due film sono collegati per varie ragioni, non ultima quella che sono i due registi più fortunati del decennio, deve insomma possedere non solo una *conoscenza dei testi* ma anche una *conoscenza del mondo* ovvero delle circostanze esterne ai testi. Si badi bene, naturalmente, che sia conoscenza dei testi che conoscenza del mondo non sono che due capitoli della conoscenza enciclopedica e che pertanto, in una certa misura, il testo fa riferimento sempre e comunque allo stesso patrimonio culturale.

Un fenomeno del genere era tipico un tempo di un'arte sperimentale che presupponeva un lettore modello culturalmente assai sofisticato. Il fatto che simili procedimenti diventino ora sempre più comuni all'universo dei media ci induce ad alcune considerazioni: i media prendono in carico – presupponendola – informazione già veicolata da altri media.

Il testo *ET* "sa" che il pubblico ha appreso dai giornali o dalla televisione quali rapporti intercorrano tra Rambaldi, Lucas e Spielberg. I media sembrano, nel gioco delle citazioni extratestuali, far riferimento al mondo, ma in effetti fanno riferimento al contenuto di altri messaggi di altri media. La partita si gioca per così dire su di una intertestualità "allargata" rispetto alla quale la conoscenza del mondo (intesa in modo ingenuo come conoscenza derivata da una esperienza extratestuale) si è praticamente vanificata.

Le nostre riflessioni a venire non dovranno dunque mettere

solo in questione il fenomeno della ripetizione all'interno di un'opera singola o di una serie di opere, ma il fenomeno complessivo che rende le varie strategie di ripetizione producibili, comprensibili e commerciabili. In altre parole, ripetizione e serialità nei media pongono nuovi problemi di sociologia della cultura.

2.5.4. Una forma di dialogismo è l'*incassamento di genere*, assai comune nei mass media. Si pensi al *musical* di Broadway (in teatro o in film))che altro non è – di regola – che la storia di come si allestisce un musical a Broadway. Anche questo tipo sembra richiedere una vasta conoscenza intertestuale: di fatto esso crea e istituisce la competenza richiesta e presupposta per capirlo, nel senso che ogni film che ci racconti come si fa un *musical* a Broadway ci fornisce tutti i riferimenti di genere indispensabili per comprendere quel singolo spettacolo. Lo spettacolo dà al pubblico la sensazione di conoscere in precedenza ciò che esso di fatto non sa ancora e conosce solo in quel momento. Siamo di fronte a un caso di colossale preterizione. In tal senso il *musical* è opera didattica che rende note le regole (idealizzate) della propria produzione.

2.5.5. Infine abbiamo l'opera che parla di se stessa: non l'opera che parla del genere a cui appartiene, ma l'opera che parla della propria struttura, del modo in cui è fatta. Di regola tale procedimento appare solo con opere di avanguardia e sembra estraneo alle comunicazioni di massa. L'estetica conosce questo problema ed anzi lo ha nominato da gran tempo: è il problema della *morte dell'arte*. Ma negli ultimi tempi si sono avuti casi di prodotti dei mass media capaci di ironizzare su se stessi, e alcuni degli esempi proposti sopra mi paiono abbastanza interessanti. Anche qui i confini tra arte *high brow* e arte *low brow* sembrano diventare molto sottili.

3. *Una soluzione estetica moderata o "moderna"*

Proviamo ora a rivedere i fenomeni sopra elencati dal punto di vista di una concezione "moderna" del valore estetico, secondo la quale si privilegino due caratteristiche di ogni messaggio esteticamente *ben formato*:
– deve realizzarsi una dialettica tra ordine e novità, ovvero tra schematismo e innovazione;

– questa dialettica deve essere percepita dal destinatario. Esso non deve soltanto cogliere i contenuti del messaggio ma deve anche cogliere *il modo in cui il messaggio trasmette quei contenuti*.

In tal caso, nulla vieta che nei tipi di ripetizione sopra elencati si realizzino le condizioni per una realizzazione del valore estetico, e la storia delle arti è pronta a fornirci esempi soddisfacenti per ogni voce della nostra classificazione.

Ripresa - L'*Orlando furioso* è in fondo una ripresa dell'*Innamorato*, e proprio a causa del successo del primo, che era a propria volta una ripresa dei temi del ciclo bretone. Boiardo e Ariosto aggiungono una buona quota di ironia al materiale assai "serio" e "preso sul serio" da cui partivano, ma anche il terzo *Superman* è ironico rispetto al primo (mistico e seriosissimo), così che abbiamo la ripresa di un archetipo ispirato al Vangelo, condotta strizzando l'occhio ai film di Frank Tashlin.

La ripresa può essere fatta sia con candore che con ironia: l'ironia differenzia la ripresa furtiva da quella fatta con pretese estetiche. Non mancano criteri critici (e nozioni dell'opera d'arte) che ci consentano di decidere in che senso la ripresa ariostesca sia più ricca e complessa di quella del film di Lester.

Serie - Ogni testo presuppone e costruisce sempre un duplice Lettore Modello.[4] Il primo usa l'opera come dispositivo semantico ed è vittima delle strategie dell'autore che lo conduce passo per passo lungo una serie di previsioni ed attese; l'altro valuta l'opera come prodotto estetico e valuta le strategie messe in opera dal testo per costruirlo appunto come Lettore Modello di primo livello. Questo lettore di secondo livello è colui che gode della serialità della serie e gode non tanto per il ritorno dell'identico (che il lettore ingenuo credeva diverso) ma per la strategia delle variazioni, ovvero per il modo in cui l'identico di base viene continuamente lavorato in modo da farlo apparire diverso.

Questo godimento della variazione è ovviamente incoraggiato dalle serie più sofisticate. Potremmo anzi classificare i prodotti narrativi seriali lungo un continuum che tiene conto di diverse gradazioni del *contratto di lettura* tra testo e lettore di secondo livello o lettore *critico* (in quanto opposto al lettore ingenuo). È evidente che anche il prodotto narrativo più banale consente al lettore di costituirsi, per decisione autonoma, come lettore critico e cioè come lettore che decide di valutare le strategie innovative, sia pur minime, o di registrare la mancanza di innovatività.

Ma ci sono opere seriali che instaurano un patto esplicito col lettore critico e per così dire lo sfidano a rilevare le capacità innovative del testo.

Appartengono a questa categoria i telefilm del tenente Colombo: a tal punto che gli autori si premurano di farci sapere sin dall'inizio chi sia l'assassino. Lo spettatore non è tanto invitato al gioco ingenuo delle previsioni (*whodunit?*) quanto, da un lato, a godersi l'esecuzione delle tecniche investigative di Colombo (apprezzate come il bis di un pezzo di bravura molto noto e molto amato), e dall'altro a scoprire in che modo l'autore riesca a vincere la sua scommessa: che consiste nel far fare a Colombo ciò che fa sempre, e tuttavia in modo non banalmente ripetitivo.

Al limite estremo possiamo avere dei prodotti seriali che puntano pochissimo sul lettore ingenuo, usato come pretesto, e scommettono tutto sul patto col lettore critico. Pensiamo all'esempio classico delle variazioni musicali: esse possono essere intese (e di fatto talora sono usate) come musica di fondo che gratifica l'utente con il ritorno dell'identico, appena appena mascherato. Tuttavia il compositore è interessato fondamentalmente al patto con l'utente critico, di cui vuole il plauso proprio per la fantasia dispiegata nell'innovare sopra la trama del già noto.

In tal senso la serie non si oppone necessariamente alla innovazione. Nulla di più "seriale" dello schema-cravatta, eppure nulla di più personalizzante di una cravatta. L'esempio sarà elementare, ma non è per nulla banale, né riduttivo. Tra l'esteticità elementare della cravatta e il riconosciuto "alto" valore artistico delle variazioni Goldberg, sta un continuum graduato di strategie serializzanti, diversamente intese a creare un rapporto con l'utente critico. Che poi la maggior parte delle strategie serializzanti nell'ambito dei mass media sia interessata solo agli utenti di primo livello – liberi rimanendo i sociologi e i semiologi di esercitare un interesse (puramente tribunalizio) per la loro strategia di abbondante ripetitività e scarsa innovazione – questo è un altro problema. Sono seriali tanto le nature morte olandesi, quanto l'*imagérie d'Epinal*. Si tratta, se si vuole, di dedicare alle prime dei meditati saggi critici e alla seconda affettuosi e nostalgici cataloghi antiquari: il problema però consiste nel riconoscere che in entrambi i casi può esistere un problema di serialità.

Il problema è che non c'è da un lato una estetica dell'arte "alta" (originale e non seriale) e dall'altro una pura sociologia del seriale. V'è piuttosto una estetica delle forme seriali, che non deve andare disgiunta da una sensibilità storica e antropologica per le forme diverse che in tempi e in paesi diversi assume la dialettica tra ripetitività e innovazione. Dobbiamo chiederci se, per caso, là dove non troviamo innovazione nel seriale, questo non dipenda, più che dalle strutture del testo, dal nostro orizzonte d'attesa e dalla struttura della nostra sensibilità. Sappiamo benissimo che in certi esempi di arte extraeuropea, là dove noi vediamo sempre la stessa cosa, i nativi riconoscono variazioni infinitesimali e godono a modo proprio del brivido della innovazione. Mentre là dove noi vediamo innovazione, magari in forme seriali del passato occidentale, gli utenti originari non erano affatto interessati a questo aspetto e di converso godevano la ricorsività dello schema.

Saga - A confermare che la nostra tipologia non risolve problemi di eccellenza estetica, diremo che l'intera *Commedia Umana* di Balzac rappresenta un bell'esempio di saga ad albero, almeno quanto *Dallas*. Balzac è esteticamente più interessante degli autori di *Dallas* perché ogni romanzo di Balzac ci dice qualcosa di nuovo sulla società del suo tempo mentre ogni puntata di *Dallas* ci dice sempre la stessa cosa sulla società americana... Ma entrambi usano lo stesso schema narrativo.

Dialogismo intertestuale - Qui pare che la necessità di spiegare gli esiti estetici del dialogismo sia meno urgente, perché la nozione stessa di dialogismo è stata elaborata nell'ambito di una riflessione, estetica e semiotica al tempo stesso, sull'arte detta alta. E tuttavia proprio gli esempi che abbiamo fatto poc'anzi sono stati assunti provocatoriamente dall'universo delle comunicazioni di massa, per mostrare come anche le forme di dialogismo intertestuale si siano ormai trasferite nell'ambito della produzione popolare.

È tipico della letteratura e dell'arte detta postmoderna (ma non succedeva così già con la musica di Strawinsky?) il citare *tra virgolette*, in modo che il lettore non faccia attenzione al contenuto della citazione bensì al modo in cui la citazione viene introdotta nel tessuto di un testo diverso, e per dar luogo a un testo diverso. Ma, come osserva Renato Barilli,[5] uno dei rischi di questo procedimento è di non riuscire a *mettere in evidenza* le virgolette, così che ciò che viene citato – e spesse volte si cita non l'arte ma il Kitsch – viene accolto dal lettore ingenuo di primo livello come invenzione originale anziché come riferimento ironico.

Ora noi avevamo proposto tre esempi di citazione di un topos: *Raiders of the Lost Arch*, *Bananas* e *ET*.

Vediamo subito il terzo caso: lo spettatore che non sapesse nulla delle origini produttive dei due film (di cui uno cita l'altro), non riuscirebbe a capire perché avviene quello che avviene. Se la riuscita del *gag* è condizione di godimento estetico (se cioè il *gag* deve essere preso come costruzione che aspira a presentarsi come autoriflessiva) – e in una misura sia pur minima lo è, come lo è la battuta felice, la barzelletta che aspira ad essere ammirata per l'economia di mezzi attraverso la quale raggiunge l'effetto comico – allora l'episodio di *ET* si regge sulla necessità delle virgolette. Ma si potrebbe rimproverargli di affidare la percezione delle virgolette a un sapere esterno al testo: nulla nel film aiuta lo spettatore a capire che in quel punto dovrebbero esserci delle virgolette. Il film si fida del sapere extratestuale dello spettatore. E se lo spettatore non sa? Pazienza, il film sa di avere altri mezzi per ottenere il suo consenso.

Queste impercettibili virgolette, più che un artificio estetico, sono un artificio sociale, selezionano gli *happy few* (che si spera siano milioni). Allo spettatore ingenuo di primo livello il film ha già dato sin troppo: quel segreto piacere è riservato, per quella volta, allo spettatore critico di secondo livello.

Diverso il caso di *Raiders*. Qui se lo spettatore critico fallisce (e non riconosce il topos usurato), rimangono ampie possibilità di godimento per lo spettatore ingenuo, che gode almeno del fatto che l'eroe abbia pur sempre la meglio sull'avversario. Siamo di fronte a una costruzione meno sottile della precedente, più incline a soddisfare le esigenze del produttore che, in ogni caso, deve vendere il prodotto a chiunque. È vero che è difficile immaginare *Raiders* visto e goduto da qualche spettatore che non ne colga il parossismo citatorio, ma è pur sempre possibile che questo avvenga, e l'opera è aperta anche a questa possibilità. Non mi sento di dire quale, tra i due testi citati, persegua le finalità esteticamente più nobili. Mi basta (e per il momento mi dà già parecchio a pensare) segnalare una differenza di funzionamento e strategia testuale che può sollecitare un diverso giudizio critico.

Veniamo ora al caso di *Bananas*. Su quella scalinata discendono non solo una carrozzella ma anche torme di rabbini e non ricordo cosa altro. Che cosa accade allo spettatore che non coglie la citazione dal *Potemkin*? Credo che, per l'energia orgiastica con la quale vengono rappresentati e la scalinata e la sua incongrua popolazione, anche lo spettatore ingenuo colga il senso sinfonico e stranito di questa kermesse bruegeliana. Anche il più ingenuo tra gli spettatori sente un ritmo, una invenzione, non può evitare di puntare la propria attenzione sul modo di formare.

Al polo estremo dell'interesse estetico porremo infine un'opera di cui non riesco a trovare l'equivalente nei mass media contemporanei e cioè uno dei capolavori non solo del dialogismo intertestuale ma dell'alta capacità metalinguistica di parlare e della propria formazione e del proprio genere, per liquidare in volata finale anche le ultime voci della mia tipologia. Parlo del *Tristram Shandy*.

È impossibile leggere e godere il romanzo antiromanzo di Sterne senza rendersi conto che esso sta ironizzando sulla forma-romanzo. E il testo lo sa a tal punto che credo sia impossibile trovarvi un solo luogo ironico dove esso non renda evidente il proprio procedimento di virgolettatura, portando a risoluzione estetica la tecnica retorica della *pronuntiatio* – essenziale perché l'artificio dell'ironia ottenga successo.

Credo di aver individuato una serie ascendente di artifici di virgolettatura che in qualche modo deve aver rilievo ai fini di una fenomenologia del valore estetico, e del piacere che ne consegue. Segno ancora una volta che le strategie della sorpresa e della novità nella ripetizione, se pure sono strategie semiotiche, in sé esteticamente neutre, possono dar luogo a diverse soluzioni diversamente apprezzabili sul piano estetico.

Potremmo concludere dicendo che:
– ciascuno dei tipi di ripetizione che abbiamo esaminato non è limitato ai soli mass media ma appartiene di diritto alla intera storia della creatività artistica: il plagio, la citazione, la parodia, la ripresa ironica, il gioco intertestuale, sono tipici di tutta la tradizione artistico-letteraria;
– molta arte pertanto è stata ed è seriale; il concetto di originalità assoluta, rispetto ad opere precedenti e alle stesse regole di genere, è concetto contemporaneo, nato col romanticismo; l'arte classica era in vasta misura seriale e le avanguardie storiche han messo in crisi in modi diversi l'idea romantica della creazione come debutto nell'assoluto (con le tecniche di collage, i baffi alla Gioconda, eccetera);

– lo stesso tipo di procedimento seriale può produrre sia eccellenza che banalità; può mettere il destinatario in crisi con se stesso e con la tradizione intertestuale nel suo complesso; e quindi può provvedergli facili consolazioni, proiezioni, identificazioni; può instaurare un patto con il destinatario ingenuo, esclusivamente, o esclusivamente con il destinatario critico, o con entrambi a livelli diversi e lungo un continuum di soluzioni che non può essere ridotto a una tipologia elementare;

– pertanto una tipologia della ripetizione non fornisce i criteri per stabilire differenze di valore estetico;

– tuttavia sarà proprio accettando il principio che i vari tipi di ripetizione costituiscono caratteristiche costanti del procedimento artistico, che si potrà partire da essi per stabilire criteri di valore; una estetica della ripetizione richiede come premessa una semiotica dei procedimenti testuali di ripetizione.

4. *Una soluzione estetica radicale o "postmoderna"*

Mi rendo conto tuttavia che tutto ciò che ho detto sinora costituisce il tentativo di riconsiderare le varie forme di ripetizione proposte dai mass media nei termini della dialettica "moderna" tra ordine e innovazione.

Il fatto è che quando le indagini su questo tema parlano di estetica della serialità, esse alludono a qualcosa di più radicale e cioè a una nozione di esteticità che non può più ridursi alle categorie moderno-tradizionali – se è permesso l'ossimoro.

È stato osservato [6] che con il fenomeno dei *serials* televisivi troviamo un nuovo concetto di "infinità del testo": il testo assume i ritmi e i tempi di quella stessa quotidianità entro la quale (e finalizzato alla quale) si muove. Il problema non è di riconoscere che il testo seriale varia indefinitamente sullo schema di base (e in questo senso può essere giudicato dal punto di vista dell'estetica "moderna"). Il vero problema è che ciò che interessa non è tanto la variabilità quanto il fatto che sullo schema si possa variare all'infinito. E una variabilità infinita ha tutte le caratteristiche della ripetizione, e pochissime dell'innovazione. Quello che qui viene celebrato è una sorta di vittoria della vita sull'arte, con il risultato paradossale che l'era dell'elettronica, invece di accentuare il fenomeno dello choc, dell'interruzione, della novità e della frustrazione delle attese, "produrrebbe un ritorno del continuum, di ciò che è ciclico, periodico, regolare".

Omar Calabrese ha approfondito il problema: [7] dal punto di vista della dialettica "moderna" tra ripetizione e innovazione, si può certo riconoscere come, per esempio, nei *serials* di *Colombo*, su di uno schema base abbiano lavorato di variazione alcuni dei più bei nomi del cinema americano. Sarebbe dunque difficile parlare, a questo proposito, di pura ripetizione: se rimangono immutati lo schema dell'indagine e la psicologia del personaggio, cambia ogni volta lo stile del racconto. Il che non è poco, specie dal punto di vista dell'estetica "moderna". Ma è proprio su una diversa nozione di stile che si incentra il discorso di Calabrese. Il fatto è che in queste forme di ripetizione "non ci interessa molto il *che cosa viene ripetuto*, quanto piuttosto il modo di segmentare le componenti di un testo e di codificarle per poter stabilire un sistema di invarianti, tutto ciò che non rientri nel quale essendo definito 'variabile indipendente'". E nei casi più tipici e apparentemente "degradati" di serialità, le variabili indipendenti non sono affatto le più visibili, ma le più microscopiche, come in una soluzione omeopatica dove la pozione è tanto più potente quanto, per successive successioni, le particelle del prodotto medicamentoso siano quasi scomparse. Il che permette a Calabrese di parlare della serie *Colombo* come di un "exercice de style" alla Queneau. A questo punto ci troveremmo di fronte a una "estetica neobarocca": che funziona a pieno regime non solo nei prodotti colti, ma anche e soprattutto in quelli più degradati. Anche a proposito di *Dallas* si può dire che "le opposizioni semantiche e l'articolazione delle strutture elementari della narrazione possono trasmigrare con una combinatoria di altissima improbabilità attorno ai vari personaggi".

Differenziazione organizzata, policentrismo, irregolarità regolata: tali sarebbero gli aspetti fondamentali di questa estetica neobarocca: di cui l'esempio principe è la variazione musicale alla Bach.

Siccome nell'epoca delle comunicazioni di massa "la condizione di ascolto... è quella per cui *tutto è già stato detto e tutto è già stato scritto*..: come nel teatro Kabuki, sarà allora la più minuscola variante quella che produrrà piacere del testo, o la forma della ripetizione esplicita di ciò che già si conosce".

È chiaro che cosa avvenga con queste riflessioni. Si sposta il fuoco teorico dell'indagine. Se prima si trattava, per il massmediologo ancora moderno, di salvare la dignità del seriale riconoscendovi la possibilità di una dialettica tradizionale tra schema e innovazione (ma a questo punto era ancora l'innovazione che costituiva il valore, o la via di salvezza per sottrarre il prodotto alla degradazione e promuoverlo al valore), ora l'accento viene messo sul nodo inscindibile schema-variazione, dove la variazione non fa aggio sullo schema – e se mai accade il contrario. Il termine neobarocco non deve ingannare: qui viene affermata la nascita di una nuova sensibilità estetica, assai più arcaica, e veramente post-postmoderna.

A questo punto, osserva Giovanna Grignaffini, "il *serial* televisivo, diversamente da altri prodotti realizzati *dalla* o *per la* televisione, utilizza questo principio (e il suo inevitabile corollario), in un certo senso allo stato puro, arrivando a trasformarlo da principio produttivo in principio formale. Ed è all'interno di questo slittamento progressivo che viene distrutta sino alla radice ogni nozione di unicità".[8]

Trionfo di una struttura a incastri indipendenti, che va incontro alle esigenze – prima paventate, poi realisticamente riconosciute come dato di fatto, ora infine proclamate come nuova condizione di esteticità – del "consumo nella distrazione" (che è poi quello che avveniva per la musica barocca).

Sia chiaro, non è che gli autori dei saggi citati non vedano quanto di commercialmente consolatorio e di "gastronomico" vi sia nel proporre storie che dicono sempre la stessa cosa e si rinchiudono sempre circolarmente su se stesse (non è, dico, che essi non vedano la pedagogia e l'ideologia espressa da queste storie per quanto riguarda i loro contenuti). È che essi non solo applicano a tali prodotti un criterio rigidamente formalistico, ma lasciano intendere che dobbiamo iniziare a concepire una udienza capace di fruire di tali prodotti in questo modo. Perché solo a questo patto si può parlare di nuova estetica del seriale.

Solo a questo patto il seriale non è più un parente povero dell'arte, ma la forma d'arte che soddisfa la *nuova* sensibilità estetica, ovvero la forma post-postmoderna della tragedia attica.

Non ci scandalizzeremmo se tale criterio fosse applicato (come è stato applicato) alle opere d'arte "minimal", come d'altra parte all'arte astratta. E difatti qui si sta profilando una nuova estetica del "minimal" applicata ai prodotti della comunicazione di massa.

Ma tutto questo prevede che il lettore ingenuo di primo livello *scompaia*, per lasciar posto solo al lettore critico di secondo livello. Infatti non esiste il lettore ingenuo di un quadro astratto o di una scultura "minimal" (o se vi è chi domanda "ma cosa significa?", costui non è lettore né di primo né di secondo livello, è escluso da qualsiasi lettura). Dell'opera astratta o della scultura minimal si dà solo lettura critica, di essi non interessa quel nulla che è formato, interessa solo il modo di formare.

Possiamo attenderci lo stesso per i prodotti seriali della televisione? Dobbiamo pensare alla nascita di un nuovo pubblico che, indifferente alle storie raccontate, che intanto già conosce, è solo inteso a gustare la ripetizione e le sue corpuscolari variazioni? Malgrado oggi lo spettatore ancora pianga di fronte ai patemi delle famiglie texane, dobbiamo attenderci per il futuro prossimo una vera e propria mutazione genetica?

Se così non dovesse accadere, la proposta radicale apparirebbe singolarmente snobistica: come in *1984*, vi sarebbero piaceri di seconda lettura riservati ai membri del partito e piaceri di prima lettura riservati ai *prolet*. L'intera industria del seriale esisterebbe, come il mondo di Mallarmé (fatto per risolversi in un Libro), al solo scopo di fornire il piacere neobarocco a chi lo sa gustare, riservando lagrime e gioia (fittizi e degradati) ai molti che restano.

5. *Alcune domande a guisa di conclusione*

Se l'ipotesi massima è possibile (un universo di audiovisori disinteressati a quanto veramente accade a J.R. − e in realtà intesi a cogliere il piacere neobarocco della forma che assumono la sue avventure), ci si dovrà pur chiedere se tale prospettiva (per quanto foriera di nuova estetica) sia consentita da una vecchia semiotica.

La musica barocca, come l'arte minimal, sono "asemantiche". Si può discutere, e io sono il primo a farlo, se sia possibile instaurare una divisione così netta tra arti di pura sintassi e arti che trasmettono significati. Ma possiamo almeno riconoscere che vi sono arti figurative e arti astratte. La musica barocca e la minimal art non sono figurative, i serials televisivi lo sono. Per usare un termine di Greimas, essi mettono in gioco "figure del mondo".

Sino a che punto si potrà godere come variazione musicale ciò che varia su figure del mondo, senza sottrarci al fascino (e alla minaccia) del mondo possibile che esse mettono pur sempre in scena?

D'altra parte, se non vogliamo rimanere prigionieri di pregiudizi etnocentrici, dobbiamo condurre l'ipotesi sino alle sue ultime conseguenze.

Diremo allora che la serie neobarocca propone al suo primo livello di fruizione (ineliminabile) puro e semplice *mito*. Nulla a che vedere con l'arte. Una storia, sempre uguale. Non sarà la storia di Atreo e sarà quella di J.R. Perché no? Ogni epoca ha i suoi mitopoieti, i suoi centri di produzione mitopoietica, il proprio senso del sacro. Scontata la rappresentazione "figurativa" e la degustazione "orgiastica" del mito (ammessa l'intensa partecipazione emotiva, il piacere della reiterazione di una sola e costante verità, e le lacrime, e il riso – e infine una sana catarsi), l'udienza si riserva la possibilità di passare al livello estetico e di giudicare dell'arte della variazione su tema mitico – così come si riesce a riconoscere un "bel funerale" anche quando il morto era una persona cara.

Siamo sicuri che non succedesse così anche nell'antichità classica?

Se ci rileggiamo la *Poetica* di Aristotele vediamo che era possibile descrivere il modello della tragedia greca come un modello seriale. Dalle citazioni dello Stagirita intravediamo che la tragedie di cui egli era a conoscenza erano molte di più di quelle che ci sono pervenute, e tutte seguivano (variandolo) uno schema fisso. Possiamo supporre che quelle che si sono salvate fossero quelle che corrispondevano meglio ai canoni della sensibilità estetica antica. Ma potremmo anche supporre che la decimazione sia avvenuta in base a criteri di politica culturale e nessuno ci può proibire di immaginare che Sofocle sia sopravvissuto in virtù di manovre di potere, sacrificando autori migliori (ma secondo quale criterio?) di lui.

Se le tragedie erano molte di più di quelle che conosciamo e se tutte seguivano (variandolo) uno schema fisso, che cosa accadrebbe se oggi potessimo vederle o leggerle tutte insieme? Forse le nostre valutazioni dell'originalità di Sofocle o di Eschilo sarebbero diverse da quelle correnti? Forse troveremmo in questi autori dignitose variazioni su temi topici là dove oggi intravediamo un modo unico (e sublime) di affrontare i problemi della condizione umana? Potrebbe darsi che là dove noi vediamo invenzione assoluta i greci vedessero solo la "corretta" variazione su di uno schema, e che sublime ad essi apparisse non l'opera singola, ma appunto lo schema (e non è un caso che, parlando dell'arte poetica, Aristotele conducesse un discorso su schemi, anzitutto, e solo a titolo di esempio si soffermasse sulle opere singole).

Ma ora capovolgiamo l'esperimento e mettiamoci, di fronte al seriale contemporaneo, dal punto di vista di una estetica futura che abbia riacquisito il senso dell'originalità come valore. Immaginiamo una società dell'anno tremila dopo Cristo in cui, per ragioni che non sto ad ipotizzare, il novanta per cento della nostra produzione culturale attuale fosse scomparsa e di tutti i serials televisivi fosse sopravvissuta una sola puntata del tenente Colombo.

Come leggeremmo quest'opera? Ci emozioneremmo di fronte all'originalità con cui l'autore ha saputo rappresentare un piccolo uomo in lotta con le potenze del male, con le forze del capitale, con la società opulenta e razzista dei *wasps* dominatori? Apprezzeremmo questa rappresentazione efficace, concisa, intensa del paesaggio urbano di una America industriale?

Là dove il serial procede per scorci, perché tutto è già stato detto nelle puntate precedenti, vedremmo forse dispiegarsi un'arte della sintesi, una capacità sublime di dire per accenni?

In altre parole, come si leggerebbe un "pezzo" di una serie se il resto della serie ci rimanesse ignoto?

Prevedo l'obiezione: cosa ci vieta di leggere così, ora, i prodotti seriali?

La risposta è: nulla. Nulla ce lo vieta. Anzi forse facciamo sovente proprio così.

Ma facendo così, facciamo quello che fanno gli utenti normali della serie? Credo di no.

E allora, ultima domanda, quando cerchiamo di interpretare e definire la nuova estetica del seriale, ponendoci come interpreti della sensibilità collettiva, siamo sicuri di leggere come gli altri (i "normali") leggono?

E se la risposta fosse negativa, cosa avrebbe allora da dire l'estetica sul problema del seriale televisivo?

[1] Cfr. la distinzione tra serialità di veicolo e serialità di programma proposta da A. Costa e L. Quaresima in "Il racconto elettronico: veicolo, programma, durata", *Cinema & Cinema* 35-36, 1983, pp. 20-24.

² Su questa ripetitività dei mass media la letteratura è molto ampia. Rinvio per esempio ai miei studi su Superman, James Bond o sul feuilleton ottocentesco (pubblicati in *Apocalittici e integrati* e *Il Superuomo di massa*).

³ Per la nozione di enciclopedia semiotica cfr. i miei *Lector in fabula* e *Semiotica e filosofia del linguaggio*.

⁴ Cfr. per la nozione di "lettore modello" il mio *Lector in fabula*, cit.

⁵ "Dal leggibile all'illeggibile", in L. Russo, ed., *Letteratura tra consumo e ricerca*, Bologna, il Mulino, 1984.

⁶ Cfr. l'articolo già citato di Costa e Quaresima su *Cinema & Cinema* 35-36.

⁷ "I replicanti", *Cinema & Cinema* 35-36, pp. 25-39.

⁸ "J.R.: vi presento il racconto", *Cinema & Cinema* 35-36, pp. 46-51.

ELOGIO DEL "MONTECRISTO"

Un romanzo mal scritto

Nella "Pléiade" di Gallimard si pubblica ora (dopo *I tre moschettieri*) *Il conte di Montecristo* di Dumas, inserendo anche quest'opera nel pantheon dei grandi, tra Stendhal e Balzac. Confrontando quest'edizione a cura di Gilbert Sigaux con quella di J.H. Bornecque per i classici Garnier del 1962, si vede che non se ne ricava gran che di nuovo: la prima aveva anzi anche delle interessanti illustrazioni, una lunga biografia di Dumas (in questa si rinvia alla edizione dei *Tre Moschettieri*) e infine il volume Gallimard reca in più solo delle utilissime note e varianti, e un nuovo testo di quel Jacques Peuchet che "potrebbe" avere ispirato Dumas; ma l'edizione Garnier già pubblicava, dello stesso Peuchet, il racconto *Le diamant et la vengeance* che sicuramente e per esplicita ammissione di Dumas è stato all'origine del *Montecristo*. A parte dunque l'eleganza consueta, la maggiore maneggevolezza (un solo volume in carta india contro due in cartaccia) e il prezzo più caro, cosa aggiunge l'edizione Pléiade all'edizione Garnier? La consacrazione, c'è poco da dire, l'ammissione che il *Montecristo* fa parte della storia della letteratura francese.

Bisognerà naturalmente decidere cosa si intende per letteratura, e più in particolare per narrativa di alto valore letterario. Croce avrebbe detto che Dumas non è poesia ma appunto letteratura, termine che per lui aveva un senso, se non denigratorio, almeno equilibratorio. Ma non è questo il punto, il *Montecristo* nella Pléiade scavalca queste distinzioni. Dovremo dire allora che il *Montecristo* vale *Il rosso e il nero* e *Madame Bovary*? Che è un "grande romanzo"?

Il conte di Montecristo è senz'altro uno dei romanzi più

appassionanti che siano mai stati scritti e d'altra parte è uno dei romanzi più *mal scritti* di tutti i tempi e di tutte le letterature.

Il *Montecristo* scappa da tutte le parti. Pieno di zeppe, spudorato nel ripetere lo stesso aggettivo a distanza di una riga, incontinente nell'accumulare questi stessi aggettivi, capace di aprire una divagazione sentenziosa senza più riuscire a chiuderla perché la sintassi non tiene, e così procedendo e ansimando per venti righe, è meccanico e goffo nel disegnare i sentimenti: i suoi personaggi o fremono, o impallidiscono, o si asciugano grosse gocce di sudore che colano loro dalla fronte, o balbettando con una voce che non ha più nulla di umano, si alzano convulsamente dalla sedia e vi ricadono, con l'autore che si premura sempre, ossessivamente, di ripeterci che la sedia su cui son ricaduti era la stessa su cui erano seduti un secondo innanzi.

Perché Dumas facesse così, lo sappiamo bene. Non perché non sapesse scrivere. Il *Tre Moschettieri* è più secco, rapido, magari a scapito della psicologia, ma fila via che è un piacere. Dumas scriveva così per ragioni di denaro, era pagato un tanto a riga e doveva allungare. A parte che mentre scriveva a due mani il *Montecristo* stava nel frattempo stendendo la *Signora di Monsoreau*, i *Quarantacinque*, il *Cavaliere della Maison Rouge* e iniziava a pubblicare il romanzo da Pétion quando ancora il feuilleton doveva finire (né lui sapeva come, interrompendosi talora per sei mesi) sul *Journal des Débats* (siamo tra il 1844 e il 1846).

Ecco che si spiegano così quelli che altrove ho chiamato "dialoghi a cottimo" (rinvio al mio *Il superuomo di massa*) dove gli interlocutori, andando a capo a ogni battuta, si dicono per una o più pagine frasi di puro contatto, come due scioperati in ascensore: allora vado, bene vai, addio allora, addio, ci rivedremo?, forse stasera, lo spero bene, posso prendere congedo?, ti prego, sei sui carboni ardenti, buongiorno, grazie di tutto, allora vado, vai, addio.

E credo valga la pena di degustarsi questo saggio, proprio dai *Moschettieri*:[1]

– No, – disse d'Artagnan, – no, lo confesso, è il caso che mi ha posto sulla vostra strada; ho veduto una donna bussare alla finestra di un mio amico...
– Di un vostro amico? – interruppe Mme Bonacieux.
– Certamente; Aramis è uno dei miei migliori amici.
– Aramis? cos'è?
– Ma via! volete dirmi che non conoscete Aramis?
– È la prima volta che sento pronunciare questo nome.

148

– Ma allora è la prima volta che venite in questa casa?

– Certamente.

– E non sapevate che fosse abitata da un giovanotto?

– No.

– Da un moschettiere?

– Affatto.

– Allora non è lui che andavate a trovare?

– Neanche per sogno. D'altronde l'avete veduto, la persona a cui ho parlato è una donna.

– È vero; ma questa donna è un'amica di Aramis.

– Non ne so niente.

– Se abita da lui.

– Ciò non mi riguarda.

– Ma chi è?

– Oh! questo non è un segreto mio.

– Cara Mme Bonacieux, siete affascinante; ma al tempo stesso siete la donna più misteriosa...

– Ci perdo forse?

– No; anzi siete adorabile.

– Allora, datemi il braccio.

– Molto volentieri. E adesso?

– Adesso, accompagnatemi.

– Dove?

– Dove devo andare.

– Ma dove andate?

– Lo vedrete, visto che mi lascerete alla porta.

– Bisognerà aspettarvi?

– Sarà inutile.

– Ma tornerete sola?

– Forse sì, forse no.

– Ma la persona che poi vi accompagnerà sarà un uomo o una donna?

– Ancora non ne so niente.

– Lo saprò io!

– E in che modo?

– Vi aspetterò per vedervi uscire.

– In tal caso, addio!

– Come?

– Non ho bisogno di voi.

– Ma avevate chiesto...

– L'aiuto di un gentiluomo e non la sorveglianza di una spia.

– La parola è un po' dura.

– Come si chiamano quelli che seguono la gente contro la loro volontà?

– Degli indiscreti.

– La parola è troppo blanda.

– Suvvia, signora, vedo che bisogna fare tutto ciò che volete.

– Perché vi siete privato del merito di farlo subito?

– Non ce n'è nessuno a pentirsi?

– E vi pentite davvero?

– Non lo so neppure io. Ma quello che so, è che vi prometto di fare tutto ciò che vorrete se mi lasciate accompagnarvi là dove andate.

– E poi mi lascerete?

– Sì.
– Senza spiarmi all'uscita?
– No.
– Parola d'onore?
– Parola di gentiluomo!
– Su, prendete il mio braccio e andiamo.

Per non dire dell'esigenza, comune a tutto il romanzo d'appendice, anche per ricuperare i lettori disattenti da puntata a puntata, di una ripetizione ossessiva del già noto, così che un personaggio racconta un fatto a pagina cento, ma a pagina centocinque incontra un altro personaggio e gli ripete paro paro la stessa storia – e si veda nei primi tre capitoli quante volte Edmond Dantès racconta a cani e porci che intende sposarsi ed è felice: quattordici anni al castello d'If sono ancora pochi per un piagnone di questa razza.

E poi gli equilibrismi metaforici, da circo, da vecchia nonna arteriosclerotica che non riesce a tenere la *consecutio temporum*... C'è per esemio una sequenza di similitudini mirabile (ma se ne potrebbero trovare a centinaia) nel capitolo sul telegrafo ottico (LXII) dove la vecchia torre sulla collina, vetusta e slabbrata, è paragonata a una vecchietta: "On n'eût pas dit, à la voir ainsi ridée et fleurie comme une aïeule à qui ses petit-enfants viennent de souhaiter la fête, qu'elle pourrait raconter bien des drames terribles, si elle joignait une voix aux oreilles menaçantes qu'un vieux proverbe donne aux murailles".

Si rimane poi rispettosamente ammirati dalla vecchia e anonima traduzione Sonzogno che riusciva, in un italiano magicamente conseguente, a rendere e la sintassi e le arditezze dell'originale, con la stessa mancanza di pudore: "Si sarebbe detto, vedendola così ornata e fiorita come una bisavola di cui i suoi nipotini celebrano il giorno natalizio, che essa avrebbe potuto raccontare drammi assai terribili se avesse aggiunto la voce alle orecchie minaccevoli che un vecchio proverbio attribuisce alle muraglie". È inutile, l'incastrarsi delle metafore è goffamente delirante, il traduttore non può che arrendersi al fascino dell'impudenza.

Tradurre Montecristo

Qualche anno fa, su invito di Einaudi, avevo accettato di tradurre il *Montecristo*. L'idea mi affascinava. Prendere un romanzo di cui ammiravo la struttura narrativa e di cui mi orripilava lo stile, e cercare di restituire quella struttura in uno stile più rapido, scattante, ma (ben inteso) senza "riscrivere", senza tagliare, rispettando Dumas. Ma – se fosse stato possibile – facendo risparmiare (all'editore e al lettore) qualche centinaio di pagine. Cosa dovrebbe fare il traduttore per rispondere a una sfida di tal fatta? Se traduce alla lettera, la sua dignità si ribella, la mano esita a ripetere senza ragione la stessa parola, la stessa espressione prefabbricata a poche righe di distanza; la noia imporrebbe di saltare, di asciugare, di accorciare. Il rispetto per la magistrale costruzione narrativa, di cui si è detto, consiglierebbe di tagliare dove sembra evidente che la divagazione non rivesta alcuna funzione. Tanto lo si sa, la parte centrale ("Roma", tra quella iniziale di "Marsiglia" e quella finale di "Parigi") c'è perché faceva parte di una serie di appunti su un viaggio in Italia che poi Dumas ha rifuso in quest'opera; ed è così lunga perché nelle sue prime intenzioni doveva essere la parte di inizio, e quindi era logico che fosse più diffusa, una sorta di *ouverture*; e solo dopo Maquet fa capire a Dumas che invece si doveva trarre il massimo partito narrativo dalla storia di Dantès giovane, perseguitato, prigioniero, evaso.

Dumas non era forse un autore che lavorava in collaborazione? E perché no, allora, in collaborazione con un proprio traduttore di cento anni dopo? Dumas non era forse un artigiano pronto a modificare il suo prodotto secondo le esigenze del mercato? E se il mercato gli chiedesse ora una storia più asciutta, non sarebbe il primo ad autorizzare tagli, accorciature, ellissi?

Il traduttore può snellire, aiutare il lettore a seguire più velocemente le vicende, quando per istinto avverte che la lungaggine, il giro di parole, non hanno alcuna funzione né trattengono alcun profumo del tempo. Un problema di ritmo, di fiato, quello che avrebbe risolto Dumas se, volendo scrivere il *Montecristo* così com'è, dopo aver capito che *nulla* andava eliminato, avesse tuttavia appreso che avrebbe ricevuto un soprassoldo per ogni parola risparmiata. Un esempio. Il testo originale dice:

Danglars arracha machinalement, et l'une après l'autre, les fleurs d'un magnifique oranger; quand il eut fini avec l'oranger, il s'adressa à un cactus, mais alors le cactus, d'un caractère moins facile que l'oranger, le piqua outrageusement.

La traduzione, senza nulla perdere, neppure dell'onesto sarcasmo che pervade il brano, può benissimo dire:

Strappò macchinalmente, uno dopo l'altro, i fiori di un magnifico

151

arancio; quando ebbe finito si rivolse a un cactus, il quale, di carattere più difficile, lo punse oltraggiosamente.

Anche a occhio si nota l'economia raggiunta: in ogni caso, sono ventinove parole italiane contro le quarantadue francesi. Più del venticinque per cento di risparmio. Non si tratta di guadagnare spazio, ma di rendere la lettura più agile, di saltare di fatto quel che il lettore automaticamente salta con l'occhio. E in questo si è aiutati non solo da ridondanze che il francese impone ma l'italiano evita, talora come regola e spesso come norma (per esempio molto soggetti, e i possessivi), ma anche dal fatto che certe espressioni cerimoniali, consuete e nella lingua e negli usi della società francese dell'epoca, devono sparire nell'italiano proprio per ragioni di fedeltà allo spirito del testo. Tanto per fare un esempio, un ringraziamento in un dialogo tra due persone di bassa condizione suona in francese come "merci, monsieur", ma in italiano deve diventare un semplice "grazie", perché un "grazie, signore" farebbe sospettare un rapporto di ossequenza che non è nell'intenzione dell'autore né nelle connotazioni della lingua. Si potrebbe obbiettare che questo fenomeno si verifica per ogni traduzione italiana da qualsiasi testo francese: ma in un libro come questo dove i "merci, monsieur" si sprecano per le ragioni già elencate, il risparmio conta, e incide sulla leggibilità.

Oppure quando si incontra "comme pour le prier de le tirer de l'embarras où il se trouvait", è ovvio che l'imbarazzo da cui qualcuno vuol essere tratto è quello in cui si trova, e non un altro e basta dire "come per pregarlo di trarlo d'imbarazzo". O ancora: "M. Morrel ne peut ceder son cheval, son honneur étant engagé à ce qu'il le garde"; dove, visto che prima o dopo si spiegano (e a lungo) i motivi di questo impegno, basta dire: "M. Morrel non può cedere il suo cavallo per motivi d'onore". E si potrebbero citare gli infiniti casi in cui qualcuno parla con qualcun altro, si volta un momento per rispondere a un servo, e per riprendere la conversazione occorre che Dumas ricordi che egli appunto sta ritornando al discorso che, come il lettore sa, aveva intrapreso col signor tale e aveva appena interrotto. Dove forse non si tratta solo di tirare al soldo, ma anche di prevedere interruzioni della puntata, e ricordare ai lettori qualcosa che, testualmente, avviene due righe sopra, ma feuilletonisticamente era stato letto forse qualche giorno avanti; per esempio tra il dicembre '44 e il giugno '45 le puntate si interrompono, perché l'autore ha altro da fare.

Infine, il traduttore si sentirebbe autorizzato a illeggiadrire lo stile quando era chiaro che Dumas peccava di sciatteria senza che nulla nell'economia del testo autorizzasse, per esempio, la ripetizione troppo ravvicinata dello stesso aggettivo: perché si deve dire che Villefort "epousait une jeune et *belle* personne" ripetendo due righe dopo, a proposito della stessa fanciulla, "outre sa beauté, qui était remarquable..."? Si può dire la prima volta che la ragazza era leggiadra, o parlare di leggiadria la seconda volta. Tanto più che qualche pagina dopo, l'autore – evidentemente in un momento di grazia – sa impiegare in uno stesso periodo, con abile gioco retorico, "Heureux" e "bonheur" e a quel punto è il traduttore che corre il rischio, se procede alla lettera, di ripetere a poca distanza "felice" e "felicità". Di qui la decisione di ritenere il sistema di aggettivazione dumasiano del tutto casuale, organizzato secondo alcune macro-opposizioni di senso che contano (bello/brutto, felice/infelice, calmo/agitato, e così via), opposizioni che possono essere rese con sostantivi e aggettivi *ad libitum*, nel duplice intento di non appesantire il ritmo discorsivo e di rispettare, nella varietà lessicale, la costanza delle grandi contrapposizioni caratteriologiche e assiologiche.

Ho provato, e per circa cento pagine. Poi, lo confesso, mi sono arreso. Mi sono arreso perché ho capito che avrei dovuto andare avanti per duemila cartelle (l'edizione Garnier è di 1640 pagine) e perché mi sono chiesto se anche le ampollosità, la sciatteria, le ridondanze, non facessero parte della macchina narrativa. Avremmo amato il *Montecristo* come lo abbiamo amato se non l'avessimo letto le prime volte nelle sue traduzioni ottocentesche?

Un romanzo ben scritto

Detto questo bisogna tornare all'affermazione d'inizio. *Montecristo* è uno dei romanzi più appassionanti che mai siano stati scritti. In un colpo solo (o in una raffica di colpi, in un cannoneggiamento a lunga gittata) partendo dalla storia sciapa di Peuchet riesce a inscatolare nello stesso romanzo tre situazioni archetipe capaci di torcere le viscere anche a un boia.

Anzitutto, l'innocenza tradita. In secondo luogo l'acquisizione, per colpo di fortuna, da parte della vittima perseguitata, di una fortuna immensa che lo pone al di sopra dei comuni mortali. Infine la strategia di una vendetta in cui periscono personaggi che il romanzo si è disperatamente ingegnato a rendere odiosi oltre ogni limite del ragionevole.

Ma non basta. Su questa ossatura si dipana la rappresentazione della società francese dei cento giorni e poi della monarchia di Luigi Filippo, coi suoi dandie, i suoi banchieri, i suoi magistrati corrotti, le sue adultere, i suoi contratti di matrimonio, le sue sedute parlamentari, i rapporti internazionali, i complotti di Stato, il telegrafo ottico, le lettere di credito, i calcoli avari e spudorati di interessi composti e dividendi, i tassi di sconto, le valute e i cambi, i pranzi, i balli, i funerali.

E su tutto troneggia il topos principe del feuilleton, il Superuomo. Ma diversamente che in Sue (*I misteri di Parigi*) e in tutti gli altri artigiani che han tentato questo luogo classico del romanzo popolare, Dumas del superuomo tenta una sconnessa e ansimante psicologia, mostrandocelo diviso tra la vertigine dell'onnipotenza (dovuta al denaro e al sapere) e il terrore del proprio ruolo privilegiato, in una parola, tormentato dal dubbio e rasserenato dalla coscienza che la sua onnipotenza nasce dalla sofferenza. Per cui, nuovo archetipo che si innerva sugli altri, il conte di Montecristo (potenza dei nomi) è anche un Cristo, dovutamente diabolico, che cala nella tomba del castello d'If, vittima sacrificale dell'umana malvagità, e ne risale a giudicare i vivi e i morti, nel fulgore del tesoro riscoperto dopo secoli, senza mai dimenticare di essere figlio dell'uomo. Si può essere blasé, criticamente avveduti, saper molto di trappole intertestuali, ma si è presi nel gioco, come nel melodramma verdiano. *Mélo* e *Kitsch*, per virtù di sregolatezza, rasentano il sublime, mentre la sregolatezza si ribalta in genio.

Ridondanza, certo, a ogni passo. Ma potremmo gustare le rivelazioni, le agnizioni a catena attraverso le quali Edmond Dantès si svela ai suoi nemici (e noi si freme, ogni volta, anche se sappiamo già tutto) se non intervenisse, e proprio come artificio letterario, la ridondanza?

Proviamo a rileggerci tre episodi di disvelamento, per godere di questo ritorno dell'eguale, che ad ogni turno (confessiamolo) ci fa rizzare i capelli sul capo, mentre un sudore diaccio ci imperla la fronte.[2]

– Mio Dio! esclamò Villefort addietrando con lo spavento sulla fronte, questa non è la voce dell'abate Busoni.
– No!
L'abate si strappò la falsa tonsura, scosse la testa e i suoi lunghi

capelli neri, cessando d'essere compressi, gli ricaddero sulle spalle e contornarono il pallido suo viso.

– Questo è il viso del signor di Monte-Cristo! gridò Villefort con gli occhi stravolti.

– Non è neppur questo, signor procuratore del re, cercate meglio e più lontano.

– Qual voce! qual voce! dove mai l'udii?

– L'udiste a Marsiglia, sono ventitré anni, il giorno dei vostri sponsali con madamigella di Saint-Méran. Cercate nei vostri registri.

– Voi non siete Busoni? voi non siete Monte-Cristo? Mio Dio, voi siete quel nemico nascosto, implacabile, mortale!... io senza dubbio feci qualche cosa contro di voi a Marsiglia; oh! me disgraziato!

– Sì, tu hai memoria, disse il conte incrociando le braccia sul suo largo petto; cerca, cerca.

– Ma che cosa ti feci dunque? gridò Villefort la cui mente già ondeggiava tra la ragione e la demenza in una caligine che non era più né sogno né veglia; che ti feci dunque? di'! parla!

– Voi mi condannaste ad una morte lenta e schifosa, uccideste mio padre, mi toglieste l'amore colla libertà e la felicità con l'amore.

– Chi siete voi? chi siete voi dunque? mio Dio!

– Io sono lo spettro di un disgraziato che seppelliste nelle carceri del castello d'If. A questo spettro sorto finalmente dalla sua tomba, il cielo mise la maschera del conte di Monte-Cristo, e lo ricoperse di diamanti e d'oro, perché sol oggi lo riconosciate.

– Ah! ti riconosco, ti riconosco! disse il procuratore del re; tu sei...

– Io sono Edmondo Dantès!

– Tu sei Edmondo Dantès! gridò il procuratore del re afferrando strettamente il conte pel pugno; allora vieni! E lo trascinò per la scala, per la quale Monte-Cristo meravigliato lo seguì, ignorando egli stesso ove il procuratore del re lo conducesse, prevedendo qualche nuova catastrofe.

– Osserva! Edmondo Dantès, disse mostrando al conte il cadavere di sua moglie e il corpo di suo figlio: osserva! guarda, se tu sei ben vendicato!

Monte-Cristo impallidì a quell'orribile spettacolo; comprese che aveva oltrepassato i diritti della vendetta; comprese che non poteva più dire:

– Dio è per me e con me.

* * *

– Oh! gridò il generale colpito da queste parole: oh! miserabile che mi rimproveri la mia onta nel momento forse in cui stai per uccidermi! No, non ti ho detto d'esserti sconosciuto; so bene, demonio, che tu penetrasti nella notte del passato, e che tu leggesti, al chiarore di qual fiaccola, io lo ignoro, tutte le pagine della mia vita; ma forse io ho ancora più orrore nel mio obbrobrio, che tu sotto le tue pompose apparenze. No, no, io ti sono conosciuto, lo 'so, ma sei tu che io non conosco, avventuriere ricoperto d'oro e di gemme! tu ti facesti chiamare a Parigi conte di Monte-Cristo; in Italia Simbad il marinaio; a Malta che so io? l'ho dimenticato. Ma é il tuo vero nome quello che ti domando, è il tuo vero nome quello ch'io voglio sapere, fra i tuoi cento nomi, affinché io lo pronunci sul terreno del combattimento, nell'istante in cui t'immergerò la mia spada nel cuore.

Monte-Cristo impallidì in modo terribile, il suo occhio bieco s'infuocò, fece uno sbalzo nello stanzino attinente alla sua camera, e in meno di un secondo, si strappò la cravatta, l'abito ed il panciotto; indossò una giacchetta da marinaio, si mise un cappello da uomo di bastimento sotto il quale si sciolsero i suoi lunghi capelli neri. Ritornò così, spaventevole, implacabile, camminando colle braccia incrociate incontro al generale che l'aspettava, e che, udendo i suoi denti stridere e le sue gambe piegarglisi sotto, rinculò di un passo, e non si fermò che trovando in una tavola un punto d'appoggio per la sua mano.

– Fernando! gli gridò questi, dei miei cento nomi, io non avrei bisogno di dirtene, che un solo per fulminarti; ma questo nome tu lo indovini, non è vero? o piuttosto tu te lo ricordi, poiché ad onta di tutti i miei dispiaceri, di tutte le mie torture, oggi ti mostro un viso che tu devi aver veduto molte volte nei tuoi sogni dopo il tuo matrimonio... con Mercede, mia fidanzata!

Il generale, con la testa rovesciata, con le mani tese, lo sguardo fisso, divorava in silenzio quel terribile spettacolo: quindi, appoggiato alle pareti, si strascinò lentamente fino alla soglia dell'uscio dal quale uscì lasciandosi sfuggire questo grido lugubre, lamentevole, straziante:

– Edmondo Dantès! Quindi, con sospiri che non avevano niente dell'umano, si trascinò fino al peristilio della casa, traversò il cortile come un uomo ubbriaco, e cadde fra le braccia del suo cameriere mormorando soltanto con voce inintelligibile:

– A casa! a casa!

Cammin facendo, la freschezza dell'aria, e l'onta che gli cagionava l'attenzione della sua servitù, lo rimisero in istato di raccogliere le sue idee; ma il tragitto fu corto, e a misura che si avvicinava alla sua abitazione, il conte sentiva rinnovarsi tutte le sue angoscie. A qualche passo dalla casa fece fermare e discese. La porta del palazzo era aperta in tutta la sua ampiezza; una carrozza da nolo, stupita di essere chiamata in quella magnifica dimora, stava in mezzo al cortile; il conte guardò la carrozza con terrore, ma senza aver coraggio d'interrogare alcuno, e si slanciò verso il suo quartiere. Due persone discendevano la scala; non ebbe che il tempo di gettarsi in uno stanzino per evitarle. Era Mercede appoggiata al braccio di suo figlio che entrambi abbandonavano la casa. Passarono a due linee dal disgraziato, che, nascosto dietro la portiera di damasco, fu sfiorato in qualche modo dalla veste di seta di Mercede, e sentì il tiepido alito di queste parole pronunciate da suo figlio:

– Coraggio, madre mia! venite, venite, noi qui non siamo più in casa nostra.

Le parole, si estinsero, i passi si allontanarono. Il generale si raddrizzò tenendosi sospeso colle mani alla portiera di damasco; comprimeva il più orribile singulto che fosse mai uscito dal petto di un padre, abbandonato ad un tempo e dalla moglie e dal figlio. Ben presto udì sbattere lo sportello della carrozza, poi la voce del cocchiere, quindi la pesante macchina fe' rintronare i vetri; allora si slanciò nella sua camera da letto per vedere anche una volta tutto ciò che aveva amato nel mondo; ma la carrozza partì, senza che la testa di Mercede o quella d'Alberto fosse comparsa al finestrello, per dare alla casa solitaria, per dare al padre ed allo sposo abbandonato, l'ultimo sguardo d'addio e di rammarico, vale a dire il perdono. Così, al momento stesso in cui le ruote della carrozza rintronavano sul pavimento posto sotto la volta, un colpo di fuoco tuonò ed un tetro fumo uscì da uno dei vetri della finestra della camera da dormire, infranto dalla forza di quell'esplosione.

* * *

– Vi pentite voi alfine? chiese una voce cupa e solenne, che fece rizzare i capelli sulla testa di Danglars.

Il suo sguardo indebolito cercò di distinguere gli oggetti, e vide dietro al bandito un uomo avvolto nel mantello.

– E di che debbo pentirmi? balbettò Danglars.

– Di tutto il male che faceste, rispose la stessa voce.

– Oh! sì, mi pento! gridò Danglars.

– Allora vi perdono, disse l'uomo gettando il suo mantello, e facendo un passo avanti per farsi conoscere.

– Il conte di Monte-Cristo! disse Danglars, più pallido pel terrore, che non lo era momenti prima per gli stenti.

– Sbagliate: io non sono il conte di Monte-Cristo.

– E chi siete dunque?

– Sono quello che vendeste, denunziaste, disonoraste; sono quello di cui prostituiste la fidanzata! sono quello che calpestaste per creare la vostra fortuna; sono quello cui faceste morire il padre di fame, che vi aveva condannato a morire di fame, che tuttavolta vi perdona, perché egli pure ha bisogno di perdono: sono Edmondo Dantès!

Danglars mandò un grido e cadde prosternato.

– Rialzatevi, disse il conte, voi avete salva la vita. Un'egual fortuna non avvenne ai vostri due altri complici: l'uno è pazzo, l'altro è morto! Conservate i cinquantamila franchi che vi restano, ve ne faccio dono; in quanto ai vostri cinque milioni rubati agli ospizi furono già restituiti loro da mano sconosciuta. Ora mangiate e bevete; questa sera vi faccio mio ospite. Vampa, quando si riavrà, sia subito libero.

Danglars rimase ancora prosternato, mentre il conte si allontanava; quando rialzò la testa, non vide più che una specie di ombra che scompariva nel corridojo, e davanti alla quale s'inchinavano i banditi.

Come il conte aveva ordinato, Danglars fu servito da Vampa che gli fece portare il miglior vino e i più bei frutti d'Italia, e che, avendolo quindi fatto montare nella sua carrozza da posta, lo lasciò sulla strada appoggiato ad un albero; egli vi restò fino a giorno, ignorando ove era. A giorno s'accorse che era vicino ad un ruscello; aveva sete, e si trascinò fino a quello. Nell'abbassarsi per bevervi s'accorse che i suoi capelli erano divenuti bianchi.

Ed ecco che a questo punto sorgono dubbi preoccupanti. Se Dumas fosse stato pagato non a righe in più ma a righe in meno, e avesse accorciato, *Montecristo* sarebbe ancora quella macchina romanzesca che è? Se fosse riassunto, se la condanna, la fuga, la scoperta del tesoro, la riapparizione a Parigi, la vendetta, anzi le vendette a catena, avvenissero tutte nel giro di due o trecento pagine, l'opera avrebbe ancora il suo effetto, riuscirebbe a trascinarci anche là dove, nell'ansia, si saltano le pagine e le descrizioni (si saltano, ma si sa che ci sono, si accelera soggettivamente ma sapendo che il tempo narrativo è oggettivamente dilatato)? Si scopre così che le orribili intemperanze stilistiche sono, sì, "zeppe" ma le zeppe hanno un valore strutturale, come le sbarre di grafite nei reattori nucleari, rallentano il ritmo per rendere le nostre attese più lancinanti, le nostre previsioni più azzardate, il romanzo dumasiano è una macchina per produrre agonia, e non conta la qualità dei rantoli, conta il loro tempo lungo.

È una questione di stile, salvo che lo stile narrativo non ha nulla a che vedere con lo stile poetico, o epistolare. Il *Grande amico* di Alain Fournier è indubbiamente scritto molto meglio del *Montecristo*, ma alimenta la fantasia e la sensibilità di pochi, non è immenso come *Montecristo*, non così omerico, non è destinato a nutrire con pari vigore e durata l'immaginario collettivo. È *solo* un'opera d'arte. Il *Montecristo* invece ci dice che, se narrare è un'arte, le regole di quest'arte sono diverse da quelle di altri generi letterari. E che forse si può narrare, e far grande narrativa, senza fare necessariamente quello che la sensibilità moderna chiama opera d'arte.

Ci sono epopee sbilenche, che non pongono capo a un'opera perfetta ma a un fiume lutulento. Può darsi che non soddisfino le regole dell'estetica, ma soddisfano la funzione fabulatrice, che forse non è così direttamente connessa alla funzione estetica. Sconnesse come una serie di miti Bororo, forse riscrivibili come il ciclo Bretone – e per questo poco importa se nel *Montecristo* conti più la mano di Dumas o quella di Maquet.

Montecristo è falso e bugiardo come tutti i miti, veri di una loro verità viscerale. Capace di appassionare anche chi conosca le regole della narrativa popolare e si accorga quando il narratore prende il proprio pubblico ingenuo per le viscere.

Perché si avverte che, se c'è manipolazione, il gesto manipolatorio ci dice pur sempre qualcosa sulla fisiologia delle nostre viscere: e quindi una grande macchina della menzogna in qualche modo dice il vero.

[1] Traduzione di Marisa Zini, Torino, Einaudi, 1965.
[2] Per le ragioni già dette, cito dalla vecchia, ed anonima, traduzione Sonzogno.

CONGETTURE SU MONDI

L'ABDUZIONE IN UQBAR

1. Se ci atteniamo agli scritti dei teorici del romanzo poliziesco (per esempio alle regole dettate da S.S. Van Dine) i *Sei problemi per don Isidro Parodi* di Borges e Casares appaiono totalmente "eretici". È stato detto che costituiscono una parodia di Chesterton il quale a sua volta faceva una parodia del poliziesco classico da Poe in avanti. Recentemente l'*Ouvroir de Littérature Potentielle* di Parigi ha steso una matrice delle situazioni poliziesche già escogitate (l'assassino è il maggiordomo, l'assassino è il narratore, l'assassino è il poliziotto, eccetera) e ha scoperto che rimane ancora da scrivere un libro in cui l'assassino sia il lettore. Mi chiedo se questo (far scoprire al lettore che il colpevole è lui, ovvero siamo *noi*) non sia la soluzione che realizza ogni grande libro, dall'*Edipo Re* ai racconti di Borges. Ma è certo che Borges e Casares, nel 1942, avevano individuato un posto vuoto nella tavola di Mendeleiev delle situazioni poliziesche: il detective è un carcerato. Anziché la soluzione (dall'esterno) di un delitto commesso in una camera chiusa, ecco la soluzione, da una camera chiusa, di una serie di delitti commessi all'esterno.

L'ideale di un detective che risolve il caso nella propria mente, sulla base di pochi dati provvedutigli da qualcun altro, è sempre presente nella tradizione poliziesca: si pensi al Nero Wolfe di Rex Stout, a cui Archie Goodwin porta notizie, ma che non si muove mai di casa, spostandosi con pigrizia dal suo studio alla serra delle orchidee. Ma un detective come Isidro Parodi, che dalla propria cella non può uscire, e a cui le notizie vengono sempre recate da imbecilli incapaci di comprendere la sequenza degli eventi a cui hanno assistito, è senz'altro il risultato di un notevole tour de force narrativo.

I lettori hanno l'impressione che, come don Isidro prende in giro i propri clienti, così Biorges (come è stato denominato l'eccezionale tandem Bioy-Jorge) prenda in giro i propri lettori – e che in questo, e solo in questo, risieda l'interesse di questi racconti.

Come essi siano nati è ormai cronaca (o storia) nota, e meglio di tutti ce lo racconta Emir Rodriguez Monegal nella sua monumentale biografia di Borges.[1]

Ma lasciamo la parola a Borges, citando dal suo *Abbozzo di autobiografia*:[2]

In questi casi si dà sempre per scontato che il più vecchio sia il maestro e il più giovane il discepolo. Questo può essere stato vero in principio, ma diversi anni dopo, quando cominciammo a lavorare insieme, fu Bioy che, segretamente, divenne il vero maestro. Compilammo antologie di poesia argentina, di racconti polizieschi o fantastici; scrivemmo articoli e prefazioni; facemmo delle note su Sir Thomas Browne e Gracian; traducemmo racconti di scrittori come Beerbohm, Kipling, Wells e Lord Dunsany; fondammo una rivista, *Destiempo*, di cui uscirono tre numeri; scrivemmo soggetti cinematografici che vennero invariabilmente respinti. Opponendosi al mio gusto per il patetico, il sentenzioso e il barocco, Bioy mi fece capire che la quiete e la misura sono più desiderabili. Se mi permettete un'affermazione un po' assolutista, Bioy mi portò gradatamente verso il classicismo (*Abbozzo*, pp. 176-177).

Fu all'inizio degli anni quaranta che cominciammo a scrivere in collaborazione – un'impresa che fino ad allora mi era sembrata impossibile. Avevo architettato ciò che ci pareva un'ottima trama per un romanzo poliziesco. Una mattina piovosa lui mi disse che avremmo dovuto provare a scriverlo. Con una certa riluttanza acconsentii e più tardi, nella stessa mattinata, la cosa accadde. Un terzo uomo, Honorio Bustos Domecq, emerse dal nulla e prese in mano la faccenda (*Ibid.*, p. 177).

Finì per dominarci con un pugno di ferro, e, prima divertiti e poi sgomenti, lo vedemmo diventare completamente diverso da noi, con i suoi capricci, i suoi giochi di parole, e un suo stile molto elaborato. Domecq era il nome di un bisnonno di Bioy e Bustos quello di un mio bisnonno di Cordoba. Il primo libro di Bustos Domecq fu *Sei problemi per don Isidro Parodi* (1942), e durante la stesura del volume egli non ci abbandonò un istante. Max Carrados aveva creato un detective cieco; Bioy e io andammo ancora oltre e confinammo il nostro detective nella cella di una prigione. Il libro era allo stesso tempo una satira sugli argentini. Per molti anni la doppia identità di Bustos Domecq non fu mai rivelata. Quando finalmente lo fu, dal momento che Bustos era uno scherzo, la gente pensò che i suoi scritti non potevano essere presi sul serio (*Ibid.*, p. 177).

D'altra parte il pubblico argentino aveva altre ragioni per irritarsi, o per lo meno per rimanere perplesso. Il libro reca anche la prefazione di uno dei suoi personaggi, Gervasio Montenegro. Ora, un personaggio non dovrebbe scrivere la prefazione al libro che lo partorirà. Ma ciò che è peggio, ogni volta che appare in una novella del libro, Montenegro appare come uno sciocco. Come dargli allora ascolto quando loda con tanto fervore, e con bella e pomposa retorica accademica, i suoi autori? Siamo al paradosso di Epimenide cretese; tutti i Cretesi sono bugiardi, dice Epimenide, ma come dargli ascolto, visto che anche lui è cretese e quindi è bugiardo? (A proposito, un personaggio che in questa occasione sembra inventato da Borges, tale Paolo di Tarso, nella lettera a Tito cita il detto di Epimenide come autorevole fonte circa la natura mendace dei Cretesi perché (annota) se lo dice lui che è cretese, e i Cretesi li conosce, dobbiamo fidarci...).

2. Ma le ragioni per cui *Sei problemi* doveva sconcertare gli argentini non finiscono qui. In questi racconti ci troviamo di fronte a un altro gioco, destinato a perdere forza nella traduzione, e per tanto che il traduttore sia bravo. È che i discorsi dei personaggi che vanno a visitare don Isidro nella sua cella sono un fuoco di artificio di luoghi comuni, tic culturali, debolezze e vezzi Kitsch della intelligentzia argentina dell'epoca. E anche se il traduttore fa del suo meglio (ma non riuscirebbe neppure se dovesse tradurre *questo* spagnolo in un'altra lingua spagnola che non sia quella parlata tra Lavalle, Corrientes e la Boca) i vari riferimenti ironici sono destinati a perdersi perché in ogni caso cambia il lettore, che non solo parla un'altra lingua ma non è il lettore argentino del 1942. Il lettore deve dunque compiere uno sforzo per immaginarsi la Buenos Aires di allora, e la virulenza parodica che poteva assumere un libro, come questo, dove (dice Rodriguez Monegal) "la solennità dell'argentino parlato con tutte le sue varianti (il gergo proletario, le espressioni francesizzate degli pseudo-intellettuali, lo spagnolo denso e antiquato degli spagnoli, il gergo italianeggiante) viene distrutta per mezzo di personaggi che piú che figure narrative sono figure linguistiche. Era la prima volta in Argentina che un tentativo deliberato di creare una narrazione per mezzo della parodia della forma e del linguaggio della narrativa veniva realizzato con successo".

Mi viene in mente un gioco etimologico, che consegno senza garanzie al lettore amante di Isidoro (Isidro?) di Siviglia, di Heidegger e degli esercizi di *derive* à la Derrida: che don Isidro possa chiamarsi Parodi non può stupire, perché Parodi è un

163

nome italiano (ligure) molto comune, e in Argentina nulla è più comune di un nome italiano (si racconta la storiella di quell'argentino che viene in Italia e si stupisce perché gli italiani hanno tutti dei cognomi argentini). Però c'è pochissima distanza tra "parodi" e "parodia". È un caso?

Detto questo, sembra però a questo punto che ci siano ben poche ragioni per rileggere oggi questi racconti. Difficile coglierne i riferimenti gergali, difficile accontentarsi di storie poliziesche che fanno semplicemente il verso alle vere storie di *detection*... E allora? Non è meglio leggerci direttamente le grandissime storie di *detection* (o di finta *detection*) di *Ficciones*, come *La morte e la bussola*?

Infatti la prima impressione del lettore che si accosta alle storie di don Isidro è che, al di fuori delle inafferrabili allusioni gergali e di costume, il cicaleccio dei vari personaggi sia del tutto insulso. La tentazione è di scorrere i loro interminabili monologhi molto in fretta, prendendoli come se fossero un commento musicale, per correre subito alla fine, e godersi la soluzione (ingiustificabile) di don Isidro. Il sospetto è dunque che queste storie siano la divertente soluzione di *falsi* indovinelli, come avviene nella nota storiella:

> *Problema*: la nave è lunga trenta metri, l'albero maestro è alto dieci metri, i marinai sono quattro. Quanti anni ha il capitano?
> *Soluzione*: quaranta (Spiegazione della soluzione: lo so perché me lo ha detto lui).

Invece no. I sei racconti osservano tutti una regola fondamentale della narrativa poliziesca: tutti i dati che il detective usa per risolvere il caso erano stati messi a disposizione del lettore. Il cicaleccio dei personaggi è denso di notizie *importanti*.

La differenza con le classiche storie di *detection* è che in quelle quando si rilegge da capo, dopo aver conosciuto la soluzione, ci si dice: "è vero, come mai non avevo notato questo particolare?" Invece con le storie di don Isidro il lettore rilegge, e si chiede sgomento: "ma perché mai dovevo notare questo particolare invece di altri? Perché don Isidro si è soffermato su questo avvenimento o notizia e ha trattato gli altri come irrilevanti?".

Si rilegga per esempio, e con attenzione, la quarta storia, "La macchinazione di Sangiacomo". Il Commendatore, una sera dopocena, afferma di avere nel terzo cassetto della sua scrivania un *pumita* in terracotta. La fanciulla Pumita si meraviglia. Non ci sarebbe ragione di rilevare questo fatto come un indizio. È naturale che una ragazza che si chiama Pumita reagisca con curiosità alla menzione di un *pumita*. Più tardi don Isidro apprende da un altro informatore (e anche il lettore entra in possesso della notizia) che il Commendatore aveva nel cassetto un serpente in terracotta. Cosa ci autorizza (cosa autorizza don Isidro) a pensare che il serpente stesse *al posto* del *pumita*? Perché il Commendatore non poteva avere *due* statue in terracotta? Ma ammettiamo che questo indizio autorizzi don Isidro a pensare che il Commendatore quella sera mentisse (e dicesse di avere un *pumita* mentre in realtà aveva un serpente). Cosa spinge don Isidro a pensare che il Commendatore mentisse per scoprire se Pumita aveva frugato nel suo cassetto?

Le storie di don Isidro sono piene di indizi del genere. Il che ci prova due cose: a) che il cicaleccio dei personaggi non è irrilevante e non ha solo funzione di parodia linguistica: esso è strutturalmente importante; b) che per saper "leggere" nel cicaleccio dei personaggi don Isidro deve disporre di una "chiave" ovvero di una ipotesi molto forte. Di quale chiave si tratta?

Vedete subito che, per le ragioni che ho detto, la lettura delle storie di don Isidro si presenta come molto impegnativa e divertente.

Basterebbe il fatto che sono divertenti a giustificare la fatica della lettura: mi scuso per la rozzezza estetica della mia affermazione, sono tra coloro che ritengono ancora (o di nuovo) che il divertimento sia una ragione sufficiente per leggere una storia. Ma qui il problema è un altro.

Il meccanismo delle storie di don Isidro anticipa il meccanismo fondamentale di molte altre storie (posteriori) di Borges, forse di tutte. Chiamerò questo meccanismo (e mi spiegherò nel paragrafo che segue) *il meccanismo della congettura in un universo spinoziano malato*.

3. Borges sembra aver letto tutto (e anche di più, visto che ha recensito libri inesistenti). Tuttavia suppongo che non abbia mai letto i *Collected Papers* di Charles Sanders Peirce, uno dei padri della semiotica moderna.[3] Potrei sbagliarmi, ma mi fido di Rodriguez Monegal, e non trovo il nome di Peirce nell'indice dei nomi della sua biografia borgesiana. Se sbaglio, sono in buona compagnia.

In ogni caso, se Borges abbia letto o meno Peirce, non mi importa. Mi pare un buon procedimento borgesiano assumere che i libri si parlino tra loro e non è necessario che gli autori (che i libri usano per parlare – una gallina è l'artificio che un uovo usa per produrre un altro uovo) si conoscano l'un l'altro. Il fatto è che molti dei racconti di Borges sembrano esemplificazioni perfette di quell'arte dell'inferenza che Peirce chiamava abduzione o ipotesi, e che altro non è che la congettura.

Noi ragioniamo, diceva Peirce, in tre modi: per Deduzione, per Induzione e per Abduzione. Cerchiamo di capire quali siano questi tre modi rifacendoci a un esempio di Peirce, che riassumo senza troppo tediare il lettore con tecnicismi logici e semiotici.

Supponiamo che io abbia su questo tavolo un sacchetto pieno di fagioli bianchi. Io so che è pieno di fagioli bianchi (poniamo che lo abbia comperato in un negozio dove vendono sacchetti di fagioli bianchi, e che io mi fidi del negoziante): pertanto io posso assumere come Legge che "tutti i fagioli di questo sacchetto sono bianchi". Una volta che conosco la Legge, produco un Caso; prendo alla cieca un pugno di fagioli dal sacchetto (alla cieca: non è necessario che li guardi) e posso predire il Risultato: "i fagioli che ho in pugno sono bianchi". La Deduzione da una Legge (vera), attraverso un Caso, predice con assoluta certezza un Risultato.

Ahimé, tranne che in alcuni sistemi assiomatici, di deduzioni sicure noi possiamo farne assai poche. Passiamo ora all'Induzione. Ho un sacchetto, e non so cosa ci sia dentro. Vi metto la mano, ne traggo una manciata di fagioli e osservo che sono tutti bianchi. Metto la mano di nuovo, e sono ancora fagioli bianchi. Continuo per un numero x di volte (quante siano le volte, dipende dal tempo che ho, o dal denaro che ho ricevuto dalla Ford Foundation per stabilire una legge scientifica circa i fagioli del sacchetto). Dopo un numero sufficiente di prove faccio il seguente ragionamento: tutti i Risultati delle mie prove danno un pugno di fagioli bianchi. Posso fare la ragionevole inferenza che tutti questi risultati sono Casi della stessa Legge, e cioè che tutti i fagioli del sacchetto sono bianchi. Da una serie di Risultati, inferendo che siano Casi di una stessa Legge, arrivo alla formulazione induttiva di questa Legge (probabile). Come sappiamo, basta che a una prova ulteriore appaia che uno solo dei fagioli che traggo dal sacchetto è nero e tutto il mio sforzo induttivo svanisce nel nulla. Ecco perché gli epistemologi sono così sospettosi nei confronti dell'Induzione.

In verità, siccome non sappiamo quante prove occorra fare perché una Induzione possa dirsi buona, non sappiamo cosa sia una Induzione valida. Dieci prove bastano? E perché non nove? E perché non otto? E perché allora non una?

A questo punto l'Induzione è scomparsa e lascia il posto all'Abduzione. Nell'Abduzione io mi trovo di fronte a un Risultato curioso e inspiegabile. Per attenerci al nostro esempio, c'è un sacchetto sulla tavola, e accanto, sempre sulla tavola, c'è un gruppo di fagioli bianchi. Non so come ci siano venuti o chi ve li abbia messi, né da dove vengono. Consideriamo questo Risultato un caso curioso. Ora dovrei trovare una Legge tale che, se fosse vera, e se il Risultato fosse considerato un Caso di quella legge, il Risultato non sarebbe più curioso, bensì ragionevolissimo.

A questo punto io faccio una congettura: ipotizzo la Legge per cui quel sacchetto contiene fagioli e tutti i fagioli di quel sacchetto sono bianchi e provo a considerare il Risultato che ho davanti agli occhi come un Caso di quella Legge. Se tutti i fagioli del sacchetto sono bianchi e questi fagioli vengono da quel sacchetto, è naturale che i fagioli sulla tavola siano bianchi.

Peirce osserva che il ragionamento per Abduzione è tipico di tutte le scoperte scientifiche "rivoluzionarie". Keplero ha appreso da chi lo ha preceduto che le orbite dei pianeti sono circolari. Poi osserva due posizioni di Marte e rileva che esse toccano due punti (x e y) che non possono essere i due punti di un cerchio. Il caso è curioso. Non sarebbe più curioso se si assumesse che i pianeti descrivono un'orbita che può essere rappresentata da un altro tipo di curva e se si potesse verificare che x e y sono due punti di questo tipo di curva (non circolare). Keplero deve dunque trovare una legge diversa. Potrebbe immaginare che le orbite dei pianeti sono paraboliche, o sinusoidali... Non ci interessa (in questa sede) sapere perché egli pensa alla ellisse (ha le sue buone ragioni). Quindi egli fa la sua Abduzione: se le orbite dei pianeti fossero ellittiche e le due posizioni rilevate (x e y) di Marte fossero un Caso di questa legge, il Risultato non sarebbe più sorprendente. Naturalmente a questo punto egli deve controllare la sua Abduzione fingendo una nuova Deduzione. Se le orbite sono ellittiche (se almeno l'orbita di Marte è ellittica) si deve attendere Marte in un punto z, che è un altro punto dell'ellisse. Keplero lo attende, e lo trova. In linea di principio l'Abduzione è provata. Si tratta solo, ora, di fare molte altre verifiche e di provare se l'ipotesi possa essere falsificata. Ho naturalmente abbreviato e riassunto le fasi della scoperta. Il fatto è che lo scienziato non ha bisogno di diecimila prove induttive. Fa una ipotesi, magari azzardata, molto simile a una scommessa, e la mette alla prova. Sino a che la prova dà risultati positivi, ha vinto.

Ora, un detective non procede altrimenti. A rileggere le dichiarazioni di metodo di Sherlock Holmes si scopre che quando egli (e con lui Conan Doyle) parla di Deduzione e Osservazione, in effetti sta pensando a una inferenza simile all'Abduzione di Peirce.[4]

È curioso che Peirce abbia usato un termine come "abduction". Egli lo ha formulato in analogia con *Deduction* e *Induction* (e riferendosi anche a dei termini aristotelici). Ma non possiamo dimenticare che in inglese "abduction" significa "ratto", "rapimento" (Il *Ratto dal Serraglio* di Mozart in inglese si traduce "The Abduction from the Serraglio"). Se ho un risultato curioso in un campo di fenomeni non ancora studiato, non posso cercare una Legge di quel campo (se ci fosse e se la conoscessi, il fenomeno non sarebbe curioso). Devo andare a "rapire" o "prendere a prestito" una legge *altrove*. Se volete debbo ragionare per analogia.

Riconsideriamo l'abduzione circa i fagioli bianchi. Io trovo un pugno di fagioli sul tavolo. Sul tavolo c'è un sacchetto. Cosa mi dice che debbo mettere in rapporto i fagioli sul tavolo con il sacchetto? Potrei domandarmi se i fagioli vengono da un cassetto, se ve li ha portati qualcuno che poi è uscito. Se io fermo la mia attenzione sul sacchetto (e perché proprio su *quel* sacchetto?) è perché nella mia testa si disegna una sorta di plausibilità, del tipo "è logico che i fagioli provengano da sacchetti". Ma non c'è nulla che mi garantisca che la mia ipotesi è quella giusta.

Tuttavia molte delle grandi scoperte scientifiche procedono in tal modo, ma anche molte delle scoperte poliziesche e molte delle ipotesi fatte dal medico, per capire la natura o l'origine di una malattia (e molte delle ipotesi del filologo, per capire cosa potesse esserci in un testo, là dove il manoscritto originale è confuso o lacunoso). Rileggetevi (o leggetevi) la seconda storia di don Isidro. Tutto quello che succede a Gervasio Montenegro sul treno Panamericano è curioso, stupefacente, privo di logica... Don Isidro risolve il problema (i dati che conosce costituiscono un Risultato) inferendo che possa esser il Caso di una Legge ben diversa, la Legge della messa in scena. Se tutto quello che è accaduto sul treno fosse stato una rappresentazione teatrale in cui nessuno era veramente ciò che sembrava, allora la sequenza degli eventi non sarebbe più apparsa misteriosa. Tutto sarebbe stato chiarissimo, elementare (caro Watson). E infatti lo era. Montenegro è un buffone, e si appropria della soluzione di don Isidro con la frase: "La fredda intelligenza speculatrice viene a conferma delle geniali intuizioni dell'artista". Bugiardo e truffatore come è, dice comunque una grande verità: non c'è differenza (al massimo livello) tra la fredda intelligenza speculatrice e l'intuizione dell'artista. C'è qualcosa di artistico nella scoperta scientifica e c'è qualcosa di scientifico in ciò che gli ingenui chiamano "geniali intuizioni dell'artista". Ciò che vi è di comune, è la felicità dell'Abduzione.

Ma per individuare in modo "felice" nel racconto di Montenegro, i dati rilevanti, occorreva aver già fatto una congettura: che ogni elemento della vicenda andasse appunto letto come elemento di una messa in scena. Perché don Isidro fa questa congettura? Se riusciamo a spiegarcelo capiremo qualcosa sia della tecnica dell'abduzione che della metafisica di Borges.

Vi sono almeno tre livelli di Abduzione. Al primo livello il Risultato è curioso e inspiegabile, ma la legge esiste già da qualche parte, forse all'interno di quello stesso campo di problemi, e non rimane che trovarla, e trovarla come la più probabile. Al secondo livello, la Legge è difficile da individuare. Esiste altrove, e bisogna scommettere che possa essere estesa anche a quel campo di fenomeni (è il caso di Keplero). Al terzo livello la Legge non c'è e bisogna inventarla: è il caso di Copernico che decide che l'universo debba essere eliocentrico per ragioni di simmetria e di "buona forma".[5]

Potremmo rivedere insieme la storia delle scienze, della *detection* poliziesca, della interpretazione dei testi, della clinica medica (e di altro), rilevando in quali casi e come intervengono abduzioni di secondo o di terzo tipo. Ma in tutti questi casi, quando il detective, o lo scienziato, o il critico o il filologo fanno un'Abduzione, essi debbono scommettere che la soluzione che hanno trovato (il Mondo Possibile della loro immaginazione ipotetica) corrisponda al Mondo Reale. E per questo debbono fare altre verifiche e altre prove.

Nei romanzi polizieschi, da Conan Doyle a Rex Stout, queste prove non sono necessarie. Il detective immagina la soluzione e la "dice" come se fosse la verità: e subito Watson, l'assassino presente, o qualcun altro, verificano l'ipotesi. Essi dicono: "era proprio così!" E il detective è sicuro di avere indovinato. Nei romanzi polizieschi l'autore (che agisce al posto di Dio) garantisce la corrispondenza tra il Mondo Possibile immaginato dal detective e il Mondo Reale. Al di fuori dei romanzi polizieschi le abduzioni sono più rischiose e sono sempre esposte al fallimento.

Ora, i racconti di Biorges sono una parodia del racconto poliziesco perché don Isidro non ha neppure bisogno che qualcuno gli dica che le cose stavano come egli ha immaginato. Ne è totalmente sicuro, e Borges-Casares con lui (e il lettore con loro). Perché?

4. Per essere sicuri che la mente del detective abbia ricostruito la sequenza dei fatti e delle leggi così come dovevano essere, bisogna nutrire una profonda persuasione spinoziana che "ordo et connexio rerum idem est ac ordo et connexio idearum". I movimenti della nostra mente che indaga seguono le stesse leggi del reale. Se pensiamo "bene", siamo obbligati a pensare secondo le stesse regole che connettono le cose tra di loro. Se un detective si immedesima nella mente dell'assassino non potrà che arrivare al punto a cui l'assassino arriva. In questo universo spinoziano il detective non è solo colui che capisce ciò che l'assassino *ha fatto* (perché non poteva non fare così, se c'è una logica della mente e delle cose). In questo universo spinoziano il detective saprà anche cosa l'assassino *farà* domani. E andrà ad attenderlo sul luogo del suo prossimo delitto.

Ma se così ragiona il detective, così potrà ragionare anche l'assassino: il quale potrà operare in modo che il detective vada ad attenderlo sul luogo del suo prossimo delitto, salvo che la vittima del prossimo delitto dell'assassino sarà il detective stesso.

E questo è quanto avviene ne "La morte e la bussola", e in pratica in tutti i racconti di Borges, o almeno nei più inquietanti e avvincenti.

L'universo di Borges è un universo in cui menti diverse non possono che pensare attraverso le leggi espresse dalla Biblioteca.

Ma questa Biblioteca è di Babele. Le sue leggi non sono quelle della scienza neopositivista, sono legge *paradossali*. La logica (la stessa) della Mente e quella del Mondo sono entrambe una illogica. Una illogica ferrea. Solo a queste condizioni Pierre Menard può riscrivere "lo stesso" *Don Quijote*. Ma ahimé, solo a queste condizioni lo stesso *Don Quijote* sarà un *Don Quijote* diverso.

Cosa ha di rigorosamente illogico l'universo di Borges e cosa è che permette a don Isidro di ricostruire con rigorosa illogica i processi di un universo esterno altrettanto illogico? L'universo di Biorges funziona secondo le leggi della messa in scena ovvero della *finzione*.

Rileggetevi tutte e sei le storie di don Isidro. In ciascun caso non abbiamo delle vicende successe per conto proprio, come accade (così noi riteniamo) nella vita. Don Isidro scopre sempre che ciò che i suoi clienti hanno subito è stata una sequenza di eventi *progettati da un'altra mente*. Egli scopre che essi si muovevano già nel quadro di un racconto e secondo le leggi dei racconti, che essi erano i personaggi inconsapevoli di un dramma già scritto da qualcun altro. Don Isidro scopre la "verità" perché, sia lui con la sua mente fertile, che i soggetti della sua indagine, procedono secondo le stesse leggi della finzione.

Questa mi pare un'ottima chiave per leggere anche le altre storie di Borges. Non si è mai di fronte al caso, o al Fato, si è sempre all'interno di una trama (cosmica o situazionale) pensata da qualche altra Mente secondo una logica fantastica che è la logica della Biblioteca.

Ecco cosa intendevo dire quando parlavo di meccanismo della congettura in un universo spinoziano malato. Naturalmente "malato" rispetto a Spinoza, non rispetto a Borges. Rispetto a Borges, quell'universo in cui detective e assassino si incontreranno sempre al punto finale, perché entrambi hanno ragionato secondo la stessa illogica fantastica, è l'universo più sano e più vero di tutti.

Se siamo convinti di questo, il modo di ragionare di don Isidro Parodi non ci apparirà più paradossale. Don Isidro è un perfetto abitante del mondo (a venire) di Borges. Ed è normale che possa risolvere tutti i casi dal chiuso di una cella. Il disordine e la disconnessione delle idee è lo stesso del disordine e della disconnessione del mondo, ovvero delle cose.

È irrilevante che lo si pensi nel mondo, badando ai fatti, o nel chiuso di una prigione, badando alle inconsapevoli falsificazioni di osservatori sciocchi. Anzi una prigione è meglio del mondo: la mente può funzionare senza troppi "rumori" esterni. La mente, tranquilla, diventa tutt'uno con le cose.

Ma che cosa sono le cose a questo punto? E che cosa è la letteratura rispetto alle cose?

Ah, gentile lettore, mi stai chiedendo troppo. Io volevo solo dirti che il don Isidro di Biorges è un personaggio di Borges e che per questo vale la pena di riflettere sul suo metodo. Biorges non scherza. Egli sta parlando "seriamente" e cioè attraverso la Parodi-a.

Se poi il mondo vada "realmente" così, credo che Borges accoglierebbe questa domanda con un sorriso. Parafrasando Villiers de l'Isle Adam, che noia la realtà. Lasciamo che i nostri servi la vivano per noi.

[1] E. R. Monegal, *Borges. Una biografia letteraria*, Milano, Feltrinelli, 1982.
[2] J. L. Borges, "Abbozzo di autobiografia", in *Elogio dell'ombra*, Torino, Einaudi, 1971.
[3] Ch. S. Peirce, *Collected Papers*, Cambridge, Harvard University Press, 1931-1958.
[4] Per una serie di studi sui rapporti tra l'abduzione di Peirce, il metodo di Sherlock Holmes, il metodo scientifico e l'ermeneutica letteraria, cfr. U. Eco e T. A. Sebeok, eds., *Il segno dei tre*, Milano, Bompiani, 1983.
[5] Cfr. U. Eco, "Guessing: from Aristotle to Sherlock Holmes", *Versus* 30, 1981, pp. 3-19, nonché M. Bonfantini e G.P. Proni, "To Guess or not to Guess?", in *Il segno dei tre*, cit.

Si è di solito tentati di ascrivere *tout court* alla science fiction generi letterari diversi, purché parlino di mondi futuri, utopici, in una parola, di qualche Outer Space.

In tal senso la fantascienza altro non sarebbe che una forma moderna del *romance* o addirittura del romanzo cavalleresco, salvo che ai castelli incantati e ai draghi si sostituiscono le astronavi e i mostri alieni. Ma possiamo allargare a tal punto la nostra definizione del genere SF senza parlare – troppo in generale – dell'essenza dell'epica, del mito, del picaresco?

È certo che da tempi antichissimi si è delineata, contro a una narrativa detta realistica, una narrativa che costruisce dei mondi strutturalmente possibili. Dico "mondi strutturalmente possibili" perché naturalmente ogni opera narrativa – anche la più realistica – delinea un mondo possibile in quanto esso presenta una popolazione di individui e una sequenza di stati di fatto che non corrispondono a quelli del mondo della nostra esperienza. Chiameremo d'ora in poi "mondo reale" o "mondo normale" il mondo in cui viviamo o presumiamo di vivere, quale ce lo definisce il senso comune o l'enciclopedia culturale della nostra epoca – anche se non è detto (Berkeley insegni) che questo mondo sia reale e anche se spesso riteniamo che sia pochissimo rispondente a una qualsiasi norma. Ora un racconto realistico è pur sempre costruito su una serie di condizionali controfattuali (cosa sarebbe accaduto se nel mondo reale del XIX secolo francese fosse esistito anche un individuo così e così a nome Rastignac o cosa sarebbe accaduto se un individuo possibile chiamato conte di Montecristo avesse effettivamente alterato il corso della borsa parigina manipolando le trasmissioni di notizie tramite telegrafo ottico?). Gli avvenimenti narrati "realisticamente" sono pur sempre controfattuali rispetto all'andamento del mondo reale, ma la narrativa realistica gioca su controfattuali del tipo "cosa accadrebbe se, in un mondo biologicamente, cosmologicamente e socialmente simile a quello normale, accadessero eventi che non sono di fatto accaduti ma che tuttavia non ripugnano alla sua logica?"

La narrativa realistica procede come procediamo noi coi controfattuali di cui nutriamo la nostra esistenza quotidiana: "che cosa mi accadrebbe se in questo momento interrompessi la stesura di questo saggio e spaccassi il mio word processor?"

Ciò che distingue la narrativa fantastica da quella realistica è invece il fatto che il mondo possibile è strutturalmente diverso da quello reale. Uso il termine "strutturale" in senso molto lato: esso può riferirsi alla struttura cosmologica come alla struttura sociale. Il mondo di Esopo è strutturalmente diverso da quello reale solo dal punto di vista biologico o zoologico, il mondo degli imperi del sole e della luna di Cyrano di Bergerac presenta, rispetto a quello reale, notevoli differenze cosmologiche, mentre ciò che differenzia la Nuova Atlantide baconiana dal nostro mondo è essenzialmente la sua struttura sociale. Quindi diremo che il controfattuale su cui gioca la letteratura fantastica è di questo tipo: "cosa accadrebbe se il mondo reale non fosse simile a se stesso, se cioè la sua stessa struttura fosse diversa?"

La letteratura fantastica a questo punto ha diverse vie davanti a sé.

1. *Allotopia*. Può immaginare che il nostro mondo sia realmente diverso da quello che è, e cioè che vi accadano cose che di solito non vi accadono (che gli animali parlino, che esistano i maghi o le fate): essa costruisce cioè un mondo alternativo e assume che esso sia più reale di quello reale, a tal punto che tra le aspirazioni del narratore vi è quella che il lettore si convinca che il mondo fantastico è l'unico veramente reale. Anzi, tipico dell'allotopia è che, una volta immaginato il mondo alternativo, non ci interessano più i suoi rapporti col mondo reale, se non in termini di significazione allegorica.

2. *Utopia*. Può immaginare che il mondo possibile narrato sia parallelo al nostro, esista da qualche parte benché ci sia normalmente inaccessibile. È questa la forma che assume normalmente il racconto utopico, sia che l'utopia venga intesa nel suo senso proiettivo, di raffigurazione di una società ideale, come avviene in Thomas More, sia che essa venga intesa in senso caricaturale, come deformazione ironica della nostra realtà, come

avviene in Swift. Questo mondo può essere esistito un tempo o può esistere in un luogo remoto dello spazio. Di solito costituisce il modello di come *dovrebbe essere* il mondo reale.

3. *Ucronia.* L'utopia può trasformarsi in ucronia, dove il controfattuale assume la forma seguente: "cosa sarebbe accaduto se ciò che è realmente accaduto fosse accaduto diversamente – per esempio se Giulio Cesare non fosse stato assassinato alle idi di marzo?" Abbiamo bellisimi esempi di storiografia ucronica usata per capire meglio gli eventi che hanno prodotto la storia attuale.

4. *Metatopia e Metacronia.* Infine, il mondo possibile rappresenta una fase futura del mondo reale presente: e per quanto strutturalmente diverso dal mondo reale il mondo possibile è possibile (e verosimile) proprio perché le trasformazioni a cui è sottoposto altro non fanno che completare linee di tendenza del mondo reale. Definiremo questo tipo di letteratura fantastica come romanzo di anticipazione e ci serviremo di questa nozione per definire in modo più corretto la fantascienza.

Non escludo che esistano storie dette di *sf* che in qualche modo funzionano come le storie di primo tipo (allotopiche), ovvero come le favole. Dove magari si favoleggia di un mondo futuro, e magari la natura di questo mondo si presenta come la conseguenza remota di quanto avviene nel nostro mondo, ma dove tuttavia ciò che interessa è lo stato allucinato e allucinatorio del mondo descritto. Si tratta di storie in cui non interessa tanto stabilire in quale modo tale mondo sia divenuto possibile, ma cosa avviene in quel mondo. In tal senso si parla di *space opera* o di storie alla "bug-eyed monsters", e abbiamo una versione blandamente fantascientifica della novella neogotica. La storia vive in un mondo anticipato, certamente, ma non vi è riflessione sull'anticipazione stessa. Di fronte a storie del genere basta domandarci se quanto vi accade non potrebbe anche accadere nella Earthsea della trilogia di Ursula Le Guin (che fantascienza non è, anche se è splendido *romance*) ed ecco che abbiamo una linea di discrimine per decidere che non ci troviamo di fronte a fantascienza genuina.

Parimenti esistono storie dette di fantascienza che appartengono alla nostra seconda categoria, e cioè al racconto utopico. Esiste certo una fantascienza dei mondi paralleli. Ma credo ci sia un modo di definire se una storia di mondi paralleli è fantascientifica oppure no. Nella fantascienza il mondo parallelo è sempre giustificato da squarci, smagliature nel tessuto spaziotemporale, mentre nell'utopia classica esso è semplicemente un non-luogo difficilmente identificabile, un cantuccio remoto (magari passato e scomparso) del nostro stesso mondo fisico. Infatti in questo tipo di narrativa utopica non interessa gran che la collocazione, e la stessa possibilità cosmologica del mondo possibile narrato, quanto il suo ammobiliamento, ovvero quanto vi avviene – specchio per le nostre speranze o per le nostre disillusioni. Invece quando la fantascienza parla di mondi paralleli, essa è interessata più alla loro possibilità cosmologica (e ai paradossi che ne conseguono) che non ai loro contenuti. Tanto è vero che le utopie classiche prevedono un solo mondo parallelo, mentre la fantascienza è interessata a una pluralità in atto di mondi paralleli e alla possibilità di passare dall'uno all'altro (vedi per esempio, Frederick Brown, *What Mad Universe*). E come vedremo la condizione per spiegare queste possibilità cosmologiche è sempre legata in qualche modo alla natura anticipatoria del racconto. La possibilità è data dalla estrapolazione da una legge cosmologica già nota.

Ancora, abbiamo buoni esempi di fantascienza ucronica, in cui non solo, in virtù di una data scoperta scientifica, si può rivisitare il passato, ma dove se ne possono modificare le linee di forza, con tutti i paradossi che ne conseguono. Ma direi che anche quando la *science-fiction* diventa *history-fiction* (e ricordo un romanzo in cui il protagonista, proiettato nel passato, diventava Leonardo da Vinci), quello che interessa alla fantascienza non è tanto la storia modificata quanto la meccanica della sua modificazione, ovvero, la possibilità cosmologica del viaggio a ritroso, il problema "scientifico" di come proiettare la storia possibile partendo da linee di tendenza del mondo attuale.

Si ha *science-fiction* come genere autonomo quando la speculazione controfattuale su un mondo strutturalmente possibile è condotta estrapolando, da alcune linee di tendenza del mondo reale, la possibilità stessa del mondo futuribile. Ovvero, la fantascienza assume sempre la forma di una anticipazione e l'anticipazione assume sempre la forma di *una congettura* formulata a partire da linee di tendenza reali del mondo reale.

Naturalmente ciò che va inteso in senso lato è proprio il termine "scienza": vale a dire che non dobbiamo solo pensare a congetture concernenti le scienze fisiche, ma anche le scienze umane, come la sociologia o la storia o la linguistica. Possiamo avere dei buoni racconti di fantascienza sociologica (come *The*

Space Merchants di Pohl e Kornbluth) o di fantascienza linguistica (come *Shall We have a Little Talk* di Sheckley) dove il lettore non sta a sottilizzare sulla verosimiglianza degli artifici tecnologici (astronavi od altro che siano) assunti come pretesto per giustificare il viaggio in un dato luogo o le possibilità di un certo sviluppo scientifico: quello che interessa è che siano in qualche modo congetturalmente verosimili un certo sviluppo sociale o linguistico.

Insisto sulla fantascienza come narrativa di congettura per un motivo assai semplice: la buona fantascienza è scientificamente interessante non perché parla di prodigi tecnologici – e potrebbe anche non parlarne affatto – ma perché si propone come gioco narrativo sulla essenza stessa di ogni scienza, e cioè sulla sua congetturalità.

La fantascienza è, in altri termini, narrativa dell'ipotesi, della congettura o dell'abduzione, e in tal senso è gioco scientifico per eccellenza, dato che ogni scienza funziona per congetture, ovvero per abduzioni.

Del procedimento abduttivo ho già detto (in questo stesso libro) nel saggio precedente sul *Don Isidro Parodi* di Borges e Casares.

Qui ricorderò solo l'esempio di Peirce che citavo in quella sede: un pugno di fagioli bianchi sul tavolo, e poco distante un sacchetto. Nella deduzione saprei che il sacchetto contiene fagioli bianchi, saprei che i fagioli sul tavolo vengono da quel sacchetto e, necessariamente, saprei che i fagioli sul tavolo sono bianchi. Nell'induzione, dopo aver tratto numerose manciate di fagioli bianchi dal sacchetto, ne inferirei che probabilmente tutti i fagioli del sacchetto sono bianchi. Ma nell'abduzione io mi trovo di fronte al risultato "curioso" di un pugno di fagioli bianchi sul tavolo, ed è per decisione congetturale che azzardo che i fagioli siano connessi in qualche modo a quel sacchetto (e che nel sacchetto vi siano fagioli bianchi). Solo alla luce di questa ipotesi il fatto che vi siano fagioli bianchi sul tavolo ottiene una spiegazione ragionevole ed economica. Cioè, nell'abduzione immagino una Legge tale che, se per avventura il Risultato che debbo spiegare fosse un Caso di quella Legge, il Risultato non apparirebbe più come inspiegabile.

Che cosa ha a che fare l'abduzione con la logica dei mondi possibili? Io trovo un pugno di fagioli sul tavolo. Sul tavolo c'è un sacchetto. Che cosa mi dice che debbo mettere in rapporto i fagioli sul tavolo con il sacchetto? Potrei domandarmi se i fagioli vengono da un cassetto o se ve li ha messi qualcuno portandoli da fuori. Se io soffermo l'attenzione sul sacchetto (e perché proprio quel sacchetto?) è perché nella mia testa si disegna già una sorta di plausibilità. Questa plausibilità può essere intesa come la forma organica che assume un mondo possibile.

Ovvero, nello scommettere sui risultati della nostra congettura, noi assumiamo che se le cose andassero davvero in quel modo tutto sarebbe ben bilanciato e armonico. Newton assume che se nell'universo i corpi si attraessero in ragione diretta al prodotto delle masse e in ragione inversa al quadrato delle distanze, tutta una serie di problemi, dalla gravità terrestre al campo più vasto delle leggi della meccanica celeste, diventerebbero chiari e risulterebbero spiegati in modo economico. La scommessa congetturale dello scienziato, che poi attenderà di mettere alla prova e di falsificare la propria ipotesi, è che se il mondo reale fosse analogo al mondo possibile della sua congettura, il mondo reale apparirebbe assai più ragionevole di quanto non apparisse prima. Ma sino al momento in cui egli non mette alla prova la sua congettura, la legge che ha trovato rimane la legge di un mondo strutturalmente *possibile*.

In tal senso in ogni operazione scientifica (ma non penso solo alle scienze fisiche bensì anche alla ipotesi dello psicoanalista, del detective, del filologo, dello storico) è all'origine un alto gioco fantascientifico. Di converso ogni gioco fantascientifico rappresenta una forma particolarmente azzardata di congettura scientifica. La scienza trae il Risultato dal mondo reale ma per spiegarlo elabora una legge (tentativa) che per il momento vale solo in un universo parallelo (che lo scienziato anticipa come "mondo modello"). La fantascienza compie invece una operazione simmetricamente inversa. Per tornare al caso dei fagioli, essa dovrebbe partire da un tavolo vuoto elaborando il seguente controfattuale: "cosa accadrebbe se sul tavolo ci fosse un pugno di fagioli bianchi?" (naturalmente il caso diventa più interessante se immagino che sul tavolo ci sia una folla di omini verdi). In altre parole, la fantascienza, anziché partire da un Risultato fattuale, immagina un Risultato controfattuale. Di converso non è tenuta a immaginare una Legge inedita che lo spieghi: può cercare di spiegare il risultato possibile con una Legge reale, mentre la scienza spiega il Risultato reale con una Legge possibile.

L'altra ovvia differenza tra i due procedimenti è che la scienza, una volta ipotizzata la legge, cerca subito di creare le condizioni per verificarla e/o falsificarla. La fantascienza invece rimanda all'infinito sia la verifica che la falsifica. La differenza non è sempre così radicale, ed avviene che da un lato sovente gli scienziati trovano fruttuose le ipotesi fantascientifiche, dall'altro gli scrittori di fantascienza, che non di rado sono uomini di scienza, si accorgono di aver predetto quello che di fatto sarebbe poi avvenuto. L'autore di fantascienza è semplicemente uno scienziato imprudente, e spesso lo è per severe ragioni morali (specie quando congettura sui fenomeni sociali) perché nel prevedere, e nell'annunciare un futuro possibile, egli vuole di fatto prevenirlo. Si possono al postutto elaborare leggi scientifiche futuribili (descrivere sostanze sgradevoli o immaginare un futuro inaccettabile), proprio affinché quelle scoperte non vengano mai fatte, qualle sostanze non vengano prodotte e quel futuro non si verifichi. In tal senso (e pensiamo a *1984*) la narrativa anticipa non per incoraggiare ma per prevenire. In questi casi la fantascienza non cessa di essere parente della scienza, ma lo è nel senso in cui la sezione di un cadavere è parente della medicina preventiva: salvo che il cadavere, ancora inesistente, è "anticipato" per rendere odiosa l'alterazione organica che potrebbe un giorno renderlo cosa vera.

Infine, la fantascienza ci ricorda che la dinamica dell'invenzione è simile, per molti tratti, nell'arte come nella scienza: come l'artista prevede, nel corso del suo lavoro, quell'organismo possibile che aspira a costruire (ma in fondo nel lavorare scommette sul successo della propria ipotesi formativa) così lo scienziato per delineare una buona legge deve mettere alla prova un talento estetico, un senso della forma coerente ed economica (scommettendo che l'universo sia altrettanto artista e sperando che la realtà voglia un giorno confermare la sua ipotesi). C'è un momento in cui non v'è differenza tra l'intelligenza indagatrice e quella che siamo soliti chiamare l'intuizione dell'artista. C'è qualcosa di artistico nella scoperta scientifica (e ci sarebbe tanto di più se supponessimo che la scoperta scientifica non identifica affatto un ordine dato del cosmo, ma assoggetta la nostra immagine del cosmo al proprio ordine) e c'è qualcosa di scientifico, nel senso che vi è qualcosa di abduttivo, in quello che il volgo chiama la fantasia dell'artista.

La fantascienza, luogo di incontro tra scienza e fantasia, appare come un esempio vivente di questa parentela.

RITRATTO DI PLINIO DA GIOVANE

1. *Caro Tacito...*

Nella sua sesta lettera (XVI, 1) Plinio il Giovane (d'ora in poi il Giovane) scrive a Tacito sulla morte di suo zio, Plinio il Vecchio (d'ora in poi il Vecchio), che morì nel corso dell'eruzione del Vesuvio, a Pompei, nel 79 d.C.

La lettera viene scritta per provvedere a Tacito materiale attendibile per le sue *Storie*. Il Giovane aveva esperienze e testimonianze di prima mano sulla morte di suo zio.

Questo fatto è molto importante ai fini del presente discorso: all'inizio della lettera appare un Io implicito che scrive presumibilmente intorno al 104 d.C. e la sola proposizione indiscutibile che possiamo individuare in tutta la lettera, è una proposizione implicita: "Io, il Giovane, ti sto scrivendo, a te Tacito, dicendo *p*".

Tutto il resto, che rientra sotto *p*, è referenzialmente opaco. Ovvero, l'unica cosa irrefutabile è che il Giovane stia parlando. Se dica la verità, è materia di congettura.

Ma la lettera sottintende un performativo, come se essa dicesse: "Io ti giuro che *p* è vero". È un contratto di veridizione che intercorre tra il Giovane e Tacito, e ogni possibile lettore della lettera. In forza del quale sarebbe opportuno prendere *p* come vero.

D'altra parte, Tacito ha chiesto informazioni al Giovane proprio perché assumeva (per contratto) che il Giovane gli avrebbe detto la verità.

Per quel che ne sappiamo, la storia detta dal Giovane è vera: o almeno, ciò che noi riteniamo come Storia Vera, dipende da ciò che il Giovane ha detto a Tacito. Se abbiamo un sapere enciclopedico capace di servire da paradigma per ciò che il

Giovane dice nella lettera, questo sapere dipende da ciò che il Giovane ha detto nella lettera. Deprimente, forse, ma è così. *Mange ton Dasein.*

Abbiamo detto che il Giovane dice *p*. È inesatto. Di fatto il Giovane sta raccontando qualcosa ma la sua narrazione, come ogni narrazione, è costituita da due componenti, una *fabula*, o storia, e un *discorso* che la veicola, e il discorso, che è ciò che appare nella superficie del testo, è un modo di arrangiare o di montare la *fabula*.[1]

Quello che cercheremo di mostrare nel corso di questa analisi della lettera è che la storia, una volta ricostruita attraverso una serie di macroproposizioni, dice qualcosa. Ma che il discorso, se non qualcosa di diverso, dice qualcosa *di più*. E che è difficile districare i due livelli, e distinguere cosa uno dica e l'altro no.

Questo doppio gioco è evidente sin dalle prime linee della lettera. Tacito ha chiesto al Giovane di provvedergli soltanto informazioni, ma è chiaro che il Giovane sa che quanto gli viene richiesto è un resoconto da essere consegnato alla posterità.[2]

1). *Petis ut tibi* avunculi *mei* exitum scribam, quo verius tradere posteris possis. Gratias ago: nam *video* morti eius, si celebretur a te, immortalem gloriam esse propositam. Quamvis enim pulcherrimarum clade terrarum, ut populi, ut urbes, memorabili casu, quasi semper victurus, occiderit; quamvis ipse plurima opera et mansura condiderit; multum tamen perpetuitati eius scriptorum tuorum aeternitas addet. Equidem beatos puto quibus Deorum munere datum est aut facere scribenda, aut scribere legenda; beatissimos vero quibus utrumque. Horum in numero avunculus meus et suis libris et tuis erit. Quo libentius suscipio, *deposco* etiam quod iniungis.

Tu vuoi ch'*io* ti narri la morte del *mio* zio per tramandarla più veridicamente ai posteri. Te ne sono grato; *ben so* infatti che, divulgata da te, la sua morte avrà gloria imperitura. Benché egli sia perito in quella rovina di sì splendide contrade, e sia per ciò destinato a perpetua memoria come le popolazioni e come le città distrutte in quel memorando disastro, e benché abbia egli stesso composto gran numero di opere che resteranno, pure molto aggiungerà alla futura sua gloria l'eternità degli scritti tuoi. Fortunati io credo coloro ai quali gli Dei hanno concesso il dono o di compiere cose degne d'essere raccontate o di scrivere cose degne di essere lette; ma più assai fortunati quelli che ebbero e l'uno e l'altro dono. Nel numero di questi sarà mio zio per i suoi libri e per i tuoi. Più di buon grado per ciò accetto, ed anzi *sollecito* da te, l'incarico che tu mi affidi.

Il Giovane è esplicito: Tacito può conferire gloria immortale al Vecchio, presentandolo come un Eroe della Scienza. Naturalmente l'introduzione della lettera potrebbe essere presa in due modi. In un senso il Giovane direbbe "questi fatti, che parlano da soli", e nell'altro il Giovane starebbe miscelando fatti e commenti. Naturalmente egli non è così ingenuo da presentare i commenti come tali. Egli segue una diversa strategia persuasiva.

2). *Erat* Miseni classemque imperio praesens regebat. Nonum calendas septembres, hora fere septima, mater mea indicat ei apparere nubem inusitata et magnitudine et specie. Usus ille sole, mox frigida, gustaverat iacens, studebatque. Poscit soleas, ascendit locum, ex quo maxime miraculum illud conspici poterat. Nubes (incertum procul intuentibus ex quo monte, *Vesuvium fuisse postea cognitum est*) oriebatur, cuius similitudinem et formam non alia magis arbor quam pinus expresserit: nam longissimo velut trunco elata in altum quibusdam ramis diffundebatur; credo quia recenti spiritu evecta, deinde senescente eo destituta, aut etiam pondere suo victa, in latitudinem vanescebat; candida interdum, interdum sordida et maculosa, *prout terram cineremve sustulerat*.

Si trovava egli a Miseno ed esercitava il comando della flotta. Il nono giorno innanzi alle calende di settembre, verso l'ora settima, mia madre gli indicò un nembo ch'era apparso, di grandezza e di aspetto straordinario. Egli, dopo di aver fatto un bagno di sole e poi uno freddo, aveva preso a letto un breve pasto e stava studiando; si fa portare i calzari e ascende su un luogo da cui si poteva osservare perfettamente l'eccezionale spettacolo. Si innalzava una nube (non si capiva bene, guardando da lontano, da qual monte, *e si seppe poi che era il Vesuvio*), della quale nessun altro albero meglio del pino avrebbe reso la forma e l'aspetto. Infatti, drizzandosi in su come un lunghissimo tronco, si allargava poi ramificando: credo perché, spinta dapprima in alto da un soffio impetuoso e poi dallo scemare di questo abbandonata a se stessa oppure anche vinta dal proprio peso, sfumava allargandosi: talora candida, talora torbida e chiazzata, *secondo che avesse sollevato terra o cenere*.

Magnum propiusque noscendum, ut eruditissimo viro, visum. Iubet liburnicam aptari; mihi, si venire una vellem, facit copiam. Respondi studere me malle, et forte ipse quod scriberem dederat. Egrediebatur domo; accipit codicillos Rectinae Casci *imminenti periculo exterritae* (nam villa eius subiacebat, nec ulla nisi navibus fuga); ut se tanto discrimini eriperet orabat. Vertit ille consilium, et *quod studioso animo inchoaverat obit maximo*. Deducit quadriremes, ascendit

Grande e degno d'essere osservato più da vicino parve all'eruditissimo uomo il fenomeno. Fa allestire una libùrnica; mi offre, se ne ho voglia, di andar con lui; rispondo che preferisco studiare; proprio egli mi aveva dato da scrivere qualche cosa. Usciva di casa, e gli fu portato un messaggio di Rectina moglie di Casco *atterrita dal pericolo che la minacciava*, giacché la villa di lei era là sotto, e non si poteva scampare se non per nave; lo pregava di trarla fuo-

ipse non Rectinae modo, sed multis (erat enim frequens amoenitas orae) laturus auxilium.

ri da sì grave condizione. Mutò egli allora consiglio, *e quello a cui si era accinto con animo di studioso compì con spirito eroico.* Fece mettere in mare alcune quadriremi e s'imbarcò, per recar soccorso non solo a Rectina ma anche a tutti gli altri, ché molto popolosa era l'amenità di quella spiaggia.

Properat illuc unde alii fugiunt *rectumque cursum, recta gubernacula in periculum tenet, adeo solutus metu,* ut omnes illius mali motus, omnes figuras, ut deprehenderat oculis, dictaret enotaretque.

Accorre là d'onde gli altri fuggono, *volgendo diritta la rotta e diritto il timone verso il pericolo, e tanto scevro di timore* da poter dettare e annotare tutti i momenti e tutti gli aspetti di quel disastro, a mano a mano che gli si offrivano allo sguardo.

Iam navibus cinis inciderat, quo propius accederent, calidior et densior; iam pumices etiam nigrique et ambusti et fracti igne lapides, iam vadum subitum, ruinaque montis litora obstantia. Cunctatus paulum an retro flecteret, mox gubernatori ut ita faceret monenti: "*Fortes, inquit, fortuna iuvat.* Pomponianum pete." Stabiis is erat, diremptus sinu medio. Nam sensim circumactis curvatisque litoribus mare infunditur. Ibi, *quamquam nondum periculo appropinquante,* conspicuo tamen, et, cum cresceret, proximo, sarcinas contulerat in naves, certus fugae si contrarius ventus resedisset, quo tunc avunculus meus secundissimo invectus complectitur trepidantem, consolatur, hortatur, *utque timorem eius sua securitate leniret,* deferri se in balineum iubet, lotus accubat cenatque hilaris, aut, quod est aeque magnum, *similis hilari.*

Già cadeva su le navi la cenere, più calda e più densa quanto più si accostavano; già cadevano pomici e pietre nere arse e frantumate dal fuoco; già s'era formata una secca improvvisa, e per la rovina del monte il lido era inaccessibile. Dopo di avere un poco indugiato nel pensiero di retrocedere, al pilota che così lo consigliava disse poi: "*La fortuna aiuta i coraggiosi;* punta su la casa di Pomponiano". Era questi a Stabia, di là dal golfo; ché ivi il mare s'insinua nelle rive, tutte seni e sporgenze. Là [Pomponiano], *quando ancora il pericolo non era imminente* benché ben visibile, ma pure era vicino poiché si accresceva, aveva caricato in nave il suo bagaglio, risoluto a fuggire appena fosse cessato il vento contrario; da questo invece favorito, il mio zio lo abbracciò così tremante qual era, lo confortò, lo incuorò; e, *per placare con la tranquillità propria il turbamento di lui,* si fece condurre al bagno; lavato, si pose a giacere, cenò ilare, o, ciò che è egualmente magnanimo, *ostentandosi ilare.*

Interim e Vesuvio monte pluribus locis latissimae flammae alta-

Frattanto da molti punti del Vesuvio rilucevano grandissime fiamque incendia relucebant, quorum fulgor et claritas tenebris noctis excitabatur. Ille agrestium trepidatione ignes relictos desertasque villas per solitudinem ardere in remedium formidinis dictitabat. Tum se quieti dedit et quievit verissimo quidem somno; nam meatus animae, qui illi propter amplitudinem corporis gravior et sonantior erat, ab iis qui limini obversabantur audiebatur. Sed area, ex qua diaeta adibatur, ita iam cinere mixtisque pumicibus oppleta surrexerat, ut, si longior in cubiculo mora, exitus negaretur. Excitatus, procedit, seque Pomponiano ceterisque qui pervigilarant reddit. In commune consultant intra tecta subsistant an in aperto vagentur; nam crebris vastisque tremoribus tecta nutabant, et, quasi emota sedibus suis, nunc huc nunc illuc abire aut referri videbantur. Sub dio rursus, quamquam levium exesorumque, pumicum casus metuebatur. Quod tamen periculorum collatio elegit; et apud illum quidem ratio rationem, apud alios timorem timor vicit. Cervicalia capitibus imposita linteis constringunt; id munimentum adversus decidentia fuit.

Iam dies alibi, illic nox omnibus noctibus nigrior densiorque quam tamen faces multae variaque lumina solabantur. Placuit egredi in litus et ex proximo aspicere ecquid iam mare admitteret; quod adhuc vastum et adversum permanebat. Ibi super abiectum linteum recubans, semel atque iterum frigidam poposcit hausitque. Deinde flammae flammarumque praenuntius odor sulfuris et alios in fugam vertunt et excitant illum. Innixus

me e alti incendii, di cui le tenebre notturne rendevano più viva la splendente chiarità. Ed egli andava dicendo, per placare il terrore, che quelli erano fuochi lasciati accesi dai villici nella trepidazione della fuga, casolari abbandonati che bruciavano. Poi andò a riposare, e dormì davvero profondamente; il suo respiro infatti, molto grosso e rumoroso a cagione della gran corporatura, era udito da quelli che si aggiravano presso la soglia. Ma intanto il cortile da cui si accedeva al suo appartamento si era già tanto alzato, per la cenere e le pomici che lo empivano, che egli, se si fosse più a lungo trattenuto in camera, non sarebbe più potuto uscirne. Svegliato, venne fuori, e si unì a Pomponiano e agli altri che non avevano mai chiuso occhio. Si consultarono tra loro, se si dovesse restar nella casa o andar vagando all'aperto. La casa vacillava infatti per continui e vasti terremoti, e, quasi smossa dalle fondamenta, pareva andare or qua or là e poi tornare in luogo. All'aperto però era da temere la caduta delle pomici, anche se leggere e corrose; ma il confronto tra i due pericoli fece scegliere questo partito. In lui però una ragione prevalse su l'altra, in quelli il più forte timore. Si misero in capo cuscini legati con fazzoletti; questo valse a proteggerli da ciò che cadeva dall'alto.

Già nelle altre parti era giorno, là notte più negra e più folta di qualsiasi notte, benché tante fiamme e tanti bagliori la rischiarassero. Si risolsero a portarsi sul lido, a veder da vicino che cosa permettesse il mare; ma questo era tuttavia gonfio e contrario. Là, postosi a giacere su un lenzuolo disteso, egli chiese e bevve due volte acqua fresca. Ma poi le fiamme e, nunzio di fiamme, un odore di zolfo fecero volgere gli altri in fuga,

servulis duobus assurrexit et statim concidit, ut ego coniecto, crassiore caligine spiritu obstructo clausoque stomacho, qui illi natura invalidus, angustus et frequenter interaestuans erat. Ubi die redditus (is ab eo, quem novissime viderat, tertius), corpus inventum est integrum, illaesum opertumque, ut fuerat indutus; habitus corporis quiescenti quam defuncto similior.

e lo destarono. Appoggiandosi a due servi si alzò, e subito ricadde, come io suppongo, perché il respiro gli era stato impedito dalla troppo densa caligine, che gli aveva ostruito le fauci, che di lor natura erano deboli e strette e soggette a infiammazione. Quando tornò la luce del giorno (il terzo da quello ch'egli aveva visto per l'ultima volta), il suo corpo fu trovato intatto, illeso e coperto dalle vesti ch'egli aveva indosso; l'atteggiamento era d'un corpo dormiente piuttosto che d'un morto.

3). Interim Miseni ego et mater... Sed nihil ad historiam, nec tu aliud quam de exitu eius scire voluisti. *Finem ergo faciam.* Unum adiiciam: omnia me, quibus interfueram quaeque statim, cum maxime vera memorantur, audiveram, vere persecutum. Tu potissima excerpes. *Aliud est enim epistulam, aliud historiam, aliud amico, aliud omnibus scribere.* Vale.

A Miseno intanto io con mia madre... Ma questo non ha nulla che fare con la storia, né altro tu volevi sapere se non la morte di lui. *Per ciò chiudo.* Questo solo aggiungo: che ti ho riferito tutto quello a cui assistei io stesso e che udii subito dopo, nel momento in cui si ricordano più esattamente le cose. Tu sceglierai ciò che è più importante. *Altro infatti è scrivere una lettera e altro una storia, altro scrivere per un amico e altro per il pubblico.* Ti saluto.

2. *Lettera per un Lettore Modello*

La prima impressione che un Lettore Ingenuo riceve da questa lettera è che il Vecchio abbia coscientemente messo a repentaglio la propria vita per recarsi sul luogo dell'eruzione, spinto dal senso del dovere e dalla curiosità scientifica.

Estrapoliamo dal testo la reazione di questo Lettore Ingenuo. Non sappiamo se essa corrisponda alla reazione della maggioranza dei lettori empirici e del lettore empirico Tacito: le sue *Historiae* si arrestano al 70 d.C., e il resto ci manca. Però sappiamo come altri lettori empirici abbiano reagito. Guarda caso, la tradizione (vale a dire la nostra Enciclopedia) fa di Plinio il Vecchio appunto un eroe della scienza. Sulla base della lettera del Giovane. Non sappiamo dunque come il Tacito empirico abbia reagito, ma sappiamo come la tradizione abbia letto la lettera. Questo dato empirico ci conforta nell'ipotesi, che stiamo facendo, di un Lettore Modello che la lettera prevede.

Adesso proviamo a estrarre dal discorso della lettera i fatti *crudi*, ovvero la *fabula*, la nuda successione degli eventi.

Il Vecchio salpa verso il luogo del disastro senza sapere che si tratta di una eruzione vulcanica – anzi, sino a quel momento considerava il Vesuvio come un vulcano spento (vedi *Naturalis Historia* 3, 62).[3] Quando arriva da Pompeiano a Stabia, ancora sottovaluta le proporzioni dell'avvenimento. Dice con noncuranza che i fuochi sulle falde della montagna sono stati accesi dai contadini in fuga. Il Giovane lascia intendere che lo dica per tranquillizzare i suoi ospiti terrorizzati: ma dopo egli va *davvero* a dormire, e senza rendersi conto che così facendo rischia di essere seppellito da lava e lapilli. Quando capisce veramente quanto la situazione sia drammatica (e ce ne vuole), è troppo tardi. Muore, d'asma se non di soffocazione da vapori, come alcuni commentatori suggeriscono.

A considerar la *fabula* nuda e semplice, ci troviamo di fronte a un ammiraglio con la mentalità di un cambusiere, del tutto inabile ad affrontare la situazione, incapace di organizzare i soccorsi, e che alla fin fine lascia la flotta, in un momento critico, priva di comando. Si trova di fronte a una impresa indubbiamente difficile, ma risponde agli eventi nel modo peggiore. Militarmente e amministrativamente, è pronto per un tribunale militare. Fortuna che muore e la morte redime.

Né il Giovane ci cela i fatti: se Tacito avesse voluto, avrebbe potuto trarre dalla lettera tutti gli elementi per una severa condanna, come noi stiamo facendo.

Ma il Tacito che ci interessa non è il Tacito empirico, di cui nulla sappiamo: è il Lettore previsto dalla strategia discorsiva del Giovane, che scrive il testo-lettera.

La lettera del Giovane, come ogni testo, non si rivolge a un lettore empirico, ma costruisce, attraverso la propria strategia discorsiva, un Lettore Modello che si suppone possa cooperare ad attualizzare il testo così come vuole l'Autore Modello – ovvero l'obiettiva strategia testuale. Possiamo rifiutarci di stare al gioco, ovvero possiamo rifiutarci di identificarci col Lettore Modello, ma non possiamo rifiutarci di riconoscere quale Lettore Modello la lettera postuli, nel momento in cui esibisce le proprie strategie discorsive.

Leggere e definire le strategie che il Giovane mette in opera a un livello metatestuale significa capire il modo in cui la lettera fornisce al proprio Lettore Modello le istruzioni per attuare un certo effetto persuasivo. Questa lettera non vuole (soltanto) asserire qualcosa di vero: vuole che Tacito (o ogni possibile lettore futuro) creda che il Vecchio sia stato un Eroe, e vuole che Tacito lo scriva. Vuole *far credere* e *far fare*.

Per indurre il proprio Lettore Modello a una cooperazione acconcia, il testo deve mettere in opera alcune strategie discorsive, operare *embrayages* e *débrayages*, stabilire pianificatissime confusioni tra istanza dell'enunciazione e istanza dell'enunciato. Non solo, ma la *fabula* deve mettere in gioco non solo l'universo degli eventi che si presumono "reali", ma anche i mondi possibili delle credenze, volizioni, opinioni e passioni sia del proprio Lettore Modello che dei personaggi di cui narra.

La strategia discorsiva avrà successo nella misura in cui il Lettore Modello non riuscirà mai a rendersi conto di chi stia parlando a un determinato momento. Si tratta di giocare su una dialettica di "voci", nel senso di Genette,[4] e tutto deve funzionare a meno che il lettore, saltando di livello, non si ponga come critico metatestuale della lettera – come noi stiamo facendo.

3. Chi parla?

All'inizio della lettera vi è un Ego implicito (il soggetto di *scribam*) che rinvia a un individuo, Plinio il Giovane, autore empirico della lettera, il quale scrive intorno al 104 d.C. Definiamo questo Plinio come P_1, che scrive in un tempo t_0 in un mondo W_0 (che assumiamo come corrispondente a ciò che riteniamo essere il mondo reale, sia pure in un suo momento passato). Si tratta certo di una semplificazione, ma stiamo ipotizzando che la lettera non rappresenti un pezzo di finzione narrativa bensì un esempio di "narratività naturale", nel senso in cui lo è un articolo di cronaca giornalistica. Se si trattasse di finzione narrativa (come accade nelle lettere di *Clarissa* o de *Les liaisons dangereuses*) dovremmo assumere che vi sia un altro soggetto P_0, produttore dell'atto linguistico, mentre l'Ego del discorso sarebbe un soggetto fittizio, appartenente all'universo della narrazione, e diverso dall'autore. Ma, lo si è detto, si assume che in una lettera che si presenta (sino a prova contraria) come lettera autentica, l'io che parla nel testo sia al tempo stesso l'io che produce il testo, ovvero l'autore della lettera.

Quindi assumiamo che il Giovane come entità storica e l'Ego che parla nella lettera siano la stessa persona, e che il Destinatario del testo sia Tacito.

Tuttavia, nel secondo paragrafo, P_1 racconta a Tacito una storia che riguarda un P_2, vale a dire racconta a Tacito ciò che accade a se stesso venti anni prima, a Miseno, il 24 agosto dell'anno 79 d.C. Quindi noi ci troviamo di fronte una lettera scritta in un t_0 che parla di un altro tempo, o di una serie di stati temporali che potremmo registrare come segue:

t_{-3} = 24 agosto, pomeriggio quando la nuvola appare e il Vecchio decide di salpare;

t_2 = la serie di intervalli temporali che occorre tra la partenza del Vecchio e la sua morte, tra la sera del 24 e il 25;

t_1 = il 26 agosto, quando il Giovane riceve notizie sull'accaduto.

Il momento in cui P_1 passa dal tempo della fabula (t_3) è indicato dal passaggio dal presente all'imperfetto (*erat Miseni... regebat*). Il modo narrativo è sottolineato dalla inserzione di crononimi (*Nonum kal. Septembres*) e dalla introduzione di individui appartenenti a uno stato temporale anteriore (lo zio e la madre, il primo come soggetto di *erat* e dalla attribuzione di alcune proprietà come *regebat classem*). Tutti questi artifici grammaticali rendono evidente il passaggio da una introduzione, in cui il Giovane parla come P_1, ad una storia incassata, il cui soggetto, di cui il Giovane parla, è se stesso in quanto P_2.

Se proviamo a riassumere questi incassamenti di storia, possiamo tracciare il diagramma che segue:

P_0 Il Giovane come soggetto empirico dell'atto di enunciazione (104 d.C.)	P_1 Il Giovane come Narratore, o voce narrante, soggetto dell'enunciazione enunciata (104 d.C.) uguale a P_0	P_2 come personaggio della fabula, insieme a: V = il Vecchio M = la madre tutti nel 79 d.C. $(t_3 \dots t_1)$ LA FABULA

IL TESTO

4. Strutture di mondi

La fabula che racconta le vicende di P_2 deve essere estrapolata dal discorso di P_1 grazie alla collaborazione di un lettore cooperativo. Solo per ingenuità potremmo identificare il paragrafo 2 con la *fabula*. Questo paragrafo è il nucleo del discorso dal quale si può inferire la *fabula*.

Ciò che il lettore estrapola sono vari stati temporali di uno stesso mondo narrativo. Seguendo le definizioni che ho proposto in *Lector in fabula*, passando da uno stato temporale all'altro i personaggi del mondo narrato mutano alcune proprietà accidentali, ma non cambiano le proprietà essenziali che ci hanno permesso di individuarli in rapporto al altri personaggi o individui. Per esempio nello stato t_{-3} il Vecchio è uno scienziato e un ammiraglio romano (proprietà essenziali), provvisoriamente vivente (proprietà accidentale); in t_{-2} è uno scienziato e ammiraglio romano che subisce accidentalmente alcune esperienze gradevoli, e in t_{-1} è lo stesso scienziato e ammiraglio romano che accidentalmente muore.

Ma quello che ci interessa non è la comparazione tra questi stati diversi dello stesso mondo narrativo (che per inciso coincide col mondo che riteniamo "reale" in base alla nostra competenza enciclopedica), bensì il fatto che P_1, come soggetto del discorso enunciato in t_0 condivide con Tacito (come Lettore Modello) alcune conoscenze circa la morte del Vecchio. Però questo P_1, mentre dice a Tacito ciò che accade in t_{-3}, attribuisce a se stesso e al Vecchio una conoscenza diversa.

Siamo dunque di fronte a due mondi epistemici, il mondo W_0 che – oltre che ad essere il mondo "reale" – è anche il mondo delle conoscenze condivise da P_1, da Tacito e da noi stessi (lettori contemporanei) e il $W_{Nc\,t_{-3}}$ delle conoscenze attribuite dal narratore P_1 ai personaggi della storia che esso narra.[5] P_1 sta raccontando di se stesso e di suo zio che, venticinque anni prima, hanno visto una strana nuvola e hanno creduto la proposizione p (p non essendo altro che il contenuto del mondo epistemico $W_{Nc\,t_{-3}}$).

In parole più povere, il Giovane nel 104 d.C. sa ciò che egli stesso e suo zio non potevano sapere il 24 agosto del 79 d.C., e cioè che quella nuvola di insolita forma e grandezza proveniva dall'eruzione del Vesuvio e che era composta di detriti eruttivi e di gas velenosi. Per P_2 e per suo zio la nuvola rappresentava allora solo un curioso e inspiegabile fenomeno; per P_1 e per Tacito invece essa è chiaramente portatrice di Morte.

Quindi la fabula racconta di alcuni individui di un mondo narrativo $W_{N\,t-3}$ dove gli individui sono P_2, V (il Vecchio), M (la madre) insieme a N (la nuvola) e S (il Vesuvio). Questo mondo ospita almeno un sottomondo epistemico W_{Nc} che rappresenta le credenze dei personaggi umani della storia (e siamo favoriti dal fatto che quel 24 agosto sia il Giovane che il Vecchio e la Madre condividevano le stesse credenze). In questo sottomondo epistemico la nuvola non ha ancora alcuna connessione con Vesuvio, è stupefacente ma non pericolosa e, ciò che è più importante, non ha ancora alcuna connessione con la futura morte del Vecchio.

Al contrario nel mondo epistemico di P_1 e del suo Lettore Modello (nel 104 d.C.) si muovono gli stessi individui, ma dotati di ben altre proprietà che non solo li caratterizzano individualmente ma li caratterizzano l'uno in rapporto all'altro. Il Vecchio è ormai uno scienziato e un ammiraglio morto, la nuvola si origina dal vulcano, il vulcano è l'agente che provocherà la morte del Vecchio, anzi l'ha già definitivamente provocata.

È importante rilevare le differenze tra questi due mondi, perché in $t-3$ il Vecchio non pensa che la nuvola sia pericolosa (o non crede che sia pericolosa), non sospetta che il Vesuvio abbia a che fare col fenomeno (anzi ritiene il Vesuvio un vulcano spento) e soprattutto non sa che tra poco morirà. Tutti elementi che rendono la sua decisione di salpare un poco meno ardita di quanto pare oggi a noi, e di quanto lo sarebbe stata se egli avesse avuto, non dico il dono della profezia, ma almeno una più sottile capacità di interpretare quanto vedeva.

Dunque abbiamo a che fare con due mondi narrativi: $W_{Nc\,t-3}$ è il mondo delle credenze dei personaggi della storia detta da P_1, (e per ragioni di economia considereremo solo le credenze del Vecchio, trascurando quelle, del resto uguali, del Giovane e della Madre), mentre $W_0\,t_0$ è il mondo quale lo conoscono P_t e Tacito.

Consideriamo questi due mondi strutturati per proprietà S-necessarie, nel senso in cui le abbiamo definite in *Lector in fabula*: vale a dire proprietà in virtù delle quali due o più individui di un mondo sono definiti in modo interdipendente, l'uno individuo contribuendo a identificare l'altro e viceversa, ovvero un individuo non essendo altro che colui che si trova in una data relazione, necessaria alla strutturazione di quel mondo, con un altro individuo.

Possiamo così delineare due *matrici di mondi* sulla base degli individui e delle relazioni S-necessarie che seguono:

V è il Vecchio

N è la Nube

S è il Vesuvio

nRv è la relazione che definisce la nuvola come quella di fatto percepita dal Vecchio in t_{-3}

nRs è la relazione che definisce la nuvola come quella prodotta dall'eruzione del Vesuvio

sRv è la relazione che definisce il Vesuvio come l'agente della morte del Vecchio.

Le matrici che ne risultano sono le seguenti:

$W_{Nc}\ t_3$	nRv	nRs	sRv
N_1	+	−	
V_1	+		−
S_1		−	−

$W_0 t_0$	nRv	nRs	sRv
N_2	+	+	
V_2	+		+
S_2		+	+

Si vede subito che nessuno degli individui del primo mondo presenta le stesse relazioni S-necessarie degli individui del secondo mondo. Gli individui N_1, V_1, S_1 sembrano avere lo *stesso nome* degli individui N_2, V_2 e S_2, ma si tratta appunto di semplice omonimia. È per una sorta di illusione verbale, dato che in tutta la lettera si parla sempre di nube e di vulcano, che noi crediamo di trovarci di fronte agli stessi individui. Dal punto di vista della consistenza strutturale dei due mondi diversi, gli individui chiamati in entrambi con lo stesso nome sono invece individui diversi. La nuvola del mondo delle credenze del vecchio venticinque anni prima non è la stessa nuvola del mondo delle credenze di Tacito venticinque anni dopo.

Come ho tentato di stabilire in *Lector in fabula*, quando si danno due mondi narrativi abitati da individui che esibiscono diverse proprietà S-necessarie, questi due mondi non sono mutuamente accessibili. È come se ci fosse un vangelo eretico che narra la storia di un tale Gesù che non è figlio di Dio, non è nato a Betlemme da Maria e, per sovrammercato, muore di diabete durante un'orgia, ospite di Tiberio a Capri. Saremmo tutti d'accordo nel riconoscere che, malgrado la provocatoria omonimia, quel vangelo non stia raccontando la storia dello stesso individuo di cui parlano i vangeli canonici (anche se per avventura fosse amico di Lazzaro e subisse un processo sotto Pilato). *Mutatis mutandis*, questa è proprio la situazione che si verifica coi due mondi sopra considerati.

5. *La strategia del discorso*

Ora torniamo alla superficie discorsiva della storia di P_2 narrata da P_1. Si noti che P_1 dice lealmente quali fossero le credenze dei suoi personaggi nel mondo del 24 agosto del 79 d.C. Da buon narratore interessato alla psicologia dei propri personaggi e alla tragica differenza tra verità e illusione, egli dovrebbe soffermarsi a lungo su queste discrepanze – e si pensi all'energia drammatica con cui Sofocle ci racconta una situazione analoga, la storia di un Edipo che non riesce a riconoscere una verità che a Tiresia, e a noi lettori, appare come assai evidente.

Quale è al contrario la strategia discorsiva di P_1? Nel primo paragrafo della lettera, l'Ego che si rivolge a Tacito gli ricorda ciò che Tacito dovrebbe sapere benissimo, e cioè che il Vecchio è perito in una catastrofe, che la catastrofe è rimasta memorabile e che la memoria dello zio dovrà vivere in eterno. Perché tanta insistenza su dati d'informazione che avrebbero dovuto essere assunti come scontati? È che il Giovane sta preparando il proprio Lettore Modello ad affrontare il mondo $W_{Nc\ t-3}$ senza abbandonare il bagaglio di conoscenze che esso ha in W_{0t0}.

Nel secondo paragrafo il Giovane opera un *débrayage* temporale: il cambio di tempo verbale produce una sorta di *flashback* e sposta il Lettore Modello in uno stato anteriore del suo stesso mondo. Ma in questo stato anteriore del mondo del Lettore, i personaggi nutrono credenze che non collimano con il sapere del Lettore stesso.

A prima vista il Giovane si comporta con molta onestà e dice che né lui né suo zio avevano capito, allora, da dove provenisse la nube. Ma subito egli apre una parentesi e ricorda a Tacito che quella nube proveniva dal Vesuvio: la parentesi segna un nuovo *débrayage* temporale (ed epistemico) e attua un ritorno a t_0, come d'altra parte i tempi verbali rendono esplicito: "*cognitum est postea... Vesuvium fuisse*". Ma se la mossa è corretta dal punto di vista grammaticale (sia in termini semantici che sintattici), il suo effetto pragmatico è alquanto diverso: si reintroduce, al centro del mondo epistemico di P_2 e del Vecchio, il mondo epistemico di P_1 e di Tacito. Il Lettore non può, da questo momento in avanti, evitare di pensare alla nube come a N_2 (mentre per i personaggi della storia è ancora e sfortunatamente N_1).

Segue una seconda mossa. P_2 e lo zio stanno guardando la nube che è *"candida interdum, interdum sordida"*, e queste sono indubbiamente proprietà accidentali di N_1. Ma a questo punto il Giovane, che sembra ancora essere l'Ego P_2, ma in verità parla come P_1, ci dice che la nube appariva così *"prout terram cineremve sustulerat"*. E questa, di convogliare scorie eruttive, è una proprietà di N_2 ma non di N_1.

Questa volta il *débrayage* temporale ed epistemico non è stato affatto segnalato da una parentesi, al contrario, il discorso corrobora la confusione temporale usando un più che perfetto (*sustulerat*) contro l'imperfetto che domina il contesto (*diffundebatur, vanescebat*). Secondo la logica della *fabula*, la mossa sarebbe corretta, perché prima, in un tempo precedente, la nube trasporta scorie, e poi, e di conseguenza, viene vista come *candida* e *sordida* a un tempo. Ma ciò che è corretto dal punto di vista della fabula in W_0, non lo è dal punto di vista del mondo epistemico di P_2, che verrà a sapere queste cose *solo dopo*. Dunque P_1 sta dicendo la *sua* verità, che è anche la verità del Lettore Modello, ma che non è la verità di P_2. Il Lettore, se volesse (come noi ora stiamo volendo), potrebbe accorgersi di queste sfumature. Ma come pretendere se ne renda conto criticamente a una prima lettura, dato che il gioco dei tempi verbali e degli incisi discorsivi è così suadente ed accorto?

A che cosa mira questo gioco? A insinuare nella mente del Lettore Modello che il Vecchio si avvii verso il proprio "evidente" destino con la stessa consapevolezza con cui esso, Lettore, lo vede avviarsi. È come se il Lettore seguisse, alle spalle del Vesuvio del 24 agosto, proiettato su uno schermo, il film che l'enciclopedia storica gli ha ormai reso familiare, senza rendersi conto che, appunto, lo schermo è alle spalle del Vecchio (ovvero infinitamente avanti, al di là delle sue possibilità di visione) e che quindi il Vecchio non può vederlo.

Sarà così assai facile per P_1 (che finge di essere P_2) affermare che, di fronte alla paura di Rectina, il vecchio *"vertit ... consilium et quod studioso animo incohaverat obit maximo"*. Si potrebbe sospettare che, nel momento in cui riceve il messaggio di

Rectina, il Vecchio ormai abbia capito tutto. Può darsi abbia capito che la nube viene dal Vesuvio, ma certo non sa ancora che cosa il Vesuvio significherà per lui (sRv). Il testo è senza pudore: il Vecchio "*rectumque cursum recta gubernacula in periculum tenet adeo solutus metu*", corre verso la sua morte, sprezzante del pericolo! Quello stesso Vecchio che, come arriva da Pompeiano, se ne va tranquillamente a letto!

Chi parla ha dei sussulti di onestà, e non evita di dire la verità: "*quamquam nondum periculo appropinquante*", il Vecchio non si sente immediatamente in pericolo, a Stabia c'è ancora tempo per salvarsi. Ma il Lettore sa che è proprio a Stabia che il Vecchio troverà la morte, e al vederlo dirigere il timone senza tema verso Stabia non si può evitare di pensare a Ulisse che punta sulle Colonne d'Ercole per seguir virtute e conoscenza, mettendo in conto la propria perdita.

Questa storia di *embrayages* e *débrayages* è anche una storia di rapide commutazioni di focalizzazione. È come se un faro luminoso illuminasse alternativamente due universi, e per una specie di effetto ottico il lettore, così come uno spettatore al cinema vede come sequenza ininterrotta una successione rapida di fotografie isolate, ha l'impressione di vivere un'unica storia, mentre in effetti è sottomesso alla palese incompatibilità tra due storie diverse. È come il gioco delle tre carte: la vittima crede di poter seguire il destino della carta prescelta, ma il manipolatore è troppo rapido, ed essa individuerà sempre la carta sbagliata. Plinio il Giovane sta facendo del suo Lettore ciò che vuole.

L'ultimo appello a Tacito, al terzo paragrafo, è un capolavoro di ipocrisia: "*finem faciam*". Ora io, P_1, smetto di dirti cosa accadde a P_2 e a suo zio, come ho fatto sinora (quale menzogna!), torniamo al presente (come se non l'avesse fatto di continuo!), perché sinora, caro Tacito, stavamo parlando dall'interno di un altro mondo; torniamo a quello in cui tu vivi, esci ti prego dalla rievocazione che ti ha trascinato per un lungo tratto in un tempo lontano...

Questo vuole suggerire "*finem faciam*". Ora tu, Tacito (dice il Giovane), non hai che da trasformare il mio onesto bollettino, la mia documentazione neutrale e oggettiva, in un monumento culturale, in una pagina di storiografia, dove ogni interpretazione sarà responsabilità tua, perché vi è differenza tra comunicare semplici dati di fatto e scrivere storia per la posterità.

Chi ha fatto storia per la posterità, chi ha interpretato, è stato invece Plinio il Giovane. Per un errore previsionale ha creduto che la sua pagina avrebbe dovuto essere mediata dal discorso di Tacito, e ha lavorato sornionamente a determinare i modi di questo discorso. Il discorso, per accidente, non c'è stato, o non ci è pervenuto. La storia è stata scritta dalla lettera di Plinio e la lettera, prova ne sia lo stato attuale della nostra enciclopedia, ha raggiunto gli scopi che si proponeva: Plinio il Vecchio è per noi un eroe della scienza.

Per fortuna ogni testo mira sempre almeno a due Lettori Modello: il primo deve cooperare ad attualizzare il contenuto del testo, il secondo dovrebbe saper descrivere e godere il modo in cui il Lettore di primo livello è stato prodotto.

C'è da chiedersi se Plinio il Giovane avrebbe preferito essere giudicato dal Lettore che doveva cader vittima del suo gioco (monumento al Vecchio) o dal Lettore capace di apprezzare la sua strategia persuasiva (monumento a lui, il Giovane). In fondo quando si mente con eleganza e inventività si vorrebbe sempre, da un lato, convincere che stiamo dicendo la verità, e dall'altro essere smascherati, in modo che venga riconosciuta la nostra bravura. Talora l'assassino confessa il proprio delitto, rimasto impunito, perché l'investigatore riconosca la sua abilità.

Forse Plinio il Giovane, che sapeva apprezzare la buona retorica, ha scritto per entrambi i tipi di lettore. E forse Tacito ha taciuto perché ha riconosciuto che la sua fonte sapeva far storia meglio di lui.

[1] In questo saggio applico la teoria dei mondi possibili narrativi esposta nel mio *Lector in fabula*, Milano, Bompiani, 1979. Con un poco di buona volontà il saggio è comprensibile anche ignorando quel testo, ma è chiaro che il mio Lettore Modello dovrebbe averlo letto.

[2] Il testo originale e la traduzione sono tratti da Plinio il Giovane, *Lettere ai familiari*, VI-IX, a cura di G. Vitali, Bologna, Zanichelli, 1968. La divisione in tre paragrafi principali è mia, così come di mia iniziativa ho posto in corsivo i passi su cui si soffermerà l'analisi che segue.

[3] Cfr. A. N. Sherwin-White, *The Letters of Pliny*, Oxford, Clarendon, 1966.

[4] Cfr. G. Genette, *Figure III*, Torino, Einaudi, 1976.

[5] Per comodità del lettore ricorderò quanto avevo stabilito in *Lector in fabula*. Si intende per W_0 il mondo di riferimento inteso come reale. W_N è il mondo della narrazione o della *fabula*, e può essere analizzato in stati temporali diversi ($t_{-n} \ldots t_1$). W_{Nc} è il mondo delle credenze, speranze, opinioni (atteggiamenti proposizionali) di un dato personaggio di W_N in un dato stato temporale della storia. Quindi io in W_0 posso raccontare la storia di Cappuccetto Rosso in un universo narrativo W_N dove a un certo punto Cappuccetto Rosso crede in un mondo delle proprie illusioni $W_{Nc} t_n$, in cui il personaggio nel letto è sua nonna (mentre in W_N si sa che è il lupo).

LA COMBINATORIA DEI POSSIBILI
E L'INCOMBENZA DELLA MORTE

Una volontà perversa ha certamente presieduto alla scelta e alla formulazione linguistica dei temi del presente convegno.

La combinatoria dei possibili e l'incombenza della morte: tema già di per sé intrattabile, a causa della difficoltà di definire la possibilità, la combinatoria, il concetto di incombenza e persino quello di morte (per esempio si tratterebbe già decidere se stiamo parlando della mia morte o della morte termica dell'universo; non solo cambia il concetto di incombenza, anche se la seconda, distante, mi preoccupa più della prima, ragionevolmente incombente) ma cambia anche il rapporto con la questione etica che il sovratitolo della giornata attuale suscita.

Perché non solo devo trattare della combinatoria dei possibili (tema che potrebbe dar luogo a eleganti disquisizioni matematiche e logiche, e mi solleverebbe dall'ingrato incarico grazie alla presenza in sala di esperti qualificati) ma devo trattarne dal punto di vista etico.

Col rischio, è naturale, di fare una corretta lezione sulla tematica dell'esistenzialismo, da Kierkegaard a Heidegger, partendo dal concetto dell'angoscia, che come si sa nasce dalla vertigine del possibile, per finire a un invito ecumenico a essere-per-la-morte. Discorso rispettabile, specie se volessi condirlo di scelte citazioni del primo Sartre, Camus e l'ultimo Baudrillard. Ma si tratterebbe, credo, di una esercitazione retorica, non perché queste siano cose di poco peso, ma perché sono già state dette e affidate alla lettura di ciascuno di voi.

Non è peraltro che potrò sottrarmi a questi temi: solo cercherò di riformularli da un altro punto di vista. E di questo sono grato alla mente perversa che ha organizzato il convegno: perché obbligandomi a svolgere un tema fisso, mi obbliga a riscattare quel tanto di accademico che l'esercizio comporta con uno sforzo, diciamo, di buona volontà filosofica: far sorgere nuovi problemi là dove non ne intravedevo, usando prove e argomenti provenienti da altri campi, per tentare non dico una soluzione ma l'inquadramento di un universo di discorso. Con molto eclettismo, vi avverto. Ritengo infatti che filosofare sia esercitare una forma di alto dilettantesimo. Scotto necessario da pagare ogni qual volta si ceda a un atto di meraviglia e si ritenga che i discorsi correnti, così come son fatti e delimitati, non ci soddisfano, e che bisogna tentare di dire qualcosa d'altro, facendo traballare il paradigma, sia pure con moderazione.

Occorrono, ahimè, alcuni punti fissi da non discutere. Il concetto di tempo. Userò quello degli orologi, meccanici e cosmici, quello della radioattività, legato al secondo principio della termodinamica, volto alla morte termica dell'universo, irrecuperabile e irreversibile – anche se qualcuno volesse negarne l'irreversibilità.

Il concetto di problema etico. Permettetemi di darne una definizione forse *ad hoc*. Giudico etico ogni problema di fronte alla irresolubilità del quale un uomo potrebbe commettere suicidio. Nessuno, a mia scienza, ha mai commesso suicidio a causa della infinita onnipotenza di Dio (anche se sarebbe un buon tema per una ultima novella di Borges), ma si è commesso suicidio per la relativa onnipotenza di un tiranno. Il problema della tirannia è (anche) etico, quello della onnipotenza di Dio è soltanto metafisico. Nessuno ha mai commesso suicidio perché non esiste un circolo quadrato. Ha commesso suicidio, o si è fatto ghigliottinare, perché non era nato in tempo per partecipare all'avventura napoleonica. Julien Sorel aveva un problema etico, Meinong un problema soltanto logico.

Detto questo rimarrebbe da definire la possibilità. Ma è proprio su questo concetto che mi sorgono i dubbi più seri.

Se è possibile ciò che non è ancora accaduto ma potrebbe accadere, la vita come decorso biologico è indubbiamente l'attuazione di una serie di possibilità (probabilmente è una catena markoviana dove la possibilità del conseguente è determinata dalla attuazione delle possibilità precedenti).

Ma già questa osservazione mi dice che forse confondo la nozione filosofica di possibilità, da definire, con quella matematica di probabilità. Indubbiamente col trascorrere della vita e l'avvicinarsi alla morte decrescono alcune probabilità: per esempio che possa avere cinquanta figli con la stessa donna, come accadde a Priamo, oppure che possa vedere più di venticinquemila tramonti (personalmente mi sono già giocato le due probabilità). Ma questo decrescere di probabilità, credo, è calcolabile solo all'interno di un gioco retto da regole, e cioè all'interno di una di quelle deviazioni provvisorie dalla curva generale dell'entropia che Reichenbach chiama *branch systems*. Se gioco a poker, ho tre assi e chiedo due carte, la probabilità di avere una combinazione buona e cioè dotata di senso, sono minori che all'inizio del gioco (poker o full). E gioco retto da regole è anche la vita biologica.

Ma se la vita nel suo complesso è un *branch system*, lo è perché è un sistema di sistemi, a diverse gradazioni di ordine e regolatezza. In altri termini, nella vita posso cambiare gioco, così che le possibilità che erano ridotte rispetto al poker aumentino rispetto all'omino nero. Nella vita posso cambiare anche universo di gioco: posso decidere che la mia perdita al poker con un amico insicuro fa senso, perché mi permette di vincere un gioco clinico, che consiste nel conferire sicurezza all'avversario. Cambiare gioco vuol dire cambiare sistema di riferimento: se uso la lingua italiana ed emetto il lessema /caro/ ci sono buone probabilità che, in base alle regole, seguano un nome proprio o un sostantivo, maschili, nessuna che segua un infinito, o un sostantivo femminile. Ma se all'improvviso decido di cambiar regola e parlo latino posso comporre /caro data vermibus, cadaver/ teste Isidoro, e per restar fedeli al tema della morte.

A questo punto interviene una nozione di possibilità che è diversa da quella di probabilità, perché non è più statistica e quantitativa ma qualitativa. La possibilità etica che mi interessa è una probabilità che, alla luce di un certo universo di rapporti, fa senso, anche se in termini informazionali il suo accadimento mi dà pochissimi bit di informazione.

Zenone sotto tortura aveva due probabilità, diciamo di ½ ciascuna, sopravvivere o morire. Le probabilità di sopravvivere erano invero maggiori se introduciamo la variabile "confessione". Ora ci racconta Diogene Laerzio che ci sono, circa la morte di Zenone, due versioni: secondo una, Zenone dice al tiranno di accostargli l'orecchio alla bocca perché intende confessare, e invece coi denti gli mozza l'orecchio, così che il tiranno adirato lo trafigge con la spada, sottraendolo e ai tormenti e al rischio della confessione. La seconda versione dice che Zenone finge di confessare al tiranno il nome dei propri complici, e dice invece i nomi di tutti gli amici del tiranno. Muore egualmente, ma mette in crisi il tiranno perché gioca sulla sua sospettosità e lo obbliga a sbarazzarsi di tutti coloro che potevano aiutarlo. Di fronte alla probabilità statistica della sua morte, Zenone sceglie di accettare la morte, ma di giocarla cambiando gioco, rovesciando tutte le possibilità future del tiranno e dello Stato, così che la sua morte diventa la realizzazione di una possibilità inedita e ricchissima di senso, operativa anche dopo la scomparsa di Zenone.

È la qualità di queste possibilità non computabili, ovvero computabili in termini di rapporti semantici e non di sequenze probabilistiche, che rende degna di interesse una nozione di possibilità che sia qualcosa di più della mera probabilità statistica. Ockham lo sapeva: basta che muoviamo un solo dito per alterare tutti i rapporti nell'universo, per esempio la posizione reciproca di tutti i corpi, sublunari e celesti, rispetto al mio dito. Si tratta dunque di decidere, magari al momento dell'ultimo respiro, quale dito muovere e in che direzione. Il valore della possibilità che realizzo è dato dalla utilità, rispetto a un certo parametro, del nuovo assetto che il cosmo assume in forza del mio gesto. Talora si muove il dito e nessuno se ne accorge: incidenti del mestiere di vivere. Ma la disattenzione dei nostri contemporanei non è rilevante: i rapporti cosmici sono cambiati.

Naturalmente il meccanicista o il materialista volgare possono obiettare: ma i corpi celesti in quanto tali rimangono inalterati, cos'è quel rapporto sistematico che muta e di cui parli? Quei materialisti coerenti che erano e sono gli stoici risponderebbero: ci sono corpi, quasi tutto è corpo, comprese le idee, ma ci sono anche gli incorporali: quali il luogo, lo spazio, il tempo e il significato. Quindi la possibilità di cui parlo, essendo legata a rapporti sistematici (che sono appunto quelli generatori, per opposizione, di significato), è un incorporale, come il tempo. Interessante parentela. Forse siamo sulla buona strada.

È ovvio, a questo punto, che questo incorporale non è dell'ordine dell'ideale in quanto opposto al materiale: è dell'ordine dello strutturale, e dello strutturale costruito, quindi del culturale, ovvero del sociale (forse questa catena di passaggi è un po' abrupta ma a giustificarla cambierei gioco. *Glissons*).

Dire che i possibili dotati di senso sono dell'ordine dello strutturale non vuol dire che siano organizzati ad albero come quei corpi (testa o croce) o l'immagine della loro disgiunzione, studiati da una teoria della probabilità statistica. I possibili di cui parlo sono dell'ordine del rizomatico (e prendo a prestito un termine di una teoria altrui, mentre nell'ambito della mia semiotica parlerei piuttosto, come mi era accaduto di fare *ante rhyzomam,* di modello *Q*).[1]

Cerchiamo di spiegarci. C'è un giochetto, detto dell'albero genealogico ingenuo, secondo il quale se calcolo di avere un padre e una madre, e che ciascuno di loro deve aver avuto un padre e una madre, per successive elevazioni a potenza arrivo a stabilire che, calcolando che la vita umana sia apparsa un milione di anni fa e che in un secolo si alternino quattro generazioni, il numero degli abitanti dell'Eden sarebbe due elevato a quattro milioni. Dove sta l'errore? È che l'albero di disgiunzioni che costruisco non calcola il numero degli antenati, ma semmai il numero di congiunzioni carnali che sono state necessarie per arrivare sino a me (numero che anche nel giardino dell'Eden avrebbe potuto essere abbastanza alto e intenso).

Il numero dei progenitori è più basso perché due esseri umani possono essersi uniti molte volte generando molti figli, un uomo può essersi unito con più donne, una donna con più uomini, le regole esogamiche possono essere state rispettate con disinvoltura e indulgenza: infine, se per le ultime due o tre generazioni si può procedere verso l'alto ad albero, dopo un po' l'albero si aggroviglia, relazioni incredibili intercorrono tra le sue fronde più alte, che si rastremano a pino, e alla fine io e Pinochet ci troveremmo ad avere progenitori comuni, per quanto forse a entrambi dispiaccia. Ora cosa sono le linee di questo groviglio non arborescente? Incorporali, perché sono relazioni parentali, che fanno senso, e non congiunzioni carnali, che soltanto fanno sesso.

Detto questo dovremmo concluderne che la combinatoria dei possibili, che non riguarda corpi bensì eventi, e cioè rapporti, non viene messa in crisi dalla irreversibilità del tempo, e anche al momento supremo abbiamo sempre la possibilità di mutare tutti i rapporti del cosmo. Basta prepararsi bene alla morte e si supera l'angoscia dei probabili perduti, salvo rimanere aperti a quella dei possibili giocabili (quale dito muoverò, e come? Ecco un buon motivo per commettere suicidio, o almeno per non sposare Regina Olsen).

Salvo che per gli stoici era incorporale anche il rapporto tra un antecedente e un conseguente: se ha del latte allora ha partorito, oppure se ha fatto indigestione allora ha mangiato. Rimane oscuro se per essi aver latte o aver l'indigestione fosse una proprietà, corporale, o un evento, incorporale. Ma ci sono molte inferenze che per essi erano corrette, come "se ha il naso rosso allora ha bevuto" (anche se per Aristotele questo "segno" non era "necessario") in cui almeno la protasi è corporale. E d'altra parte gli epicurei dicevano che tutti gli antecedenti rivelatori di un conseguente erano accadimenti fisici soggetti alla verifica, alla forza persuasiva della prolessi.

E allora ecco che ci sono dei rapporti, specie quelli di natura ipotetica, dove l'incorporalità del loro rapporto deve fare i conti con la corporalità dell'accadimento di almeno uno dei due termini del rapporto. La possibilità si scontra coi fatti.

Se io fossi nato ad Alessandria d'Egitto e non ad Alessandria Piemonte, sarei egiziano.

Che possa essere nato ad Alessandria d'Egitto è una possibilità, dotata di un qualche senso (per esempio, rispetto alla mia parentela spirituale con Ungaretti). Ebbene, si è già realizzata la possibilità contraria a un istante t, e il cancellare questa possibilità mi è impossibile, proprio a causa della irreversibilità del tempo. Perché il tempo è un incorporale, ma la crescita dell'entropia è corpo, e su questo non ho potere strutturante. Per quante dita alzi, cambia il rapporto con il mio non essere nato in Egitto, ma non cambia il fatto che non sia nato in Egitto.

L'incombenza della morte come risultato biologico del secondo principio della termodinamica grava sulla libera combinatoria dei possibili, per trionfalmente rizomatica che essa sia, perché mi impedisce di trasformare in fatti i condizionali controfattuali.

Se io non avessi mosso un dito un secondo fa t, il rapporto tra me e Alpha Centauri sarebbe diverso.

Ma l'ho mosso. Posso cambiare certo il mio rapporto futuro con quella costellazione, non il mio rapporto di alcuni secondi fa. Posso pentirmi, al massimo. Ma ci si pente proprio per il fatto che il già accaduto non può essere alterato. Ho altre possibilità, certo, ma non più quella. Ai fini del presente discorso ci sono condizionali, sempre espressi al congiuntivo, che sono meno eticamente inquietanti:

Semifattuali: *anche se tu avessi sfregato quel fiammifero, esso non si sarebbe acceso* (perché è bagnato) (ma potrei ancora provare, non si sa mai).

Controcomparativi: *se avessi più denaro di quello che ho, sarei ricco* (ma potrei averne di più in futuro).

Disposizionali: *se si immergesse la cartina di tornasole in quella soluzione, la cartina diventerebbe azzurra* (si può sempre fare, se il condizionale disposizionale è buono, scientificamente efficace, di solito la predizione si realizza).

Controdescrittivi: *se Oswald non fosse stato l'autore dell'omicidio di Kennedy, qualcun altro avrebbe dunque ucciso il presidente* (è anche possibile che la descrizione "autore dell'omicidio di K" sia assegnata a Oswald per errore. È anche possibile che Dante non sia veramente l'autore della *Divina Commedia* come forse Shakespeare non lo è dei drammi che gli attribuiamo, si può sempre riverificare, correggere le nostre credenze...).

Controlegali: *se i triangoli fossero quadrati la piramide di Cheope sarebbe un cubo* (è anche possibile che i triangoli diventino quadrati in un nuovo sistema di definizioni geometriche, in ogni caso non mi suiciderei mai perché la piramide non è un cubo).

Ciò che accomuna tutti questi condizionali eticamente non preoccupanti, è il fatto che non hanno indici temporali, e in ogni caso gli indici temporali sono indefiniti. Anche per il controdescrittivo, non si mette in dubbio l'omicidio, avvenuto a un tempo dato, ma la nostra abitudine di descrivere, in tempo indefinito, Oswald come autore dell'omicidio.

I veri controfattuali sono invece sempre legati a un indice temporale e a un operatore d'identità.

Se qualcuno non avesse ucciso Kennedy, Johnson non sarebbe stato presidente degli Usa nel 1964.

Se io non fossi ora qui a Fermo qualcun altro parlerebbe in vece mia.

Se non ci fossero state le glaciazioni preistoriche i dinosauri non sarebbero morti.

Se io fossi stato Giulio Cesare sarei morto nel 44 a.C., oppure *Giulio Cesare parlerebbe oggi a Fermo.*

Se Bizet e Verdi fossero stati compatrioti:
a) Bizet sarebbe stato italiano
b) Verdi sarebbe stato francese
c) Verdi e Bizet sarebbero stati ucraini.

Come si vede c'è un certo imbarazzo nell'assegnare valore di verità ai controfattuali, e si discute piuttosto se ciò che essi predicano non sia una connessione tra protasi e apodosi, intensionale e non estensionale. Forse sono dei congiuntivi disposizionali non verificabili estensionalmente... Ma qui non ci interessa l'interessante dibattito logico sui controfattuali. Ci interessa il fatto che, non la connessione che essi predicano, ma la coscienza che in ogni caso l'antecedente non si è verificato e non potrà mai più verificarsi, almeno nello stesso tempo in cui si è verificato, è condizione sufficiente per spingere qualcuno al suicidio. Voglio morire perché non posso essere Giulio Cesare, voglio morire perché Kennedy non potrà più resuscitare e Johnson ha fatto quello che ha fatto, voglio morire perché non sopporto l'assenza dei dinosauri, voglio morire perché sono qui a dirvi stoltezze e non in un'isola del Pacifico con Bo Derek (ci potrò andare forse domani, ma ciò che mi spinge al gesto supremo è il fatto ineluttabile che non ci sono oggi).

Dicevo che non ci si suicida a causa dell'infinita onnipotenza di Dio. Ma per il controfattuale:

Se Dio non fosse infinitamente onnipotente potrei credere che la trilateralità dei triangoli sia una verità necessaria. Posto che abbia modo di verificare la falsità dell'antecedente, avrei sufficienti ragioni per soffrire un dramma non solo metafisico ma anche etico. Dove la componente etica è data dall'ineluttabilità del corso del tempo e dal fatto che non posso correggere il già stato.

Sino a qui ho parlato per pervenire a una nobile banalità: non si può cancellare il passato.

Ma è proprio una banalità? Non mi interessa tanto il fatto che non si possa cancellare, quanto il fatto che la scienza e la tecnica, oltre che la magia, da tempo immemorabile, perseguono l'utopia del ricupero e della cancellazione (pena il suicidio, non necessariamente cruento).

La scienza: clonazione, ingegneria genetica, lotta contro l'invecchiamento – la microfisica con le sue catene causali chiuse..., il paradosso di Langevin.

La storiografia: ucronia come forma di comprensione storica.

La droga: mondi alternativi.

La religione: dalla visione beatifica alla ruota del Tao.

La logica e l'epistemologia: il dibattito metafisico sui controfattuali e i mondi possibili.

In tutti questi casi, tuttavia, il problema dei controfattuali non è tanto se *essi* possano verificarsi, ma piuttosto come noi possiamo immaginarci un mondo possibile in cui essi diventino veri a causa della verità delle loro premesse. Quindi il dramma, mi pare, non è solo che il passato non può essere cancellato. È che sembra sia impossibile *pensare* la cancellazione del passato.

Ciò non risulta così evidente dagli esercizi della logica modale da Leibniz a Kripke, perché la logica modale calcola i mondi possibili come insiemi vuoti, e ne studia le condizioni generali di alternatività e accessibilità mutua. Col che si può avere l'impressione che il controfattuale sia pensabile, mentre è al massimo calcolabile la controfattualità astratta.

Ma dove abbiamo il dramma del controfattuale impensabile è in quella branca letteraria che non solo esemplifica ma sovente ha ispirato la logica dei mondi possibili, e cioè l'ucronia fantascientifica ovvero le storie dei ritorni indietro nel tempo. La cui possibilità va cercata nell'ipotesi scientifica che a qualche livello microfisico valgano, come suggerisce Reichenbach, catene causali chiuse in cui A determina B, B determina C, C determina D e D determina A.

Non c'è nessuna contraddizione a immaginare catene causali chiuse: benché la loro esistenza possa condurre a esperienze piuttosto insolite. Per esempio potrebbe accadere che qualcuno incontri il proprio se stesso ad uno stadio anteriore e conversi con lui. Quando questo si produca la prima volta il soggetto sarà l'io più giovane che incontra l'io più vecchio, e quando si ripetesse la seconda volta sarebbe l'io più vecchio che incontra l'io più giovane. Certo il più vecchio farebbe fatica a convincere il più giovane della loro identità, ma egli si ricorderebbe di come era incredulo lui stesso la prima volta. E quando l'io più giovane fosse divenuto più vecchio e un simile incontro avverrà per lui una seconda volta, trovandosi dall'altra parte della barricata, si sforzerà di convincere della loro identità un terzo io.[2]

L'ingenuità di Reichenbach non è dovuta al fatto che egli pensa che si possa viaggiare indietro nel tempo. Siccome pare che a certi livelli microfisici ciò avvenga, perché non immaginare una macchina che, penetrando infundiboli cronosinclastici, o vortici, scissure, catastrofi del tessuto spaziotemporale, ci riporti all'indietro? Forse che il sogno non è scientificamente, se non immediatamente possibile, almeno auspicabile?

Ciò che ci imbarazza nella descrizione di Reichenbach è l'identità di quell'unico personaggio che diventa tre. Chi pensa "io"?

Osserviamo le contraddizioni che si creano quando questa ipotesi venga tradotta in termini di ucronia fantascientifica in cui il narratore è costretto a focalizzare su un personaggio nel cui io egli si identifica.

Prima storia, Frederick Brown, *Esperimento*.[3] Il professore presenta una macchina capace di trasportare nel tempo dei piccoli cubi metallici. Posa un cubetto sulla piattaforma della macchina e poi manovrando manopole lo spedisce cinque minuti avanti nel tempo. Il cubo sparisce dalla piattaforma e vi riappare solo cinque minuti dopo. Controesperimento. Si invia il cubo nel passato. Sono le tre meno sei, il professore aziona il meccanismo sulle tre precise. Il cubo, dice il professore, dovrebbe sparire dalla mia mano esattamente alle tre meno cinque per apparire sulla piattaforma cinque minuti prima che ve lo abbia messo. Alle tre riapparirà sulla mia mano in modo che io possa davvero posarlo sulla piattaforma. Tutto va come previsto, il cubo scompare dalla mano, appare cinque minuti prima sulla piattaforma, alle tre meno un secondo riappare sulla mano. E se, propone qualcuno, ora lei non lo mettesse sulla piattaforma? Il professore esegue, cioè non esegue, e al cubo non accade nulla. Solo che tutto il resto dell'universo, professore compreso, svaniscono.

Problema: quali garanzie ho che il cubo che è apparso cinque minuti prima sia quello che *non* viene messo sulla piattaforma cinque minuti dopo? L'unica proprietà necessaria che poteva caratterizzarlo era proprio quella di essere il cubo messo sulla piattaforma. Non sono sicuro che fossero in gioco uno e un solo cubo.

William Tenn, *La scoperta di Morniel Mathaway*.[4] Morniel è un pessimo e infelice pittore. Appare a casa sua, disceso da una macchina del tempo un suo postero, Glescu, che nel futuro è un grande esperto di lui Mathaway, considerato il più grande pittore di tutti i tempi. Glescu gli mostra una monografia che egli ha pubblicato su Mathaway: quadri splendidi, che Mathaway non ha mai dipinto. Il pittore si chiede: perché restare qui quando nel futuro sarei così onorato? Ruba la macchina del tempo e parte per il futuro, lasciando Glescu ai giorni nostri. E Glescu, non sapendo cosa fare, comincia a copiare i quadri del libro. Egli sarà Mathaway di cui ha visto le splendide opere nel futuro.

Cosa ci consente di dire che Mathaway, partito per il futuro e diventato probabilmente Glescu, è il vero Mathaway, se l'unica proprietà che caratterizza d'ora in poi Mathaway è proprio l'aver dipinto quei quadri? Chi è Mathaway, quel qualcosa a cui si riferisce il nome Mathaway come designatore rigido, e che rimane tale anche se non ha dipinto quei quadri, o colui a cui appendiamo come a un gancio la descrizione "autore dei quadri x, y, z" e che come tale non è Mathaway ma Glescu? Supponiamo di raccontare questa storia in prima persona. A chi a un certo punto il romanziere dovrà far dire "io, Mathaway"?

Terza storia, *La porta sull'estate* di Heinlein.[5] Daniel Boone

Davis è un inventore di scarsa fortuna. Vuole rifarsi una vita. Si fa mettere in ibernazione per riapparire nel 2000. Prima di scomparire ha un litigio con un amico infido, al primo piano di una villetta. Si risveglia in clinica nel 2000 e scopre che circolano repliche delle sue invenzioni che riscuotono pingui diritti, non si sa a chi vadano. Incontra un inventore con macchina del tempo. Si fa trasportare di nuovo nel 1970, poco tempo prima della sua ibernazione; reinventa e perfeziona le macchine che ha visto nel 2000, le brevetta, fa in modo di congelarne a suo nome i diritti, fa in modo che anche la sua fidanzata si iberni poco tempo dopo con appuntamento nel 2000. Il giorno corrispondente a quello del litigio con l'amico, passa furtivamente davanti a casa sua, e intravede l'amico che discute con qualcuno che gli dà le spalle. Comprende: è lui stesso. Torna nel 2000, pochi giorni dopo il suo primo risveglio. Tutto bene. Ma rimangono alcuni dubbi: e se quando si era svegliato nel 2000 la prima volta si fosse recato pochi giorni dopo al centro d'ibernazione e avesse incontrato se stesso che si svegliava la seconda volta? E se il primo se stesso quella sera si fosse voltato e avesse visto il secondo se stesso davanti alla casa? E, aggiungo, chi era lui, colui che non vedeva se stesso in giardino o colui che vedeva se stesso di spalle in casa? Henlein agisce furbamente. Mette in scena un Daniel[1], 1970, poi un Daniel[2], nel 2000, poi un Daniel[3] che torna nel 1970 e infine un Daniel[4] che torna nel 2000. Egli fa dire "io" sempre e soltanto al Daniel contrassegnabile coll'esponente più alto. Con quale diritto? Ci si accorge allora che ciò che rende preoccupante la realizzazione del controfattuale in un mondo possibile non è, dal punto di vista etico, l'irreversibilità del tempo (che può essere anche postulata come possibile, dato che eticamente è desiderata come tale): è la difficoltà di stabilire all'interno di un mondo possibile il principio di identità dell'io, e in genere di ogni individuo. Principio su cui l'etica, pare, fa molto affidamento, se non altro per parlare di responsabilità; principio che, pare, è di qualche importanza per stabilire se valga la pena di tornare indietro nel tempo.

Anche l'identità è un rapporto, ovvero un incorporale. L'io che oggi non è a Fermo sono davvero ancora io, visto che potrebbe essere che questo mio passaggio a Fermo contribuisca a segnare in modo indelebile la mia personalità?

Sì è *io* rispetto a proprietà relazionali stabilite come rilevanti in un certo universo di discorso.

Dice D.K. Lewis:

Il nostro sogno sarebbe quello di prendere in considerazione un mondo in cui vale l'antecedente ma per ogni altra cosa è proprio com'è in realtà, essendo la verità dell'antecedente l'unica differenza tra quel mondo e il nostro. Non c'è speranza. Le differenze non valgono mai una alla·volta ma a moltitudini infinite. Prendete, se vi riesce, un mondo diverso dal nostro solo per il fatto che Cesare non ha mai attraversato il Rubicone. Il suo dilemma e le sue ambizioni sono le stesse che nel mondo attuale? E le regolarità del suo carattere? Le leggi psicologiche esemplificate dalla sua decisione? Gli ordini del giorno del suo accampamento? La preparazione delle barche? Il suono dei remi che si tuffano?[6]

A questo punto ci sono solo due soluzioni.

La prima è: i mondi possibili esistono ontologicamente, ma come universi paralleli abitati da altrettante controparti. La prima formulazione di questa ipotesi che chiameremo ontologica non è di un logico ma di un autore di fantascienza. Secondo Frederick Brown in *Assurdo Universo* ci sono una infinità di universi copresenti:

... c'è per esempio un universo in cui si sta svolgendo la stessa scena che si svolge qui e ora, salvo il fatto che tu, o la tua controparte, portate l'uno le scarpe nere l'altro le scarpe gialle.[7]

E ce ne sono dove l'umanità non esiste. E altri dove tu hai, inoltre, *coeteris paribus*, una graffiatura a un dito, oppure delle corna rosse...

Brown fa finta di fare un'asserzione. Lewis fa un'asserzione che si vuole veridica quando dice:

Io sottolineo che non identifico in alcun modo i mondi possibili con rispettabili entità linguistiche. Io li assumo come rispettabili entità a pieno diritto. Quando professo un atteggiamento realistico intorno ai mondi possibili intendo essere preso alla lettera [...]. Se qualcuno mi chiede cosa sono [...] posso solo invitarlo ad ammettere che egli sa qual sorta di cosa sia il nostro mondo attuale e quindi spiegargli che gli altri mondi sono molte più cose di questo tipo, che non differiscono quanto al genere ma quanto alle cose che vi succedono. Il nostro mondo attuale è solo un mondo tra gli altri [...]. Voi credete già nel nostro mondo attuale. Io vi chiedo solo di credere in più cose di questo genere.[8]

Ma riesce la teoria realistica o ontologica dei mondi e delle controparti a risolvere il problema delle identità? Direi di no, per le ragioni già addotte a proposito della fantascienza. Anche perché fa dipendere di solito l'identità dalla comunità di proprietà necessarie, ma definisce poi le proprietà necessarie come quelle che non variano nel passaggio da mondo a mondo, il che è un bell'esempio di *petitio principii*.

E allora che gusto c'è, ammesso che sia possibile saltare da un universo parallelo a un altro, a cancellare e rifare il mio passato, se non so più se chi ne trae vantaggio sono io o la mia controparte?

Se nella vita di qualcuno o anche nell'intero universo ogni cosa fosse andata diversamente da come è accaduto, niente potrebbe impedirci di dire che è stata un'altra persona o un altro universo che Dio ha scelto (Leibniz).[9]

Allora tanto vale, piuttosto che beneficare la controparte, che lavori a costruire un futuro migliore per mio nipote...

Ma c'è per fortuna una seconda alternativa. Stabiliamo che:

a) I mondi possibili sono costrutti linguistici (o semiotici in generale).

b) Essi riflettono atteggiamenti proposizionali (credere, volere, desiderare, sognare).

c) In quanto *costruiti* si producono contrattando le condizioni rispetto alle quali gli individui vi sono descritti (solo alcune proprietà sono rilevanti).

d) Vengono comparati a un mondo reale che deve essere ridotto anch'esso a un costrutto, che obbedisce alle stesse restrizioni del mondo possibile, con un numero ridotto di individui e proprietà.

Posso chiedermi cosa sarebbe accaduto se Cesare non avesse passato il Rubicone solo se so in anticipo se mi interessa il suo primo scontro coi Galli o la quantità di legna spesa per costruire le barche. Tutto il resto deve essere dato come eguale nei due mondi, ovvero, tutto il resto non entra nel computo perché è irrilevante ai fini della duplice costruzione e dei propositi rispetto a cui si sono costruiti un simulacro di mondo reale e un simulacro di mondo possibile. In un controfattuale Cesare può essere rilevantemente o essenzialmente dittatore, e accidentalmente marito di Calpurnia, o viceversa. Accidentale è la proprietà rispetto alla quale si studia la variazione, essenziale quella che si usa come àncora d'identità. Gli individui che variano per proprietà essenziali sono supernumerari.

Se io come entità anagrafica non fossi nato nel 1932 ad Alessandria... introduce un supernumerario rispetto al nostro mondo, rispetto a un controfattuale dominato dalla descrizione Umberto Eco come entità anagrafica.

Ma: *se io come entità anagrafica non fossi oggi a Fermo...* ferma mantenendo la descrizione rispetto alla quale le proprietà sono giudicate essenziali, sarei sempre io, più una trascurabile variante accidentale.

Perché ci interessa questa visione epistemica e non ontologica dei mondi controfattuali, rispetto al nostro argomento "etico"?

Perché il controfattuale può essere pensato, a patto di restrizioni di tipo narrativo, ovvero letterario, nell'ordine (diciamo per metafora) del desiderio. E in questo ordine il controfattuale ha a che vedere in letteratura col romanzesco e in filosofia con l'utopico.

Come a dire che il tempo essendo irreversibile, l'identità attraverso mondi essendo materia di dubbio, riducendo la correzione del tempo a costrutti epistemici, io soddisfo la mia passione inutile per la regressione e per la cancellazione del già accaduto solo nella contemplazione dei prodotti dell'arte e della filosofia. Non è poco. C'è di più?

Permettetemi di concludere citando Calvino, *Le città invisibili*:

> Al centro di Fedora [...] sta un palazzo di metallo con una sfera di vetro in ogni stanza. Guardando dentro ogni sfera si vede una città azzurra che è il modello di un'altra Fedora. Sono le forme che la città avrebbe potuto prendere se non fosse, per una ragione o per l'altra, diventata come oggi la vediamo. In ogni epoca qualcuno, guardando Fedora qual era, aveva immaginato un modo di fare la città ideale, ma mentre costruiva il suo modello in miniatura già Fedora non era più la stessa di prima e quello che fino a ieri era stato un suo possibile futuro ormai era solo un giocattolo in una sfera di vetro.[10]

Dunque il tempo passa mentre si concepisce e la cancellazione del passato e la proposta di un diverso futuro. Dramma delle utopie, mentre si prescrivono i mezzi per cambiare il mondo quale è, il mondo è già cambiato e la regola di mutamento va sottomessa a severa revisione. Le rivoluzioni non possono avere testi sacri, le rivoluzioni o sono illuministe o non sono. Ma cosa è allora una utopia che non sia dogmatica? Non è, come si suol dire, in nessun luogo. Come possibilità, e dunque come incorporale, può vivere benissimo colà, nel suo altrove assoluto. Come le favole e i romanzi.

Ma il fatto che a Fedora esistessero individui che progettavano Fedore diverse, già cambia Fedora e la rende sempre disuguale a se stessa. I mondi possibili come costrutti epistemici sono reali in quanto sono incassati, e non solo sintatticamente, nel mondo reale che li produce. Utopia è innanzitutto reale perché esiste nel mondo reale un Thomas More che produce *Utopia*. I possibili non sono paralleli, sono proposizionalmente uno dentro l'altro, e ciascuno partecipa un poco della realtà del proprio contenitore. Il che, se non sul piano ontologico, sul piano etico è motivo di alquanta consolazione.

Per questo (teste Calvino) Marco Polo dice al Kan: "Nella mappa del tuo impero, o grande Kan, devono trovar posto sia la grande Fedora di pietra sia le piccole Fedore nelle sfere di vetro". Che è nozione affine a quella di enciclopedia semantica. Ma

Fedora ha adesso nel palazzo delle sfere il suo museo: ogni abitante lo visita, sceglie la città che corrisponde ai suoi desideri, la contempla immaginando di specchiarsi nella specchiera delle meduse che doveva raccogliere le acque del canale (se non fosse stato prosciugato), di percorrere dall'alto del baldacchino il viale riservato agli elefanti (ora banditi dalla città), di scivolare lungo la spirale del minareto a chiocciola (che non trovò più la base su cui sorgere).[11]

Fedora è una città di controfattuali lungamente vagheggiati. Si arresterà nella soddisfazione di questo vagheggiamento come Calvino pare far credere? Nella mappa... devono trovar posto le due Fedore

non perché tutte egualmente reali ma perché tutte solo presunte. L'una racchiude ciò che è accettato come necessario mentre non lo è ancora; le altre ciò che è immaginato come possibile e un minuto dopo non lo è più.[12]

Ma la sequenza può essere interpretata diversamente: proprio la presenza delle Fedore possibili, che non potranno mai essere tali nel senso di tali e quali, lascia pensare che la Fedora attuale non sia poi così necessaria, e che quindi possa essere cambiata. Non si torna nel tempo a cambiare la possibilità che si è verificata: ma contemplando il controfattuale nel quale si è verificato il suo contrario, a mo' di ripresa, saltando indietro per gioco, si balza in avanti per davvero, alla ricerca di una terza possibilità non ancora data, ma la cui possibilità è stata rivelata dal gioco della combinatoria, nostalgica, dei possibili. Nel frattempo accade anche di morire, ma questo è un incidente tecnico che non tocca la purezza e la funzionalità di questo gioco sociale e culturale, sul quale al massimo incombe, assai alla lunga, l'estinzione delle galassie.

Ma anche quel giorno, quale possibilità sovrana, quale spettacolo a cui sacrificare millenni, assistere dalla terra, nell'ultimo secondo di gran luce, allo scontro del Sole con Alpha Centauri! Chi vivrà vedrà.

[1] Umberto Eco, *Trattato di semiotica generale*, Milano, Bompiani, 1983.
[2] Hans Reichenbach, *The direction of time*, University of California Press, 1956, p. 37.
[3] Torino 1961.
[4] In *Le meraviglie del possibile,* Torino, Einaudi, 1959, p. 391 sgg.
[5] Milano 1959.
[6] "Controfattuali e possibilità comparativa", in C. Pizzi, a cura di, *Leggi di natura, modalità, ipotesi*, Milano, 1978, p. 235.
[7] Milano, 1953, p. 126.
[8] *Counterfactuals*, Oxford, 1973, pp. 85-87.
[9] G. G. Leibniz, *Lettera ad Arnaud*, 14 luglio 1686.
[10] Torino, 1972, p. 39.
[11] *Ibid.*
[12] *Ibid.*

TRA POESIA E PROSA

L'EPISTOLA XIII, L'ALLEGORISMO MEDIEVALE, IL SIMBOLISMO MODERNO

Nell'Epistola XIII, nel fornire a Cangrande della Scala le chiavi di lettura del suo poema, Dante dice che

Ad evidentiam itaque dicendorum sciendum est quod istius operis non est simplex sensus, ymo dici potest polisemos, hoc est plurium sensuum; nam primus sensus est qui habetur per litteram, alius est qui habetur per significata per litteram. Et primus dici litteralis, secundus vero allegoricus, sive moralis, sive anagogicus.

Segue il celebre esempio dal Salmo 113: "In exitu Israel de Egipto, domus Iacob de populo barbaro, facta est Iudea sanctificatio eius, Israel potestas eius". Dante commenta ricordando che secondo la lettera il significato è che i figli di Israele uscirono dall'Egitto al tempo di Mosè, secondo l'allegoria il significato è che noi siamo stati redenti da Cristo, secondo il senso morale si significa che l'anima passa dalle tenebre e dall'infelicità del peccato allo stato di grazia, e secondo il senso anagogico il salmista dice che l'anima santificata esce dalla schiavitù della corruzione terrena verso la libertà dell'eterna gloria.

Et quanquam isti sensus mistici variis appellentur nominibus, generaliter omnes dici possunt allegorici, cum sint a litterali sive historiali diversi. Nam allegoria dicitur ab "alleon" grece, quod in latinum dicitur "alienum" sive "diversum"

È nota la controversia che concerne questa Epistola, se cioè essa sia opera dantesca o meno, e certo non mi sento di sostenere l'una tesi o l'altra sulla base di buoni argomenti filologici. Potremmo dire che, per quanto riguarda sia la storia delle poetiche medievali, sia la storia della fortuna di Dante, l'argomento è irrilevante: nel senso che, anche se l'Epistola non fosse stata scritta da Dante essa rifletterebbe indubbiamente un atteggiamento interpretativo assai comune a tutta la cultura medievale e la teoria dell'interpretazione esposta nell'epistola spiegherebbe il modo in cui nei secoli Dante è stato letto. L'Epistola altro non fa che applicare al poema dantesco quella teoria dei quattro sensi che ha circolato per tutti i secoli del medioevo e che può essere riassunta dal distico attribuito a Nicholas de Lyra o ad Agostino di Dacia:

littera gesta docet, quid credas allegoria,
moralis quid agas, quo tendas anagogia.

Il tipo di lettura proposto dall'Epistola XIII è radicalmente medievale. Per contestarlo non c'è che da contestare l'intera visione medievale della poesia e tentare letture di tipo romantico o postromantico (pensiamo al dantismo di Croce) in cui si disconosca ogni diritto alla rappresentazione "polisema" e al gioco intellettuale della interpretazione. Una lettura che, lo sappiamo, se ci può fornire virtuosi fremiti passionali di fronte alle colombe dal desìo chiamate, ci inibisce la comprensione dei tre quarti, o forse più, del poema dantesco, che richiede al contrario una retta e simpatetica comprensione del gusto medievale per il sovrasenso e per la significazione indiretta, nutrita di cultura biblica e teologica.

Un altro argomento che potrebbe militare in favore di una attribuzione dell'Epistola a Dante, è che una teoria interpretativa simile (e insisto su simile, per evitare l'aggettivo "identica") si trova nel *Convivio*: un poeta che presenta le proprie poesie corredate da un commento filosofico che spiega come interpretarle correttamente, è un poeta che certamente crede che il discorso poetico abbia almeno un senso in più di quello letterale, che questo senso sia codificabile e che il gioco della decodifica faccia parte integrante del piacere della lettura e rappresenti una delle finalità principali della attività poetica.

Tuttavia molti si sono accorti che l'Epistola XIII non dice esattamente le stesse cose dette nel *Convivio*.[1] In questo testo per esempio è netta la distinzione tra allegoria dei poeti e allegoria dei teologi (*Conv.* II, 1), mentre l'Epistola, e proprio in virtù dell'esempio biblico così diffusamente commentato, sembra ignorare la divisione. Certo, si dice, Dante avrebbe benissimo potuto scrivere l'Epistola XIII e correggere parzialmente quanto dice nel *Convivio*, ma sta di fatto che egli era imbevuto di pensiero tomista, e pare che l'Epistola esponga una teoria che è in disaccordo con la teoria tomistica del significato poetico.

Ora, di fronte a questo problema, come vedremo, restano solo tre soluzioni possibili:

1. L'Epistola non è di Dante, ma questo significherebbe che ha avuto credito nell'ambiente dantesco, e in epoca molto prossima alla pubblicazione del poema, una teoria poetica che avrebbe dovuto palesemente discordare dalle idee attribuibili a Dante e al suo *entourage* culturale, a cominciare dalla schiera di tutti i suoi commentatori.

2. L'Epistola è di Dante e Dante ha voluto esplicitamente contrastare l'opinione dell'Angelico dottore.

3. L'Epistola è di Dante, Dante rimane sostanzialmente fedele a San Tommaso, ma l'Epistola non dice esattamente quello che sembra voler dire, bensì qualcosa di più sottile.

Per dare una risposta alla nostra domanda e per decidere quale delle tre soluzioni sia la più attendibile, occorre rifare sia pure in breve la storia dell'allegorismo e/o del simbolismo medievale.

Simbolismo e allegorismo

Di interpretazione allegorica si parlava anche prima della nascita della tradizione scritturale patristica: i greci interrogavano allegoricamente Omero, nasce in ambiente stoico una tradizione allegoristica che mira a vedere nell'epica classica il travestimento mitico di verità naturali, c'è una esegesi allegorica della Torah ebraica e Filone di Alessandria nel primo secolo tenta una lettura allegorica dell'antico testamento. In altri termini, che un testo poetico o religioso si regga sul principio (che il medioevo farà proprio) per cui "aliud dicitur, aliud demonstratur" è idea assai antica e questa idea viene comunemente etichettata sia come "allegorismo" che come "simbolismo".

La tradizione occidentale moderna è abituata ormai a distinguere allegorismo da simbolismo, ma la distinzione è assai tarda: sino al Settecento i due termini rimangono per gran parte sinonimi,[2] come (lo vedremo) lo erano stati per la tradizione medievale. La distinzione incomincia a porsi col romanticismo e in ogni caso coi celebri aforismi di Goethe:[3]

L'allegoria trasforma il fenomeno in un concetto e il concetto in una immagine, ma in modo che il concetto nell'immagine sia da considerare sempre circoscritto e completo nell'immagine e debba essere dato ed esprimersi attraverso di essa (1.112).

Il simbolismo trasforma il fenomeno in idea, l'idea in una immagine, in tal modo che l'idea nell'immagine rimanga sempre infinitamente efficace e inaccessibile e, anche se pronunciata in tutte le lingue, resti tuttavia inesprimibile (1.113).

È molto diverso che il poeta cerchi il particolare in funzione dell'universale oppure veda nel particolare l'universale. Nel primo caso si ha l'allegoria, in cui il particolare vale solo come esempio, come emblema dell'universale; nel secondo caso si svela la vera natura della poesia: si esprime il caso particolare senza pensare all'universale e senza alludervi. Ora chi coglie questo particolare vivente coglie allo stesso tempo l'universale senza prenderne coscienza, o prendendone coscienza solo più tardi (279).

Vero simbolismo è quello in cui l'elemento particolare rappresenta quello più generale, non come sogno od ombra ma come rivelazione viva e istantanea dell'imperscrutabile. (314).

È facile comprendere come dopo tali affermazioni si tenda a identificare il poetico col simbolico (aperto, intuitivo, non traducibile in concetti), condannando l'allegorico al rango di pura esercitazione didattica. Tra i grandi responsabili di questa nozione del simbolo come evento rapido, immediato, folgorante, in cui si coglie per intuizione il numinoso, ricorderemo Creuzer.[4] Ma se Creuzer, a torto o a ragione, vedeva questa nozione di simbolo porre le proprie radici nel profondo dell'anima mitologica greca e la distinzione tra simbolo e allegoria a noi pare assai chiara, ai medievali non lo era affatto ed essi usavano con molta disinvoltura termini come simboleggiare e allegorizzare quasi fossero sinonimi.

Non solo, ma Jean Pépin o Erich Auerbach[5] ci mostrano con dovizia di esempi che anche il mondo classico, intendeva "simbolo" e "allegoria" come sinonimi, tanto quanto facevano gli esegeti patristici e medievali. Gli esempi vanno da Filone a grammatici come Demetrio, da Clemente d'Alessandria a Ippolito di Roma, da Porfirio allo Pseudo Dionigi Areopagita, da Plotino a Giamblico, dove si usa il termine simbolo anche per quelle raffigurazioni didascaliche e concettualizzanti che altrove saranno chiamate allegorie. E il medioevo si adegua a quest'uso. Caso mai, suggerisce Pépin, sia l'antichità che il medioevo avevano più o meno esplicitamente chiara la differenza tra una allegoria produttiva, o poetica, e una allegoria interpretativa (che poteva essere attuata sia su testi sacri che su testi profani).

Alcuni autori (come a esempio Auerbach) tentano di vedere qualcosa di diverso dall'allegoria quando il poeta, anziché allegorizzare scopertamente come fa per esempio all'inizio del poema o nella processione del Purgatorio, mette in scena personaggi come

Beatrice o San Bernardo che, pur rimanendo figure vive e individuali (oltre che personaggi storici reali) diventano "tipi" di verità superiori a causa di alcune loro caratteristiche concrete. Alcuni si arrischiano a parlare, per questi esempi, di "simbolo". Ma anche in questo caso abbiamo una figura retorica abbastanza ben decodificabile, e concettualizzabile, che sta a metà strada tra la metonimia e l'antonomasia (i personaggi rappresentano per antonomasia alcune delle loro caratteristiche eccellenti) e abbiamo se mai qualcosa che si avvicina alla idea moderna del personaggio "tipico". Ma non si ha nulla della rapidità intuitiva, della folgorazione inesprimibile che l'estetica romantica attribuirà al simbolo. E d'altra parte questa "tipologia" era vastamente attuata dall'esegesi medievale quando assumeva personaggi dell'antico testamento come "figure" dei personaggi o degli eventi del nuovo. I medievali avvertivano questo procedimento come allegorico – e precisamente come quella forma di allegoria che è l'*allegoria in factis*. D'altra parte lo stesso Auerbach, che tanto insiste sulla differenza tra metodo figurale e metodo allegorico, intende con questo secondo termine l'allegorismo filoniano, che sedusse anche la prima patristica, ma riconosce esplicitamente (alla nota 51 del suo saggio "Figura") che quello che egli intende come procedimento figurale era chiamato dai medievali, e al tempo di Dante, appunto "allegoria". Se mai Dante estende ai personaggi della storia profana un procedimento che si adoperava per i personaggi della storia sacra (vedi per esempio la rilettura in chiave provvidenzialistica della storia romana in *Conv.* IV, 5).

Un'idea di simbolo come apparizione o espressione che ci rinvia a una realtà oscura, inesprimibile a parole (e tantomeno per concetti), intimamente contraddittoria, inafferrabile, e quindi a una sorta di rivelazione numinosa, di messaggio mai consumato e mai completamente consumabile, si impone con la diffusione in occidente, in ambiente rinascimentale, degli scritti ermetici, e richiede un neoplatonismo "molto forte", come vedremo in seguito.

Una idea dell'Uno come insondabile e contraddittorio la troviamo certamente nel primo neoplatonismo cristiano, e cioè in Dionigi Areopagita, dove la divinità è nominata come "caligine luminosissima del silenzio che insegna arcanamente... tenebra luminosissima" che "non è un corpo né una figura né una forma e non ha quantità o qualità o peso, non è in un luogo, non vede, non ha un tatto sensibile, non sente né cade sotto la sensibilità...

non è né anima né intelligenza, non possiede immaginazione o opinione, non è numero né ordine né grandezza... non è sostanza, né eternità né tempo... non è tenebra e non è luce, non è errore e non è verità" e così via per pagine e pagine di folgorante afasia mistica (*Theologia mistica, passim*).

Ma Dionigi, e ancor più i suoi commentatori ortodossi (come Tommaso) tenderanno a tradurre l'idea panteistica di emanazione, in quella, non panteistica, di partecipazione e con conseguenze di non poco momento per una metafisica del simbolismo e una teoria dell'interpretazione simbolica, sia dei testi come universo simbolico che dell'universo intero come testo simbolico... Infatti in una prospettiva della partecipazione l'Uno – in quanto assolutamente trascendente – è totalmente lontano da noi (noi siamo fatti di "pasta" totalmente diversa dalla sua, perché della sua energia emanativa non siamo le deiezioni). Esso non sarà affatto il luogo originario delle contraddizioni che affliggono i nostri oscuri discorsi su di esso, perché anzi le contraddizioni nascono dall'inadeguatezza di questo stesso discorso. Nell'Uno al contrario le contraddizioni si compongono in un *logos* privo di ambiguità. Contraddittori saranno i modi in cui noi, per analogia con le esperienze mondane, cercheremo di nominarlo: non potremo sottrarci al dovere e al diritto di elaborare nomi divini e di attribuirli alla divinità, ma lo faremo appunto in modo inadeguato. E non perché Dio non sia concettualizzabile, perché di Dio si dicono i concetti di Uno, di Vero, di Bene, di Bello, come si dice la Luce, e la Folgore e la Gelosia, ma perché questi concetti e di lui saranno detti solo in modo "ipersostanziale": egli sarà queste cose, ma in una misura incommensurabilmente e incomprensibilmente più alta. Anzi, ci ricorda Dionigi (e sottolineano i suoi commentatori), proprio affinché sia chiaro che i nomi che gli attribuiamo sono inadeguati, sarà opportuno che per quanto possibile essi siano difformi, incredibilmente disadatti, quasi provocatoriamente offensivi, straordinariamente enigmatici, come se la qualità in comune che andiamo cercando tra simbolizzante e simbolizzato sia, sì, reperibile, ma a costo di acrobatiche inferenze e sproporzionatissime proporzioni: e affinché, se si nomina Dio come luce, i fedeli non si facciano l'idea errata che esistano sostanze celesti luminose e auriformi, converrà maggiormente nominare Dio sotto specie di esseri mostruosi, orso, pantera, ovvero per oscure dissimiglianze (*De Coelesti Hier.* 2).

Così si comprende come e perché questo modo di parlare, che

lo stesso Dionigi chiama "simbolico" (per esempio, *De Coelesti Hier.* 2 e 15), non abbia nulla a che vedere con quella illuminazione, quell'estasi, quella visione rapida e folgorante che ogni teoria moderna del simbolismo vede come propria del simbolo. Il simbolo medievale è modo di accesso al divino ma non è epifania del numinoso né ci rivela una verità che possa essere detta solo in termini di mito e non in termini di discorso razionale. È anzi vestibolo al discorso razionale e suo compito (dico del discorso simbolico) è proprio render palese, nel momento in cui appare didascalicamente e vestibolarmente utile, la propria inadeguatezza, il proprio destino (direi quasi hegeliano) ad essere inverato da un discorso razionale successivo. Tanto che non sarà un caso se l'approccio simbolico agli attributi divini si trasformerà, con la scolastica matura dell'Aquinate, nel ragionamento per analogia, che simbolico non è più, ma procede per una semiosi di rinvio dagli effetti alle cause, in un gioco di giudizi di proporzione, non di folgorante similitudine morfologica o comportamentale. Questa meccanica ormai matura del discorso analogico come euristicamente adeguato sarà poi teorizzata splendidamente da Kant nel breve e lucido capitolo che dedica alle intuizioni simboliche nella terza critica.[6]

Agostino

Il problema è piuttosto ora di stabilire perché il medioevo arriva a teorizzare così compiutamente un modo espressivo e conoscitivo che d'ora in poi, per attenuare la contrapposizione, chiameremo non più simbolico o allegorico ma più semplicemente "figurativo".

La storia è nota, e basterà qui riassumerla per sommi capi. Il punto di partenza è l'Epistola II ai Corinzi di Paolo: "videmus nunc per speculum et in aenigmate, tunc autem facie ad faciem". Nel tentativo di contrapporsi alla sopravvalutazione gnostica del nuovo testamento, a totale detrimento dell'antico, Clemente di Alessandria pone una distinzione e una complementarità tra i due testamenti, e Origene perfezionerà la posizione affermandone la necessità di una lettura parallela. L'antico testamento è la figura del nuovo, ne è la lettera di cui l'altro è lo spirito, ovvero in termini semiotici ne è l'espressione retorica di cui il nuovo è il contenuto. A propria volta il nuovo testamento ha senso figurale in quanto è la promessa di cose future. Nasce con

Origene il "discorso teologale",[7] che non è più – o solo – discorso su Dio, ma sulla sua Scrittura.

Già con Origene si parla di senso letterale, senso morale (psichico) e senso mistico (pneumatico). Di lì la triade letterale, tropologico e allegorico che lentamente si trasformerà nella quaterna di cui abbiamo letto in Dante.

Sarebbe affascinante, ma non è questa la sede, seguire la dialettica di questa interpretazione e il lento lavoro di legittimazione che essa richiede: perché da un lato è la lettura "giusta" dei due testamenti che legittima la Chiesa come custode della tradizione interpretativa, e dall'altro è la tradizione interpretativa che legittima la giusta lettura: circolo ermeneutico quanti altri mai, e sin dall'inizio, ma circolo che ruota in modo da espungere tendenzialmente tutte le letture che, non legittimando la Chiesa, non la legittimino come autorità capace di legittimare le letture.

Sin dalle origini l'ermeneutica origeniana, e dei padri in genere, tende a privilegiare, sia pure sotto nomi diversi, un tipo di lettura che in altra sede è stata definita "tipologica": i personaggi e gli eventi dell'antico testamento sono visti, a causa delle loro azioni e delle loro caratteristiche, come tipi, anticipazioni, prefigurazioni dei personaggi del nuovo. Di qualunque pasta sia questa tipologia essa prevede già che ciò che è figurato (tipo, simbolo o allegoria che sia) sia allegoria non *in verbis* ma *in factis*. Non è la parola di Mosé o del salmista, in quanto parola, che va letta come dotata di sovrasenso, anche se così si dovrà fare quando si riconosca che essa è parola metaforica: sono gli eventi stessi dell'antico testamento che sono stati predisposti da Dio, come se la storia fosse un libro scritto dalla sua mano, per agire come figure della nuova legge.[8]

Chi affronta decisamente questo problema è Agostino e lo può fare perché, come si è mostrato in altre sedi,[9] egli è il primo autore che, sulla base di una cultura stoica bene assorbita, fonda una teoria del segno (molto affine per molti aspetti a quella di Saussure, sia pure con un considerevole anticipo). In altri termini Agostino è il primo che si può muovere con disinvoltura tra segni che sono parole e cose che possono agire come segni perché egli sa ed afferma con energia che "signum est enim res praeter speciem, quam ingerit sensibus, aliud aliquid ex se faciens in cogitationem venire", il segno è ogni cosa che ci fa venire in mente qualcosa d'altro al di là dell'impressione che la cosa stessa fa sui nostri sensi (*De Doctr.* II, I, I). Non tutte le

222

cose sono segni, ma certo tutti i segni sono cose, ed accanto ai segni prodotti dall'uomo per significare intenzionalmente ci sono anche cose ed eventi (perché non fatti e personaggi?) che possono essere assunti come segni o (ed è il caso della storia sacra) possono essere soprannaturalmente disposti come segni affinché come segni siano letti.

Agostino sviluppa la sua semiotica in vari testi e massime nel *De Magistro*. Ma è nel *De Doctrina Christiana*, dedicato all'interpretazione delle Scritture, che egli elabora quella che oggi chiameremmo una semiotica testuale e certamente una metodologia ermeneutica. Non sto usando questi termini per analogia – come si farebbe se si dicesse che Democrito elabora una teoria atomica. La nostra teoria atomica deve ormai pochissimo a quella democritea, se non una idea seminale centrale, mentre tutte le semiotiche testuali e tutte le ermeneutiche contemporanee viaggiano ancora lungo le linee di forza prescritte da Agostino, anche quando sono semiotiche o ermeneutiche secolarizzate, anche quando non riconoscono la loro origine, anche quando trattano come testo sacro e ricettacolo di sapienza infinita il testo poetico mondano. E vedremo quanto la concezione dantesca della poesia debba a questa mistica dell'interpretazione.

Agostino affronta la lettura del testo biblico fornito di tutti i parafernali linguistico-retorici che la cultura di una tarda latinità non ancora distrutta poteva fornirgli, come ci ha magistralmente dimostrato H.I. Marrou.[10] Egli applicherà alla lettura i principi della *lectio* per discriminare attraverso congetture sulla giusta puntuazione il significato originario del testo), della *recitatio*, del *judicium*, ma soprattutto della *enarratio* (commento e analisi) e della *emendatio* (che noi potremmo oggi chiamare critica testuale o filologia). Ci insegnerà così a distinguere i segni oscuri e ambigui da quelli chiari, a dirimere la questione se un segno debba essere inteso in senso proprio e in senso traslato. Si porrà il problema della traduzione, perché sa benissimo che l'antico testamento non è stato scritto nel latino in cui egli lo può avvicinare, ma egli non conosce l'ebraico – e quindi proporrà come *ultima ratio* di comparare tra loro le traduzioni, o di commisurare il senso congetturato al contesto precedente o seguente (e infine, per quanto riguarda la sua lacuna linguistica, egli diffida degli ebrei che potrebbero aver corrotto il testo originale in odio alla verità che esso così chiaramente rivelava...).

Nel far questo egli elabora una regola per il riconoscimento dell'espressione figurata che rimane valida ancora oggi, non tanto per riconoscere i tropi e le altre figure retoriche, ma quei modi di strategia testuale a cui oggi assegneremmo (e in senso moderno) valenza simbolica (sia nel senso del simbolismo decadente che in quello dell'epifania joyciana o del correlativo oggettivo eliotiano). Egli sa benissimo che (o almeno così tradurremmo alla luce della pragmatica contemporanea) un tropo come la metafora o la metonimia si possono chiaramente riconoscere perché se fossero presi alla lettera il testo apparirebbe o insensato o infantilmente mendace. Ma cosa fare per quelle espressioni (di solito a dimensioni di frase, di narrazione e non di semplice immagine) che potrebbero "far senso" anche letteralmente e a cui l'interprete è invece indotto ad assegnare senso figurato (come per esempio le allegorie)? Dante potrebbe benissimo aver incontrato in una foresta una lince, una lupa e un leone, non emerge in questa vicenda la caratteristica insensatezza della metafora (per cui un essere umano è nominato come lupo, leone o lince), si tratta solo di decidere perché si possa compiere l'arbitrio interpretativo di leggere allegoricamente.

Agostino ci dice che dobbiamo subodorare il senso figurato ogni qual volta la Scrittura, anche se dice cose che letteralmente fanno senso, pare contraddire le verità di fede, o i buoni costumi. La Maddalena lava i piedi al Cristo con unguenti odorosi e li asciuga coi propri capelli. È possibile pensare che il Redentore si sottometta a un rituale così pagano e lascivo? Certo no. Dunque la narrazione raffigura qualche cosa d'altro.

Ma dobbiamo subodorare il secondo senso anche quando scrittura si perde in superfluità o mette in gioco espressioni letteralmente povere. Queste due condizioni sono mirabili per sottigliezza e, insisto, modernità, anche se Agostino le trova già suggerite in altri autori.[11] Si ha superfluità quando il testo si sofferma troppo a descrivere qualcosa che letteralmente fa senso, senza che però si vedano le ragioni testualmente "economiche" di questa insistenza descrittiva. E pensiamo pure in termini moderni, perché mai Montale spende tanti dei suoi "vecchi versi" a descriverci una falena che entra in casa durante una notte tempestosa e sbatte sul tavolo "pazza aliando le carte"?. È perché essa sta al posto di qualcosa d'altro (e il poeta, in chiusura, lo riconferma). Del pari, secondo Agostino, si procede per le espressioni semanticamente povere come i nomi propri, i numeri e i termini tecnici, che stanno evidentemente per altro (e di qui l'ermeneutica numerologica e la ricerca etimologica, in cui naturalmente Agostino e il medioevo tutto daranno, ai nostri occhi moderni, il peggio di sé).

Se queste sono le regole ermeneutiche (come identificare i brani da interpretare secondo un altro senso), a questo punto occorrono ad Agostino le regole più strettamente semiotico-linguistiche: dove cercare le chiavi per la decodifica, perché si tratta pur sempre di interpretare in modo "giusto" e cioè secondo un codice approvabile. Quando parla delle parole Agostino sa dove trovar le regole, e cioè nella retorica e nella grammatica classica: non c'è difficoltà particolare in questo. Ma Agostino sa che la scrittura non parla solo *in verbis* ma anche *in factis* (*De Doctr.* XV, 9, 15 – ovvero c'è *allegoria historiae* oltre ad *allegoria sermonis*, *De vera rel.* 50, 99) e quindi richiama il suo lettore alla conoscenza enciclopedica (o almeno a quella che il mondo tardo antico poteva provvedergli).

Se la Bibbia parla per personaggi, oggetti, eventi, se nomina fiori, prodigi di natura, pietre, se mette in gioco sottigliezze matematiche, occorrerà cercare nel sapere tradizionale quale sia il significato di quella pietra, di quel fiore, di quel mostro, di quel numero.

Sviluppo del simbolismo-allegorismo medievale

Ed ecco perché a questo punto il medioevo inizia a elaborare, sul modello del *Physiologus*, le proprie enciclopedie, da Isidoro di Siviglia a Vincenzo Belovacense et ultra. Si tratta di provvedere, sempre sulla base della tradizione, le regole di correlazione per poter assegnare a qualsiasi elemento dell'ammobiliamento del mondo fisico un significato figurale. E siccome l'autorità ha un naso di cera e ciascun enciclopedista è nano sulle spalle degli enciclopedisti precedenti, non ci sarà difficoltà non solo a moltiplicare i significati ma gli stessi elementi dell'ammobiliamento mondano, inventando creature e proprietà che servano (a causa delle loro caratteristiche curiose, e tanto meglio se, come ricordava Dionigi, queste creature saranno difformi rispetto al significato divino che veicolano) a rendere il mondo un immenso atto di parola: come vorrà poi Ugo da San Vittore, niente altro che un immenso "liber scriptus digito dei" (*Didascalicon*, PL CLXXVI, 814).

È l'atteggiamento che Debruyne [12] ed altri autori chiameranno "allegorismo universale", in cui, secondo Riccardo da San

Vittore (*PL*, 196, 90) "habent corpora omnia visibilia ad invisibilia bona similitudinem".

In tal senso il medioevo porterà alle estreme conseguenze il suggerimento agostiniano: se l'enciclopedia ci dice quali sono i significati delle cose che la Scrittura mette in scena, e se queste cose sono gli elementi dell'ammobiliamento del mondo, di cui la Scrittura parla (*in factis*), allora la lettura figurale si potrà esercitare non solo sul mondo quale la Bibbia lo racconta, ma direttamente sul mondo quale è. Leggere il mondo come accolta di simboli è il modo migliore di attuare il dettato dionisiano e poter elaborare ed attribuire nomi divini (e con essi moralità, rivelazioni, regole di vita, modelli di conoscenza).

A questo punto ciò che si chiama indifferentemente simbolismo o allegorismo medievale prende vie diverse. Diverse almeno ai nostri occhi che cercano una tipologia maneggevole; ma questi modi di fatto si compenetrano di continuo, specie se si considera che, per soprannumero, anche i poeti tenderanno a parlare come le Scritture.

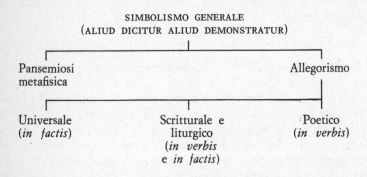

SIMBOLISMO GENERALE
(ALIUD DICITUR ALIUD DEMONSTRATUR)

Pansemiosi metafisica   Allegorismo

Universale (*in factis*)   Scritturale e liturgico (*in verbis* e *in factis*)   Poetico (*in verbis*)

Ancora una volta la distinzione tra simbolismo e allegorismo è di comodo. La pansemiosi metafisica è quella che nasce coi *Nomi divini* di Dionigi, suggerisce la possibilità di rappresentazioni di tipo figurale, ma di fatto sfocia nella teoria dell'*analogia entis*, e quindi si risolve in una visione semiotica dell'universo in cui ogni effetto è segno della propria causa. Se si comprende cosa sia l'universo per il neoplatonico medievale (e si veda per esempio Scoto Eriugena, *De divisione naturae*, 5, 3, PL 122: "nihil enim visibilium rerum, corporaliumque est, ut arbitror, quod non incorporale quid et intelligibile significet"), ci rendiamo conto che in questo contesto non si parla tanto della similitudine allegorica o metaforica tra corpi terreni e cose celesti, ma di una loro significazione più "filosofica" che ha a che fare con l'ininterrotta sequenza di cause ed effetti della "grande catena dell'essere".[13]

Per quanto riguarda l'allegorismo scritturale *in factis* – considerando che la lettura delle Scritture si complica anche dell'attenzione a quanto in esse vi appare di allegorismo *in verbis* – l'intera tradizione patristica e scolastica è lì a testimoniare di questa interrogazione infinita del Libro Sacro come "latissima scripturae sylva" (Origene, *In Ez.* 4), sì che l'intera scrittura può essere definita. "...oceanum et mysteriosum dei, ut sic loquar, labyrinthum" (Gerolamo, *In Ez.* 14). E a testimonianza di quasta voracità ermeneutica valga la seguente citazione:

> ... scriptura sacra, morem rapidissimi fluminis tenens, sic humanarum mentium profunda replet, ut semper exundet: sic haurientes satiat, ut inexhausta permaneat. Profluunt ex ea spiritualium sensuum gurgites abundantes, et transeuntibus aliis, alia surgunt: immo, non transeuntibus, quia sapientia immortalis est: sed emergentibus et decorem suum ostendentibus aliis, alii non deficientibus succedunt sed manentes subsequuntur, ut unusquisque pro modo capacitatis suae in ea reperiat unde se copiose reficiat et aliis unde se fortiter exercent derelinquat" (Gilberto di Stanford, *In Cant.* Prol., Leclercq, *St. Ans.* XX, 225).

Del pari vorace sarà l'interrogazione del labirinto mondano, di cui si è già detto.

Quanto all'allegorismo poetico (di cui una variante può essere l'allegorismo liturgico o in generale qualsiasi discorso per figure, siano esse visive o verbali, che appaia come prodotto umano), esso è invece il luogo della decodifica retorica.

È chiaro che da questo punto di vista il discorso su Dio e sulla natura prende due vie abbastanza discordanti tra loro. Perché la corrente della pansemiosi metafisica tende ad escludere le rappresentazioni per figure. Essa, diremmo oggi, è di tipo più "scientifico" e come tale è il discorso della teologia, sia che essa si fondi sulle metafisiche neoplatoniche della luce o sull'ileomorfismo tomista. Di converso l'allegorismo universale rappresenta una maniera fiabesca e allucinata di guardare all'universo non per ciò che appare ma per ciò che potrebbe suggerire. Un mondo della ragione inquirente contro un mondo dell'immaginazione affabulante: in mezzo, ciascuno ormai ben definito nel proprio ambito, la lettura allegorica della Scrittura e la produzione scoperta di allegorie poetiche, anche mondane (come il *Roman de la rose*).

È ovvio che i rappresentanti del pensiero teologico "scientifico" debbano in un certo qual senso vedere di malocchio l'allegorismo universale dell'affabulazione enciclopedica. Di qui l'operazione di pulizia, e diciamo pure di "polizia" culturale che compie Tommaso d'Aquino, liquidando l'allegorismo universale, e ridimensionando l'allegorismo poetico per lasciare uno spazio a sé all'allegorismo scritturale.

Tommaso d'Aquino

Tommaso si chiede anzitutto se sia lecito l'uso di metafore poetiche nella Bibbia e conclude negativamente perché la poesia sarebbe "infima doctrina" (*S.Th.* I, 1, 9). "Poetica non capiuntur a ratione humana propter defectus veritatis qui est in eis" (*S.Th.* II-II, 2 ad 2), ma l'affermazione non va presa come una umiliazione della poesia o come la definizione del poetico in termini settecenteschi di "perceptio confusa". Si tratta piuttosto di riconoscere alla poesia il rango di arte (e quindi di *recta ratio factibilium*), là dove il fare è naturalmente inferiore al puro conoscere della filosofia e della teologia. Tommaso apprendeva dalla Metafisica aristotelica che gli sforzi affabulanti dei primi poeti teologi avevano rappresentato un modo ancora infantile di conoscenza razionale del mondo. Di fatto, come tutti i pensatori della scolastica, egli è disinteressato a una dottrina della poesia (argomento per i trattatisti di retorica, che professavano alla facoltà delle Arti e non alla facoltà di Teologia). Tommaso è stato poeta in proprio (ed eccellente) ma nei brani in cui compara la conoscenza poetica a quella teologica egli si adegua a una contrapposizione canonica e si riferisce al modo poetico come a un semplice (e inanalizzato) termine di paragone.

D'altra parte egli ammette che i misteri divini, che eccedono le nostre possibilità di comprensione, debbono essere rivelati in forma allegorica: "conveniens est sacrae scripturae divina et spiritualia sub similitudine corporalium tradere" (*S.Th.* I, 1, 9). Per quanto riguarda la lettura del testo sacro, egli precisa che esso si fonda anzitutto sul senso letterale o senso storico. Parlando della storia sacra è chiaro perché ciò che è letterale sia storico: il libro sacro dice che gli ebrei uscirono dall'Egitto, narra un fatto, questo fatto è comprensibile e costituisce la denotazione immediata del discorso narrativo: "illa vero significatio qua res significatae per voces, iterum res alias significant, dicitur sensus spiritualis, qui super litteralem fundatur, et eum supponit" (*S.Th.* I, 1, 10, resp.).

Tommaso chiarisce in vari punti che sotto la dizione generica di "sensus spiritualis" egli intende i vari sovrasensi che si possono attribuire al testo. Ma il problema è un altro: è che in questi accenni al senso letterale egli introduce una nozione piuttosto importante e cioè che per senso letterale egli intende "quem auctor intendit".

La precisazione è importante per capire gli aspetti successivi della sua teoria dell'interpretazione strutturale. Tommaso non parla di senso letterale come di senso dell'enunciato (ciò che denotativamente l'enunciato dice secondo il codice linguistico a cui fa riferimento) bensì come del senso che viene attribuito nell'atto dell'enunciazione! In termini contemporanei, se io in una sala affollata dico "qui c'è molto fumo" posso voler affermare (senso dell'enunciato) che nella stanza c'è troppo fumo, ma posso anche voler intendere (a seconda della circostanza di enunciazione) che sarebbe opportuno aprire la finestra o smettere di fumare. È chiaro che per Tommaso entrambi i sensi fanno parte del senso letterale perché entrambi i sensi fanno parte del contenuto che l'enunciatore intendeva enunciare. Tanto è vero che poiché l'autore delle Scritture è Dio, e Dio può comprendere e intendere molte cose a un tempo, è possibile che nelle scritture ci siano "plures sensus" anche secondo il semplice senso letterale.

Quando è allora che Tommaso è disposto a parlare di sovrasenso o di senso spirituale? Evidentemente quando in un testo si possono identificare dei sensi che l'autore *non intendeva comunicare, e non sapeva di comunicare*. E il caso tipico di una situazione del genere è quello di un autore che narri dei fatti senza sapere che questi fatti sono stati predisposti da Dio, come segni di altro.

Ora quando Tommaso parla di storia sacra dice esplicitamente che il senso letterale (o storico) consiste, come contenuto proposizionale veicolato dall'enunciato, in alcuni fatti ed eventi (per esempio, che Israele si è sottratto alla cattività o che la moglie di Lot è stata trasformata in una statua di sale). Ma siccome questi fatti, ormai lo sappiamo, e Tommaso lo ripete, sono stati predisposti da Dio come segni, sulla base della proposizione intesa (sono avvenuti dei fatti così e così) l'interprete deve ulteriormente cercare la loro triplice significazione spirituale. Infatti "Deus adhibet ad significationem aliquorum ipsum cursus rerum suae providentiae subjectarum" (*Quodl.* VII, 6, 16).

Non siamo di fronte ad alcun procedimento retorico come accadrebbe per i tropi o per le allegorie *in verbis*. Siamo di fronte a pure allegoria *in factis*: "sensus spiritualis... accipitur vel consistit in hoc quod quaedam res per figuram aliarum rerum exprimuntur" (*Quodl.* VII, 6, 15).

Ma le cose cambiano quando si passa alla poesia mondana e a qualsiasi altro discorso umano che non verta sulla storia sacra. Infatti a questo punto Tommaso fa una importante affermazione che possiamo così riassumere: l'allegoria *in factis* vale solo per la storia sacra ma non per la storia profana. Per così dire Dio ha limitato il suo ufficio di manipolatore di eventi alla sola storia sacra, ma non vi è da ricercare alcun significato mistico dopo la redenzione, la storia profana è storia di fatti e non di segni: "unde in nulla scientia, humana industria inventa, proprie loquendo, potest inveniri nisi litteralis sensus" (*Quodl.* VII, 6, 16 co).

L'affermazione è degna di nota perché di fatto liquida l'allegorismo universale, il mondo allucinato dell'ermeneutica naturale tipico del medioevo precedente. Abbiamo in un certo senso una laicizzazione della natura e della storia mondana, e cioè dell'intero universo post-scritturale, ormai estraneo alla invadente regia divina.

E per la poesia? La soluzione di Tommaso è la seguente: nella poesia mondana, quando c'è figura retorica, c'è semplice "sensus parabolicus". Ma il *sensus parabolicus* fa parte del senso letterale. L'affermazione appare stupefacente a prima vista, come se Tommaso appiattisse tutte le connotazioni retoriche sul senso letterale: ma egli ha già precisato e precisa in vari punti che per senso letterale egli pensa al senso "inteso" dall'autore. E dunque dire che il senso parabolico fa parte del senso letterale non vuol dire che non ci sia sovrasenso ma che questo sovrasenso fa parte di ciò che l'autore intende dire. Quando leggiamo una metafora o una allegoria *in verbis* noi di fatto, in base a regole retoriche assai codificate, la traduciamo facilmente e comprendiamo quello che l'enunciatore intendeva dire come se il significato metaforico fosse il senso letterale diretto dell'espressione. Non c'è quindi sforzo ermeneutico particolare, la metafora o l'allegoria *in verbis* sono comprese direttamente così come noi intendiamo direttamente una catacresi.

"Fictiones poeticae non sunt ad aliud ordinatae nisi ad significandum", e il loro significato "non supergreditur modum litteralem". (*Quodl.* VII, 6, 16, ob. 1 e ad 1). Talora nelle Scritture si designa Cristo attraverso la figura di un capro: non è allegoria *in factis*, è allegoria *in verbis*. Non simboleggia o allegorizza cose divine o future, semplicemente significa (parabolicamente, ma quindi letteralmente) Cristo (*Quodl.* VII, 6, 15). "Per voces significatur aliquid proprie et aliquid figurative, nec est litteralis sensus ipsa figura, sed id quod est figuratum" (*S.Th.* I, 1, 10 ad 3).

Per riassumere: c'è senso spirituale nelle Scritture perché i fatti ivi narrati sono segni del cui sovrasignificato l'autore (sia pure ispirato da Dio) non sapeva nulla (e, aggiungeremo noi, il lettore comune, il destinatario ebraico della scrittura, non era preparato a scoprirlo). Non c'è senso spirituale nel discorso poetico e neppure nella Scrittura quando usa figure retoriche, perché quello è senso inteso dall'autore, il lettore lo individua benissimo come letterale in base a regole retoriche. Ma questo non significa che il senso letterale (come senso parabolico ovvero retorico) non possa essere molteplice. Il che in altri termini vuol dire, anche se Tommaso non lo dice apertis verbis (perché non è interessato al problema), che è possibile che nella poesia mondana vi siano sensi molteplici. Salvo che essi, realizzati secondo il modo parabolico, appartengono al senso letterale dell'enunciato, come è stato inteso dall'enunciatore.

Parimenti parleremo di semplice senso letterale anche per l'allegorismo liturgico, che può anche essere allegorismo non di parole ma di gesti e colori o immagini, perché anche in tal caso il legislatore del rito intende dire qualcosa di preciso attraverso una parabola, e non v'è da ricercare nelle espressioni, che esso formula o prescrive, un senso segreto che sfugga alla sua intenzione.

Se il precetto cerimoniale quale appare nell'antica legge aveva senso spirituale, nel momento in cui viene introdotto nella liturgia cristiana esso assume puro e semplice valore parabolico.

Nel compiere questa singolare operazione teorica, Tommaso, lo si è detto, di fatto sanciva – alla luce del nuovo naturalismo ileomorfico – la fine dell'universo dei bestiari e delle enciclopedie, la visione favolosa dell'allegorismo universale. E questo era lo scopo principale del suo discorso, rispetto al quale le osservazioni sulla poesia appaiono abbastanza parentetiche. Ma se queste affermazioni debbono venir prese alla lettera, ecco che la polisemia del discorso poetico ne verrebbe dimensionata, non tanto quanto al suo meccanismo retorico (dato che la pluralità di sensi rimane possibile) quanto piuttosto rispetto alla pratica, comune a tutto il medioevo, di interpretare anche i poeti pagani come portatori di una tipologia di cui essi non sapevano nulla, e quindi come rivelatori di verità, veicolabili per sovrasenso, di cui essi non erano consci. Ne rimane implicitamente svalutata quella lettura oracolare di Virgilio, ma non solo di Virgilio, della stessa mitologia pagana che i medievali praticavano ampiamente e che, non dimentichiamolo, sarà praticata assiduamente dallo stesso Dante – e che continuerà ad essere praticata per esempio da Boccaccio nella *Genealogia deorum gentilium*.

Dante

Ecco che a questo punto si palesano gli aspetti imbarazzanti dell'Epistola XIII. È chiaro cosa volesse fare Dante quando nel *Convivio* presenta delle canzoni e poi offre le regole per la loro interpretazione. Da un lato segue la tradizione allegoristica medievale e non riesce a concepire una poesia che non abbia un significato figurale, ma dall'altro non si pone affatto in contrasto con la teoria tomista, perché egli intende suggerire che quanto deriverà dalla interpretazione allegorica della canzone è esattamente quello che egli, il poeta, voleva dire. Sotto il velame delli versi strani, attraverso il modo parabolico, si svela il senso letterale della canzone, e questo è vero a tal punto che Dante scrive il suo commento proprio perché questo senso letterale venga inteso. E per non ingenerare equivoci egli distingue, in spirito abbastanza tomista, tra allegoria dei poeti e allegoria dei teologi.

Accade la stessa cosa nell'Epistola XIII, chiunque l'abbia scritta?

Prima facie, è già abbastanza sospetto che come esempio di lettura allegorica poetica l'autore presenti un brano biblico. Si potrebbe obiettare (e Pépin tra gli altri l'ha fatto – *op. cit.*, p. 81) che qui Dante non cita il *fatto* dell'Esodo, bensì il *detto* del Salmista che parla dell'Esodo (differenza di cui era conscio già Agostino, *Enarr. in psalm.* CXIII). Ma poche linee prima di citare il salmo, Dante parla del proprio poema, e usa una espressione che alcune traduzioni, più o meno inconsciamente, attenuano. Per esempio la traduzione di A. Frugoni e G. Brugnoli, nell'edizione Ricciardi delle opere minori [14] fa dire a Dante "il primo significato è quello che si ha dalla lettera del testo, l'altro è quello che si ha da quel che si volle significare con la lettera del testo". Se così fosse, Dante sarebbe assai ortodossamente tomista, perché parlerebbe di un significato parabolico, inteso dall'autore, che quindi potrebbe essere ridotto, in termini tomisti, al significato letterale (e pertanto l'Epistola starebbe ancora parlando dell'allegoria dei poeti e non di quella dei teologi). Ma il testo latino recita: "alius est qui habetur per significata per litteram" e qui sembra proprio che Dante voglia parlare "delle cose che sono significate dalla lettera" e quindi di una allegoria *in factis*. Se avesse voluto parlare del senso inteso non avrebbe usato il neutro "significata" ma una espressione come "sententiam", che nel lessico medievale vuole dire appunto il senso dell'enunciato (inteso o no che esso sia).

Come è possibile parlare di *allegoria in factis* a proposito di eventi raccontati nell'ambito di un poema mondano il cui modo, Dante lo dice nel corso della lettera, è "poeticus, fictivus"?

Le risposte sono due. Se si assume che Dante era un tomista ortodosso, allora non resta che decidere che l'Epistola, che va così palesemente contro il dettato tomista, non è autentica. Ma in tal caso sarebbe curioso che tutti i commentatori danteschi abbiano seguito la via segnata dall'epistola (Boccaccio, Benvenuto da Imola, Francesco da Buti e così via).

Ma l'ipotesi più economica è che Dante, almeno sulla definizione della poesia, *non sia affatto un tomista ortodosso*. L'opinione è confermata proprio da Gilson e in particolare da Curtius quando afferma che "gli specialisti della scolastica... troppo sovente... soccombono alla tentazione di trovare un'armonia provvidenziale tra Dante e San Tommaso".[15] E Bruno Nardi ricordava che "la maggior parte degli studiosi di Dante s'è preclusa la via a intenderne il pensiero, accettando la leggenda, coniata dai neotomisti, che faceva di lui un fedele interprete delle dottrine dell'Aquinate".[16] Curtius mostra molto bene che quando Dante definisce, nell'Epistola, il suo poema come ispirato a una forma o "modus tractandi" che è "poeticus, fictivus, descriptivus, digressivus, transumptivus", aggiunge che esso è parimenti, "cum hoc diffinitivus, divisivus, probativus, improbativus, et exemplorum positivus". Egli mette in gioco dieci caratteristiche di cui cinque sono quelle che la tradizione assegnava al discorso poetico ma cinque sono tipiche del discorso filosofico e teologico.

Dante ritiene che la poesia abbia dignità filosofica, e non solo la sua ma quella di tutti i grandi poeti, e non accetta la liquidazione dei poeti-teologi attuata da Aristotele (e commentata da

San Tommaso) nella *Metafisica*. Sesto tra cotanto senno (con Omero, Virgilio, Orazio, Ovidio e Lucano – *Inferno* 4, 78) egli non ha mai cessato di leggere e i fatti della mitologia e le altre opere dei poeti classici come se fossero allegorie *in factis*, usanza che, in spregio al *caveat* tomista, era coltivata a Bologna nel periodo che Dante vi visse (come suggerisce Pépin sulla scorta di Renucci).[17] In questi termini parla dei poeti nel *De Vulgari* (1, 2, 7), nel *Convivio*, in molti punti, e nella *Commedia* afferma apertamente che Stazio fa le persone dotte "come quei che va di notte – che porta il lume dietro e a sé non giova" (*Purg.* XXII, 67-69): la poesia del pagano veicola dei sovrasensi di cui l'autore non era a conoscenza. E nell'Epistola VII fornisce una interpretazione allegorica di un brano delle *Metamorfosi*, visto come prefigurazione del destino di Firenze. Puro gusto retorico dell'*exemplum*, si dirà: ma perché l'*exemplum* sia persuasivo occorre pur intendere che i fatti narrati dai poeti abbiano valore tipologico.

Ed è così, il poeta continua a proprio modo la Sacra Scrittura, così come nel passato l'aveva corroborata o addirittura anticipata. Dante vive nel periodo in cui Albertino Mussato celebra il "poeta teologo", e ha una nozione assai alta della propria commedia. Se a Cangrande la presenta come commedia gli lascia intendere, proprio attraverso gli esempi che abbiamo addotto, che egli la considera una buona e valida prosecuzione del libro divino. Egli crede alla realtà del mito che ha prodotto come crede abbastanza alla verità allegorica dei miti classici che cita, altrimenti non si spiegherebbe perché possa introdurre nel suo poema, accanto a personaggi storici assunti come figure del futuro, anche personaggi mitologici quali Orfeo. E a maggior ragione Catone sarà degno di significare, congiuntamente a Mosè, il sacrificio di Cristo (*Purg.* I, 70-75) o Dio stesso (*Conv.* IV, 28, 15).

Se tale è la funzione del poeta, di figurare sia pure attraverso la menzogna poetica, fatti che funzionino come segni, a imitazione di quelli biblici, allora si capisce perché Dante proponga a Cangrande quella che è stata definita da Curtius "autoesegesi" e da Pépin "auto-allegoresi". Ed è pensabile che Dante intenda il sovrasenso del poema molto vicino al sovrasenso biblico, nel senso che talora il poeta stesso, ispirato, non è cosciente di tutto quello che dice. Per questo egli invoca l'ispirazione divina (rivolgendosi ad Apollo) nel primo canto del *Paradiso*. E se il poeta è colui che quando amor l'ispira nota, ed a quel modo che detta dentro va significando (*Purg.* XXIV, 52-54), si potrà dunque adoperare – per interpretare quello che egli non sempre sa di aver detto – gli stessi procedimenti che Tommaso (ma non Dante) riserva alla storia sacra. Se il dettato poetico fosse tutto letterale, come nel senso parabolico tomista, non si vede perché ingombrare vari passi della propria opera con istanze dell'enunciazione in cui il poeta invita il lettore a decifrare quanto si nasconde sotto il velame delli versi strani (*Inf.* IX, 61-63).[18]

Bisognerà allora concludere che la passione allegorica medievale era così forte che quando Tommaso ne riduce la portata, riconoscendo che ormai, per la cultura del XIII secolo, il mondo naturale si sottrae alla lettura interpretativa e figurale, saranno proprio i poeti, non tenendo in gran cale la riduzione tomista del modo poetico, ad assegnare alla poesia mondana quella funzione che lo sviluppo del nuovo spirito naturalistico aveva sottratto alla lettura del mondo.

Così, proprio nel momento in cui Tommaso pare svalutare il modo poetico, i poeti lo portano al massimo della sua dignità e aprono, in definitiva, quella corrente di una mistica del testo che continuerà sino ai nostri giorni, sia pure laicizzata e sotto le forme della *jouissance*, della decostruzione, o della interpretazione enigmistico-metafisica.

La rottura

Dante, nel suo implicito contraddittorio con San Tommaso, anticipa di quasi due secoli quella che possiamo definire una vera e propria "rottura epistemologica".

Ciò che rende Dante ancora medievale è il fatto che egli continua a credere che la poesia non abbia significati infiniti e indefiniti: egli sembra conservare la persuasione che i sensi, ancorché multipli, siano quattro, e che quindi possano essere codificati e decodificati sulla base di una enciclopedia. Anche le varie affabulazioni moderne che vogliono Dante associato ai mitici Fedeli d'Amore, lo pensano pur sempre come il portatore di una Sapienza occulta che parla tuttavia *in cifra*. Il che ci permette di dire che, al postutto, neppure Dante traccia una linea di demarcazione definitiva tra simbolo (nel senso moderno del termine) e allegoria.

Ma, se ancora al tempo di Dante gli interpreti delle Scritture erano garantiti, nella loro ricerca di una "giusta" lettura, da una lunga tradizione che forniva i criteri per la corretta interpretazione del testo sacro, cosa succede, tra Dante e il Rinascimento, ora che (San Tommaso teste e autore) il mondo è stato privato di qualsiasi senso mistico e rimane incerto sotto l'ispirazione di chi (Dio, Amore o altro?) il poeta inconsciamente parli?

Per la cultura che si avvia all'Umanesimo e al Rinascimento, il mondo araldico dei bestiari e dei lapidari – liquidato da San Tommaso – non ha del tutto perso il suo fascino. Salvo che viene ripensato e rivissuto alla luce di una diversa sensibilità.

Proprio nel momento in cui le scienze naturali si avviano a diventare sempre più quantitative, e Aristotele sembrava non avere più nulla da dire, appare sulla scena europea il *Corpus Hermeticum* e sotto questa influenza, congiunta con quella della Kabbala e di una alchimia ormai praticata *en plein air*, i nuovi filosofi del neoplatonismo fiorentino iniziano ad esplorare una nuova foresta simbolica dove, per dirla con Baudelaire, "de vivant piliers – laissent parfois sortir des confuses paroles; – l'homme y passe à travers des forêts de symboles – qui l'observent avec des regards familiers".

In questo nuovo ambiente filosofico l'idea di simbolo subisce una profonda trasformazione.

Dicevo all'inizio che per concepire questa nuova idea occorreva un neoplatonismo molto "forte", e intendo per neoplatonismo forte il neoplatonismo delle origini, almeno sino a Proclo, e le sue versioni gnostiche, in cui al sommo di una scala degli esseri, prodotta per emanazione, stia in Uno inafferrabile ed oscuro, che non essendo suscettibile di nessuna determinazione, le contenga tutte e sia dunque *il luogo della contraddizione stessa*. Fondiamo queste tre idee:

1. La dottrina neoplatonica dell'emanazione per cui si dà parentela fisica, ovvero continuità emanatistica, tra ogni elemento dell'arredo mondano e l'Uno originario;

2. l'idea che questo Uno sia luogo della contraddizione e realizzi la *coincidentia oppositorum* (idea ermetica, ma che si rafforza alla luce delle teorie cusaniane e bruniane);

3. l'idea, neoplatonica ed ermetica, che questa Unità sorgiva e contraddittoria sia insondabile e inesprimibile se non per via di negazione o di approssimazione provocatoriamente inadeguata (così che di ogni possibile rappresentazione dell'Uno non si possa dare interpretazione, definizione o traduzione possibile se non rinviando ad altre rappresentazioni altrettanto oscure e inadeguate).

Ed ecco che abbiamo le condizioni perché possa svilupparsi, nei modi più vari, una filosofia e una estetica del simbolo come rivelazione intuitiva e non verbalizzabile (e cioè non interpretabile concettualmente – né dimentichiamoci i debiti dell'estetica idealistica romantica, massime Schelling, verso questo pensiero ermetico).

I caratteri principali della cosiddetta tradizione ermetica, – seguo alcune osservazioni di Gilbert Durand – [19] sono i seguenti:

1. Il rifiuto della metricità, l'opposizione del qualitativo al quantitativo, la credenza che niente è stabile e che ogni elemento dell'universo agisce su ogni altro attraverso un'azione reciproca.

2. Il rifiuto del causalismo, per cui l'azione reciproca dei vari elementi dell'universo non segue la sequenza lineare di causa ed effetto ma piuttosto una sorta di logica spiraliforme della mutua simpatia degli elementi. Se l'universo è una rete di similitudini e simpatie cosmiche, non sono più privilegiate le catene causali. La tradizione ermetica estende il rifiuto della causalità anche alla storia ed alla filologia, di modo che la sua logica riesce ad includere il principio dell'*ante hoc ergo propter hoc*. Un esempio tipico di questo atteggiamento è il modo in cui ogni pensatore ermetico dimostra che il *Corpus Hermeticum* non è un prodotto della cultura ellenistica ma viene prima di Platone, di Pitagora, della cultura egiziana. L'argomento addotto suona così: "poiché il *Corpus Hermeticum* contiene idee che palesemente circolavano al tempo di Platone, ciò vuol dire che esso apparve *prima*". Ad un orecchio occidentale, educato su un'epistemologia causalistica, tale argomento suona offensivo, ma basta leggere alcuni dei cosiddetti testi Tradizionali per realizzare che, nel suo proprio ambiente, viene preso molto sul serio.

3. Il rifiuto del dualismo, di modo che lo stesso principio di identità entra in crisi, così come quello del terzo escluso. *Tertium datur*: l'idea della *coincidentia oppositorum* dipende da quest'assunzione di base.

4. Il rifiuto dell'agnosticismo. Si dovrebbe pensare che l'agnosticismo sia un atteggiamento molto moderno e che da questo punto di vista la tradizione ermetica non possa essere opposta a quella scolastica. Ma i medievali, benché praticassero la credulità, avevano comunque un senso molto preciso della discriminazione tra opposti. Essi certamente non usavano metodi sperimentali per accertare *come* stessero le cose ma erano profondamente interessati a determinare *che* stessero. O un'idea

rifletteva l'opinione aristotelica o non la rifletteva affatto: non c'era via di mezzo e se si profilava la possibilità di una conciliazione, come accadeva con i tipici argomenti dell'Aquinate, tale conciliazione finale era la verità finale. Al contrario il pensiero ermetico, essendo non agnostico ma *gnostico*, rispetta l'insieme della saggezza tradizionale, poiché persino dove c'è contraddizione tra due o più assunzioni, ognuna di queste può produrre una parte di verità, la verità essendo l'insieme di un campo contrastante di idee.

La tradizione ermetica è fondata sul principio di similitudine: *sicut superius sic inferius*. Ed una volta deciso di individuare similitudini, è possibile trovare similitudini ovunque, poiché, sotto una certa descrizione, tutto può essere visto come simile a tutto.

Un esempio interessante di questo modo di pensare – non accidentalmente in debito con la tradizione ermetica – è la teoria jungiana dei simboli come archetipi: i simboli sono inesauribili, densi di significati appena intravisti, autocontraddittori. Le immagini archetipiche sono così cariche di significati da renderne impossibile un'interpretazione definitiva. Tale vaghezza è così costitutiva della loro natura che quando rischiamo di trasformare simboli della nostra cultura in emblemi sclerotizzati, allora dobbiamo passare ai simboli di una cultura più esotica, poiché questi ultimi, apparendo inconsueti, mantengono ancora un'aura, un *mana*. C'è simbolo quando qualcosa può essere contemporaneamente "*iuvenis et senex*". Se un cosiddetto simbolo diventa univocamente interpretabile, perde il suo potere simbolico.

Così un nuovo simbolismo crebbe in atmosfera ermetica, da Pico della Mirandola a Ficino a Giordano Bruno, da Reuchlin e Robert Fludd al simbolismo francese, Yeats e molte teorie contemporanee. Parlando dell'informe, i simboli non possono avere significato definito.

È comunque interessante notare che, pur essendo radicalmente differente da quello medievale, questo simbolismo moderno obbedisce alle stesse leggi semiotiche. Nel primo caso si assume che i simboli hanno un significato, ma poiché il loro significato finale è lo stesso incessante messaggio, allora esiste un'inesauribile varietà di significanti per un unico significato. Nel secondo caso, i simboli hanno ogni possibile significato in virtù della contraddittorietà interna della realtà, ma poiché ogni simbolo parla di questa fondamentale contraddittorietà, allora un'inesauribile quantità di signìficanti sta sempre per il loro unico significato, l'inesauribilità dei sensi di ogni testo.

Il libro, ogni libro, o parla variamente ma unicamente di Dio, o parla variamente ma equivocamente di Hermes.

Tuttavia qualcosa è avvenuto, e non di poco momento. Non diremo che la distinzione tra simbolo e allegoria si profili subito e in modo definitivo: basta rivisitare i manuali di emblematica, da Ripa a Maier, per avvedersi che l'interpretazione simbolica (aperta) tende sempre a chiudersi, a legalizzarsi, nel rebus allegorico, ossessivamente commentato. Ma è la natura del commento che è diversa: il lettore ha continuamente l'impressione di vedersi offrire delle chiavi (come un tempo), ma ora il significato finale, la soluzione ultima, tende sempre ad allontanarsi, e la nuova enigmistica – a differenza di quella medievale, che premiava il solutore corretto – diventa una tecnica dell'elusione.

Chi farà propria questa tecnica, e in pieno, allontanandosi sempre più dalla allegoria codificata, è il poeta. Privato di un mondo fatto di segni scritti dal dito di un Dio aristotelico, mentre la nuova scienza tende a riscrivere questo mondo in termini matematici, il poeta rende sempre più numinoso il proprio testo e vi fonda, come religione laica, il proprio misticismo estetico, sino alle depravazioni del gusto ermeneutico che porteranno, dalle correnti esoteriche e dai Preraffaelliti in poi, a vedere non solo nei testi moderni, ma negli stessi testi medievali, tanti più sovrasensi ed enigmi, e parole in codice, di quanto l'antico simbolismo non vi avesse voluto inserire.

Né, ormai lo sappiamo, a questo clima si sottraggono gli stessi scienziati che stanno risolvendo l'universo delle qualità in quello delle quantità: anch'essi sempre, e ambiguamente, almeno sino a Newton, con gli occhi fissi sulle loro formule esatte, e il cuore, o l'immaginazione, ancora presi dalla fascinazione ermetica.

Si tratta, al postutto, della sostituzione di una teologia con un'altra. Ficino e Pico lo sapevano, il mondo moderno e contemporaneo tende a dimenticarlo, e occulta le nuove facoltà di teologia sotto l'aspetto di nuove facoltà delle arti.

Cosicché si sarebbe tentati, alla luce della dialettica tra simbolo e allegoria, di riscrivere i manuali che salutano, mentre Colombo sbarca nel nuovo mondo e i kabbalisti vengono cacciati di Spagna, l'uscita dell'umanità dagli Evi Bui, e l'ingresso nella Età della Ragione. Al postutto l'operazione di polizia compiuta da

Tommaso era alquanto "illuministica", rispetto alla rinata religiosità dei suoi posteri. Ma quanto la ragione corrode da un lato, l'ansia per qualche rivelazione fa rifiorire dall'altro.

¹ Valga per tutti Bruno Nardi, "Osservazioni sul medievale 'accessus ad auctores' in rapporto all'Epistola a Cangrande", in *Studi e problemi di critica testuale. Convegno di studi di filologia italiana*, Bologna, Commissione per i testi di lingua, 1961. Se si tratta di rilevare che nel *Convivio* i sensi sono distinti meglio che nell'Epistola, tuttavia vale il riconoscimento "di una sostanziale unità concettuale" dato da M. Simonelli, "Allegoria e simbolo dal 'Convivio' alla 'Commedia' sullo sfondo della cultura bolognese", in *Dante e Bologna ai tempi di Dante*, Bologna, Commissione per i testi di lingua, 1967.

² Cfr. per esempio H. G. Gadamer, *Wahrheit und Methode*, Tübingen, Mohr, 1960 (tr. it. *Verità e metodo*, Milano, Bompiani, 1983, 1, c, pp. 98 sgg.).

³ *Maximen und Reflexionen*, in *Werke*, Festausgabe, XIV, Leipzig, Bibliographisches Institut, 1926.

⁴ G. F. Creuzer, *Symbolik und Mythologie der alten Völker*, Leipzig, Leske, 1919-23.

⁵ Per Auerbach cfr. "Figura", in *Neue Dantenstudien*, Istanbul Schriften 5, 1944 (tr. it. in *Studi su Dante*, Milano, Feltrinelli, 1963). Per J. Pépin cfr. *Dante et la tradition de l'allegorie*, Conférence Albert le Grand, 1969, Montréal (Paris, Vrin, 1970).

⁶ I, II, 2, par. 59, "Della bellezza come simbolo della moralità": si ha intuizione schematica quando l'intuizione corrispondente a un concetto dell'intelletto è data a priori; e si ha intuizione simbolica quando, a un concetto che può essere concepito solo dalla ragione, e a cui non può essere adeguata alcuna intuizione sensibile, vien sottoposta un'intuizione con la quale si conviene il processo del giudizio che è soltanto analogo a quello del schematismo. Gli esempi che dà Kant sono vere e proprie proporzioni affini all'analogia di proporzione e di proporzionalità quale si manifesta nella scolastica.

⁷ Cfr. la bellissima analisi di A. Compagnon, *La seconde main*, Paris, Seuil, 1979.

⁸ Per una raccolta più che completa di testimonianze vedi il monumentale H. De Lubac, *Exégèse médiévale. Les quatre sens de l'Ecriture*, 4 voll., Paris, Aubier, 1959. Auerbach (*cit.*) lamenta nel 1944 che la differenza tra metodo figurale (tipica innovazione cristiana) e metodo allegorico (eredità pagana) non fosse ancora sufficientemente chiara agli studiosi. Sulla base del materiale radunato da De Lubac nel 1959 e da J. Pépin, *Mythe et allégorie. Les origines grecques et les contestations judéo-chrétiennes*, Paris, Montaigne, 1958, credo si possa ora identificare il metodo figurale con quello della *allegoria in factis*.

⁹ Cfr. U. Eco, *Semiotica e filosofia del linguaggio*, Torino, Einaudi, 1984, in particolare il primo capitolo. Vedi anche T. Todorov, *Théories du symbole*, Paris, Seuil, 1977 e *Symbolisme et interprétation*, Paris, Seuil, 1978.

¹⁰ *Saint Augustin et la fin de la culture antique*, Paris, Boccard, 1958⁴.

¹¹ Si veda per esempio Girolamo (*In Matt.* XXI, 5): "cum historia vel impossibilitatem habeat vel turpitudinem, ad altiora transmittimur"; o Origene (*De principiis*, 4,2,9, e 4,3,4), secondo il quale lo Spirito Santo interpolerebbe nel testo piccoli dettagli inutili come spia della sua natura profetica.

¹² *Etudes d'esthétique médiévale*, Brugge, De Tempel, 1946.

¹³ Cfr. per es. Arthur O. Lovejoy, *The Great Chain of Being*, Cambridge, Harvard, 1936 (tr. it. *La grande catena dell'essere*, Milano, Feltrinelli, 1966).

[14] *La letteratura italiana - Storia e testi*, 5, II, (Dante Alighieri, *Opere Minori*, tomo II), Milano-Napoli, Ricciardi, 1979, p. 611.

[15] E. R. Curtius, *Europäisches Literatur und lateinischer Mittelalter*, Bern, 1948, XII, 3. Cfr. anche XVII, 6. Per Gilson, *Dante et la philosophie*, Paris, Vrin, 1939.

[16] Bruno Nardi, in C. Antoni e R. Mattioli, *Cinquantanni di vita intellettuale italiana*, Napoli, 1950, I, 20 (cit. in Curtius, XVII, 6).

[17] Cfr. P. Renucci, *Dante,* Connaissance des lettres, Paris, 1958.

[18] Per questa nozione rivelativa e altissima della poesia vedi naturalmente il *De vulgari* e la recente interpretazione di Maria Corti, *Dante a un nuovo crocevia,* Firenze, Società Dantesca Italiana - Libreria Commissionaria Sansoni, 1981.

[19] Cfr. Gilbert Durand, *Science de l'homme et tradition*, Paris, Berg International, 1979, capitolo 4.

Le banalità diffuse dal romanticismo circa l'arte come creatività assoluta, libertà espressiva, e sulla creatività intellettuale come arte, ci hanno abituato a ritenere che non si possano svolgere né componimenti poetici né riflessioni filosofiche a tema fisso. Riteniamo che male facessero i sofisti a imporsi l'elogio o la condanna di Elena come tema per una riflessione intellettuale sulla colpa o sull'innocenza. E ci pare barocco, nel senso negativo del termine, il comando graziosamente e preziosamente impartito dalla preziosa al poeta secentesco affinché si esercitasse su un tema scelto a capriccio. Ma se Rossana non avesse imposto a Cristiano di discettare sul bacio, Cyrano, sotto il balcone, non ne avrebbe scoperto tante e così poetiche implicazioni. Ringraziamo Rossana, la creatività è valore che si manifesta solo di fronte a un ostacolo.

E così ringrazio gli organizzatori del convegno che mi hanno imposto, prima che io potessi protestare, il tema "Il segno della poesia e il segno della prosa". Che non pare aver connessioni immediate né con le giornate filologiche né con il *prosimetrum* né con lo *spoudogéloion*, né forse coi miei interessi semiotici, perché di primo acchito mi son chiesto quale sia e se esista il segno della poesia o il segno della prosa e cosa queste espressioni significhino.

Poi, trattenendomi dall'esigere una modificazione del programma, mi sono detto che la sfida andava raccolta, e sono a voi per esporvi una serie di riflessioni, ingenue e non sentimentali, sulla poesia e sulla prosa, forse tra il serio e il faceto, rispettando così parte del programma espresso in greco ed in latino e rispettando anche il *genius loci*, perché i genovesi, come noi altri piemontesi, e specie noi piemontesi di frontiera dell'alessandrino, siamo gente concreta, e credo che di tutte le definizioni della poesia e della prosa siamo portati a preferire le più terra terra, del tipo "la poesia è quella cosa che va a capo prima che la pagina sia finita, e la prosa quella che continua sino a che si possa sfruttare una porzione di carta, riducendo al massimo i margini, perché la carta costa, anche in senso ecologico, e piuttosto di andare a capo troppo in fretta si accetta anche di spezzare una parola in due, ciò che la poesia di solito non fa, salvo nei deliri della più estrema avanguardia,e guardate quanto tira lunghi i suoi versi, l'avanguardista Sanguineti, da buon genovese, pur di non comperare un altro quaderno".

Quale è la differenza tra serio e faceto? Quello che vorrei suggerire è che la facezia è spesso via alla verità, e che le cose un poco facete che ho detto sinora andranno prese con la massima serietà, perché nell'imbroglio in cui mi trovo è dalla definizione testè fornita (la poesia va a capo prima della prosa) che vorrei partire.

Anche perché, e sia questo non ultimo omaggio a questo consesso di filologi classici, così ci hanno insegnato gli antichi, che hanno se non altro il merito di averci fornito un aggancio etimologico (come è loro costume) e di averci messo di fronte a un punto di partenza da cui non possiamo prescindere, per tanto che gli estetologi abbian detto dopo: perché di qui non si scappa, *prorsus* è ciò che va in linea retta e diretta, teste Quintiliano (*Institutio*, I, 8, 2), mentre *versus* è il solco, il filare, ciò che va per un po', poi s'arresta e, o torna indietro bustrofedicamente, o riprende da dove era partito, ma una riga sotto.

Dunque partiamo di qui, e cioè da ciò che tutti sanno: che un articolo di giornale è prosa e che la *Vispa Teresa* è poesia. Magari nessuno dei due è arte, ma l'uno è non arte in prosa e l'altro è non arte in poesia. E che, nel campo dell'arte, se il Rimbaud della *Saison en enfer* passa da una pagina in cui va a capo quando arriva al margine a una pagina in cui va a capo molto prima, una differenza ci sarà, e questa differenza non ha nulla a che fare con l'arte perché, sfido chiunque a negarlo, la *Saison* è arte sempre. Per quale ragione Rimbaud decide di amare la *prairie* in rima e il *desert* in prosa? Non lo so, o non lo so ancora, e in questa sede non voglio saperlo, perché non discuterò che cosa sia l'arte. Mi avete solo chiesto di distinguere la poesia dalla prosa.

E di distinguerla, immagino, da semiologo, perché avete usato la parola "segno". A questo mi atterrò. Sono avvantaggiato dal fatto che il segno (ammesso che esista, dato che molti ne discutono) è un artificio umano usato per porre qualcosa al posto di qualcos'altro, e questo artificio viene usato per molte funzioni, per indicare cose e stati del mondo, per impartire ordini, per manifestare desideri, per suscitare passioni, per parlare di altri segni e talora per provocare una sorta di conoscenza mista a diletto che variamente si chiama piacere estetico, o artistico, o anche poetico. E di questo parlerò: di cosa voglia dire usare dei segni (nella fattispecie parole o sequenze di parole) per produrre testi che vengono qualificati come poesia o come prosa.

Parlerò cioè di due *modalità* di uso dei segni, mentre i segni di per sé sono per così dire anteriori a queste modalità.

Infatti posso dire "*une fleur*" in tanti modi, al fioraio per ottenere una merce, al botanico per indicargli le caratteristiche di un tipo specifico di vegetale, a una sposa per lodarne, non molto poeticamente, la salute. Ma quando Mallarmé dice "une fleur!", lo sappiamo, "musicalment se lève, idée même et suave, l'absence de tous bouquets". E qui occorre che quello che era un segno sia posto in una qualche posizione strategica, o tra altri segni verbali o nello spazio acconcio di una pagina sufficientemente bianca.

È nel trovare e produrre, o annullare, questo bianco intorno a una parola (oppure sostituire il bianco con un silenzio, l'andare a capo con un respiro) che si stabilisce la differenza tra prosa e poesia. Occorre essere espliciti e affermare con Zirmunskij che "il linguaggio poetico si distingue dalla prosa per l'ordinamento regolare del suo materiale fonetico". Questo ordinamento regolare può essere di tanti tipi, purché il poeta si sia imposto una regola. E il materiale non deve essere necessariamente o solo fonetico: la regola può essere anche grafica. Grafica o fonetica che sia, la regola impone un ritmo. "Regolare alternarsi nel tempo o nello spazio di fenomeni omogenei" (Tomacevskij), il ritmo in poesia ha una funzione predominante, non vicaria, non occasionale, come ci ha ripetuto Tynijanov.

Dobbiamo quindi rifiutare subito una accezione troppo lata del termine poesia, tanto per capirci, quella crociana e non solo crociana, per cui la categoria della poesia diventa coestensiva a quella dell'arte, e non solo dell'arte verbale. Se accettassimo e incoraggiassimo questo equivoco, tanto varrebbe cambiare argomento e interrogarci su cosa sia l'arte. Interrogativo illustre, ma che per il momento non ci riguarda. Come non ci riguarda, per il momento, spiegare perché una delle modalità d'uso dei segni a fini artistici ed estetici (non discuterò neppure questa opposizione o omonimia che dir si voglia) sia diventata, per curiosa e certamente motivata sineddoche, il nome di quella attività che tanto bene esemplifica senza tuttavia esaurire.

Visto che abbiamo deciso di definire la poesia e la prosa come due modalità di uso dei segni dobbiamo cercare la poesia come modalità d'uso anche là dove Croce avrebbe visto solo letteratura, e cioè nella *Vispa Teresa* o nei versi del signor Bonaventura. Così come dobbiamo trovare la prosa anche là dove Croce avrebbe parlato di poesia per dire che un romanzo gli andava a genio.

L'estendere il poetico all'estetico non è stato solo un vizio crociano. Aveva cominciato Aristotele, quando aveva individuato la poesia come discorso sul possibile e sul verisimile, contro la storia come discorso sul fattuale. A giustificare la decisione aristotelica sta forse il fatto che ai suoi tempi il discorso sul verisimile, dal poema epico alla tragedia, assumeva necessariamente la modalità poetica in senso stretto, e cioè la forma del verso. Ma non è su questo versante che va individuata la ragione della sua sineddoche. È che già con Aristotele iniziava il tentativo di identificare il poetico attraverso il suo effetto sul versante del contenuto.

Sia chiaro che da questo momento mi sto rifacendo alla distinzione hjelmsleviana tra espressione e contenuto: di conseguenza parlerò di espressione sempre per indicare la faccia significante di ogni segno o sequenza di segni, senza riferimento alle connotazioni "poetiche" del termine /espressione/ così come è stato usato nell'estetica crociana; e parimenti non opporrò contenuto a forma, ma contenuto a espressione, dato che sia espressione che contenuto sono soggetti a pertinentizzazione formale.

L'Aristotele della *Poetica* identifica l'effetto o il risultato poetico con la capacità che la poesia ha di comunicarci un contenuto universale; tutte le sue indagini sulle manipolazioni dell'espressione, anche quando fatte in sede di poetica, riguardano la manipolazione retorica e sono valide anche per il discorso non poetico. Caratterizzare la poesia per quel che essa realizza a livello del contenuto serve senz'altro quando si identifichi poesia con arte o effetto estetico, ma non serve a distinguere poesia da prosa. Tutto quello che Aristotele dice sulla poesia si potrebbe applicare alla prosa di Stendhal (e infatti la *Poetica*, più che una teoria della poesia, è una teoria della narrativa; ma d'altra parte Aristotele con *poièsis* non intendeva ancora quello che noi intendiamo con poesia, e quindi il problema andrebbe visto altrimenti).

Ma deve essere chiaro che ogni volta che si tratti di identificare la poesia con una modalità di produzione segnica che affetta principalmente il contenuto di una espressione, si perviene all'accezione "lata" di poesia. Si veda quanto avviene, in tempi ben più recenti, con la *Rhétorique de la poésie* del Groupe μ, dove il poetico viene identificato con una particolare struttura semantica (*anthropos, logos, kosmos*). Non intendo soffermarmi ora su questo approccio: non è chiaro se esso lasci fuori dalla poesia il signor Bonaventura e la Vispa Teresa, ma è certo comunque che con un minimo di buona volontà si può ritrovare la dialettica *logos-anthropos-kosmos* anche in opere dette di prosa, dai *Promessi Sposi* alla *Critica della Ragion Pura*.

Ancora una volta, ammesso che la *Rhétorique de la poésie* [1] sia una buona teoria dell'arte (o almeno di quella verbale), essa non costituisce una definizione soddisfacente di cosa sia poesia *in senso stretto* in quanto distinta dalla prosa.

Naturalmente il Groupe μ si muove nell'ambito strutturalista, e conosce la lezione jakobsoniana, per la quale il poetico nasce da un particolare modo di legare espressione e contenuto. A questo mirano infatti le nozioni di ambiguità e autoriflessività del messaggio poetico, e tipico della lezione jakobsoniana sembra l'attenzione portata al significante o all'organizzazione dell'espressione nella misura in cui essa affetta il contenuto.

Tuttavia anche la poetica jakobsoniana va vista come una teoria dell'arte (verbale) e non come una teoria della poesia in senso stretto.

Voglio dire che tutte le caratteristiche che Jakobson individua come tipiche del poetico possono essere estese a quel prosastico a cui si riconosca valore estetico.

Jakobson lo sa in partenza, quando afferma che "il compito fondamentale della poetica consiste nel rispondere a questa domanda: che cosa è che fa di un messaggio verbale un'opera d'arte?" Quello che fa di un messaggio verbale un'opera d'arte è "la messa a punto rispetto al messaggio", come è noto. Perché "l'orribile Oreste" e non "il disgustoso Oreste?" Perché orribile sta meglio. E perché sta meglio? Perché realizza una paronomasia. Ma come si vede subito dopo, questo principio della paronomasia, che anticipa e prefigura il fenomeno dell'*equivalenza*, fondamentale per la definizione jakobsoniana del poetico, lo si può ritrovare benissimo anche nella prosa, vedi lo slogan "I like Ike".

Jakobson ha dato un contributo insostituibile allo studio della semiotica del verso, ma a questo proposito bisogna osservare che, da un lato, la struttura del verso rappresenta qualcosa che va al di là del semplice principio di equivalenza, mentre d'altro canto molte delle caratteristiche che Jakobson attribuisce al verso sono proprie della modalità prosastica, o di altre modalità produttive in altri sistemi: per esempio il concetto di attesa frustrata si applica anche a una strategia fondata sulla manipolazione di struttura narrativa e Jakobson stesso lo ha applicato al di fuori del verso, per esempio alla analisi del significato musicale. La rima rappresenta certo un caso di parallelismo, ma ci sono casi di parallelismo che non hanno nulla a che vedere col verso e basti citare la sequenza di onomatopee di cui si sustanzia l'undicesimo capitolo dello *Ulysses* di Joyce.

E nemmeno mi pare persuasiva l'identificazione della poesia con la metafora e della prosa con la metonimia. Non solo perché la differenza tra queste due figure è meno netta di quanto si creda (cfr. il mio "Metafora" sulla *Enciclopedia* Einaudi)[2] ma perché non si possono ridurre le leggi della poesia alle leggi della retorica. Molte delle modalità che sono tipiche della poesia (*numerus, clausula, cursus*) sono fenomeni che la retorica classica ascrive all'*elocutio*, distinguendoli dalle figure, considerandoli sotto la rubrica dell'*ornatus in verbis coniunctis*. Ma come tali questi fenomeni di *compositio* sono presenti anche nella prosa. Ciò che caratterizza la poesia è l'assumerli come organizzati e prescritti da un sistema di regole particolari. Quindi la modalità poetica non è caratterizzata da questi artifici retorici, ma dalla decisione di usare questi artifici in un certo modo.

Nessuna figura della retorica classica è di per sé poetica. Per quanto riguarda le figure *in verbis singulis*, nessuna di esse da sola costituisce poesia, neppure la metafora, che pure da molti è stata presa come metafora di poesia, la quale poesia è presa come sineddoche di arte. Si veda il recente *Metaphors we live by* di Lakoff e Johnson, dove si mostra in modo persuasivo come il linguaggio nel suo complesso sia non solo intessuto di metafore, ma basato sul principio della metaforicità, anche ai suoi livelli più quotidiani, scientifici e denotativi.

Quanto alle figure *in verbis coniunctis* anch'esse possono ricorrere sia in poesia che in prosa. Che la prosa cerchi poi di evitare, per esempio, l'allitterazione o l'*omoioteleuton*, e la poesia invece li incoraggi, è ancora cosa tutta da vedere.

La prosa di Marinetti incoraggia l'allitterazione e la poesia di Manzoni, come vedremo tra poco, fa il massimo possibile per evitarla. C'è poesia che evita quella forma di *omoioteleuton* che è la rima, e prosa che la sopporta benissimo. Naturalmente siccome il modo di produzione poetico si realizza, come vedremo meglio, sempre e comunque *in verbis coniunctis*, si può dire che le figure di questo tipo sembrano ricorrere con più frequenza in poesia, mentre si può dire che nessuna metafora (come nessuna metonimia o nessuna antonomasia) presa da sola può permettere la modalità poetica.

Sembra che siamo ad un punto morto: a caratterizzare il poetico in senso stretto non valgono parametri estetici; non valgono parametri che riguardino il solo contenuto; non basta quella specifica relazione tra espressione e contenuto che si può manifestare come parallelismo o come autoriflessività del messaggio; infine non valgono categorie retoriche. Dove andremo a cercare il discrimine?

Lo abbiamo detto, dobbiamo partire dalle nostre esperienze più banali, dall'istinto volgare che induce a riconoscere qualcosa come poesia rispetto a qualcosa che è invece prosa.

Abbiamo a disposizione alcuni criteri. Il primo, che scarterei subito perché dipende dai seguenti, è editoriale. Non è irrilevante, ma non è indispensabile cercare le ragioni per cui un editore come Mondadori decide di pubblicare un testo nella collana Lo specchio e un altro nella Medusa. L'editore sa benissimo cosa il pubblico, magari ingenuamente, si aspetta. Può violare la regola, ma per ragioni provocatorie, proprio perché la regola esiste e si vuole che la sua violazione sia sentita come significante (così come decise Vittorini quando pubblicò nella "Medusa" i fumetti di BC: voleva sostenere che si trattava di buona letteratura e di buona narrativa, ma proprio perché lui e gli altri sapevano che le regole della narrativa verbale sono diverse dalle regole di quella narrativa visivo-verbale che è il fumetto).

Il secondo criterio è visivo, grafematico o se volete grammatologico: la poesia, come si è detto, va a capo prima che sia finita la pagina. Ci deve essere una ragione. Nei calligrammi, nei carmi figurati, nella poesia spaziata di Mallarmé, la ragione è appunto grammatologica. Nella poesia tradizionale, e in gran parte di quella moderna, la ragione è fonica. Fonica, non fonologica, e dunque non grammaticale, non linguistica, tonemica, paralinguistica, soprasegmentale. L'andare a ~~~gerisce un respiro, impone una pausa.

Questa regola è di solito ignorata dai cattivi attori che ~~~no poesia "con sentimento", per far capire che essi "interpretano", ovvero che han capito di cosa si parla. Di fronte alla *Pentecoste* di Manzoni, un cattivo attore reciterà:

Madre de' santi, immagine della città superna (*pausa*)
del sangue incorruttibile conservatrice eterna, (*pausa*)
tu che da tanti secoli soffri, (*pausa breve*) combatti e preghi...

Il buon attore, o il poeta che legge i suoi versi, direbbe invece:

Madre de' santi (*pausa breve*) immagine (*pausa lunga*)
della città superna (*pausa lunga*)
del sangue incorruttibile (*pausa lunga*)
conservatrice eterna (*pausa più lunga*)
Tu che da tanti secoli (*pausa lunga*)
soffri, combatti e preghi...

La prima regola è dunque che la misura del verso imponga un ritmo fonico (lo spiega molto bene Jean Cohen ne *La struttura del linguaggio poetico*) che non ha nulla a che fare col ritmo semantico, e cioè con quello che sarebbe imposto da ciò che l'espressione vuol dire (le ragioni remote di questa scelta, le origini della poesia dalla danza, eccetera, in questo momento non mi interessano).

Qualunque cosa il poeta voglia dire, o si salva nella rottura del ritmo semantico (ovvero ne emerge un ritmo semantico più profondo, meno abituale, che impone di accentrare l'attenzione sul contenuto in modo deautomatizzato), oppure si ha il *nonsense*. La misura del verso è un ostacolo scelto per provocare un effetto di straniamento semantico. Ecco perché è importante che la poesia vada a capo, qualsiasi sia la ragione scelta per decidere quando e dove andare a capo. E se in qualche modo la poesia consente di non andare a capo (e modi di imporre l'a capo ve ne sono di infiniti, anche quelli imposti dal verso libero, che non ha né metro né rima, ma in qualche modo ha delle regole magari idiolettali che impongono un certo respiro indipendente dal respiro semantico), se in qualche modo la poesia permette che non si vada a capo con la voce senza tuttavia perdere nulla, ecco che il discorso non può essere definito poesia.

Con tutto ciò si è detto che il verso, come artificio espressivo,

...la leggi al contenuto. Il che non equivale a dire che il poetico ...nsiste in un gioco puramente espressivo. Il contenuto deve per così dire adattarsi a questo ostacolo espressivo, ma riuscirne rinforzato e amplificato.

Ma vediamo intanto cosa caratterizza la prosa. La caratterizza il fatto che l'espressione fa di tutto per adeguarsi al contenuto. Se il contenuto è una successione di oggetti, la prosa assume il ritmo parattatico dell'elenco, se è una implicazione di cause ed effetti assumerà quello sintattico di un periodo denso di subordinate. Il principio della prosa è *rem tene, verba sequentur*, il principio della poesia è *verba tene, res sequentur*. Purché si intenda con *res* il contenuto, e non dei referenti esterni, ovvero dei possibili referenti esterni ma già organizzati, pertinentizzati, formalizzati in contenuto.

Dunque il principio di discriminazione non gioca sulla prevalenza del contenuto o dell'espressione, ma neppure si rifà a una generica adeguazione tra i due livelli, si chiami essa autoriflessività o parallelismo. Quelle che dobbiamo individuare sono due modalità specifiche di correlazione tra espressione e contenuto che caratterizzano due diversi modi di costruire una funzione segnica, la funzione istituita dalla poesia e quella istituita dalla prosa.

A questo punto non posso che rifarmi a una distinzione che ho posto nel mio *Trattato di Semiotica generale* e, si noti, non nella prima parte dedicata alla teoria dei codici o alla struttura dei sistemi di significazione, ma in quella dedicata alla teoria dei processi comunicativi, ovvero dei modi concreti di produrre segni. In quella sede cercavo di articolare meglio una serie di opposizioni, ancora ambigue, tra arbitrario e motivato, convenzionale e naturale, simbolico e iconico, attraverso la opposizione tra *ratio facilis* e *ratio difficilis*.

Queste due *rationes* non riguardano il modo in cui un segno si correla ai propri referenti, ma il modo in cui una espressione si correla al proprio contenuto. Nella *ratio facilis* abbiamo una espressione preformata, e infinitamente producibile come occorrenza di un tipo ben definito, che viene correlata per convenzione a un certo contenuto. L'espressione /cane/ è fonologicamente precostituita e foneticamente producibile all'infinito, e solo una convenzione culturale decide se vada correlata a una serie di proprietà che caratterizzano e delimitano, in italiano, un certo animale, o a una serie di marche operative che caratterizzano, in latino, l'ingiunzione a emettere suoni vocali. La *ratio difficilis* si ha invece quando le modalità di articolazione dell'espressione e i suoi tratti pertinenti vengono fissati modellandosi in base ai tratti pertinenti del contenuto, attraverso regole di proiezione più o meno codificate o inventate *ad hoc*. Così l'espressione costituita dal quadrante dell'orologio viene organizzata (è stata organizzata per la prima volta ma può venir riscoperta sotto questo profilo ogni qual volta si riconsideri con freschezza semiotica il quadrante dell'orologio) sulla base di un modello di contenuto che mette in forma il movimento apparente del sole intorno alla terra. A tanto spazio ricoperto dal sole in moto corrisponde proporzionalmente tanto spazio circolare sul quadrante. Come si vede, il rapporto è tra espressione e contenuto, non tra espressione e referente o stato del mondo, non solo perché è irrilevante al funzionamento semiotico dell'orologio che siano il sole o la terra a muoversi, ma perché oltretutto la regola di proiezione inverte sul quadrante il moto del sole quale lo si concepisce guardando e poi modellizzando il suo tragitto da est a ovest, per un osservatore con gli occhi al nord.

Ora il linguaggio verbale è quasi sempre ispirato a *ratio facilis* per quanto riguarda il lessico e quasi sempre ispirato a *ratio difficilis* per quanto riguarda la sintassi. Il rapporto tra una espressione singola e il suo contenuto è ispirato a *ratio facilis* (non c'è rapporto di motivazione tra il modello di contenuto corrispondente al cane o all'unicorno e la forma delle parole /cane/ e /unicorno/), tranne casi eccezionali come l'onomatopea (e anche qui il rapporto tra parola e suono reale è mediata dal contenuto e cioè dalla rappresentazione culturale del suono reale, cosicché il suono del tuono e il chicchirichì del gallo o l'abbaiar del cane vengono onomatopeizzati in modi diversi da diverse culture).

In sintassi invece il rapporto è di *ratio difficilis*, perché la differenza posizionale tra /Pietro ama Giovanni/ e /Giovanni ama Pietro/ (così come la differenza non posizionale ma flessionale tra /Petrus Paulum amat/ e /Paulus Petrum amat/) sono prescritte da ciò che si vuol dire. L'espressione riflette, *mappa*, imita, mima a modo proprio (e in modi e secondo regole di proiezione variabili da cultura a cultura) i rapporti di contenuto. Ora se negli esempi citati la *ratio difficilis* è per così dire accettata e sovente non riconosciuta come tale, in quei casi di uso estetico del linguaggio in cui si parla di parallelismo e autoriflessività del messaggio, abbiamo invenzioni originali secondo modalità di *ratio difficilis* non ancora sperimentate. Quindi nell'uso estetico del linguaggio parole quasi sempre prodotte per *ratio facilis* sono disposte (e talora prodotte) per *ratio difficilis*.

Ma mi rendo conto ora (nello svolgere il presente discorso) che la mia opposizione soffriva ancora dei difetti che rimproveravo a Jakobson e ad altri teorici strutturalisti dell'effetto poetico. Essa lascia indiscriminata la differenza tra prosa e poesia.

Dirò di più, mi rendo conto ora che essa rende conto solo di quell'uso estetico del linguaggio che si attua mediante la modalità della prosa. Una bella prosa è appunto quella in cui l'espressione, manipolata con sapienza, si adatta mirabilmente, in modo insostituibile, a ciò che vi è da dire. Non sto dicendo che ciò che vi è da dire preesiste al modo in cui lo si esprime: dico che se ciò che vi è da dire viene espresso bene è perché tutto nell'espressione è sfidato ad adattarsi a ciò che vi è da dire, e ad imporre persino respiri, ritmi, pause foniche (oppure grafematiche) tali che ciò che vi è da dire appaia come deve apparire (il che non significa nel modo più facile, ma anzi nel modo più sorprendente, inaspettatamente evidente).

Cosa intendo dire apparirebbe in modo chiaro se avessimo tempo di rileggerci passo per passo la prima pagina de *I promessi sposi*.

Quanto l'espressione mimi il contenuto ce ne rendiamo conto se rileggiamo il brano tenendo sotto gli occhi una carta geografica. Manzoni non sta partendo da decisioni verbali ma da decisioni epistemologiche. Egli ha deciso che la sua descrizione dell'ambiente deve procedere anzitutto per un movimento che un tecnico cinematografico chiamerebbe di *zoom* e come se la ripresa fosse fatta da un aereo: cioè la descrizione parte come fatta dagli occhi di Dio, non dagli occhi degli abitanti. Questa prima opposizione tra *alto* vs *basso*, ovvero questo primo movimento continuo dall'alto al basso, individua prima il lago e il suo ramo, poi scende lentamente a individuare (come non si potrebbe da una altezza "geografica") il ponte e le rive. La decisione geografica è rinforzata dalla decisione, sempre epistemologica, di procedere da nord verso sud, seguendo appunto il corso di generazione del fiume; e di conseguenza il movimento descrittivo parte dall'*ampio* verso lo *stretto*, dal lago al fiume, ai torrenti, dai monti ai pendii e poi ai valloncelli, sino all'arredamento minimo delle strade e dei viottoli, ghiaia e ciottoli.

La visione geografica, man mano che procede dall'alto verso il basso, diventa visione *topografica* e include potenzialmente gli osservatori umani. E come ciò avviene, la pagina compie un altro movimento, questa volta non di discesa dall'alto geografico al basso topografico, ma dalla profondità alla lateralità: sino ad arrivare a dimensioni umane, dove la carta si annulla nel paesaggio concreto, la visione scende dall'alto al basso; a questo punto l'ottica si ribalta, e i monti vengono visti di profilo, come se finalmente li guardasse un essere umano a piedi. Per cui si dice del Resegone che "non è chi, al primo vederlo, purché sia di fronte...". E a quel punto anche i pendii e i viottoli visti prima dall'alto sono descritti come se fossero "camminati", con suggestioni non solo visive, ora, ma anche tattili. Solo a quel punto il visitatore, che cammina, arriva a Lecco. E qui Manzoni compie un'altra scelta, non più epistemologica (dal cosmo all'esperienza individuale) ma direi in termini di consuetudine enciclopedica (che forse ricalca la progressione del Genesi): dalla geografia passa alla storia. Ed ecco che Manzoni narra la storia del luogo or ora descritto geograficamente.

È chiaro che le decisioni che Manzoni prende non sono linguistiche, anche se sono ancora semiotiche. Esse coinvolgono problemi di semiotica della cultura, dello spazio, del corpo, della percezione. Attraverso di esse egli predispone un modello di contenuto, e del contenuto fa parte la tecnica di scoperta di un ambiente, tecnica che avrebbe potuto essere anche opposta, Lecco e il lago via via scoperti da un passeggero umano che vi arriva pian piano, spuntando da dietro una montagna: ma è ovvio che Manzoni, per ben iniziare, procede con gli occhi della Provvidenza che ha disposto così il paesaggio, non con gli occhi dei piccoli uomini che lo abiteranno.

Non dico che le decisioni linguistiche *seguano* questa decisione; forse cronologicamente, nel senso del progresso dell'invenzione scritturale, la precedono: ma è chiaro che generativamente, alla luce di una modellizzazione dei vari livelli testuali, le decisioni di contenuto, anche se sono istituite e concretate dalla scrittura verbale, la precedono, la fondano, ne decidono il destino. Narrare in prosa non è anzitutto scrivere, è *concepire un mondo*. La decisione è cosmologica.

Cosa accade invece con la poesia? Il poeta sceglie una serie di costrizioni espressive, e poi scommette che il contenuto, qualsiasi esso sia, e per quanto esso potesse precedere la scrittura, si adeguerà alle costrizioni espressive, e tanto meglio se ne verrà modificato. Il poeta guarda al mondo così come le costrizioni del verso gli impongono. Non solo, ma in tal modo guarda anche alla lingua. Perché se la prosa, prima che un fatto linguistico, è un fatto cosmologico, la poesia, prima che un fatto linguistico è un fatto paralinguistico. In entrambi i casi la lingua è come presa nel mezzo, e reinventata alla luce di una delle due costrizioni. In entrambi i casi la lingua è determinata da altri sistemi semiotici. Non è il ritmo (sia esso piede, metro, cadenza libera, verso secondo l'orecchio o il respiro, cesura fissata arbitrariamente ma in modo ciclico) che si adegua alle parole, ma le parole che si adeguano al ritmo. Le parole sono *scelte* dal ritmo. Così come in prosa esse erano scelte dal contenuto. "Orribile Oreste" è antonomasia, ma è prosa, perché a decidere l'antonomasia sta il fatto che Oreste non sia grazioso.

"Parenti serpenti" è invece poesia, perché è la rima che impone di disprezzare i parenti, indipendentemente da quanto noi pensiamo dei rapporti parentali. Certo, la rima ammetterebbe anche "parenti sergenti", che fa meno senso, ed è per questo che la buona poesia impone un rapporto che appaia necessario tra contenuto ed espressione, tra suono e significato. C'è differenza tra la poesia come opera d'arte e di conoscenza e il *nonsense* rimato. E la Vispa Teresa avrebbe anche potuto sorprendere tra l'erbetta una gentil *cavalletta*. Ma allo stesso titolo Manzoni avrebbe potuto rispettare lo stesso approccio cartografico iniziando il suo romanzo con "Quella diramazione del Lario che, puntando a sud tra due sequenze di dossi...". Ma lo si è detto, qui non si sta cercando di stabilire la discriminante tra arte e non arte, bensì quella, elementarissima, tra prosa e poesia.

E così dirò che, se in prosa si realizza il caso esemplare di una *ratio difficilis* per cui l'espressione si adegua alle esigenze del contenuto, in poesia si attua una *ratio* che ora definirò *difficillima*, in cui il contenuto si adegua alle esigenze dell'espressione. Come modelli metaforici, citerò l'onomatopea e l'allitterazione. L'onomatopea è prosastica, la forma dell'espressione deve adattarsi alla forma del contenuto, che precede. L'allitterazione è poetica: la forma dell'espressione – fondata sulla ripetizione di un suono – detta legge all'invenzione del contenuto. Come diceva Tynijanov, "in poesia il significato delle parole è modificato dal suono, nella prosa il suono è modificato dal significato". Più recentemente Stefano Agosti ricorda che "i significanti in poesia, se, da un lato, rimandano pur sempre ai significati, dall'altro si costituiscono invece entità autonome e, al limite, depositarie esse stesse di senso".

Come esempio di *ratio difficillima* cercherò di ripercorrere la storia di alcune varianti apportate da Manzoni a una poesia teologica quante altre mai, *La Pentecoste*, che sembra nata, e di getto, nella sua cantabilità di settenari dall'apparenza naturale e facilissima, da una ispirazione religiosa e morale che abbia preceduto la scelta delle parole.

Giugno 1817, Manzoni abbozza una prima stesura, che inizia in modo assai diverso dall'inno definitivo, e pone l'accento sul popolo d'Israele e sulla chiesa primitiva ai tempi della passione.[3]

Monte ove Dio discese,	(p, 146)
ove su l'ardue nuvole	(s, 146)
....	
Salve o pendice eletta	(p, 146)
del solitario Sinai,	(p, 146)
...	
Caliginosa rupe	(p, 146)
ove ristette Adonai...	(s, 146)

A parte le difficoltà di rendere accettabile la rima in /Sinai/ (si veda l'orrore di quell'Adonai), Manzoni trova evidentemente che qualcosa non va: sposta, ricompone, arriva alla pietosa soluzione di:

salve o terribil Sinai	(p, 146)
salve famoso, ond'Ei	(t, 146)
ai liberati Ebrei	(t, 146)
il suo voler dettò.	(t, 26)

Quando, nell'aprile del 1819, arriviamo al secondo abbozzo, la critica riconosce con interesse contenutistico che egli, avendo scritto la *Morale Cattolica*, sposta l'attenzione dal mondo ebraico primitivo alla chiesa militante nel pieno del suo trionfo ecumenico. Ed ecco che l'inizio suona ora:

Madre dei Santi, immagine	(s, 146)
della città superna,	(p, 146)
del Sangue incorruttibile	(s, 26)
conservatrice eterna...	(p, 26)

Mutamento di contenuto? In realtà tra queste due stesure noi troviamo qualcosa di molto più interessante. È che Manzoni nel 1817 aveva decisa la misura del settenario, ma non ancora l'alternanza delle rime (che tentativamente è ABACBDDC), tipo di costrizione che definisce in questo secondo abbozzo del 1819 (ABCBDEEF). Ma c'è di più. Quegli imbarazzi tra Sinai, Adonai, Ei ed Ebrei, derivano anche dal fatto che egli non aveva ancora deciso circa un'altra costrizione, e cioè se i settenari dovevano avere accenti sulla prima, quarta e sesta sillaba, o sulla seconda e sesta (se cioè dovevano essere trocaici giambici o giambici) e sposta nelle varie correzioni i suoi versi, come se ogni rima fosse buona per qualsiasi cosa, alla ricerca di una soddisfacente soluzione accentuativa. E inoltre non aveva ancora deciso quali versi dovessero terminare sdruccioli, quali piani e quali tronchi, ma infila tronchi anche a metà strofa. Nella versione 1819 ha deciso definitivamente che la successione sdruccioli-piani sarà la seguente: sp, sp; sp, pt. E anche se non ha fissato una regola per il succedersi dell'accento iniziale sulla prima o sulla seconda sillaba, ha ormai deciso che in ogni strofa deve esserci una alternanza regolata dei due modelli.

Ma ecco che (sempre in questo abbozzo) egli non sa come risolvere una questione di contenuto (ancora una volta geografica), ovvero il modo in cui dovrà rappresentare la diffusione della religione cattolica sino agli estremi confini del mondo. Come per il Manzanarre e il Reno, egli va per sciabolate degne di una compagnia aerea (Manzoni aveva una vocazione cartografica), e per il momento decide in questi termini. Dopo aver nominato a volo d'uccello la Vistola e il Tebro, la Senna e l'Ebro, ecco che si avventura oltre oceano:

```
A te della pacifica          (s, 26)
onda i sanguigni liti,       (p, 146)
a te si piega il bellico     (s, 26)
coltivator d'Haiti...        (p, 146)
```

Segue, alcuni versi più avanti, il Libano.

Ma la faccenda non pare funzionare ancora, anche se l'alternanza sp (e quella degli accenti) pare corrispondere alla regola che si è posto. Forse ha resipiscenze dal punto di vista del contenuto, non sa se l'haitiano sia meglio identificato come selvaggio bellicoso o come pacifico coltivatore. E tenta:

```
Te salvator l'armigero       (s, 146)
Padre di tutti il bellico    (s, 146)
coltivator d'Haiti           (p, 146)
fido agli eterni riti        (p, 146)
canta disciolto il piè       (t, 146)
```

Che è bruttarello assai, anzitutto per la faticosità sintattica (l'armigero coltivatore dovrebbe cantare dio padre di tutti, ballando col piede disciolto e fido ai suoi riti eterni, immagino, o ai riti eterni della vera religione...). Ma la cosa non può funzionare anche perché, per cedere a una impennata di contenuto quasi dionisiaco, Manzoni ha dimenticato le costrizioni che si era posto, e si ritrova tra le mani due sdruccioli di seguito e poi tre piani, e inoltre i cinque versi sono tutti accentati sulla prima sillaba, e la bella alternanza che si era proposta, sia pure *cum grano salis*, è andata a farsi benedire.

Cosa interessa a Manzoni? La bellicità del coltivatore o l'alternanza degli accenti? L'alternanza.

Ed ecco che nel settembre del 1819 Manzoni tenta un miglioramento, invero assai limitato:

Te sanguinose invocano	(s, 146)
consolator le sponde,	(p, 146)
cui le vermiglie battono	(s, 146)
e le pacific'onde;	(p, 146)
Te Dio di tutti il bellico	(s, 146)
coltivator d'Haiti,	(p, 146)
fido agli eterni riti	(p, 146)
canta, disciolto il piè.	(t, 146)

Troppo poco, la successione di sdruccioli, piani e tronchi può funzionare ma l'accento è sempre e costantemente sulla prima sillaba.

Nel settembre del 1822, Manzoni riprende, rifonde, e, per amor d'accenti e di sdruccioli, butta a mare il bellicoso, il coltivatore, gli eterni riti e il piè disciolto, che chiaramente non gli importavano nulla:

O spirito! Supplichevoli	(s, 26)
ai tuoi novelli altari	(p, 26)
soli per selve inospiti	(s, 146)
vaghi in deserti mari	(p, 146)
sparsi dall'Ande al Libano	(s, 146)
dalla scogliosa Haiti	(p, 146)
sparsi d'Ibernia ai liti!	(p, 146)
ma di cor uni in Te.	(t, 146)

Dove la successione st è quella buona, ma due soli versi accentati sulla seconda sillaba sono seguiti da sei versi accentati sulla prima. Di interessante c'è da notare che, per semplificare, Manzoni scopre che Haiti è montuosa, e sul piano del contenuto questo gli permette di recuperare connotativamente la bellicosità degli haitiani, perché è noto che i popoli montanari sono bellicosissimi. Il coltivatore, pazienza, e d'altra parte come si può coltivare sugli scogli?

Nell'ottobre del 1822 Manzoni ritrascrive la precedente versione in pulito, mantiene i primi quattro versi, e sostituisce così gli ultimi quattro:

Dall'Ande algenti al Libano	(s, 26)
da Ibernia all'irta Haiti	(p, 26)

> sparsi per tutti i liti   (p, 14)
> ma d'un cor solo in te.   (t, 146)

Dove si ottengono i seguenti risultati. Gli otto versi ora rispondono mirabilmente al modello sp, sp, sp, pt; due versi ad accento 2/6 si alternano sempre a due versi 1/4/6; l'arrivo dell'Ibernia permette un parallelismo di contenuto con l'opposizione freddo/caldo che si sottende all'opposizione Ande/Libano; l'Ibernia impedisce ad Haiti di essere scogliosa, ma tanto meglio, /irta/ porta le connotazioni sia di scoglioso che di bellicoso, e inoltre è più poetico. Infine, quel /cor solo in te/ mi pare meglio di quel /di cor uni in te/ ed è peccato che alla fine, come vedremo, scompaia.

E arriviamo all'edizione definitiva del 1855, che è quasi come quella originale del '22, salvo che Manzoni alla strofa fatidica apporta correzioni in bozze e mentre il verso finale ritorna ad essere:

> uni per te di cor

(scelta che rimane responsabilità sua della quale non vorrei rispondere), il distico geografico diventa:

> Dall'Ande algenti al Libano   (s, 26)
> d'Erina all'irta Haiti.   (p, 26)

Scelta che lascia perplessi e per due ragioni. Il nuovo toponimo è meno comprensibile del primo, e non vale sia più arcaico né si vede il perché di tanto snobismo, dato che pur sempre d'Irlanda si tratta. Inoltre mentre l'accentuazione d'Ibernia è priva di ambiguità, non è chiaro se il verso, con Erina, debba essere letto 1/4/6 o 2/6, e se fosse buona la prima soluzione (Èrina), si perderebbe la giusta e simmetrica alternanza dei modelli accentuativi. L'unica spiegazione, a dimostrare che si ha poesia quando si fissano per bene i criteri di costrizione (e che nessuna figura retorica da sola fa poesia) e che la /b/ di Ibernia allitterava con la /b/ di Libano, e questo a Manzoni non piaceva.

Questa è una spiegazione che mette in crisi il mio modello di poesia, perché le ragioni per cui l'allitterazione viene evitata sembrano di tipo prosastico: una ripetizione di suono imporrebbe un *pietinage sur place* in una volata geografica che si vuole senza sosta e trionfale, e quindi qui l'espressione si adegua alle esigenze del contenuto. Ma il sospetto è salutifero, perché ci dice che i modelli, compresi quelli di modalità poetica e di modalità prosastica, sono appunto modelli, e si realizzano poi in modo misto all'interno di contesti detti poesia o prosa a seconda della assoluta predominanza, non dell'esclusività, di uno dei due.

All'opposto penso che il parallelismo di contenuto (Ande e Erini, *fredde*, Libano e Haiti, *calde*) sia un effetto di senso che non è stato deciso in anticipo, ma derivato come guadagno di contenuto, premio all'essersi piegato così docilmente alle costrizioni dell'espressione.

Come conclusione diremo che, se il modello di scrittura poetica proposta è valido, la poesia appare come una modalità che educa all'ostacolo, che tiene in esercizio il contenuto, ovvero tiene in esercizio il pensiero, perché si tratta di dire qualcosa di accettabile anche se lo dice per tener fede a una costrizione puramente espressiva. Col che si vede che il principio di adeguazione del contenuto alla espressione è *ratio difficillima* perché, ancorché risolversi in bieco formalismo, come accadrebbe nella cantilena e nel *nonsense*, riesce bene e vittorioso quando il contenuto è sfidato a ripensarsi in modo inatteso ma non vuoto. La poesia produrrebbe allora creatività a livello del contenuto attraverso un'automatizzazione dell'espressione. Il che è bell'esercizio ginnastico, e ci dimostrerebbe che la poesia è salute.

Rimarrebbero da esplorare le situazioni di frontiera che si dà il caso siano la norma: e cioè i casi di attualizzazione della modalità poetica nell'esercizio della prosa e viceversa. Perché dovrebbe essere ascritta a modalità prosastica la faticosa sintatticità di Proust, che deve riprodurre nel linguaggio i ritmi congetturali ed esplorativi della memoria, ma è lecito il sospetto che, solo dopo aver preso una decisione di sintatticità assoluta, per non essere come il paratattico Hemingway, Proust abbia veramente realizzato la sua vocazione di rimemoratore a tempo pieno. Il che vale a dire che, sempre, una scelta di stile coerente, instaura il principio della poesia nella prosa, e questo vale a giustificare quanti hanno identificato il poetico con l'estetico, e col trionfo dello stile, *tout court*. Ma del pari, ogni qual volta un modello non linguistico di contenuto ha diretto la scelta delle cadenze linguistiche, anche in un poema, il principio della prosa si instaura nella poesia.

Ma oggi si trattava solo di delineare dei modelli euristici, partendo dalla domanda "perché la poesia va sempre a capo prima della fine del foglio?" A questa domanda, almeno, spero di avere risposto.

[1] Bruxelles, Complexe, 1977.

[2] Ora in U. Eco, *Semiotica e filosofia del linguaggio*, Torino, Einaudi, 1984.

[3] Nei versi che seguono, *p/s* indica l'alternanza di piani e sdruccioli, mentre i numeri da *1* a *6* indicano le sillabe su cui cade l'accento.

Nel 1907 Luigi Pirandello iniziava a pubblicare una serie di studi e di lezioni sul tema "Umorismo", riuniti poi in volume nel 1908 e ripubblicati nel 1920, con alcune polemiche risposte a obiezioni di Benedetto Croce.

Croce aveva facilmente liquidato il tentativo di Pirandello perché aveva già definito una volta per tutte il comico e l'umoristico: si tratta di una nozione psicologica che serve a definire certe situazioni e non di una situazione estetica che debba essere definita (Croce era un maestro nel liquidare i problemi definendoli pseudo-problemi, e questo gli permetteva di porre solo dei problemi a cui avesse già trovato la risposta).

È facile capire come un procedimento del genere non piacesse a Pirandello: a Pirandello piaceva porre solo i problemi di cui non si trova la risposta.

Ponendosi il problema dell'umorismo Pirandello poteva essere veramente soddisfatto di se stesso. Il problema del comico (di cui l'umorismo è certamente una sottospecie e una variazione) ha, dal punto di vista di Pirandello, il vantaggio di aver sempre messo in imbarazzo i filosofi che hanno tentato di definirlo.

Ogni definizione filosofica dell'umorismo o del comico ha le seguenti caratteristiche costanti:

1. Riguarda un'esperienza molto imprecisa, tanto è vero che essa va sotto nomi diversi, quali Comico, Umorismo, Ironia, ecc. Non si sa bene se si tratti di esperienze diverse o di una serie di variazioni di un'unica esperienza fondamentale. Si inizia credendo che questa esperienza abbia almeno un corrispettivo fisiologico, che è il riso, per poi accorgersi che esistono

innumerevoli esempi di comico che non è accompagnato dal riso.

2. L'imprecisione della definizione è tale che alla fine di ogni studio sul comico e sull'umorismo si arriva a comprendere nella definizione anche delle esperienze che il senso comune definirebbe non comiche ma tragiche. Paradossalmente una delle componenti del comico è il pianto.

3. Tutti coloro che hanno scritto sul comico non erano scrittori comici. Non hanno scritto sul comico Aristofane, Molière, Luciano, Groucho Marx e Rabelais. Vediamo invece chi: a) un pensatore serio come Aristotele, e proprio come esplicazione finale del suo studio sul tragico. Per un accidente la parte della *Poetica* sul Comico è andata perduta. Si tratta di un caso? Concediamoci una ipotesi "umoristica": Aristotele era abbastanza lucido per decidere di perdere un testo in cui egli non fosse riuscito a essere lucido come al solito; b) un austero pietista come Kant; c) un altro filosofo altrettanto austero – peraltro incline al sarcasmo – come Hegel; d) un poeta tardo-romantico e spleenetico come Baudelaire; e) un pensatore di scarsa allegria ed esistenzialmente preoccupato come Kierkegaard; f) uno psicologo non molto ridanciano come Lipps; g) di tutti i filosofi francesi contemporanei non l'arguto e conversevole Alain, ma un Bergson metafisico e un Lalo sociologo; h) e infine Freud, colui che ci ha rivelato le nostre pulsioni di morte.

Pirandello è in buona compagnia. Siamo tutti d'accordo che se l'esistenza umana è come ce la descrive Pirandello, c'è poco da ridere. Ed ecco che Pirandello scrive sull'umorismo. Per capire perché, non c'è che da rifarsi a una delle definizioni di Baudelaire: il riso è profondamente umano, dunque è diabolico. Gli angeli non ridono (sono troppo preoccupati a stare in numero inverosimile sulla punta di uno spillo); il diavolo sì. Ha tempo da perdere, tutta una eternità per coltivare il proprio disagio.

Il disagio manifestato da chi ha teorizzato sul comico ci inclina a pensare che il comico sia unito con il senso del disagio.

4. Ultima caratteristica di chi ha teorizzato sull'umorismo. O ne ha dato una definizione che non comprende tutte le possibili manifestazioni del comico (vedi Bergson o Freud) o ne ha dato una definizione che comprende troppe cose, più di quel-

le che il senso comune chiama "comiche". Vedi il caso di Pirandello. Il suo saggio sull'umorismo diventa un trattatello metafisico su tutto – o sul Tutto. L'unica cosa che esso non definisce (come vedremo) è l'umorismo di Pirandello.

Ci troviamo dunque di fronte a un testo ambiguo. Esso sembra voler definire l'umorismo, passa attraverso alcune definizioni del comico e dell'ironia, arriva ad essere una definizione dell'Arte in genere, o almeno dell'arte di Pirandello (e quindi è un testo di poetica) rivelandosi infine per quello che in realtà è (come tenteremo di dimostrare): un dramma o una commedia di Pirandello, che per errore ha assunto la forma del saggio. Cerchiamo dunque di leggere per tre volte questo saggio, adottando tre punti di vista:

1. Il saggio come una definizione, imprecisa e fallimentare, dell'umorismo.

2. Il saggio come una enunciazione della poetica di Pirandello.

3. Il saggio come il dramma grottesco di una definizione impossibile.

1. *La definizione dell'umorismo*

La prima parte del saggio, in cui Pirandello tenta di seguire le teorie più note e di applicarle a una analisi dell'umorismo nella letteratura italiana, dà l'impressione che Pirandello manchi sempre il proprio oggetto. Inizia a parlare dell'umorismo e ci definisce il comico; parla del comico e si trova tra le mani l'ironia. La seconda parte tenta una sistemazione teorica. Nel momento in cui pare averla raggiunta, praticamente l'abbandona perché, come vedremo, definisce qualcos'altro – diciamo l'Arte e la Vita, in generale.

Cerchiamo di individuare il punto in cui Pirandello spiega cosa sia l'esperienza estetica e come l'attteggiamento umoristico si inserisca nel processo artistico.

L'arte è creazione della fantasia la quale "organa" o meglio organizza le proprie immagini dando vita a una forma armoniosa. Se esistono delle regole o delle determinazioni (dovute alla tradizione, al linguaggio, alla cultura in genere) la fantasia le distrugge e le rifabbrica con una specie di impulso inanalizzabile: nasce una nuova forma, originale, armonica, come un essere vivente.

Tutto questo processo è regolato e seguito da quello che Pirandello chiama la "coscienza" o la riflessione. La riflessione, come uno specchio, dà alla fantasia l'immagine critica del proprio processo e la aiuta a controllare i propri movimenti. Ma nella creazione umoristica la riflessione prende il sopravvento: interviene direttamente nel processo, controlla esplicitamente, attivamente la fantasia, ne scompone il movimento in tante parti diverse, con pignola minuzia analitica.

In altre parole, la riflessione blocca di continuo la fantasia e le dice: "Bada, tu credevi che le cose che immagini fossero così come le immagini, e che così fossero perfette. Invece potrebbero essere anche diverse". La riflessione tallona la fantasia ad ogni passo e le mostra che tutto potrebbe essere anche il contrario di quello che è.

Quando nasce un *avvertimento del contrario* abbiamo ciò che Pirandello chiama il comico.

In questo senso egli si allinea con le teorie classiche del comico. Per Aristotele il comico è qualcosa di sbagliato che si verifica quando in una sequenza di avvenimenti si introduce un evento che altera l'ordine abituale dei fatti. Per Kant il riso nasce quando si verifica una situazione assurda che fa finire nel nulla una nostra aspettazione. Ma per ridere di questo "errore" occorre anche che l'errore non ci coinvolga, non ci riguardi; e che di fronte all'errore di un altro ci si senta superiori (noi che *non* commettiamo l'errore). Per Hegel era essenziale al comico che chi ride si senta così sicuro della sua verità da poter guardare con superiorità alle contraddizioni altrui. Questa sicurezza, che ci fa ridere della disgrazia di un inferiore, è naturalmente diabolica. E su questo Baudelaire aveva già detto tutto. L'esempio tipico del comico è quello del *miles gloriosus* che passeggia tutto impettito e scivola su una buccia di banana; noi ci attendevamo da lui un altro comportamento, noi *non* siamo scivolati, noi siamo piacevolmente e diabolicamente sorpresi e ridiamo.

Pirandello fa l'esempio di una vecchia ormai cadente che si copre di belletti, si veste come una ragazza e si tinge i capelli. Egli dice *Avverto* che quella vecchia signora è il contrario di ciò che una vecchia rispettabile signora dovrebbe essere". Ecco l'incidente, la rottura delle aspettative normali, e il senso di superiorità col quale io (che capisco l'errore altrui) rido.

Ma a questo punto Pirandello ci dice che l'avvertimento del contrario può diventare *"sentimento del contrario"*. La riflessione compie qui un nuovo processo; cerca di capire le ragioni per cui la vecchia si maschera, illudendosi di riconquistare la giovinezza perduta: il personaggio non è più distaccato da me, io cerco di entrare dentro di lui.

Facendo questo io perdo la mia superiorità, perché penso che anch'io potrei essere lui. Il mio riso si mescola con la pietà, diventa un sorriso. Sono passato dal comico all'umoristico. Pirandello vede con molta chiarezza che per passare dal comico all'umoristico occorre *rinunciare al distacco e alla superiorità* (caratteristiche classiche del comico).

L'esempio più bello è quello di Cervantes: tutto quello che Don Chisciotte fa è comico. Ma Cervantes non si limita a ridere di un pazzo che scambia un mulino a vento con un gigante. Cervantes lascia capire che anche lui, Cervantes, potrebbe essere Don Chisciotte – anzi lo è. Come Don Chisciotte, ha combattuto contro i Turchi credendo in un ideale di cui ora dubita, ha perso una mano e la libertà, non ha trovato la gloria. Il *Don Quijote* è perciò un grande romanzo umoristico. L'*Orlando Furioso* non lo è, perché con sottile ironia Ariosto si limita, una volta mostrato Astolfo che vola sull'ippogrifo (visione eroica e favolosa), ad *avvertire del contrario*: Astolfo la notte scende di sella e va a dormire all'albergo (il contrario dell'eroico è il quotidiano, il contrario dell'eccezionale è il comune, il contrario del cavaliere errante è il commesso viaggiatore o il mercante).

Se volessimo perfezionare la definizione di Pirandello potremmo forse dire così: abbiamo umorismo quando, data una situazione comica, vi riflettiamo su e cerchiamo di capire perché la situazione si sia verificata; oppure quando, data una situazione che non è ancora comica (il *miles gloriosus* sta ancora camminando e non è ancora scivolato), noi anticipiamo il comico possibile per avvertire noi stessi che il nostro sistema di aspettative può essere frustrato ad ogni istante.

L'umorismo sarebbe allora la riflessione che si esercita *prima* o *dopo* il comico, conservando la *possibilità del contrario* ma eliminando il nostro *distacco* e la nostra *superiorità*. Se manca il distacco e siamo *dentro* il fatto comico (se siamo noi che scivoliamo) allora non nasce il riso ma il pianto. Per questo l'umorismo dovrebbe riguardare sempre il nostro passato o il nostro futuro. Come si potrebbe dire allora che riguarda anche il nostro presente (come l'opera di Pirandello sembra voler dimostrare?). Bisognerebbe allora completare la definizione di Pirandello in questo modo: l'umorismo può reintrodurre il distacco e il senso di superiorità facendo sì che di un fatto presente, che noi subiamo come tragico, si possa parlare come se fosse già accaduto o dovesse ancora accadere – e comunque come se non ci coinvolgesse.

Questo Pirandello – nel saggio – *non lo dice*. Ma è curioso che nella sua opera *lo faccia*. Il teorico di questo procedimento pirandelliano non è stato Pirandello, ma Brecht: è un problema di *straniamento* o di *Verfremdung*. Io devo dimostrare quello che mi avviene come se non avvenisse a me, o come se non fosse vero, o come se accadesse ad altri.

Cosa fa Pirandello? Sdoppia personaggio e attore, fa accadere delle cose vere ma assumendo che siano recitate dagli attori, o fa recitare gli attori ma insinuando il sospetto che quello che loro recitano accada veramente a loro.

A questo punto occorrerebbe usare una precisione classificatoria che Pirandello non ha, e distinguere meglio alcune categorie di comico e di umoristico, scoprendo che la categoria dell'umorismo pirandelliano non è sufficientemente trattata da Pirandello:

Il Comico. Accade qualcosa contrario all'ordine naturale delle cose e io ne rido perché non mi riguarda (distacco) e me ne sento superiore (esempio: la vecchia dipinta e ritinta).

L'Umorismo 1. Non sta accadendo nulla di comico ma io capisco che potrebbe anche succedere: vedo una bella donna e rifletto umoristicamente sul fatto che tra trent'anni potrebbe essere una vecchia dipinta. Questo accadimento contrario alle mie aspettative non riguarda solo la donna, ma anche me e il mio futuro. Il comico altrui è uno specchio del mio comico possibile. La riflessione ha mostrato alla mia fantasia il contrario della sua illusione momentanea.

L'Umorismo 2. Sta accadendo un fatto comico, ma io rinuncio al distacco e alla superiorità e cerco di capire lo stato d'animo di colui che è comico (capisco la vecchia, capisco Don Chisciotte, che non è pazzo, ma vittima di una illusione che potrebbe essere la mia).

L'Umorismo 3. Sono in una situazione tragica. Sono un marito tradito, un padre disperato, uno jettatore perseguitato e "patentato". Cerco di vedere me stesso come se fossi un altro. Mi "estranio". Mi vedo come un attore che recita me. Mi recito.

Uso la riflessione come specchio, la realtà come specchio della riflessione, lo specchio dello specchio come specchio dello specchio dello specchio. Da un lato partecipo a questa storia e quindo, anche vedendola comica, la considero con umorismo. Dall'altro non vi partecipo, e in un certo senso divento estraneo e superiore. Per questo posso raccontarla come se fosse comica.

Questa terza definizione dell'umorismo, Pirandello non la dà esplicitamente. Perché? Perché non riesce più a capirla come una forma di umorismo. Proprio perché è possibile questo gioco di specchi, Pirandello porta il suo saggio a due livelli superiori: invece di definire l'umorismo egli definisce l'arte in generale – e la vita.

2. *La poetica di Pirandello*

Nella prima parte del saggio Pirandello mostra l'umorismo (nella sua forma di poesia popolaresca e giocosa applicata ai temi poetici tradizionali) come un modo per spezzare gli schemi della retorica. Cos'è la retorica, nel senso della precettistica tradizionale che pesava sulla letteratura italiana? È un codice, un sistema di regole. Cosa fa l'umorismo? Crea una nuova forma senza imitare le vecchie forme. Come? Attraverso una operazione di sconnessione e trasgressione dei codici esistenti.

Ma nella seconda parte del saggio la stessa definizione non si applica più alla retorica e all'umorismo, bensì alla differenza tra arte vecchia e nuova. Cosa fa l'arte (tradizionale)? Nel suo tentativo di dare una forma comprensibile alla vita, che è un flusso inafferrabile e indefinibile di eventi, la immobilizza in forme fisse, in tipi.

Facendo così compie lo stesso errore della logica, la quale tenta di dare una apparenza razionale a ciò che è irrazionale e sfugge a ogni forma che la immobilizzi per sempre.

"L'arte [ma qui Pirandello sta parlando dell'Arte-Prima-di-Lui] in genere astrae e concentra, coglie e rappresenta così degli individui come delle cose l'idealità essenziale e caratteristica". Se l'arte è così, è ovvio che il suo destino sia di diventare Retorica. E quindi, di nuovo e ancora, Codice.

Cosa fa l'umorismo (ma a questo punto l'Umorismo è diventato, per felix culpa, l'Arte-dopo-e-con-Pirandello)? Viola i codici. Guarda le cose in modo inatteso, solleva la maschera dei Tipi, della Logica, e ci mostra al di sotto di essi la contraddittorietà della vita.

Potremmo dire che se, con Coleridge, l'arte implica la sospensione dell'incredulità, l'umorismo (ma è per Pirandello l'Arte nuova e vera in generale) implica la *sospensione della sospensione dell'incredulità*. Esso quindi elimina la fiducia della *incredulità sospesa* e introduce il sospetto: l'arte è un esercizio continuo di incredulità. L'arte mette in questione i codici esistenti, e quindi il Mondo e la Vita. L'arte dice "Il re è nudo".

Ma questa, appunto, è una definizione dell'arte non dell'umorismo. È la definizione dell'arte che stanno dando le estetiche contemporanee. Arte come ambiguità (da Empson a Jakobson), arte come proporzionale all'informazione (e dunque come rottura di quei sistemi di ridondanza e "buona forma" che i codici ci impongono). Arte come rottura delle leggi abituali del linguaggio. Come rottura dei sistemi di aspettativa che, mentre rompe questi sistemi, ragiona al tempo stesso sul perché li rompe (e dunque non c'è solo un effetto comico di sorpresa per il disordine che sopravviene, ma una riflessione critica sulle ragioni del disordine introdotto).

La definizione dell'Umorismo è per Pirandello la vera e unica definizione dell'Arte. Ma cosa rimane, in questa definizione, della nozione comune di "Umorismo"? Qui il saggio sull'umorismo diventa un saggio di metafisica o di filosofia esistenziale. E siamo arrivati al nostro ultimo punto, e alla nostra terza rilettura del saggio.

2. *Il saggio come dramma grottesco di una definizione impossibile*

In principio, l'unico modo di parlare della vita sarebbe quello umoristico, perché la vita è comica (altro non è che una continua rottura dell'ordine previsto). Ma se si capisse questo si sarebbe data una forma alla vita, e si sarebbe quindi commesso l'errore che l'arte ha sempre commesso. Per Pirandello è tipico dell'umorista (dell'artista) non sapere più da che parte stare, trovarsi in uno stato irresoluto della coscienza: "Non che all'umorista piaccia la realtà! Basterebbe questo soltanto, che per poco gli piacesse, perché, esercitandosi la riflessione su questo suo piacere, glielo guastasse". Ma questa definizione potrebbe essere tradotta: "È impossibile che l'umorista possa definire umoristicamente la vita. Basterebbe questo soltanto, che per poco potesse definirla come umoristica, che la riflessione, esercitandosi su questa sua definizione, gliela guastasse!". La riflessione "si insinua acuta e sottile da per tutto e tutto scompone: ogni immagine, ogni sentimento": e dunque perché no anche l'umorismo come "sentimento del contrario" (e "comprensione", e capacità di "ridere del proprio pensiero" e di "ridere del proprio dolore")? Cosa ha l'umorismo di particolare per sopravvivere alla scomposizione disgregativa della riflessione? Perché la vita dovrebbe essere salvata dall'umorismo?

Ma anzitutto cosa è la vita per Pirandello? So che la domanda (nella sua ingenuità romantico-kitsch) dovrebbe essere lasciata a Jauffré Rudel; ma la colpa è di Pirandello che in questo saggio la pone. (Diversamente accade nelle commedie, dove Pirandello *guarda* qualcun altro che si interroga sulla vita). Vediamo allora perché la vita sembra fatta apposta per giustificare l'approccio umoristico:

a) la realtà è illusoria. Noi siamo diversi da ciò che dovremmo o vorremmo essere;

b) la vita sociale richiede dissimulazione e menzogna;

c) la società ci fa agire come non vorremmo;

d) se non la società, le forze dell'inconscio ci determinano, sconfiggendo le nostre pretese logiche e razionali;

e) quindi non abbiamo un'anima e una personalità, ma molte;

f) e questo perché la vita è un flusso continuo, le forme della logica sono tentativi di arrestare il flusso, ma al momento buono non reggono e si rivelano per quel che sono: maschere.

Chiedo scusa per la *platitude* di queste affermazioni filosofiche. Nel momento in cui le fa, Pirandello sembra tentare la parodia (inconscia) di tre quarti della filosofia contemporanea. Anche stilisticamente, il discorso echeggia citazioni che vanno dal *Saggio sulla rinascenza* di Walter Pater a *La persuasione e la retorica* di Michaelstaedter. Senza la tensione tragica di quest'ultimo. Ma tant'è, e Pirandello filosofo non è né Nietzsche né Heidegger. In ogni caso stiamo al suo gioco. E chiediamoci cosa sia – in questo contesto – l'artista.

Esso è colui che tenta la forma umoristica. La quale, per il fatto che spezza le convinzioni e solleva le maschere, agisce come una forma metalinguistica sul linguaggio pietrificato con cui ci rappresentiamo e ci spieghiamo la vita. Ci mostra (noi coperti dalle maschere logiche e morali) come contrari di ciò che siamo, e quindi come comici. Ma poiché cerca di capire la ragioni di questa comicità diventa appunto riflessione umoristica.

Ma come non c'era ragione di ridere quando si era *dentro* la situazione, così ci sono pochissime ragioni di sorridere quando l'arte ci *estrania* dalla situazione, sdoppia l'uomo e l'attore, l'attore e il personaggio.

Cioè, si può anche sorridere, ma le ragioni per cui si sorride sono le stesse per cui si piange. Perché l'umorismo ci rivela che la vita è fatta così, senza fornircene le ragioni. Dunque il comico e l'umoristico non esistono, o se esistono sono lo stesso del tragico. È umoristico definire l'umorismo attraverso il suo contrario.

Ora all'inizio del saggio Pirandello aveva citato una frase di Rabelais:

> *Pour ce que le rire est le propre de l'homme*

Pirandello non dimostra di sapere che la frase di Rabelais è la citazione di un *topos* scolastico: il "proprium" è quella caratteristica che si aggiunge alla definizione per genere e specie per indicare meglio e in modo inconfondibile certi membri di una specie. Per esempio l'uomo è animale; tra tutti gli animali è razionale, ma ha come "*proprio*" il fatto che sia anche *ridens* (nessun altro animale, anche posto che altri ve ne siano di razionali, sa ridere).

Pirandello dimostrando che l'uomo è animale non-razionale dovrebbe anche dimostrare che non ride. Ma scrive un saggio per spiegare il dato di fatto – incontrovertibile – che, unico fra tutti, l'uomo è l'*animale che ride*. Tutto il saggio di Pirandello ha come unico scopo (inconscio e contraddittorio) quello di dimostrare che l'unico animale che sa ridere è proprio quello che, a causa della sua irrazionalità e del suo desiderio frustrato di razionalizzarla, non ha nessuna ragione di ridere. O meglio, che ride proprio e solo per ragioni assai tristi.

Forse per questo motivo l'uomo – lui, agli altri – fa ridere. Ma se questa è la conclusione, il saggio sull'umorismo più che definire l'umorismo si autodefinisce come un altro dei drammi (umoristici?) di Pirandello.

MA CHE COSA È QUESTO CAMPANILE?

La critica si è accorta da tempo del fatto che Campanile è un grande scrittore (e per una rassegna di giudizi insospettabili rimando alla prefazione stesa da Enzo Siciliano per *Agosto moglie mia non ti conosco*). Ma io sospetto che molti lettori surcigliosi, anche quando ammettono questo fatto, inclinino a pensare che Campanile sia scrittore *malgrado* sia umorista. Come se, insomma, Campanile tra una battuta e l'altra (che si possono godere a titolo gastronomico) abbia anche delle belle pagine serie, e leghi il tutto con una scrittura limpida e pulita, quasi classica.

Ebbene, vorrei dire che quando non fa ridere Campanile non è un grande scrittore. Certe sue descrizioni di paesaggio, certe concessioni al gusto lirico elzeviristico dell'epoca in cui stilava i suoi romanzi, sono ormai datate. E si salvano quando si avverte che Campanile le inserisce a bella posta, parte di quella collezione di luoghi comuni letterari su cui fonda tanti dei suoi effetti comici. O quando finge sino alla fine della pagina di prendere sul serio il proprio volo lirico, per ribaltare il tono all'ultima riga: e si veda come esempio di questo procedimento di *anticlimax* la descrizione della levata del sole proprio all'inizio di *Se la luna*. Lo spettacolo di questo sole scenografo e pirotecnico che dispone i suoi effetti luminosi con grazia e teatralità a un tempo è indubbiamente buona letteratura, ma non sarebbe niente di più se, a spettacolo finito (o meglio al suo culmine), Campanile non andasse a capo e non attaccasse un: "Oh, rabbia! Ancora un'entrata mancata: chi russa di qua, chi russa di là, tutti dormono come ghiri e nessuno ha visto."

A questo punto Campanile diventa grande scrittore. Il che è come dire che la sua virtù letteraria non sta nell'*elocutio*, ma nella *dispositio*: o, in termini più accessibili, che la sua maestria non consiste nel disporre parole ma nel montare e rimontare, secondo una logica Altra, gli avvenimenti; i quali, va detto, sono quasi sempre avvenimenti già messi in circolazione dalla Letteratura o dal Costume quotidiano. E chi ha familiarità coi discorsi sulla letteratura d'avanguardia vede già come questa definizione accomuni Campanile ai maestri del romanzo sperimentale contemporaneo. (Che poi non sempre i maestri del romanzo sperimentale *contemporaneo* siano piacevoli, e Campanile invece lo sia senza riserve, questo mi pare un bel punto a suo vantaggio.)

Stabilito allora che Campanile è grande *in quanto umorista* e che il suo è un umorismo di montaggio e capovolgimento, cerchiamo di capire alcune delle sue regole di montaggio. Dico alcune perché, se Campanile è grande, allora bisogna presumere che sappia ogni tanto cambiare le carte in tavola e spesso ci sorprenda con una trovata che non si adatta alle regole estrapolate dalle trovate precedenti; e credo che a studiar bene Campanile si possa scrivere un bel saggio su tutti o *quasi tutti* i meccanismi del comico.

Ma siccome uno studio del genere richiederebbe molti anni di intensa meditazione, e a fingere di farlo senza preparazione si rischia di diventare un personaggio di Campanile, ecco che mi limiterò a saggiare alcuni meccanismi fondamentali. Tanti altri ne rimarranno fuori.

Per esempio, se penso alla storia del polipo di *Agosto*, tratto dalla sua cuccia marina ogni volta che arriva un cliente al ristorante e sbattuto su di una pietra per dare l'impressione che nel ristorante si predisponga pesce fresco (e alla patetica e disperata vicenda di questo ottopode martire), mi trovo fuori squadra, le mie proposte non funzionano più: a essere snob si potrebbe dire che qui siamo ai limiti del sublime. In realtà anche qui giocano dei meccanismi, ma sono molti e complessi. Potremmo cercare di suggerirne uno: l'imperturbabilità del tono; e infatti provate a raccontare la stessa scena alla De Amicis e il brano farà ridere, ma per altre ragioni, si piangerebbe cioè sul polipo e si riderebbe sull'autore. In Campanile invece si ride non sul polipo ma sul fatto che non si può non ridere e tuttavia occorrerebbe piangere. Ma non è l'unico meccanismo, certo, e ne giocano altri: per esempio l'antropomorfizzazione, il ricorso al luogo comune che ogni albergatore debba mentire circa la freschezza del pesce che serve, la ripetitività della situazione (è comico che il polipo sia "quasi" ucciso molte e molte volte, e che non possa sperare di arrestare questa pratica infernale), la sproporzione tra la potenza dell'uomo e la debolezza dell'animale (mentre la scena è vista con gli occhi dell'animale, dotato di grande potenza d'affetti), la beffa giocata ai clienti, che diventano di fatto altrettanti calandrini, l'irreale vitalità dell'animale, l'inimmaginabile crudeltà dell'oste, e così via. Come si vede in una sola storia funzionano decine di meccanismi tutti singolarmente a suo tempo studiati dai teorici del comico, i quali però di solito credevano che ciascuno di questi, da solo, giustificasse il fenomeno del riso, mentre Campanile ci dimostra che la grandezza del discorso comico sta nell'intessere più effetti alla volta.

Ecco. Detto questo si capisce perché mi limiterò a delineare solo alcuni effetti fondamentali. Prendiamo dunque in esame quattro procedimenti e tre punti di partenza. Come vedremo molte delle situazioni campaniliane nascono dal gioco incrociato di questi meccanismi. Diciamo che esamineremo tre tipi di premessa (in sé non comica) e quattro tipi di argomentazioni (in sé comiche).

Le argomentazioni. Supponiamo di attivare una radio impazzita. Come apriamo e giriamo di poco la manopola del volume, la stanza si riempie di suoni fortissimi (effetto di amplificazione). Se invece giriamo la manopola al massimo si odono solo suoni bassi e stentati (effetto di abbassamento). Quanto alle parole, esse ci paiono, sì, riconoscibili, ma le frasi le pongono in ordine inverso (effetto di cancrizzazione). E se poi inizia una melodia sarà di questo tipo: poche battute marziali di tromba che fanno presagire l'inizio di una marcia regale, quindi la *Cumparsita* o la *Migliavacca* suonate da una fisarmonica stonata. Sono quattro effetti sorprendenti, non so se facciano ancora ridere. Riproduciamoli su altra materia e su distanze più consistenti.

Amplificazione, o enfasi: un signore mingherlino spicca un piccolo balzo e sale verso il cielo come un razzo. Fa ridere.

Abbassamento: un atleta dà un colpo per terra col piede, la terra si apre e l'atleta sprofonda. Fa ridere.

Cancrizzazione: se è normale che i soldati obbediscano agli ufficiali, realizziamo una scenetta in cui gli ufficiali obbediscano ai soldati, e la sentinella rimproveri il generale perché ha un bottone fuor posto. Fa ridere.

Anticlimax (di fatto è una composizione di amplificazione

e di abbassamento, una sorta di coitus interruptus): un tizio esce furibondo da una porta girevole e immediatamente rientra col sorriso sulle labbra dicendo che ha dimenticato l'ombrello. Fa ridere.

Abbiamo detto un signore mingherlino, un atleta, un soldato, un signore furibondo. Sarebbero le premesse di una azione possibile. Ma raramente Campanile usa premesse di questo tipo. Di solito le sue premesse sono dei clichés: non un atleta, bensì "l'Erculeo granatiere che sorregge sulle braccia un affusto di cannone e cinque compagni in una volta, per uso dei giornali illustrati" (*Agosto*). Ora questi clichés sono reperiti in tre generi di repertorio: la Realtà, il Luogo Comune, il Luogo Romanzesco.

Quanto al luogo romanzesco e al luogo comune non ci sono dubbi: Campanile è narratore che usa detriti di altri romanzi e di parlare quotidiano (molto prima di Ionesco). Si potrebbe anzi dire che non c'è mai in Campanile realtà che non sia filtrata attraverso le lenti del luogo comune: un *globe-trotter* è un elemento della realtà, ma il modo in cui Raggio di Sole, in *Se la luna*, lo avvicina, è già filtrato dal luogo comune; e del pari è filtrato il modo in cui l'autore descrive l'abbigliamento del viaggiatore.

Tuttavia ci sono casi in cui le premesse sono un poco più realistiche di molti altri luoghi comuni: che un vecchio eremita abbia un segreto è luogo comune romanzesco; che Raggio di Sole abbia un brutto cappello e voglia comperarsene uno nuovo per lo sposalizio è un dato di realtà. Per rendere sorprendente il racconto del vecchio eremita occorrerà che questi racconti una storia idiota e insipida; per rendere sorprendente la storia del cappello occorrerà un procedimento molto più complesso, il cappello dovrà apparire, cadere, rotolare nei momenti più inopinati, Raggio di Sole dovrà nutrire nei suoi confronti un complesso irragionevole, e quando perderà tempo per sceglierne un altro dovrà accorgersi alla fine che ha scelto ancora quello. Voglio dire, il luogo comune, specie se romanzesco, è già comico, il fatto reale non lo è di per se stesso e richiede procedimenti più raffinati.

Vediamo allora come Campanile gioca i suoi quattro procedimenti argomentativi.

1. *La realtà amplificata.* Prendiamo *Ma che cosa è quest'a-*

more? Che in uno scompartimento di treno ci siano due persone che si chiamano Carlo Alberto è certo una coincidenza, ma è nell'ordine del verosimile. Bisogna dunque amplificare: fare sì che *tutti* in quello scompartimento si chiamino Carlo Alberto. A questo punto si introduce però un procedimento di cancrizzazione. Là dove tutti si chiamano Carlo Alberto c'è qualcuno che si chiama Filippo. Realizzato questo artificio si passa a far scattare il luogo comune "ci si sente a disagio quando si è diversi dagli altri" e lo si complica con un luogo romanzesco, e cioè con una frase fatta. Il signor Filippo esclama, come in un romanzo d'appendice: "Signori, m'accorgo che la mia presenza in questo scompartimento è di troppo." Come si vede un effetto base genera di conserva gli altri.

2. *La realtà abbassata.* In *Se la luna* il signor Filippo, marito tradito, soffre una notte insonne. Al mattino il cameriere gli dà un poco di bicarbonato ed egli rinasce a nuova vita. "Quello che aveva creduto avvenisse nel suo cuore, avveniva invece nel suo stomaco." Ma perché il gioco riuscisse occorreva condire la realtà di partenza con luoghi romanzeschi: Filippo non soffre semplicemente; bensì "un triste destino aveva afferrato come in una morsa la sua vita".

3. *La realtà cancrizzata.* In *Se la luna* Filippo contesta a Guerrando di essere l'amante di sua moglie. A questo punto la tragedia prende un'altra strada: sono i due uomini che, disperati cercano di vedere se la loro amicizia potrà ricomporsi malgrado lo scandalo e la necessaria separazione e progettano di prendere un appartamentino per vedersi segretamente. Ma perché la scena a rovescio funzioni, bisogna che riproduca passo per passo le cadenze del luogo comune romanzesco e che marito e amante parlino tra loro come parlerebbero invece i due adulteri sorpresi.

4. *Realtà con anticlimax.* In *Ma che cosa è quest'amore?* il vaporetto salva un uomo in mare. Si scopre poi, dopo una descrizione del salvataggio e della solidarietà generale nei confronti del naufrago, che l'uomo stava semplicemente prendendo il bagno. Ma occorreva passare attraverso il luogo comune, e infatti un uomo che prende il bagno è un "uomo in mare". Il nostromo, che tenta di giustificare il suo grido d'allarme, rappresenta la cattiva coscienza dell'autore il quale sa di avere giocato su un meccanismo molto elementare che è la "presa alla

lettera". Ma la presa alla lettera è una delle manifestazioni dell'abbassamento o dell'amplificazione. Se prendo alla lettera una espressione figurata come "aveva le ali ai piedi" e procedo nella descrizione come se il personaggio in questione fosse una specie di volatile mitologico, amplifico. Se invece prendo alla lettera il luogo comune "un *globe-trotter* è uno che *ha fatto il giro del mondo a piedi*" e svolgo la scena sino alla fine per poi accorgermi che un *globe-trotter* è uno che può anche *accingersi a fare* il giro del mondo a piedi, ho abbassato e ridotto la portata del cliché, come accade nelle prime pagine di *Se la luna*. In questo caso ho anche realizzato un altro anticlimax, perché ho sgonfiato di colpo un pallone che stava tendendosi sino ad assumere un volume enorme.

Gli stessi procedimenti si applicano al luogo comune romanzesco.

5. *Amplificazione del luogo romanzesco*. Luogo tra i luoghi è l'agnizione. E in *Ma che cosa è quest'amore?* avvengono agnizioni a catena, anzi, è lo stesso personaggio che viene sempre riconosciuto drammaticamente da qualcuno. Il che basterebbe a creare un effetto comico per ripetitività. Tranne che l'effetto si complica di cancrizzazione (colui che riconosce corregge via via le circostanze romanzesche sino a mostrare che si trattava di un fatto del tutto diverso e negando l'agnizione) e di anticlimax (il riconosciuto, nel momento della massima commozione, viene schiaffeggiato e svillaneggiato come un millantatore). E siccome il luogo letterario amplificato è tradizionalmente commovente, l'intero procedimento lo abbassa di tono (e il quarto effetto si aggiunge agli altri tre).

6. *Abbassamento del luogo romanzesco*. Esempio classico è all'inizio di *Se la luna* in una delle pagine del Campanile maggiore: "Chi in quella grigia mattina del 16 dicembre 19..., fosse introdotto furtivamente, e a proprio rischio e pericolo, nella camera in cui si svolge la scena che dà principio alla nostra storia, sarebbe rimasto oltremodo sorpreso nel trovarvi un giovine coi capelli arruffati e le guance livide, che passeggiava nervosamente avanti e indietro: un giovine nel quale nessuno avrebbe riconosciuto il dottor Falcuccio..." Un inizio da gran *feuilleton*, subito abbassato, perché il brano continua "... prima di tutto perché non era il dottor Falcuccio e, in secondo luogo, perché non aveva alcuna rassomiglianza col dottor Falcuccio. Osserviamo di passaggio che la sorpresa di chi si fosse intro-

dotto furtivamente nella camera di cui parliamo è del tutto ingiustificata. Quell'uomo era in casa propria e aveva il diritto di passeggiare come e finché gli piacesse". Qui, oltre all'abbassamento del luogo comune, abbiamo ovviamente anche l'anticlimax e il capovolgimento della situazione. Visto a ritroso l'avvenimento è anche un caso di amplificazione, perché da un dato reale normale (uomo che passeggia in casa propria) si è passati, attraverso l'impiego del luogo romanzesco, a un effetto di enfatizzazione.

Altro esempio analogo può essere reperito in *Agosto*. Al colmo della commozione Gedeone ritrova i naufraghi che credeva perduti: "'Salvi!' gridò 'Sono salvi!'... E cadde in ginocchio..." Ma il testo prosegue: "avendo inciampato in un sasso."

Potremmo continuare nella nostra casistica. Ma il lettore si sarà accorto che l'umorismo di Campanile procede in forma circolare, da un artificio base si ricuperano gli altri, e viceversa. Raramente c'è un effetto isolato (e quindi non si tratta di gags del tipo "torta in faccia") ma c'è sempre implicazione circolare di effetti. Basterà, per terminare, considerare brevemente, da *Agosto*, la scena del vecchio cocchiere.

Gedeone fa gesti di richiamo a una carrozza. Il cocchiere scende di serpa e chiede premurosamente in che può servire i signori. Gedeone osserva irritato che non vuole il cocchiere, ma la carrozza, e il cocchiere appare deluso. Quando tutti salgono e il cocchiere domanda l'indirizzo, Gedeone si rifiuta di dirglielo allegando che trattasi di un segreto. Momento di attesa, sino a che Gedeone si "lascia sfuggire" l'indirizzo. A questo punto il cocchiere rifiuta perché è troppo tardi e tutti scendono dandogli appuntamento per la mattina dopo. Il cocchiere chiede se deve venire con la carrozza. Gedeone "rifletté qualche istante. Alla fine disse: 'Sì, sarà meglio'". Mentre si allontana ha una resipiscenza e si volta verso il cocchiere:

"Ohé, mi raccomando; anche col cavallo!"
"Ah sì?" fece l'altro sorpreso. "Come vuole, del resto."

In questa scena scattano molti meccanismi. Anzitutto vi sono metonimie prese alla lettera. È metonimia indicare il cocchiere intendendo la carrozza e viceversa. Ed è metonimia dire carrozza per cavallo (ma forse c'è anche una sineddoche perché una parte, il veicolo, nomina l'intero, il veicolo col cavallo e il guidatore). In ogni caso il cocchiere rifiuta di accettare

277

il luogo comune del parlare figurato e lo abbassa prendendolo alla lettera. Il fatto che lo faccia più volte scatena un effetto ripetitivo di amplificazione. Ma il fatto che i clienti prendano il tutto come normale fa sì che la scena si sia svolgendo al contrario, come se vivessimo in un antimondo dove la logica normale è sospesa e nessuno se ne stupisce. Il cocchiere, che si comporta da anormale, riesce normale agli occhi degli altri, e quindi è il comportamento degli altri che appare a rovescio. In questa scena non c'è anticlimax, e questo è segno di come Campanile dosi accuratamente i suoi effetti: guai infatti ad aggiungervi un nuovo effetto comico, si sarebbe persa quella stralunata olimpicità dell'interazione tra gli attori.

Si potrebbe continuare. Ma che sugo c'è a riassumere Campanile? Cioè, essendo un umorismo di montaggio, il suo è un umorismo che si lascia riassumere senza perdere di efficacia, ma il cuore del critico non regge ad anticipare al lettore tante sorprendenti delizie. E forse è per questo che si è preferito trarre pochi esempi dal libro che qui si introduce, per non rovinare il gioco. Di questo libro diremo che forse è meno fulminante di *Agosto* o di *Ma che cosa è quest'amore*, e che in questo più che negli altri si gioca sul luogo comune lirico, sulla descrizione paesaggistica beffata, sull'elzeviro detto *tongue in cheek*. Tanto che a tratti l'autore cede al proprio gioco e dà l'impressione di prendere l'elzeviro sul serio, con un certo ritegno a farlo *desinere in piscem*.

Cedimenti al ricatto letterario che volentieri gli perdoniamo, per averci dato in cambio personaggi come il ladro delle cinture di salvataggio, il signor Tancredi libertino impenitente e consunto dal piacere, la triste vicenda del lustrascarpe che non riesce a diventare presidente degli Stati Uniti, l'Agenzia Preoccupazioni e Affini, la magistrale descrizione di come il signor Filippo giocava a carte (artificio che mi pare sfugga alla mia classificazione esigendo una nuova categoria: la realtà descritta come irrealtà; e, oh stupore!, non sono questi, con qualche decennio di anticipo, i procedimenti del Nouveau Roman?), e così via, da sentenze fulminanti come "Ci sono regole fatte di sole eccezioni. Sono confermatissime" (esempio telegrafico di amplificazione del luogo comune) al brano finale sulla morte del giorno.

In queste ultime pagine pare non ci siano effetti comici. Di fatto ce ne è uno solo, dosato con grazia infinita: viene preso alla lettera il luogo comune "muore il giorno" e per amplificazione se ne traggono le ultime conseguenze. Ma l'effetto non è comico, perché il giorno muore davvero e Campanile ci fa sentire come sia triste questo infimo evento che si ripete da millenni ma ha pur sempre una sua grandezza cosmica.

È che (lo si sapeva, peraltro) il grande umorista è colui che è anche capace di *non* farci ridere, e proprio perché usa un effetto comico. Né ci dice che è comico il fatto che il giorno muoia, o che il parlare comune abbia usato una così funerea metafora per un normale fenomeno connesso alla rotazione della terra. Qui l'umorismo è chiave per capire, attraverso le contorsioni del linguaggio comune, restituito alla sua pregnanza dalla tecnica amplificatoria, un aspetto sia pure minimo della condizione umana.

DISCORSI SULLE SCIENZE UMANE

HUIZINGA E IL GIOCO

Apparso in lingua tedesca ad Amsterdam nel 1939 e pubblicato in Italia nel 1946, *Homo ludens* aveva molte qualità per provocare e incuriosire i lettori di casa nostra: un impudente gusto interdisciplinare, una liberale curiosità per le culture non europee, uno spregiudicato coraggio nel livellare, agli occhi dell'indagine, i portati della cultura "alta" alle manifestazioni quotidiane della vita... Si può dire che, almeno alle generazioni più giovani che si qualificavano mettendo in questione la tradizione idealistica, sia piaciuto per le stesse ragioni (ma con segno algebrico opposto) per cui Carlo Antoni nel 1939 aveva collocato il suo saggio su Huizinga in un volume dedicato a tratteggiare "la crisi dello storicismo tedesco", destinato a degenerare nella "sociologia".[1]

Huizinga non faceva della "sociologia" bensì della storia delle idee e della *Kulturgeschichte*, nel clima di quello storicismo tedesco contemporaneo di cui Pietro Rossi ha bene mostrato le proposte alternative allo storicismo romantico: il rifiuto dell'identità tra finito e infinito e della storia come realizzazione di una razionalità immanente, il riconoscimento dei rapporti interumani come base concreta dello sviluppo storico.[2] Elementi tutti che appaiono, sia pure in una versione personale (dei cui limiti diremo) in un libro affascinante come *L'Autunno del Medio Evo*.[3] E a immaginare il nostro lettore colto del 1940 che si trovava a penetrare un'epoca non solo attraverso la ricostruzione armonica dei processi superiori dello spirito, arte o pensiero filosofico che fossero, ma anche e sopratutto attraverso il regesto dei dati di costume, le feste popolari, una morfologia dei rituali e del comportamento di gruppo – lasciando tutto lo spazio dovuto al momento dell'irrazionale e all'immediatezza di un vissuto drammaticamente e pittoricamente ricostruito – si capisce come questo modo di avvicinare una civiltà fosse sentito come "sociologia". Anche se era solo il prodotto periferico e un poco fuorilegge di un modo europeo di far storiografia.

Con *Homo ludens* deve però essere successo qualcosa di più: qui anche le ultime tracce di un concetto di sviluppo si attenuano per lasciar posto al discorso sulle invarianti delle varie culture. Di colpo venivano agitati agli occhi del lettore due concetti che a noi oggi sono familiari ma che allora dovevano suonare abbastanza provocatori: una nozione di *cultura* come complesso di fenomeni sociali di cui fan parte a pari titolo l'arte come lo sport, il diritto come i riti funerari, e una nozione di *invariante culturale*, non nuova ai discorsi dell'antropologia culturale di questo secolo, ma così nettamente alternativa rispetto ai principî delle filosofie idealistiche della storia.[4] Apparentata ai suggerimenti del positivismo, da Spencer all'estetica "sociologica" di Lalo, la nozione di gioco come costante dei comportamenti culturali affascinava se non altro perché era oltraggiosa – aveva tutta l'aria di uno pseudoconcetto che prendeva violentemente il potere insediandosi nel Palazzo d'Inverno sino ad allora alteramente abitato dall'Estetica, dalla Teoretica, dall'Etica e dall'Economia.

Bisogna dire che Huizinga, nella cultura italiana, ha pagato abbastanza duramente il fatto di non essere esattamente né un filosofo né uno storico, né un sociologo né un teorico dell'arte, e di voler mettere interdisciplinarmente il naso un poco dappertutto, come accade peraltro agli storici delle idee. Se andiamo a consultare le storie della filosofia non lo vediamo citato, neppure come epigono appartenente a una cultura periferica. E molti tra i saggi che apparvero intorno alle sue opere[5] non gli risparmiano severi giudizi. Certo anche Huizinga aveva la sua dose di responsabilità: l'enfasi interdisciplinare era sovente soltanto indisciplinata e il *cahier de doléances* che è stato steso su di lui reca capi d'accusa non facilmente smontabili.

Capace di comporre più vetrate istoriate che plastici a tutto tondo, come gli rimproverava Antoni, Huizinga ci mostra sì il processo attraverso il quale l'uomo "crea un mondo, fittizio e pur vivo, convenzionale eppur non meno concreto del cosiddetto mondo reale, in cui l'immaginazione si possa distendere" (come aveva detto Chabod) ma costruisce questo mondo fittizio (che è l'immagine che una cultura dà di sé alla propria epoca) attraverso tagli e scelte che sono più estetiche che storiografiche. Esclude dall'*Autunno* personaggi e fenomeni che ne turberebbero l'equilibrio, gioca di citazioni a fini impressionistici e finalmente, come avverte Garin, nel voler delineare forme di vita trascorre dalla raffigurazione di immagini al suggerimento di toni infinitesimi e sottili profumi.

Cosí in un progetto fatalmente estetizzante, nel parlarci della cultura come gioco, la vede "come evasione ludica di aristocrazie raffinate, che al doloroso impegno della vita si sottraggono in un sogno atemporale" (Garin). Una certa passione decadente, dunque, che lo porta a considerare il gioco come un modo di mascherare "ideologicamente" (ma Huizinga non ricorre a questa categoria) le asprezze rella vita: e che lo induce, in *La crisi della civiltà*,[6] a suggerire il sospetto che la nostra sia l'unica epoca culturale che ha smarrito il senso del gioco e delle sue regole; e proprio perché un conto era istoriare vetrate sui fatti del passato e un conto era far fronte alla bestialità del presente.

L'armonia del gioco redimeva agli occhi dello storico la lacerazioni irrazionale, i "toni crudi della vita" tipici del suo autunno medievale, ma non redime certo agli occhi del contemporaneo il passo dell'oca delle camicie brune. Decadente in storia antica e crepuscolare in storia contemporanea, ecco dunque che il sociologo piange quando la mediazione dell'arte e il velo del passato non bastano più a farlo sorridere con sensibile distacco.

E non vale affermare che con *Homo ludens*, facendo della categoria del gioco un trascendentale storico atto a coprire tanto l'irrazionale del presente che l'irrazionale del passato, il divario era colmato, e una categoria antropologico culturale diventava capace di obbiettivare anche la cultura vissuta: perché proprio in conclusione del libro la dialettica tra gioco e coscienza morale, che drammaticamente si instaura, ci dice che per Huizinga l'antropologia del gioco spiegava tutto, meno che il suo modo di reagire al presente. Segno che, sotto sotto, era ancora una categoria estetica atta ad abbellire soltanto ciò che la morte aveva distanziato, e la memoria depurato – esteticamente, appunto. "Proprio l'essersi mosso inizialmente su un estremo lembo di crisi, e l'aver visto da quell'angolo la nascita dell'Europa moderna, gravò su tutta l'interpretazione che lo Huizinga tentò dei rapporti fra cultura e vita": Garin aveva visto giusto.

Va bene. Huizinga affrescava, e non scavava. Citava quel che gli faceva comodo, perché doveva porre le sue connessioni con l'arbitraria necessità del procedere artistico e non come si dovrebbe (ma è vero?) procedere nell'indagine storiografica. E quel che è giusto è giusto (anche se *Autunno*, costruito su questi principî, è purtuttavia un bellissimo libro e proprio non si resiste alla tentazione di consigliarlo a un giovane che si voglia introdurre alla comprensione del medioevo, sia pure con le dovute letture complementari). Né si può tacere che in *Homo ludens*, dove mette a frutto una documentata conoscenza della mitologia antica, della filosofia e della società greca, delle letterature nordiche e di certa etnologia contemporanea, Huizinga poi liquida la teoria del gioco in Schiller, ignora praticamente la *Critica del Giudizio*, della pedagogia non considera le pagine sul gioco di *Esperienza e natura* di Dewey (che pure è del 1924), gli sfugge un libro come *L'esthétique de la grâce* (1933) di Raymond Bayer, che pure avrebbe potuto suggerirgli tante cose; e mostra di non conoscere quanto il pensiero contemporaneo poteva suggerirgli sulla struttura di gioco che regge le leggi della lingua (Saussure), la logica e la matematica (da Wittgenstein ai primi accenni di teoria dei giochi); e così via.

Tuttavia c'erano pure dei punti in cui i suoi critici avevano torto e Huizinga ci attrae proprio per i presunti peccati che gli vengono attribuiti. Si rilegga la critica di Antoni. Huizinga è in fondo visto di malocchio perché, contro Burckhardt, trova nel medioevo più Rinascimento di quanto l'opinione comune non gli attribuisse; e qui sappiamo che aveva ragione lui, e la categoria degli "evi bui" stiracchiata sino a ricoprire il ducato di Borgogna o la Devotio Moderna era un cattivo vezzo della storiografia filosofica ammalata di filoumanesimo. Egli rischia di non fare una storia d'idee bensì di sentimenti, ma occorre intenderci su cosa debba essere una storia delle idee, e anche l'ossessione della *Totentanz* fa parte dei portati culturali di un periodo, e bravo chi riesce a farla venire fuori, sia pure con effetti pittorici. E in fin dei conti quel che sembra irritare Antoni è che Huizinga abbia citato comportamenti popolareschi e atti giudiziari senza considerarli mera vita privata, e che abbia considerato weberianamente la sua come "ricerca sociologica". Huizinga è additato al sospetto del lettore perché intende la *Kulturgeschichte* come "storia delle forme di vita" e non solo come l'insieme della storia dell'arte, della religione, del pensiero... Gli si rimprovera, e giustamente, di aver ignorato la crisi del pensiero filosofico del suo medioevo autunnale, ma poi lo si accusa di aver subito l'esempio di Lévy-Bruhl e di aver descritto una mentalità primitiva con occhio più da etnologo che da storico, quando questo è pur quello che andava fatto, dopo tanti libri che ci dicevano tutto sulla crisi degli universali o sui giochi della politica internazionale, ma nulla sulla concezione dell'amore, sulle feste o sui funerali. E se Antoni annota che "qui appare chiaramente il limite di siffatta storiografia sociologica: utile nel porre in rilievo l'importanza delle convenzioni sociali, esagera sviluppandole a principio della civiltà ", il sospetto è invece che Huizinga non si sia spinto abbastanza avanti in questa direzione.

Lo si accusa di relativismo (ciò che invece in *Homo ludens* non è vero, perché non è relativista abbastanza, ed agita lo spettro delle invarianti, anche se poi non conduce a fondo l'ipotesi); lo si accusa di non tentare spiegazioni causali (e *pour cause*, dal momento che afferma di voler fare morfologia), lo si accusa di escludere il concetto di sviluppo (ma la polemica di Antoni, Pietro Rossi lo ha già indicato, mira a screditare lo storicismo contemporaneo da Dilthey in avanti, come degenerazione dello storicismo romantico, senza riconoscergli una posizione alternativa); lo si accusa di organicismo e biologismo a scapito dello "svolgimento spirituale"... e infine lo si accusa, come ogni deprecabile storico delle forme di civiltà, di aver descritto dei *come* senza aver spiegato i *perché*. E qui la polemica si deve ribaltare perché Huizinga di fatto *non* ha affatto descritto i *come*, e questa accusa ha un senso opposto a quella di Antoni. Huizinga, e lo si dirà appresso, non ha descritto i *come* perché la sua morfologia è una morfologia a mezza strada (oggi diremmo: è una *morfetica* e non una *morfemica*) e lo si nota proprio e a maggior ragione in *Homo ludens*.

Su questo punto occorrerà insistere. È la sua promessa di una storiografia come morfologia quella che può rendere oggi deludente la lettura di Huizinga – anche se il nostro è senno di poi e non si può chiedere a Huizinga quel che non pensava di offrire. Gli storicisti idealistici gli facevano carico invece di aver *osato* affrontare il problema, e qui Huizinga ci diventa simpatico a causa del modo in cui è stato messo sotto processo.

Se si legge bene Antoni si vede che egli lo accusa di tentare di individuare forme che in parte la realtà storica gli provvede e in parte lo storiografo coraggiosamente costruisce per rendere intelligibile l'epoca nella sua singolarità e nel suo essere giocata da leggi che reggono anche altre epoche (ed è poi in questa dialettica che dovremo leggere il passaggio dalle opere storiografiche anteriori a *Homo ludens*). Secondo Antoni "la storia, come egli la immagina, è una serie di grandi concerti polifonici, ciascuno dei quali è retto da un tema dominante accompagnato da altri motivi minori, in un susseguirsi di infinite variazioni, di inattesi sviluppi e ritorni. Lo storico, pari all'esperto di musica, deve saper distinguere e inseguire le fila della trama pur cogliendo e gustando l'effetto inesprimibile dell'insieme"; e non è chi non veda come, sostituendo a "la storia" l'espressione "lo studio delle culture", sembra di leggere una *ouverture* o una conclusione dalle *Mythologiques* di Lévi-Strauss. Antoni vede in questo progetto morfologico di Huizinga l'accento posto sul "prudente pluralismo" (il bersaglio, alla lontana, è il relativismo dello storicismo non idealistico) e non sa ancora che in *Homo ludens* l'accento sarà posto invece sugli "universali" formali (Antoni scrive prima che Huizinga pubblichi *Homo ludens*). Quello che gli spiace di non trovare in Huizinga è appunto il poema sinfonico di un tema infinito che si fa, con moto fatale; e lo preoccupa invece l'atteggiarsi della ricostruzione storica ad "arte della fuga" – nel suo susseguirsi di episodi autonomi, in una combinatoria di unità elementari già date.

Certo, se in Huizinga ci fosse davvero questo embrione, anche *Homo ludens* andrebbe riletto in tutt'altra chiave. Si tratta di vedere se c'è, o se *Homo ludens* è una promessa suggerita e non formulata, oltre che non mantenuta (ciò che non ne renderebbe oggi meno eccitante la rivisitazione). Ma in entrambi i casi Huizinga andrebbe accusato per non aver fatto tutto, non per aver osato troppo.

Il fatto è che, come si diceva, in Huizinga quel che manca è proprio la rigorosa coscienza metodologica di come si debba fare una morfologia. In mancanza di questa, la sua morfologia è appunto un affresco, non una struttura che ostenti le proprie interconnessioni. Il sapore "strutturalistico" che ci ha eccitato per un momento, si attenua di fronte a dichiarazioni come questa, che è del 1934:[7] "Ciò che lo storico vede sono le forme della vita collettiva, dell'economia, della credenza, del culto, forme di diritto e di legge, forme di pensiero, forme di creazione artistica, della letteratura, della vita dello stato e del popolo, in una parola forme della civiltà. E queste forme vede sempre *in actu*. Ognuna è forma di vita, e perciò ogni forma contiene una funzione. E queste funzioni di vita e civiltà lo storico non vuole ricondurre a schemi e a formule, e neppure ordinare sistematicamente, ma solo rendere chiare nel loro visibile operare, nel tempo, nel luogo e nell'ambiente." Dunque professione di una storiografia individualizzante, che se può ancora soddisfare per la "vetrata" di *Autunno*, diventa insufficiente di fronte a *Homo ludens*. Perché quel che chiederemmo oggi all'autore, dopo averci detto che la cultura altro non è che il luogo di un gioco, è proprio che emergano *schemi*, e *formule*, e che il materiale venga ordinato *sistematicamente*. Ciò che Huizinga non fa perché, come vedremo, egli non è interessato affatto a dirci *quale* sia il gioco, e *come* funzioni, ma al fatto che questo gioco viene giocato.

A proposito di *Autunno*, Garin gli rimprovera di vedere descrittivamente "le maschere e non i volti, l'ordine delle processioni e non i cuori agitati... le procedure dei tribunali e non il diritto che si rinnova". Ma se è comprensibile il tipo di rimprovero, forse la bellezza del *nostro* gioco sta nel rovesciarlo: Huizinga ci fa vedere ancora dei volti e non arriva in quel luogo profondo della dinamica (o della statica) culturale in cui i volti sono generati da maschere soggiacenti. E proprio per questo non riesce a dirci se le maschere sono relative o universali, se ogni epoca ha la sua maschera tipica, come pare in *Autunno*, o se un'unica maschera gioca in tutte le epoche – come pare in *Homo ludens*.

Il passaggio dall'*Autunno*, o dall'*Erasmo*, a *Homo ludens* è metodologicamente molto importante. Le forme ludiche della società tardomedievale sono, in *Autunno*, individuate come forme sue proprie. Anche se molte di esse le provengono da altre epoche e tradizioni, è in quell'epoca che raggiungono il loro assestamento, così caratteristico e individuale che c'è da credere che esse siano la forma idiosincratica di mistificazione che una cultura realizza in un'epoca di crisi. E così è, perché ciò che in *Autunno* è visto come forma ludica non è *tutto* ciò che in *Homo ludens* sarà visto come cultura-gioco.

Il gioco di *Autunno* è una delle possibili opzioni culturali, quella aristocratica e decadente che risolve in bel sogno le asprezze della vita e che come tale può essere vissuta e rappresentata solo dalle élites aristocratiche. C'é teorizzato in *Autunno* una sorta di movente che noi diremmo "economico": è l'aspirazione a una vita più bella, il bisogno, per ogni società, di risolvere armonicamente e con generale soddisfazione le proprie contraddizioni. Di fronte a questo *bisogno* si aprono per Huizinga tre opzioni possibili, diciamo tre forme ideali di cultura: una cultura della rinuncia, tipica del primo cristianesimo; una cultura del miglioramento, che il medioevo ha ignorato e che si è sviluppata solo nel secolo XVIII; e infine una cultura dell'evasione, che costruisce un mondo ideale un "regno dei sogni" Quest'ultima tendenza, tipica dell'epoca che Huizinga studia (almeno per le classi agiate), si sviluppa attraverso una cultura letteraria che – egli annota – si manifesta anche nel Rinascimento, nel secolo XVIII e nel XIX, attraverso forme che altro non sono che "variazioni della vecchia canzone".[8]

Ora, a intendere il gioco così come viene teorizzato in *Autunno,* sembra che la forma del gioco riguardi solo questa terza opzione e sia assente sia dalla cultura della rinuncia che dalla cultura del miglioramento. Col che il nostro orizzonte problematico si restringerebbe di molto: il gioco culturale è la forma che assume, di fronte alla pressione irrisolta dell'economico, la mistificazione *ideologica* delle classi egemoni che proiettano in un ideale (vivibile ludicamente) la perfezione che rinunciano a realizzare nel concreto sociale. Ma se si va a leggere *Homo ludens* si vede che il principio del gioco è applicato anche a manifestazioni tipiche delle altre forme di cultura: nella misura in cui vengono visti come gioco il diritto, la guerra, la filosofia, e ci si interroga sulla struttura ludica della scienza, viene coinvolta nella definizione di gioco anche la cultura della trasformazione e del miglioramento. In *Homo ludens* il concetto di gioco si fa coestensivo a quello di cultura in tutte le sue forme possibili.

In *Homo ludens* non si afferma soltanto che ogni cultura fa posto a manifestazioni ludiche o che "il gioco si fissa subito come forma di cultura". Una volta identificate le caratteristiche del gioco si arriva all'assunzione che i caratteri del gioco sono quelli della cultura e che quindi la cultura sin dall'antichità si manifesta come gioco. E in questo senso si esce subito dalle malinconie apocalittiche di chi vede la modernità come degenerazione ludica della cultura: la prospettiva è anzi rovesciata, la ludicità è contrassegno delle culture classiche e (semmai) viene messa in crisi dalle degenerazioni della cultura contemporanea (le parate di Norimberga sono manifestazione di "puerilismo" e non hanno le caratteristiche sovrane del gioco, la sua fondamentale serietà, la sua adesione a regole razionali, la sua capacità di fondere, sia pure nella competizione, convivenza e civiltà).

La cultura sorge in forma ludica, la cultura è dapprima giocata... Ciò non significa che il gioco muta o si converte in cultura, ma piuttosto che la cultura, nelle sue fasi originarie, porta il carattere di un gioco, viene rappresentata in forme e stati d'animo ludici... La relazione fra cultura e gioco è da ricercarsi soprattutto nelle forme superiori del gioco sociale, là dove esiste l'azione ordinata di un gruppo o d'una società...

A questo punto Huizinga aveva un'opzione: da un lato poteva affermare che la cultura è gioco nel senso che le sue strutture costitutive (che essa si manifesti sotto forma di arte, diritto, comportamento rituale, costume quotidiano) costituiscono una matrice combinatoria autosufficiente che obbedisce a regole che sono, appunto, di gioco; oppure poteva dire che la cultura è gioco nel senso che la sua possibile combinatoria (su cui non ci si pronuncia) viene eseguita secondo il rituale esterno del gioco. In altre parole, o diceva che la cultura è gioco come è gioco la matrice combinatoria degli scacchi con le sue regole, la sua tradizione normativa interna, la successione storica dei diversi stili di giocata che rendono volta a volta attuale e corrente una certa apertura, una certa difesa, una certa strategia conclusiva; o diceva che la cultura è gioco nel senso in cui lo è il rituale di un campionato internazionale di scacchi, coi tempi di gioco fissati, l'orologio a disposizione dei giocanti, la tensione combattiva, il desiderio di vittoria, la foto del vincitore sul giornale e la borsa in denaro.

Ora è indubbio che Huizinga sceglie la seconda opzione. Poteva studiare il gioco culturale come *langue*, e lo studia come *parole*; poteva studiarlo come *competence* e lo studia come *performance*. Non fa una grammatica del gioco, esamina delle frasi, e più ancora le modalità di pronuncia delle medesime e il fatto che alla gente *piace parlare*. Non fa una teoria del gioco, ma una teoria del comportamento ludico. Poteva studiare il gioco *giocante*, il gioco che ci gioca, e studia il gioco *giocato*, e il costume di giocare. È chiaro che stiamo chiedendo a Huizinga qualcosa che egli non pensava di darci e lo stiamo rileggendo dopo aver letto i testi della teoria dei giochi, i passi wittgensteiniani sulla matematica come gioco, i paralleli saussuriani con gli scacchi, Lévi-Strauss e Lacan. E se questa fosse una interpretazione storiografica non sarebbe lecito procedere cosí. Ma un libro si legge in tanti modi, e uno di questi è lasciargli dire quello che l'autore non sapeva e che, anni dopo, appare chiaro al lettore. Anche perché si può sempre chiedere all'autore perché non se ne sia accorto. E perché è proprio dal non essersene accorto che conseguiranno le contraddizioni da cui *Homo ludens* al postutto non riesce a liberarsi. E infine, se Huizinga ha perduto un'occasione, non è una buona ragione perché dobbiamo perderla anche noi...

Una possibile obbiezione a queste obbiezioni sarebbe che Huizinga non ha inteso parlare del gioco come *game* ma del gioco come *play*. Se così fosse tutto diverrebbe chiaro. Nell'inglese *game* viene evidenziato l'aspetto di *competence*, di insieme di regole conosciute e riconosciute; per il Webster il *game* è specificamente "an amusement or sport involving competition under rules"; è il numero di punti richiesto per vincere; ed è infine anche "schema o piano". Da cui, quando si vuole sottolineare l'intenzione di studiare le regole e la combinatoria che esse consentono, la *Games Theory*. *Game* sono il tennis, il poker, il golf: sistemi di regole, schemi di azione, matrici combinatorie di mosse possibili. "Stare al gioco" e cioè "osservare le regole" si traduce "to play the game". C'è un oggetto astratto, il gioco come *game*, e c'è un comportamento concreto, una *performance*, che è il *play*. *To play* è "to take part in a game". Comunemente il concetto di piacere è unito al *play*, mentre al *game* è unito piuttosto quello di regola. Quanto più la regola e la combinatoria si evidenziano, tanto più è *game* che regge le connotazioni del caso: è consentito usare *to play* anche per i giochi d'azzardo, ma meglio si dirà *to game*, e sarà un caso raro in cui *game* indica un'azione: di solito è la matrice astratta che permette l'esecuzione di un'azione, sovente piacevole e vitale. È vero che i giochi olimpici sono *games*, e quindi si aggiunge al termine anche una connotazione agonistica, e sarebbe buon argomento per Huizinga studiare questa sfumatura, e le sue origini. Ma qui basta attenerci, a scopo puramente didattico, all'uso corrente dei due termini, per individuare *due sfere* precise.

Se Huizinga avesse individuate con altrettanta precisione (e con il dovuto corredo lessicale e semantico) queste due sfere, avrebbe potuto dirci quale aveva scelto.

Sfortunatamente egli scrive *Homo ludens* in tedesco: lingua che condivide la sorte del francese e dell'italiano e ha una sola parola, *Spiel*, per entrambi i casi. Di qui il rischio (non il diritto!) di lasciar ambigua una sfera semantica che ambigua è già di suo.

È difficile perdonare a Huizinga questa omissione, tanto più che dedica un intero capitolo (raffinato esercizio di sapienza filologica) a esaminare la nozione di gioco nella lingua, anzi nelle lingue, dal sanscrito alle lingue scandinave, dal greco all'inglese! E sapendo benissimo che la nozione è vaga e spesso circoscritta non da una ma da più parole. E spendendo una pagina ad analizzare l'inglese *to play* senza preoccuparsi dell'altro termine.

Si potrebbe dire che questo accade perché Huizinga ha fatto, sia pure inconsciamente, una scelta, quella del comportamento contro la regola; e parrebbe dirlo all'inizio della sua analisi linguistica dove cerca di circoscrivere la nozione che si cela sotto i vari termini: "gioco è un'azione, o un'occupazione volontaria, compiuta entro certi limiti definiti di tempo e di spazio, secondo una regola volontariamente assunta, e che tuttavia impegna in maniera assoluta, che ha un fine in se stessa" (p. 35). In tal caso la regola assunta esiste come pretesto del gioco, ma non è il gioco, è qualcos'altro.

Salvo che Huizinga si accorge che l'olandese dice *een Spel spelen*, e cioè "giocare un gioco" e si rende conto che "gioco" è l'azione del giocante ma è anche la struttura delle regole, tanto che osserva con una certa perplessità che "per esprimere l'indole dell'attività è necessario che la nozione racchiusa nel sostantivo sia ripetuta per poter servire da *nomen actionis*" (p. 46): senza avvedersi che nella fatidica frase olandese (che poi ha la struttura delle analoghe frasi tedesche, francesi o italiane) non c'è un solo termine, ce ne sono due, ci sono due *omonimi*. Non sarà certo un caso se gli omonimi si sono formati come tali, e infatti si può giocare perché esistono i giochi (ma *non* si può disinvoltamente asserire l'inverso, e cioè che i giochi esistono per far giocare: forse i giochi esisono in quanto si giocano da soli...): tuttavia di omonimi si tratta e non averli intesi come tali, non aver capito che ci sono due significati coperti da uno stesso significante, inficia tutto il discorso di Huizinga, continuamente turbato dal fantasma di un gioco-matrice che emerge ad ogni passo della sua analisi a turbare la ludicità del gioco-comportamento. Ultima difesa per l'autore potrebbe essere il ricorso al latino. *Ludus* non è altrettanto ambiguo di *Spiel* e di *jeux*, il *ludus* è senz'ombra di dubbio comportamento, piacere in atto, divertimento, e dunque se il soggetto del libro è l'*homo ludens*, quest'uomo avrà a che fare con il comportamento ludico, non con la regola del gioco.

Ma, a parte che Huizinga si incontra ad ogni passo con le regole e le matrici combinatorie, ecco che il latino ci dà un'altra traccia. È vero che chi gioca non gioca qualcosa, ma gioca *con* qualcosa di concreto (non si dà il caso del *ludere ludo* e si dà invece il caso del *ludere pila* o del *ludere latrunculis* – con la palla e con gli scacchi); tuttavia esaminiamo il caso del "ludere alea", giocare a dadi. I dadi appaiono alla civiltà latina non solo come un gioco combinatorio ma come una combinatoria che *si* gioca al di là dell'intervento del soggetto. Il soggetto innesca il processo ("alea iacta est") ma non sa cosa succederà: il gioco si articola da solo. A tal punto che esso assume lo stesso nome della fortuna, della sorte, dell'azzardo, talché nel corso della cultura posteriore giunge a significare tecnicamente la casualità, nell'arte come nelle teorie della probabilità, nelle scienze dell'informazione. Sprovvisti di un nome per il *game* i latini avevano peraltro intuito che il gioco come matrice combinatoria implica una totale esautorazione del soggetto, è pura oggettività che si fa in un luogo che non è quello delle decisioni responsabili. *Ludere alea* è "giocare *il* gioco" e questo gioco è veramente il *game*, quello della Teoria dei Giochi.

Ora la risposta che Huizinga non ci dà è se la cultura sia solo *Ludus* o abbia la natura dell'*Alea*. Se sia *Play* o *Game*.

Homo ludens è *oggettivamente* attraversato da questa domanda, senza che Huizinga riesca a prenderne esplicita coscienza. Egli sfiora a più riprese l'intuizione profonda che regge *Homo ludens*, inespressa. Egli si aggira intorno al costume del *potlach*, appreso da Mauss, ne intravede il momento ludico, ne intravede la funzionalità sociale, ma gliene sfugge la matrice di gioco giocante e non si rende conto (come avverrà con Lévi-Strauss) che sono le regole di questo gioco che rendono possibile l'esistenza della società, e che momento agonale e momento funzionale (potere) si saldano nel fatto che il gioco non è ciò che la società gioca, ma il presupposto stesso del rapporto sociale.[9] Di fronte a un fenomeno come il *potlach*, di cui intravede gli *avatar* anche contemporanei, e molto bene, Huizinga avanza l'intuizione che "su tutta la Terra un complesso di concetti e d'usanze assolutamente identiche di natura agonistica predominano nella vita delle società arcaiche"; ma poi corregge l'ampiezza dell'intuizione, ricordandoci che non sta parlando di una matrice combinatoria ma di un comportamento esecutivo: "La pronta spiegazione di tale omogeneità sta nella natura umana stessa che aspira sempre ad un fine più alto, sia esso onore o superiorità terrena..." (p. 89). Il che, ammettiamolo, è un po' poco.

Eppure il progetto appariva già in *Autunno*: "si tratta delle forme della vita e del pensiero che abbiamo tentato di rappresentare. In quanto al contenuto essenziale di queste forme mi permetto la domanda: sarà mai conto dell'indagine storica l'avvicinarvisi?".[10] Salvo che la frase, che apparentemente ci rinvia di nuovo all'area strutturalistica, riguardava le forme del comportamento ludico, non le regole della matrice di gioco.

Che il gioco sia una *langue* si faceva evidente a Huizinga in tanti punti del suo discorso... Come per esempio quando prova difficoltà di fronte alla meno codificata delle semìe, l'arte figurativa (là dove anche la moderna semiotica non sa dire se il regno dell'iconico sia retto da codici e come tale sia combinatoriamente giocabile [p. 197]). Ma sono sospetti subito esorcizzati. Poteva essere così chiaro quando si tratta di esaminare il diritto, l'immensa autotelicità dei sistemi di leggi, ed ecco che si trasvola ad analizzare il gusto agonale con cui la causa viene discussa. Poteva apparire chiaro a proposito del capitolo sulla guerra, chiaro almeno quanto appare oggi agli uomini della Rand Corporation che organizzano i loro giochi strategici e fanno, della scoperta della struttura combinatoria del rischio bellico, una cinica ideologia. C'era una immensa casistica da Clausewitz al Tolstoi di *Guerra e pace...*

E poteva risultargli evidente nelle pagine su Gioco e Sapere, se non le avesse di nuovo risolte in un esame dei rituali di *quaestio disputata*. Né lo coglie il sospetto che il sapere si ponga così sovente sotto la forma di enigma proprio perché l'enigmistica è la coscienza ludica acuta delle potenze combinatorie gratuite dei linguaggi... C'è dilemma e c'è problema, due categorie ludiche che egli analizza, perché c'è possibilità di scelta all'interno di un sistema di regole, e alcune scelte sono ambigue, altre conducono allo stallo, e la combinatoria di elementi finiti può produrre e generare soluzioni infinite. E invece si torna di nuovo alla natura agonale della sfida tra chi interroga e chi risponde.

Il massimo delle occasioni perdute è realizzato nel capitolo sulla poesia. Si gioca con la poesia perché si organizzano certami poetici o perché la poesia è il gioco per eccellenza sulle possibilità combinatorie della lingua, e dunque è la massima realizzazione della lingua come gioco autosufficiente? A p. 155 si riconosce lucidamente che la poesia è – in epoche diverse –

combinatoria di forme metriche, strofiche, retoriche; che la narrativa è, in ogni tempo, combinazione di motivi ricorrenti. Che la poesia è "gioco con parola e lingua". Che infine (si veda l'analisi condotta a p. 158 sui *Kenningar* norvegesi, cavallo di battaglia di successive analisi della combinatoria di una lingua gioco): "Si tratta infatti di ottenere un codice accuratamente definito di regole di gioco, in un sistema rigido, con imperiosa validità, ma con infinite possibilità di variazione"... E non sta parlando delle regole comportamentali del certame poetico, ma della natura della metafora! Dopo aver detto che "Quel che il linguaggio poetico fa con le immagini è un gioco. Le distribuisce in serie stilistiche, vi depone dei segreti, sicché ogni immagine giocando risponde a un indovinello" (p. 157)!

Ma di nuovo, il tema si confonde con quello di una analisi dei contenuti poetici primitivi, con la scoperta che è sempre questione di un eroe impegnato agonalmente a risolvere un quesito o un compito. Deludente, davvero. Infine il capitolo sul mito. L'ombra delle ricerche strutturalistiche è troppo sfacciata, per rimproverare a Huizinga di non aver svolto un compito che non era il suo.

E sia, non dobbiamo infierire su un libro che, scritto in altra epoca, era estraneo ai problemi che gli poniamo. E dobbiamo rileggerlo o leggerlo per quel che dà, per l'acutezza, sia pure un poco affrettata, con cui procede a ritrovare costanti ludiche nella cultura rinascimentale, nel barocco, nel rococò. Per discutere magari una certa incapacità di individuare le situazioni di gioco proprie dell'Ottocento, che gli pare il più estraneo alla tentazione ludica solo perché prevale il sentimentalismo (non giocano Werther e Jacopo il loro gioco supremo, giusta i principî del gioco romantico?) e solo perché ai vestiti variopinti si sostituisce l'abito borghese incolore e serioso (basti la lezione di Gozzano a riaffermare i rituali di gioco del grigio salotto borghese). Ma per quanto riguarda questo secolo, Huizinga è dominato da una diffidenza aristocratica per il prevalere delle spiegazioni economicistiche, dimenticando che, se le accettasse, l'irrazionalismo delle dittature che gli ha fatto scrivere *La crisi della civiltà* gli sarebbe apparso ben più razionale (nel senso di: spiegabile razionalmente).

E particolarmente belle e provocatorie, anche quando sono questionabili, le pagine sul mondo contemporaneo, la magistrale messa sotto accusa dello sport come l'attività, oggi, meno ludica che esista (e quindi meno culturale e civile), nonché il riconoscimento di una ambigua struttura ludica nel gioco della pubblicità e dei consumi; e le sensibili, anche se perplesse interrogazioni sulla natura dell'arte moderna. E infine, dopo superficiali problemi sulla natura ludica della scienza, le pagine sulla differenza tra *puerilismo* totalitario e gioco, con la brillante riqualificazione dei giovani esploratori di Baden-Powell, che giocano da ragazzi sapendo di giocare, opposti ai degenerati *boy scouts* adulti in camicia bruna o nera, che puerilmente giocano credendo di eseguire la serietà, e del gioco ignorano l'accettazione di regole sociali, la tolleranza nella competizione. Così come le pagine sul carattere non più ludico di una guerra contemporanea, che lo muove alle domande finali.

Ma è proprio su queste domande finali, come si accennava qualche pagina avanti, che Huizinga misura (senza saperlo) il prezzo che la sua teoria deve pagare per non aver saputo vedere il gioco come lingua e come matrice.

Se avesse fatto questo – e, malgrado le varie sue degenerazioni, lo strutturalismo contemporaneo ha il merito di avere posto il problema – Huizinga avrebbe dovuto fare un'ultima scelta. Se la cultura è gioco (se lo è in quanto è strutturata come *game*) allora o la cultura è pura gratuità o la caratteristica ultima del gioco è la serietà e la funzionalità assoluta e costitutiva.

Se la cultura è gioco allora il gioco nella sua accezione stretta, l'esecuzione ludica dei giochi riconosciuti come tali, dalla corsa alle carte, dai dadi all'enigmistica, costituisce il momento metalinguistico in cui la cultura *parla le proprie regole*. Il momento in cui la cultura tiene in esercizio le proprie forme, svuotandole di qualsiasi contenuto concreto per poterle riconoscere, esercitare e perfezionare. E quindi il gioco, momento della salute sociale, è il momento della massima funzionalità in cui la società fa, per così dire, marciare il motore in folle, per pulire le candele, disingolfarsi, scaldare i cilindri, far circolare l'olio, tenersi in assetto. E dunque il gioco è il momento della più grande e più preoccupata serietà.

Ciononostante la cultura può anche giocarsi in modo equivoco, riconoscersi in giochi che invece non ne rispecchiano il reale funzionamento profondo. È il momento in cui riti e miti rappresentano il momento ideologico in cui la cultura mente a se stessa, e il simbolico è veramente e soltanto sovrastrutturale. È il momento in cui il tardo medioevo borgognone si riconosce in etichette che celano altre tensioni e altri equilibri. Oppure il momento in cui la società non funzionando e non essendo più armonicamente strutturata, si riconosce in strutture simboliche che fingono la funzionalità.

I momenti del mascheramento simbolico sono quelli riconosciuti da Lévi-Strauss interpretando Mauss: quando il gioco combinatorio del dono circolare viene mistificato con l'introduzione dello *hau*. O quelli in cui il motore di uno scambio (come il tabu dell'incesto) viene intenzionato come una delle sue finalità. Si ha la critica come smascheramento quando la cultura cerca di mettere in luce, pur usando gli elementi del gioco culturale, da cui non si esce, le disfunzioni della macchina culturale, i giochi "falsi" che celano i giochi "veri".[11] Così come il linguaggio coi mezzi del linguaggio analizza i mezzi del linguaggio. In tal modo gioco e serietà non si opporrebbero come due opzioni mutuamente esclusive, ma come i due poli di una dialettica nella quale il gioco controlla se stesso, e il metagioco è il momento "serio" che respinge il gioco oggetto tra i giochi da riqualificare...

Ma Huizinga, che a p. 61, intuendo l'unità profonda che lega "premio" a "prezzo", e "guadagno" a "salario", aveva riconfermato l'identità di serietà e gioco, non arriverà mai a postulare quello che ancora oggi spaventa non pochi, eppure va postulato: che anche i fondamenti dei rapporti materiali di vita vanno risolti in regole di gioco per capirne la natura e la meccanica. Postulato postulabile senza che ci sia strettamente bisogno (se pure tenta il pensarlo) che in una prospettiva generale di gioco anche le leggi del bisogno si trasformino, teste Lacan, in regole del *désir* e quindi in regole della catena significante, suscettibili di analisi mutuate dalla teoria dei giochi. Perché basta procedere almeno come il Marx del primo libro del *Capitale*, che strutturalmente risolve i rapporti di scambi tra merce e merce (e tra merce e denaro), introducendo il lavoro umano non per incrinare l'equilibrio strutturale delle valenze in gioco, ma per smascherare valenze che artificiosamente si presentano come autosufficienti e immotivate.

Tuttavia Huizinga ha detto che la primalità dell'economico è un "umiliante equivoco" e quando parla del modo in cui una società come quella borgognona si riconosce nelle sue forme, parla di "ideale". Così da un lato non ammette pienamente la possibilità che alcuni giochi siano soltanto "ideologici", perché tutti sono sublimazioni "ideali"; e dall'altro quando si scontra con la violenza della realtà (e con le leggi sotterranee dell'economia che scatenano la violenza) presume di non trovarsi più di fronte a un gioco. Come se, sensibile esteta, capace di cogliere il momento di gioco nella crudeltà della Sfinge che manda a morte gli inadempienti, non riesca più a coglierlo nella crudeltà della dittatura contemporanea che manda a morte i dissenzienti. Il che implica che egli non abbia accettato l'idea che pur enuncia: che il gioco oltre che serio, possa essere terribile e tragico.

Il gioco gli è sempre parso come il momento della sublimazione elegante e gentile; e quando la realtà non gli appare né gentile né elegante, egli non può altro che rifiutarla e scoprire che, di fronte all'universo del gioco, si erge l'universo della "coscienza morale". Allora la guerra di chi si vede assalito non è più gioco, è serietà fuori da ogni alternativa tollerante. I limiti tra gioco e serietà sono dati dal valore "oggettivo" del diritto e delle leggi morali.

Curiosa affermazione, da parte di chi aveva visto il diritto come terreno di un gioco... Ma è proprio perché l'assunzione non era stata portata alle sue ultime conseguenze, e la cultura non è stata in verità concepita radicalmente come gioco, gioco che si gioca anche quando una delle sue forme si erge contro un'altra per negarla. Gioco che è già in se stesso serio perché è condizione della vita sociale; gioco che non è gratuito perché a destrutturare i giochi o opporre opzioni di gioco diverse sta la pressione del momento materiale, che si risolve in gioco ma che nasce come qualcosa d'altro.

Questa pressione non può essere quella della coscienza morale, perché se la cultura è gioco, lo è anche la morale. In un impeto di nobiltà, temendo che la sua teoria lo renda insensibile all'urgenza tragica della storia che sta vivendo (1939), Huizinga chiude il suo libro con un fantasma che nega tutta la teoria. La coscienza morale e il "Sommo Bene" appaiono sulla scena del gioco ad avvertire che il gioco è finito. Da dove vengano non si sa.

Chi ha postulato una nozione più radicale della cultura come gioco, a questo gioco non può stare. Il gioco vero si gioca più a fondo. La condizione è certo una certa vertigine. Il rischio, il perdersi nella contemplazione del gioco.

Ma l'*homo ludens* dovrebbe averne viste di peggio. Huizinga ci invita a una partita che bisognerà pur continuare a giocare anche senza il suo aiuto.

¹ Carlo Antoni, *Dallo storicismo alla sociologia*, Firenze, Sansoni, 1940 (2ª ed. 1951). Il libro è datato aprile 1939 e per questo, nel saggio su Huizinga, non si fa menzione di *Homo ludens*.

² Pietro Rossi, *Lo storicismo tedesco contemporaneo*, Torino, Einaudi, 1936 (nuova ed. 1961). Nel libro di Rossi Huizinga non è menzionato, forse perché non "tedesco", forse perché non abbastanza solido (Antoni lo aveva inserito, benché olandese, insieme allo svizzero Wölfflin, "perché questi due storici mi sembrano appartenere, anche se marginalmente, al medesimo movimento").

³ *Herfstttj der Middeleeuwen* esce ad Haarlem nel 1919. La traduzione italiana è del 1940, Firenze, Sansoni (2ª ed. 1953, con *Introduzione* di Eugenio Garin).

⁴ Si aggiunga un corredo di citazioni che apriva il lettore ad opere ancora estranee al nostro circuito culturale, come gli studi di Piaget, il *Saggio sul dono* di Mauss, alcuni libri di Malinowsky o di Kereny, e così via.

⁵ Oltre alle voci necessariamente dedicategli in dizionari letterari o filosofici, ricordiamo: i già citati scritti di Antoni e di Garin; C. Cordié "Immagini di Huizinga", in *Letteratura*, V, 20, 1941 (Cordié gli ha dedicato anche la voce *Homo ludens* sul *Dizionario Bompiani delle Opere*); F. Chabod, "J. Huizinga", in *Rivista storica italiana*, 1948; G. Morpurgo Tagliabue, "Le opinioni sulla storia di J. H.", in *Rivista di storia della filosofia*, IV, 1949; e altri. Una ripresa del concetto di *homo ludens* si ha in R. Cantoni, *Illusione e pregiudizio*, Milano, il Saggiatore, 1967.

⁶ *In de schaduwen van morgen*, Haarlem 1935, trad. it. Torino 1937 (4ª ed. 1970).

⁷ *Im Bann der Geschichte*, Amsterdam 1942 (trad. it. parziale, *Civiltà e storia*, Modena-Roma 1946, p. 71). Garin, che cita questo brano, lo pone in contatto con l'altro dalle lezioni di Santander del 1934, dove pare di intravedere un atto di cautela verso le "forme ideali" portate ad eccessiva generalità schematica: "Lo storico riconosce nei fenomeni del passato certe forme ideali che cerca di descrivere, ma non concettualmente come tali (che è il compito della sociologia) bensì recandole a intuitiva rappresentazione in un determinato concatenamento di avvenuto decorso storico".

⁸ *Autunno* cit., pp. 44-46 sgg.

⁹ Ciò che rende sospetto Lévi-Strauss non è questa lucida coscienza di una matrice combinatoria, è l'anticipo metodologico con cui ipostatizza in struttura universale e inalterabile le matrici culturalizzate che egli trova sul suo cammino; l'anticipo con cui salta alle radici ultime quando la ricerca potrebbe offrirgli ancora variabili tali da falsificare l'ipotesi di partenza. Si veda il nostro *La struttura assente*, Bompiani, Milano 1968, sez. D.

¹⁰ *Autunno*, Prefazione dell'Autore alla prima edizione.

¹¹ Per una possibile *semiotica delle ideologie* si veda il nostro saggio omonimo in *Le forme del contenuto*, Bompiani, Milano, 1971. Dove si vede che un'espressione come quella usata nel testo qui sopra ("giochi falsi" contro "giochi veri") è puramente metaforica: l'ideologia altro non essendo che un aspetto parziale del gioco semiotico, separato dalla globalità in cui si inserisce; per cui negarlo non significa smontarlo ma ricollocarlo nel proprio contesto.

SEGNI, PESCI E BOTTONI.
APPUNTI SU SEMIOTICA, FILOSOFIA
E SCIENZE UMANE

Tutti gli autori che hanno esplicitamente parlato di "semiotica" l'hanno definita come *dottrina dei segni*: Locke, Dalgarno, Lambert, Husserl, Peirce, Saussure, Morris, Jakobson e Barthes. Del segno come esplicito oggetto di ricerca filosofica hanno parlato da Aristotele e Agostino, dai due Bacone e Ockham, a Hobbes, sino a Cassirer e oltre. Eppure la semiotica contemporanea ha messo in questione la nozione di segno, e in due direzioni. Da un lato, giudicandola troppo vasta e imprecisa: ha così dissolto il segno nel reticolo delle *figure*, vuoi dell'espressione, vuoi del contenuto; oppure ha deciso di privilegiare la sola faccia significante. Dall'altro, ha sciolto il segno come unità troppo ristretta nel tessuto dell'enunciato, del testo, nel gioco degli atti linguistici, nel processo comunicativo, nell'interazione conversazionale, nella pratica produttrice di senso, nella semiosi. Là dove la tradizione parlava *de signis* c'è oggi una ridda di discipline, approcci, suddivisioni ormai accademiche.

Il segno rimane un oggetto teorico, un iperonimo massimo come "cosa" o "sostanza"? Hanno ragione coloro che di fronte alla decisione semiotica di parlare di segni visivi, verbali, gestuali, prossemici, termici, olfattivi, naturali e artificiali, convenzionali e motivati, indessicali o iconici – e così via – avanzano l'obiezione che parlare di segno sia per una parola, sia per un sintomo atmosferico, sia per un simbolo algebrico, sia mera licenza metaforica?

La conclusione più realistica sarebbe che ci si trova di fronte a una ridda di *somiglianze di famiglia*. E la somiglianza di famiglia è un concetto bifido, incoraggiante e scoraggiante a un tempo: da un lato può indurre a cercare cosa giustifichi appunto le somiglianze, ma dall'altro può indurre a riconoscerle come illusione analogica, per cui appare più ragionevole ritirarsi nell'ambito di indagini più specializzate, senza cercare sintesi totalizzanti

1. *La paura del segno*

In una rassegna di opere semiotiche apparsa sulla *London Review of Books* [1] – ed è irrilevante che oggetto della rassegna fosse anche un mio libro, perché l'attacco è molto più ampio, e non considero qui le obiezioni che vengono mosse alla mia opera – Roger Scruton afferma che il progetto semiologico o semiotico oscilla tra "tre imprese indipendenti, la prima modesta, la seconda speculativa, la terza radicata in una fallacia".

L'impresa modesta consiste nell'andare alla ricerca di una pluralità di significati nello stesso testo. Scruton sospetta che vi sia una certa "lussuria" da parte dello strutturalismo nell'individuare in un testo significati che l'autore non vi avrebbe riconosciuto. A parte il fatto che Scruton, con insulare ingenuità, identifica semiotica, strutturalismo ed ermeneutica come tre facce di uno stesso complotto continentale, chiunque sia stato esposto a buone letture osserverebbe che questa "lussuria" è, caso mai, tipica di molto post-strutturalismo. Comunque il problema non è questo. Non è irragionevole trovare in un testo sensi che il suo autore non aveva previsto (basti pensare al classico caso delle *gaffes*); il problema è piuttosto cosa *legittimi* una interpretazione rispetto a un'altra. Scruton lo sa, ma confonde i due problemi. Ora, il secondo non è affatto "modesto" ed è un peccato che Scruton lo liquidi per castigare direttamente la seconda impresa.

La seconda impresa "concerne una diffusa speculazione secondo cui l'indagine scientifica non esaurisce i modi della conoscenza umana". Scruton cita come esempi di "speculazione" la fenomenologia e Kant, riconosce che queste speculazioni "non hanno a che vedere con la spiegazione e la predizione", ma ammette che abbiano un certo interesse. Vedremo che una semiotica generale dovrebbe essere proprio un'attività di questo tipo. Scruton potrebbe ammetterlo, e dire che questo tipo di speculazione non gli piace.

Ma a questo punto egli compie un curioso salto argomentativo. Assume, senza produrre prove, che tutti i semiologi aspirino a fondare una scienza sul modello delle scienze naturali, e che per soprammercato (con palese contraddizione) pretendano che questa scienza naturale debba usare le categorie della linguistica, e passa a mostrare come queste due pretese siano inconciliabili (e se queste fossero le pretese, egli avrebbe qualche buona ragione). Ma il progetto che egli critica come scientifico non è tale, è quello che egli definirebbe come speculativo, ovvero filosofico. Egli dimostra così l'impossibilità di questo progetto filosofico (che però non riconosce come tale) dimostrando che non corrisponde alla sua idea di scienza naturale.

Egli procede inoltre come il laico che non riesce a vedere degli oggetti riconoscibili prima che un discorso filosofico li abbia posti (a differenza di altri laici, non riconosce il discorso filosofico anche quando viene posto).

Per leggere un qualsiasi testo semiotico bisogna comprendere che chi parla parte dal presupposto che vi sia semiosi in molti luoghi, in ogni caso al di là del linguaggio verbale. Poi si tratterà di decidere se costui ne ha descritto il funzionamento in modo accettabile. Ma i due problemi vanno tenuti distinti.

Invece si veda cosa fa Scruton. Analizza alcune pagine dove Barthes ha applicato il modello linguistico alla culinaria e rileva che l'applicazione è puramente analogica. Ci attenderemmo che dicesse: se nella culinaria vi è semiosi, allora occorrerà cercarla e definirla in altri modi. Invece Scruton conclude che, se la soluzione di Barthes è insoddisfacente, ciò significa che a) la culinaria non rappresenta un sistema significante e b) il sogno di un approccio unificato a diversi sistemi semiotici si rivela inconsistente.

A mio parere questa conclusione è possibile solo se Scruton ha già deciso che non ha senso cercare la semiosi in un *menu*.

Ora assumiamo pure, per amore di argomento (e con quella mossa che in retorica si chiama *concessio*), che Barthes abbia fatto male a interpretare la composizione di un pasto in termini linguistici di paradigma e sintagma. D'altra parte anche Barthes sarebbe stato d'accordo nel riconoscere che la culinaria non è una lingua nel senso in cui lo è lo Swahili. Tuttavia se qualcuno sospetta, spera, crede, assume che la culinaria metta in gioco della significazione, non deve fermarsi qui: deve chiedersi se vi sono altre categorie che possano fruttuosamente applicarsi alla composizione di un *menu*, e se per caso queste altre categorie non riescano a render conto, meglio che non quelle linguistiche, degli aspetti comuni tra un discorso verbale e una tavola imbandita con molte portate.

Prieto ha dimostrato che molti sistemi semiotici visivi non possono essere ricondotti al modello linguistico della *doppia* articolazione. Siccome riteneva però che questi sistemi servissero a produrre significati, ha cercato un modello articolatorio più comprensivo. Al tempo stesso ha così mostrato le sensibili differenze e le interessanti omologie tra lingua verbale e lingue segnaletiche. Si potrebbe a questo punto decidere che neppure il modello di Prieto ha una applicabilità universale, perché non riesce a render ragione di molti altri sistemi semiotici privi di articolazione, se non allineandoli tutti in un limbo impreciso. A questo punto occorrerebbe pensare che quella di articolazione non è una categoria della semiotica generale e deve essere sussunta sotto qualche categoria dallo scopo più ampio.

Ma Scruton ha deciso in anticipo che ogni semiologo aspira a una scienza naturale dei segni – "naturale" e tuttavia basata su categorie linguistiche. Per cui "senza l'assunzione che tale scienza sia possibile, i ripetuti prestiti dai tecnicismi della linguistica per descrivere tutte le svariate cose che sono state etichettate come 'segni' per ragioni di moda, non diventa altro che una sorta di alchimia, che evoca l'illusione di un metodo che di fatto non esiste". Scruton dice in effetti "in the absence of the fact of it", che in italiano si traduce abbastanza male, ma la cosa non cambia. Egli parla di un metodo che *di fatto* non esiste. Ma, se quello che ho scritto finora in queste pagine ha qualche attendibilità, un metodo (e proprio nel senso della posizione di alcuni concetti unificanti) non è un fatto, perché non è dato, ma viene posto.

Scruton vuole comunque dimostrare che questo metodo non può essere elaborato in alcun caso, e procede affrontando il tema della terza impresa:

L'idea di una scienza generale dei segni è, ritengo, fondata su di una fallacia. Cosa è che costituisce una scienza? C'è una scienza dei pesci perché i pesci sono costituiti in modo simile, ubbidiscono a leggi simili, hanno una essenza identificabile, al di là dei fatti evidenti che ci portano a nominarli come tali. (I pesci costituiscono un "genere naturale"). I bottoni al contrario, non hanno questa essenza e non hanno identità comune, al di là della loro nota funzione. Non può esserci una scienza della *costituzione* dei bottoni: se c'è una scienza dei bottoni sarà una scienza della loro funzione. Ora i segni sono più simili ai bottoni che ai pesci, e una scienza generale dei segni non sarà una scienza della loro costituzione ma della loro funzione. Ma quale è questa funzione? La semiologia ci rinvia al linguaggio, ai segnali stradali, alle espressioni del viso, al cibo, agli abiti, alla fotografia, all'architettura, all'araldica, all'intreccio dei canestri, alla musica. Possiamo dire che tutte queste cose siano "segni" nello stesso senso, o in qualsiasi senso? La parola "segno" significa molte cose e si riferisce a molte funzioni. Dobbiamo supporre che una nuvola significa pioggia nel senso in cui *Je m'ennuie* significa che mi annoio? Certamente no, perché nessuna nuvola può avere la stessa funzione di una frase. Da un punto di vista scientifico è sospettabile che qui non ci sia *una* cosa ma migliaia. Ciò che tutte queste cose hanno in comune è un piccolo tratto superficiale, di solito familiare come ci è familiare la funzione dei bottoni. Se c'è una essenza comune dei "segni" è sicuramente poco profonda: la semiologia pretende che sia molto profonda.

Tutta questa argomentazione è radicata in molte fallacie, per usare una espressione cara a Scruton. *In superficie* non vi è nulla di comune tra una nuvola e una frase. Nel primo capitolo del mio *Semiotica e filosofia del linguaggio* [2] ho cercato di mostrare quanto il pensiero classico abbia resistito all'identificazione tra segni naturali e parole. Quindi se c'è qualcosa in comune tra una nuvola e una frase, non è affatto poco profondo, ma profondissimo.

È evidente che invece c'è qualcosa di intuitivamente comune tra l'ingiunzione verbale /non passare/ e la luce rossa di un semaforo. Molte lingue parlano di segno in entrambi i casi. Scruton osserverebbe che quanto vi è di comune tra i due fenomeni è un tratto familiare come la comune funzione dei bottoni. Qualcosa di poco profondo. Ma perché trascurare le similarità poco profonde? La semiotica è filosofica perché come la filosofia reagisce con un atto di *meraviglia* là dove (come direbbe Peirce) "noi troviamo alcune circostanze molto curiose che potrebbero essere spiegate dalla supposizione che siano il caso di una regola più generale, e di conseguenza adottiamo questa supposizione".

Credo che Scruton trascuri le familiarità poco profonde perché le giudica intuitive. Questo è un bruttissimo vizio di molta riflessione che si vuole sanamente empiristica, e che relega nell'intuitivo ciò che non si sente di spiegare ed assume senza discutere, rinviandone la spiegazione (forse per ragioni di economia) ad altre discipline. Così per stabilire che l'asserzione che il sole splende a mezzanotte sia falsa, si dice che è intuitivamente falso che il sole splenda a mezzanotte. Ma non è affatto intuitivo *perché* sia così (e perché non sia così al circolo polare artico). È intuitivo che per sedurre una donna, un potenziale cliente o un funzionario corrotto io possa sia parlare delle mie immense ricchezze, sia offrire una cena di rara squisitezza il cui *menu* avrebbe sintagmaticamente deliziato Roland Barthes.

È del pari intuitivo che una cena riuscirebbe più convincente di un crudo asserto verbale. Non è affatto intuitivo perché tutto ciò sia intuitivo. Cosa c'è in comune, si domanderebbe Scruton, tra salmone, caviale, champagne e la frase /io sono pieno di soldi e non so più dove metterli/? C'è solo una somiglianza poco profonda tra i loro possibili effetti? Ma perché possono assolvere alla stessa funzione (o assolverla l'uno meglio dell'altra)? Non occorrerà individuare un meccanismo comune più "profondo"? Ecco, la ricerca di questo genere di profondità costituisce una interessante impresa (non modesta, ma certamente speculativa) per una semiotica generale.

Si noti che una semiotica generale non deve trovare somiglianze a tutti i costi, e deve anche saper mettere in luce le diversità. La semiotica è perfettamente in grado di dire in che senso una nuvola e la frase /io mi annoio/ siano entrambi segni e tuttavia siano di diversissimo tipo. In ogni caso una semiotica generale è caratterizzata dall'interesse che prova di fronte a questo tipo di problemi, non dalla risposta standard che è tenuta a darvi.

Ma le fallacie di Scruton vanno oltre. Egli dice che, siccome i pesi sono generi naturali e hanno una essenza identificabile, di essi si può dare scienza. Dei bottoni e dei segni, invece, no.

Lasciamo perdere quanto suoni curioso il richiamo alle essenze da parte di un autore che nello stesso testo accusa la semiotica di essere una "nuova scolastica". Sappiamo tutti quanto sia importante nel panorama filosofico attuale il discorso sui "generi naturali" e sulla loro essenza. Ne ho parlato in *Semiotica e filosofia del linguaggio*, ma proprio in tale sede ho mostrato come sia difficile definire dei generi naturali. Prova ne sia che in inglese *fish* indica anche delfini, ostriche e mazzancolle, che pesci non sono – almeno nel senso in cui il naturalista parla di questo "genere" ovvero di questa classe. Infatti – e mi spiace dar lezioni d'inglese a un *native speaker* – se consulto il *Webster New Universal Unabridged Dictionary*, mi accorgo che l'inglese, che usa *fish* per indicare qualsiasi accolta di animali marini commestibili, quando vuole parlare di specie, o di genere naturale, usa *fishes* al plurale.

Ma ammettiamo pure che /pesce/ indichi un genere naturale, che ci sia una scienza dei pesci e della loro essenza che esiste *in re, post rem* e per soprammercato anche *ante rem*. Perché non si può parlare di una essenza dei bottoni, che esista *in re* (altrimenti un bottone non sarebbe un bottone), *post rem* (altrimenti non riconosceremmo i bottoni) e *ante rem* (altrimenti non riusciremmo a fabbricarne)? Stiamo qui sfiorando la questione, già discussa in Aristotele, dei generi "artificiali", come una barca o una sedia, sulla cui definizione si esercita peraltro tanta semantica contemporanea.

Estrapolando da una serie di dizionari troviamo che un bottone (al di là delle estensioni metaforiche del termine per cui si parla anche di bottone della luce) è un oggetto, dal diametro variabile tra mezzo centimetro e tre centimetri, di materia dura, assicurato a un lembo di abito (o di altro contenitore molle in materiale tessile o simile) per mezzo di un filo che passa attraverso buchi o un anello sottostante, e che viene inserito in una fessura, o asola, praticata su un altro lembo dello stesso contenitore, per assicurarne la chiusura. Così definito (e si potrebbe forse far meglio) un bottone è sia fabbricabile che riconoscibile (meglio di un pesce, perché *verum ipsum factum*). La sua definibilità non concerne solo la sua funzione ma anche una sua morfologia di base (infatti una chiusura lampo ha la stessa funzione, ma nessuno si sognerebbe di definirla un bottone).

D'altra parte esistono "generi" che senza essere artificiali sono in qualche modo "funzionali", come padre o presidente (e scapolo, per rendere omaggio a tante discussioni semantiche). Se Scruton vuole dire che lo studio dei pesci è diverso da quello dei ruoli parentali o sociali, ha certo ragione; e se vuole riservare il nome di scienza alle scienze naturali, basta intendersi – ma in tal caso il suo bersaglio (la semiotica) verrà a trovarsi in ottima compagnia. A questo punto non so più però dove porrà discipline che studiano *entia rationis* come la radice quadrata, il rapporto di simmetria, e forse anche il potere e l'autorità – mescolo volutamente cose dissimili per mostrare quanto rimanga fuori da questa definizione di scienza.

Il fatto è che Scruton, astutamente, non dice che non si dà scienza delle radici quadrate o del potere (perché potrebbe andare incontro a contestazioni accademiche) e si limita a dire che non c'è scienza dei bottoni. La mossa è abile (retoricamente), perché non esistono dipartimenti di bottonologia comparata che potrebbero cancellare Scruton dalla lista degli inviti per il party di fine anno, ma egli sta dicendo senza equivoco che non si dà scienza di quelle entità che, pur avendo consistenza materiale o profilo morfologico diverso, tuttavia assolvono, *sotto una certa descrizione*, alla stessa funzione.

Non so come possa cavarsela con l'economia, per cui due braccia di tela, uno staio di grano e una moneta di rame possono essere considerate equivalenti in quanto ciascuna può essere scambiata con l'altra. Ma è inutile criticare questa visione della scienza. Il problema è che *i segni non sono come i bottoni*. Sono qualcosa di molto più diafano, e in tal senso una semiotica più generale è assai più ambiziosa dell'improbabile scienza dei bottoni.

La nozione di segno viene filosoficamente posta per definire sia le parole che le nuvole o i bottoni, in quanto essi siano considerati come *qualcosa che sta al posto di qualcosa d'altro secondo le modalità della inferenza*. Ciò di cui la semiotica generale si occupa non sono né generi naturali né generi artificiali, né generi funzionali: è un rapporto di mediazione, sono le condizioni sotto le quali una attività interpretativa può riconoscere qualsiasi oggetto come una entità semiotica. Prima del discorso semiotico che li fonda, i segni *non ci sono*.

Solo a questo patto sarà allora possibile stare al gioco e tentare (ma non solo per gioco) una semiotica – non una scienza naturale – dei bottoni.

Delle molte proprietà morfologiche dei bottoni alcune possono essere accidentali (la forma circolare, e la grandezza: si può pensare un bottone quadrato del perimetro di ottanta metri per un gigante gulliveriano), ma alcune sono essenziali alla sua riconoscibilità: che sia assicurato a lembo di tessuto e che su un altro lembo, ripiegabile sul primo, abbia un'asola complementare. Inoltre è caratterizzato da alcune proprietà funzionali, come la capacità di inserirsi nell'asola per assicurare mutuamente i due lembi di tessuto. Parimenti sfumata è la definizione di tessuto (un bottone può assicurare i lembi di un abito o contenitore in plastica) ma credo si possa pervenire alla definizione di un insieme di proprietà che incoraggiano, per un certo materiale non rigido, l'uso di bottoni in luogo di lacci o *poussoirs*.

Bottone e asola formano un sistema opposizionale elementare. La presenza del bottone è in linea di principio l'indizio della presenza di un'asola e viceversa.

Tuttavia un buon dizionario avverte che i bottoni possono avere anche funzione ornamentale (e vi sono state epoche in cui bottoni di materiali preziosi erano posti dappertutto, anche sulle spalle e sulla schiena). I bottoni ornamentali sono *falsi sintomi* (così come lo sono le asole ornamentali quali l'occhiello della giacca borghese, successivamente piegato ad altri usi, come l'inserzione di fiori o distintivi). Poiché i sintomi possono essere falsificati, i bottoni ornamentali appaiono come forme di "menzogna" a fini estetici, sono una sorta di figura retorica.

Ma, inizialmente caratterizzabili come caso di menzogna, i bottoni ornamentali non hanno una funzione menzognera. Scatta nei loro confronti una sorta di implicatura conversazionale: se qualcuno ostenta un falso sintomo, né tenta di celarne la falsità, e non ha ragioni per mentire (e cioè per suggerire la presenza di asole che non esistono) deve avere una ragione. Il bottone ornamentale appare come una sorta di spreco pianificato. In molte civiltà (dai Maori alle società industriali studiate da Veblen) lo spreco pianificato connota ricchezza (naturalmente non è rilevante se questa ricchezza "significata" sia effettiva o meno): una giacca con più bottoni che asole "dice" che il suo portatore può permettersi un certo spreco per propositi di ostentazione. L'opposizione "emic" tra bottone e asola istituisce il bottone come artificio meccanico funzionale, l'assenza "etic" dell'asola caratterizza il bottone come artificio simbolico inteso a dichiarare una funzione seconda.

La presenza del bottone segnala la possibilità che l'abito sia abbottonato. Secondo i codici vestimentari correnti un abito abbottonato connota maggiore formalità di un abito sbottonato. Molti bottoni connotano una estrema formalità. Secondo altri aspetti del codice vestimentario, la preziosità del materiale connota, ancora una volta, ricchezza. A abito prezioso corrisponde bottone prezioso. Bottoni preziosi assicurati a un abito (anche se non particolarmente prezioso) connotano la preziosità dell'abito. Essi non esprimono la possibilità di abbottonamento, ma uno status sociale. La più preziosa di tutte le sostanze è l'oro. Iconograficamente il color giallo significa l'oro. I bottoni giallo oro, anche se non sono d'oro, esprimono status sociale. Ecco perché i generali hanno molti bottoni (funzionalmente inutili) e questi bottoni, la cui abbondanza significa formalità, sono d'oro (significazione di status). Una doppia fila di bottoni d'oro su di un abito sbrindellato o su di un abito talare (entrambi assunti a significare un certo status umile) producono una sorta di contraddizione semiotica, come l'apparizione di una elaborata e classicheggiante figura retorica in un manuale tecnico dalle finalità funzionali che esibisce pretese di univocità semantica e letteralità assoluta.

Ma per fare una semiotica specifica dei bottoni occorre disporre di concetti (come quello di segno e interpretabilità, di definibilità attraverso marche e tratti enciclopedici) che possono essere provvisti solo da una semiotica generale.

Forse non è necessaria una semiotica dei bottoni: quanto essi ci dicono è intuitivo (familiare). Ma allo stesso titolo non occorrerebbe fare la grammatica di una lingua, perché al laico appare intuitivo che /la neve è bianca/ voglia dire quello che dice e che /la procrastinazione mangia il dove/ sia privo di senso decidibile. Se si è parlato di bottoni non è stato solo per stare alla provocazione ma perché sembrava interessante partire da un argomento apparentemente così frivolo e marginale per suggerire come le strategie della significazione possano annidarsi ovunque, ovunque vadano affrontate secondo il tipo di sistemazione che richiedono (i bottoni non sono né nuvole né frasi), e tuttavia sempre alla luce di alcuni concetti posti da una semiotica generale. Anche un bottone significa perché può essere posto all'origine di un processo interpretativo strutturato secondo i modi dell'inferenza, lo stesso che regge la comprensione di un termine o la disambiguazione di una frase, la lettura di un testo, la reazione a una immagine concepita secondo il modo simbolico, della metafora o dell'allegoria.

2. Un "consensus" alquanto dissenziente

Le definizioni tradizionali del segno si riassumono di solito nella formula scolastica *aliquid stat pro aliquo* e Jakobson, nella sua introduzione al primo Congresso internazionale di semiotica, precisava che "ogni segno è una relazione di rinvio". Ma tale concetto di rinvio (il segno sta per qualcosa d'altro) si complica al suo primo apparire: rinvio a un concetto, a una immagine mentale, a una astrazione, a un contenuto, a un universale, da un lato, o rinvio a una cosa, a uno stato del mondo, dall'altro. L'idea è chiara sin da Platone a Aristotele, e con gli stoici si instaura quel triangolo semiotico che potrebbe essere ben circoscritto dalla definizione agostiniana: "Signum est enim res, praeter speciem quam ingerit sensibus, aliud aliquid ex se faciens in cogitationem venire" [*De doctrina christiana*, II, 1, 1]. Sono definizioni del genere che stanno alla base ai diversi triangoli di cui si è sentito parlare nel corso del pensiero occidentale.

Eppure questi triangoli non sono sovrapponibili, *essi non par-*

lano tutti della stessa cosa (e si veda nella tabella qui acclusa la registrazione "visiva" di questo labirinto terminologico): il contenuto di Hjelmslev è astratta organizzazione della spazio culturale e non è una entità psichica come il *verbum mentis* di Agostino; entità psichica è l'*intellectus* di Abelardo, ma la sua *sentenia* è una possibilità astratta di diverse definizioni; il *conceptus* di Ockham è a sua volta segno della cosa mentre il *sense* di Carnap non lo è. E infine, in tutti questi triangoli rimane sempre impreciso se essi si riferiscano a termini isolati o a enunciati. In tal senso era molto più esplicito Aristotele nel *Dell'espressione*: il termine linguistico isolato ha certo un significato come evento psichico, ma non afferma né il vero né il falso (e quindi non è comparabile a cose o stati del mondo), perché il problema della verità si pone solo nel giudizio e nell'enunciato predicativo. Ma ancora, e si esaminerà più avanti il problema, per alcuni di questi triangoli bisogna pensare alla struttura del segno linguistico, per altri alla struttura del segno generale.

L'imbarazzo nel definire i rapporti fra i tre vertici del triangolo si manifesta persino nella decisione di chiamare o non chiamare segno l'apice sinistro, dato che per molti il segno come fenomeno semiotico è l'unione dell'intero lato sinistro, significato più significante (per Saussure) o *dictio* per la tradizione medievale. A comprova di questa serie di incertezze varrà la pena di seguire, nell'intrico degli usi contraddittori, la penosa situazione di un termine come "denotazione" che ha indotto un filosofo contemporaneo, Peter Geach, a sostenere che esso dovrebbe essere eliminato dal novero della corrente moneta filosofica perché non fa altro che produrre confusione.

Cosa denota un segno (o un significante)? I medievali erano abbastanza d'accordo, la voce significante *significat* il concetto corrispondente e *nominat* (o *appellat*) la cosa a cui si riferisce. Ma già con Abelardo si fa strada l'ambiguo statuto della denotazione, perché la voce *significat* l'*intellectus*, *denotat* o *designat* la *sentenia* (il senso) e *nominat* e *appellat* la *res*. In tempi moderni sembra invece che la designazione e la denotazione si siano spostate a definire il rapporto tra la voce significante e la cosa a cui essa si riferisce o a cui viene riferita nell'uso linguistico così che il termine "denotazione" viene a indicare buona parte (o tutto) di ciò che per i medievali era la *suppositio*...

Oggi in filosofia del linguaggio (o almeno quella di tradizione anglosassone) la denotazione di un termine è l'insieme di oggetti a cui il termine si riferisce è la denotazione di un enunciato assertivo è il corrispondente stato di cose. In tal senso la denotazione si può identificare con il riferimento, e il *denotatum* di una entità linguistica sarà il suo referente. Ma si sta parlando del referente come oggetto singolo o come classe di oggetti? John Stuart Mill aveva deciso che "la parola 'bianco' denota tutte le cose bianche, come la neve, la carta, la schiuma del mare e così via, e implica, o, come è stato detto dagli scolastici, connota l'attributo bianchezza". Col che si sarebbe definita con sufficiente chiarezza la linea di frontiera tra fenomeni estensionali e fenomeni intensionali: una espressione denota una classe di individui che nomina e connota le proprietà in virtù delle quali certi individui sono riconosciuti membri della classe in questione. Su questa base sembrano costruite le semiotiche che vedono l'estensione come funzione dell'intensione.

ARISTOTELE:	Passione dell'anima
STOICI	: Sēmainómenon
AGOSTINO	: Verbum mentis
ABELARDO	: Intellectus/Sententia
OCKHAM	: Conceptus
LOCKE	: Nominal essence
FREGE	: Sinn
PEIRCE	: Immediate Object
CARNAP	: Sense, Intension
OGDEN &	
RICHARDS	: Reference
MORRIS	: Significatum
SAUSSURE	: Signifié
HJELMSLEV	: Contenuto

ARISTOTELE.	Voce	Cose e fatti
STOICI	. Sēmainon	Tugchanon
AGOSTINO	: Verbum vocis	Res
ABELARDO	: Vox	Res
OCKHAM	: Terminus	Res
LOCKE	. Name	Thing
FREGE	: Zeichen	Bedeutung
PEIRCE	. Representamen	Dynamical Object
CARNAP	: Sign	Extension
OGDEN &		
RICHARDS	. Symbol	Referent
MORRIS	: Sign-vehicle	Denotatum
SAUSSURE	: Signifiant	[ ]
HJELMSLEV	: Espressione	Sostanza o materia (?)

Ma ecco costituirsi, quasi parallelamente, la tradizione linguistico-strutturale in cui denotazione si sposta sul versante dell'intensione. In Hjelmslev (e nell'uso che poi ne faranno Barthes e la semiologia degli ultimi decenni) denotazione è il rapporto che lega un termine alla porzione di contenuto a cui è correlato e connotazione verrà riservato, sulla scia di un'altra non meno antica tradizione, a significati accessori e mediati.

Recentemente Lyons ha proposto di usare denotazione in modo neutrale tra estensione e intensione, così da dire che la parola /cane/ denota la classe dei cani, ma che il termine (metalinguistico?) "canino" denota la proprietà il possesso della quale è condizione per l'applicazione corretta dell'espressione /cane/. Non si tratta né di innovazione né di sistemazione terminologica: semplicemente, si prende atto di una ambiguità e di una polisemia, e ci si mostra tolleranti e comprensivi, ovvero cooperativi nei confronti del contesto filosofico in cui il termine appare.

Il nodo di problemi messo in luce dalla vicenda (esemplare) della denotazione basta (e avanza) a dire come un pensiero semiotico faccia fatica a trovare un consenso delle genti su questioni terminologiche vestibolari. Ma la ragione della confusione non è casuale, né risolvibile da esperantisti volonterosi. È che il pensiero semiotico si presenta sempre, sin dall'inizio, scisso da un dilemma, e marcato dalla scelta più o meno implicita che guida il pensatore: si tratta di studiare i linguaggi per sapere quando e come essi si riferiscono correttamente alle cose (problema della verità) o per indagare come e quando essi vengano usati per produrre credenze? Ovvero, a monte di ogni scelta terminologica sta una scelta più profonda: tra sistemi di significazione trasparenti rispetto alle cose e sistemi di significazione come produttori di realtà. Patetico sigillo di questa divisione, da ciascun lato della barricata, quando la divisione viene in luce, si taccia l'avversario di idealismo (almeno in tempi recenti).

3. Verso un'archeologia dei concetti

Molte obiezioni che si muovono al concetto di segno (e si vedano quelle, appena riferite, di Roger Scruton) è che con esso si estende una categoria propria del linguaggio verbale ad altri fenomeni che non possiedono le stesse proprietà.

Se però si riconsidera la storia del concetto di segno si scopre che è avvenuto esattamente il contrario: una nozione semiotica generale, nata per definire fenomeni naturali è stata in seguito applicata ai fenomeni linguistici. Quando poi le scienze del linguaggio si sono sviluppate e hanno approfondito le caratteristiche specifiche del segno linguistico, queste caratteristiche sono state attribuite anche ai segni non linguistici, spesso attraverso forzature metaforiche. Occorre tentare una archeologia del segno e riproporne la nozione originaria, rovesciando il paradigma linguistico che ha dominato gran parte della semiotica di questo secolo. Ed è quello che ho tentato di fare nel primo capitolo del mio *Semiotica e filosofia del linguaggio*.

In quella sede rilevavo che quando la nozione di segno (*sēmeion*) appare nel *Corpus Hippocraticum*, si presenta come prova, sintomo, indizio, e si riferisce a fatti naturali che consentono conclusioni diagnostiche (e prognostiche) tratte per inferenza. Il segno non ha col proprio significato (o col proprio referente) un rapporto di uguaglianza e di equivalenza, bensì di implicazione. Non "questo uguale a quello", ma "se questo allora quello".

Ma la filosofia greca del linguaggio ha impiegato molto tempo a identificare i segni (nel senso sopra definito) con i termini del linguaggio, anzi non lo ha mai fatto in modo esplicito.

Aristotele parla delle parole nell'*Organon*, e sembra incoraggiare una loro definizione in termini di equivalenza: /uomo/ equivale a "animale razionale mortale", e viceversa. Invece parla dei segni nella *Retorica* e li intende come degli antecedenti che hanno una relazione più o meno necessaria con un conseguente ("se ha febbre, allora è malato").

Questa divisione permane ancora negli stoici, in cui appare un triangolo semiotico, riferito ai termini linguistici, che sembra considerare espressione, contenuto e referente, ma che a prima vista non ha alcuna connessione con la teoria dei segni (*sēmeia*), eventi e accadimenti che consentono una congettura da antecedente e conseguente.

Salvo che l'interpretazione che Sesto Empirico dà degli stoici lascia supporre che vi sia un curioso rapporto tra parole e segni. Le espressioni linguistiche veicolano dei contenuti e questi a loro volta si articolano in proposizioni, in modo tale che una proposizione generale sull'apparizione di un antecedente consente di inferire una proposizione generale su di un conseguente. Il linguaggio inizia ad apparire come "sistema modellizzante primario" (come direbbero i semiologi sovietici), che veicola altri sistemi di significazione.

Sarà Agostino ad attuare la fusione tra i due universi semiotici. Egli ci parla di un genere dei segni, sotto i quali rientrano sia i sintomi naturali che i termini del linguaggio verbale, insieme ad altri artifici significativi, come le insegne militari e il suono delle trombe. Molti, molti secoli prima dell'analoga proposta di Saussure.

Egli suggerisce, appena, come si possa fondere una semiotica della identità (a ≡ b) con una semiotica dell'inferenza (p ⊃ q). Ci consegna un suggerimento prezioso, non risolve definitivamente il problema.

Dopo di che si assiste a una oscillazione continua tra la ripresa di una teoria classica dei segni naturali in quanto distinti dai segni verbali, e vari approcci più o meno espliciti al modello agostiniano. Lungo (avventuroso, eccitante, tutto da fare e a fondo) seguire questa vicenda: si può dire di trovarla compiuta in Saussure, dove si riprende l'idea agostiniana di un *genus-signum* che definisce fenomeni semiotici diversi, dalle parole della lingua alle insegne militari (si noti, lo stesso esempio in Agostino e Saussure). Salvo che al momento di questa riproposta, attraverso il lavoro millenario di grammatici, dalla Grecia classica all'Ottocento, quello che è stato più studiato e analizzato (e per varie e ottime ragioni) è stato il segno linguistico. Al momento della unificazione finale dei segni nel progetto di una semiotica generale, il modello per il *genus generalissimum*, il segno, è dato ormai dal segno linguistico. Il paradigma si è rovesciato: si estende ormai al segno naturale, fondato sul modello dell'inferenza, il modello del segno linguistico, fondato sul modello dell'equivalenza; mentre fra gli stoici e Agostino s'era verificato il processo inverso. Giro di boa ormai inarrestabile: persino nelle semiotiche di origine linguistica più criticamente articolate (si pensi a Hjelmslev e alle successive analisi componenziali), anche quando non si cadeva nelle ingenuità, puramente strumentali, dei logici che risolvevano il significato in termini di pura sinonimia, il modello dominante rimaneva quello (ancora aristotelico) della corrispondenza biunivoca tra *definiens* e *definiendum*.

Eppure questa conclusione non era affatto necessaria. Anzi la critica che oggi si muove a una semantica in forma di dizionario e l'appello a una semantica in forma di enciclopedia e orientata alla inserzione contestuale dei termini di un sistema di significazione, mostra che da quell'*impasse* si doveva e si poteva uscire.

Chi lo ha capito per primo è stato Peirce. La sua idea forza è che un segno (un significante, una espressione) può essere interpretato solo da altri segni, ma non una volta per tutte, bensì all'infinito – una idea che può essere rintracciata in Abelardo e persino in Aristotele, dove continuamente si sospetta che la definizione possa non essere una e una sola.

Ora, tornando a Peirce, il modello di correlazione tra segno (o *representamen*) e Oggetto Immediato si risolverebbe in una pura equivalenza se l'interpretante fosse solo un termine sinonimo. Ma non lo è, è una catena di definizioni, ciascuna delle quali corregge e amplia l'altra, per cui da un termine si può risalire a tutte le proposizioni in cui esso può legittimamente inserirsi e da queste a tutte le argomentazioni che esse consentono. Il segno è qualcosa che fa conoscere sempre qualcosa di più, e di diverso, in circostanze e contesti diversi. Un termine è la forma vuota di una proposizione, la semantica peirciana è dominata dalla sua logica dei relativi. Per rappresentare il verbo /sposare/ occorre disporre di un apparato di "casi": X sposa Y a Z.

Le moderne semantiche casuali, là dove esse si intersecano con la pragmatica, o dove prevedono, in appoggio al dizionario, una batteria di *frames*, di sceneggiature, di stereotipi d'azione, profilano ormai l'idea di una *semantica a enciclopedia* dove il sememen è un testo virtuale e il testo un sememen espanso. Il contenuto di una espressione è un sistema di istruzioni volto a permettere l'uso di quella espressione in contesti diversi. La forma canonica della definizione è "Se il tale termine nei tali contesti, allora la tale interpretazione": registrando una pluralità di contesti e prevedendo una tipologia dei contesti più frequenti.

Modello inferenziale, come quello del *sēmeion* stoico. E ci si accorge che esso vale per i segni naturali, per i termini linguistici, per la segnaletica stradale, per l'immagine visiva. Il segno come oggetto teorico, schema inferenziale generalissimo, uguale al di sotto delle sue concrete articolazioni all'interno di sistemi semiotici diversi, ricomincia a delinearsi. In questa prospettiva il pensiero segnico si riunisce, come era nel passato, al pensiero congetturale: la logica della scoperta è una semiotica, e la teoria di un linguaggio è la descrizione di procedure indiziarie.

Una volta assunta questa ipotesi, molte dovranno essere le differenze sottostanti, che una semiotica deve saper individuare, perché i segni di diversi sistemi semiotici sono certo diversi tra loro. Tranne che in un punto, in questa ossatura inferenziale di fondo, esile ma solida, resistente a molti acidi critici. Basta riconoscere che il segno non è (solo) ciò che sta per qualcosa d'altro: è anzitutto – ed eminentemente – ciò che sta per le sue possibili interpretazioni. *È segno ciò che può essere interpretato*

5. *Interpretazione e scienze umane*

A questo punto il concetto di interpretazione si rivela molto più fecondo di quanto non serva alla sola disciplina dei segni. Esso ci permette di ripensare l'intero statuto delle scienze umane in rapporto alle scienze cosiddette naturali o esatte.

Basta rileggere la discussione, avvenuta nel corso di questo secolo, sullo statuto delle scienze umane, per avvedersi quanto l'idea di interpretazione si insediasse nel cuore del dibattito, sin dall'inizio.

Dal punto di vista dello statuto scientifico molte sono le teorie che si sono confrontate, tutte nate più o meno in ambiente positivista ottocentesco e in vario modo prolungatesi sino ai giorni nostri. C'è anzitutto una suddivisione (di origine comtiana) tra scienze *astratte* e scienze *concrete*. Astratta la matematica, concreta la mineralogia. Spencer distinguerà tra *scienze astratte* (come la logica o la matematica), *astratto-concrete* (come la meccanica, la fisica e la chimica) e *concrete* (come l'astronomia, la mineralogia, la geologia, la psicologia, la sociologia). Si noterà in queste, come in altre classificazioni di quel periodo, che molte di quelle che oggi chiameremmo scienze umane (di cui la sociologia e la psicologia erano i massimi rappresentanti) stanno pacificamente insieme a quelle che oggi chiameremmo scienze sperimentali, o naturali. La ragione è ovvia: nel suo progetto di unificazione scientifica del sapere il positivismo poteva vedere delle gerarchie di complessità, di astrattezza, di maturazione, tra le varie branche del sapere, ma non poteva concepire una divisione netta tra scienze dell'uomo e scienze della natura. Le scienze della natura offrivano un modello cui, sia pure per approssimazioni, adattamenti, cautele, ma sempre transitorie e destinate a sparire, anche le scienze dell'uomo avrebbero dovuto un giorno adeguarsi.

Una netta frattura è stata invece quella proposta dallo storicismo tedesco e in misura diversa dal neoidealismo italiano.

A voler sintetizzare una serie di posizioni peraltro molto più sfumate, ci sono scienze che esaminano fenomeni culturali, estranei al mondo umano e che pertanto l'uomo non può comprendere per immedesimazione: questi fenomeni non sono *intenzionali* e l'uomo che li studia non può individuare dei progetti, intenti, valori che la cosa si rappresentava nel comportarsi così e così. Queste scienze pertanto *descrivono* ciò che avviene e lo *spiegano* cercando *leggi generali*. Ci sono invece fenomeni che riguardano il pensiero e l'agire dell'uomo, e la sua tendenza a produrre opere. In questi casi l'uomo agisce secondo intenzioni e progetti. Chi studia questi fenomeni deve in qualche modo oltre che descriverne l'aspetto esteriore, capire, *comprendere* le intenzioni che li muovono, e può farlo mettendosi nella posizione di chi li ha prodotti. Ma nel fare questo lo studioso sarà portato sempre più a mettere in rilievo le caratteristiche di originalità, di *unicità* di tali fenomeni. Lo storico può difficilmente andare alla ricerca di leggi generali della storia e più facilmente, più giustamente, cercherà di spiegare perché un fatto è avvenuto, quali sono state le sue cause, quale è il significato che esso assumeva per i suoi contemporanei e quello che assume per noi.

Ora, nel vivo stesso delle discipline tradizionalmente umanistiche, come la storia, o la storia delle varie letterature, ci si deve porre il problema se esistano davvero scienze – come le si è definite – puramente *idiografiche*, e cioè intese alla comprensione dell'individuale, ovvero scienze "dello spirito", in opposizione alle scienze naturali che ricercano leggi generali e che perciò sono state dette *nomotetiche*.

Se le scienze della comprensione mirano all'individuale, quale è il grado di questa individualità?

Lo storiografo può proporsi di studiare la situazione specifica in cui viene a trovarsi lo stato romano alla morte di Augusto, cercando di capire perché Tiberio si comporti, una volta al potere, in contraddizione con le tendenze repubblicane che aveva manifestato prima di divenire il delfino di Augusto. La comprensione attuata dallo storico dovrebbe valere solo per il caso di Tiberio. Ma è difficile pensare che lo storico non faccia ricorso a ipotesi modellate su casi precedenti o seguenti, del tipo "di solito altri uomini di governo in circostanze analoghe si sono comportati secondo le seguenti linee di tendenza". È vero che è stato osservato che per lo più queste presunte leggi "generali" sono "ovvie" e sono tratte da altri campi come la psicologia o l'economia.[3] Ma, in primo luogo, per quanto una legge statistica come "tutti gli uomini sono mortali" o una legge psicologica come "tutti gli uomini invecchiando fanno in qualche modo previsioni su ciò che accadrebbe dopo la loro morte" siano molto ovvie, non per questo sono da trascurare.

In secondo luogo non tutte le leggi generali a cui lo storico fa più o meno implicitamente ricorso hanno lo stesso grado di pacifica ovvietà. In terzo luogo il fatto che lo storico faccia ricorso a leggi provate da altre discipline non inficia né la natura di leggi di queste leggi, né la bontà del suo metodo di ricorso a generalizzazioni. Ogni ipotesi costituisce una forma di "ratto" o di presa a prestito di leggi da altri settori del sapere: come l'astronomo impiega leggi matematiche, così lo storico può fare ricorso a leggi economiche o psicologiche, trasformandole in generalizzazioni che hanno una qualche validità storiografica.

Per quanto si voglia idiografica, ogni comprensione storiografica propone (volente o nolente) degli *esempi* di comportamento, nel senso in cui ne parla Aristotele nella retorica. Un esempio è una inferenza debolissima: da un caso singolo si induce la possibilità di una legge generale. Siccome quando Pisistrato ha chiesto una guardia, dopo ha istituito la tirannia (e così ha fatto Teagene a Megara), ogni qual volta un altro governante chiede una guardia si può insinuare (sospettare) che aspiri alla tirannia. L'esempio non è una prova. È una insinuazione. D'accordo. Ma quanti esempi bisogna raccogliere per passare dall'esempio (prova insufficiente) all'induzione (prova che molti giudicano sufficiente)? La verità è che non bastano diecimila esempi a permetterci di elaborare una legge: deve intervenire un salto, una scommessa ipotetica, l'ipotesi che anche un semplice esempio possa essere assunto (in vista di verifiche successive) come base per ipotizzare una legge. Alla base di ogni scoperta scientifica c'è una serie di insinuazioni. Spetta allo scienziato agire di congettura in modo più metodico e controllato che non Otello.

Non è mai totalmente idiografica neppure una analisi letteraria che pure tenda a mettere in luce la natura individuale di un sonetto, la sua irripetibilità e unicità. Perché per far questo da un lato può benissimo ricorrere a schemi, a modelli di invenzione squisitamente letterari (come le figure retoriche o le leggi di genere – e al postutto un sonetto è un sonetto perché si adegua, sia pure con la massima libertà, a un modello strofico e metrico); e dall'alto non c'è critico, per quanto "impressionistico", che nel mostrare l'irripetibile qualità di un'opera singola non pretenda di fornire in qualche modo qualche idea sulle costanti dell'operare artistico e sulla natura del valore estetico.

Se nelle scienze dello spirito un atto di comprensione precede sempre la spiegazione, sino a qual punto questo non si verifica anche nelle scienze naturali? Jurgen Habermas ha notato "che la relazione logica tra intendere e spiegare può di conseguenza ridursi alla relazione generale che sussiste tra progetto ipotetico e verificazione empirica. Con l'intendere io interpolo a un comportamento osservato uno scopo razionalmente perseguito come motivo sufficiente".[4]

Ora pare che ciò che caratterizza questo procedimento non sia tanto il fatto che l'interpretazione del fatto interpoli "uno scopo razionale", ma la logica stessa di questa interpolazione. In breve, alla base di questo tipo di comprensione del dato sta quel tipico atteggiamento che da Heidegger (*Sein und Zeit*) attraverso la tradizione ermeneutica (ma prima ancora di Heidegger, con l'ermeneutica di Schleiermacher) è stato definito come "circolo ermeneutico".

Tipico del circolo ermeneutico è che per capire un testo, e per spiegare le sue singole parti, io debbo predisporre una ipotesi sul tutto; questa ipotesi precede il mio incontro col testo, e fonda la stessa rilevazione dei dati testuali, e tuttavia non può che essere confermata dal testo e da ogni sua singola parte. L'interprete muove da una *precomprensione*, legata alla struttura dell'esistenza, al modo del suo essere nel mondo (Gadamer dirà: legata alla conoscenza tradizionale, e noi diremo: legata a una tradizione intertestuale di interpretazioni precedenti). Il corpo a corpo ermeneutico garantisce la comprensione delle parti sulla base di un'ipotesi totalizzante, ma garantisce l'ipotesi totalizzante nella misura in cui essa rende ragione delle parti e del loro rapporto globale.

Ora, avviene diversamente con una teoria scientifica? Keplero osserva alcune posizioni di Marte e si rende conto che esse non definiscono una porzione di cerchio. Dunque l'orbita di Marte non è circolare. Si badi bene che per riconoscere le prime osservazioni come significative occorre avere già prefigurato una ipotesi circa la non-circolarità delle orbite: uno scienziato disonesto, o di poca acutezza, o motivato a credere alla circolarità delle orbite perché ha ricevuto fondi governativi per confermare questa ipotesi, trascurerebbe le sue osservazioni come bizzarre, imperfette, e cercherebbe di farne altre meno inquietanti. Ma procediamo. A questo punto Keplero deve pensare a un altro tipo di curva. Non chiediamoci perché scelga l'ellisse a preferenza di altre, ci saranno state delle buone ragioni, nel senso che l'ellisse appariva come l'ipotesi più plausibile. Alla luce di questa ipotesi conduce osservazioni di controllo: punta il cannocchiale e va ad aspettare Marte lungo la traiettoria dell'ellisse. E lo ritrova. Trascuriamo ora le ipotesi successive, che il comportamento di Marte fosse un esempio del comportamento generale dei pianeti e così via. Quello che ci interessa è che, per dare un senso ai dati (e riconoscerli come dati *rilevanti*), Keplero deve per così dire *anticipare* e *comprendere* una possibile forma del fenomeno, ovvero una possibile (e ancora inedita) legge. Certo egli non attribuisce intenzioni razionali a Marte, ma è come se lo facesse: come un detective che cerca di immedesimarsi nella psicologia dell'assassino per capire come avrebbe potuto agire in date circostanze, e come agirà in altre (magari da predisporre a scopo di controllo), così Keplero per configurare una buona ipotesi deve per così dire *porsi dal punto di vista di un possibile legislatore dell'universo*. Che è quello che, senza dati sperimentali, aveva fatto Copernico, quando aveva deciso che il sistema solare non poteva che essere eliocentrico, per ragioni di simmetria e bellezza. Copernico aveva cercato di comprendere quello che Dio poteva aver pensato nel creare il mondo.

La mia è qualcosa di più di una metafora: tutta la teoria dell'ipotesi di Peirce è basata su questa abilità che la mente umana ha di porsi in accordo con la natura e le sue linee di tendenza.

Produrre una ipotesi è quasi come tirare a indovinare. Con una differenza, che forniti dei dati altrimenti inspiegabili, chi fa una ipotesi prova a pensare che essi siano il caso di una legge più generale, così che se questa legge valesse, allora i dati non sarebbero più inspiegabili. Ora Peirce ha dato all'ipotesi (o comunque a una delle forme dell'ipotesi) il nome di *abduzione*, e *abduction* in inglese significa anche "ratto", rapimento. Certo Peirce ha coniato il termine in analogia con "induzione" e "deduzione". Ma l'abduzione è veramente un atto di razzia, un furto, una sottrazione illecita da altro campo. Perché la legge da ipotizzare deve pur essere stata formulata da qualche parte, e se non è stata formulata (come nei casi di ipotesi assolutamente creative) ci deve essere da qualche parte un altro sistema di leggi che incoraggia la formulazione di questa – come è stato il caso di Copernico che trovava in altri campi dei modelli di armonia adattabili al proprio (innovativo) progetto di spiegazione astronomica. Ora questo territorio del già formulato, questa riserva di formulabile, è quell'universo dell'*intertestualità* e della tradizione culturale di cui parla l'ermeneutica.

Si potrebbe dire che le scienze naturali cercano *leggi* per spiegare *classi di fenomeni*, mentre l'interpretazione di un testo (come d'altronde la soluzione di un caso criminale) cerca *fatti singoli* che spieghino perché si sono verificati altri *fatti singoli*. Ma credo che questa differenza non incida sulla struttura del ragionamento ipotetico che consiste nel trovare *qualcosa* che, se è vero, o se è sostenibile, rende ragione di un altro qualcosa. D'altra parte, anche nel caso di un testo letterario o di un caso criminale, non abbiamo solo un fatto che è spiegato da un altro fatto: per ipotizzare il fatto-causa, bisogna pensare a qualche regolarità, a una classe di altri fatti che in altri contesti avrebbero spiegato o hanno spiegato una classe di fatti analoghi.

Diciamo che la pre-comprensione si forma nel modo di una interrogazione del tipo: "cosa avrei fatto io, o cosa avrebbero fatto altri come me, se fossi stato l'autore di questo testo, l'autore di questo crimine, l'autore di questo universo?".

A questo punto i requisiti di pre-comprensione e circolarità del procedimento ipotetico non distinguono più le scienze umane da quelle naturali. Il problema è piuttosto un altro: abbiamo suggerito che anche lo scienziato naturale, attraverso una sorta di antropomorfizzazione dei fenomeni e del loro universo, interpreti i propri dati come se fossero il risultato di un progetto. Si trattava evidentemente di un esempio provocatorio, per quanto efficace. Proviamo ora, invece, a fare l'operazione opposta. Cerchiamo di vedere lo studioso di scienze umane che lavora su progetti, intenzioni, valori, *deantropomorfizzandoli*.

Suggerisce Marco Santambrogio [5] che quando lo storico vuole capire le azioni di una persona razionale ricostruisce le sue ragioni e il suo calcolo, e cioè "il calcolo dei *mezzi* da adottare in vista del *fine* proposto, alla luce delle *circostanze* quali erano viste e comprese da *quella* persona". Questo tipo di calcolo non è diverso da quello che un esperto di scacchi può fare assistendo a una partita tra il campione X e il campione Y. L'esperto conosce le regole degli scacchi; conosce una serie di mosse canoniche, vuoi banali vuoi eccezionali, che altri giocatori hanno compiuto in situazioni di gioco analoghe; conosce una lista (probabilmente già interpretata) di mosse canoniche che sia X che Y hanno compiuto nel corso della loro carriera (e si noti che l'esperto deve sapere che per ciascuno di essi c'è anche un canone dell'imprevedibile, uno stile e quindi alcune costanti di comportamento, nell'inventare la mossa che l'avversario non si attenderebbe). L'esperto non ha bisogno di conoscere la psicologia di X e di Y, né di pensare in termini di intenzioni e volizioni. Calcola secondo *abiti di risposta*, leggi più o meno generali, schemi di azioni, *mosse strategiche*. Santambrogio suggerisce che questa idea si trovi in vari teorici delle scienze sociali, compreso Popper: "Intendo il metodo di costruire un modello sull'assunzione di completa razionalità (e forse anche sull'assunzione del possesso di una informazione completa) [...] da parte di tutti gli individui considerati e di stimare la deviazione del comportamento attuale dal comportamento modello, usando quest'ultimo come una sorta di coordinata zero" [6].

Ora cerchiamo di considerare questo metodo di congettura non in termini di calcolo di una logica razionale della scelta, ma di *calcolo semiotico* di una *frequenza culturale delle interpretazioni*. Io posso prevedere che alla fine dell'ultimo movimento di una sinfonia di Beethoven, in una sala da concerto, il pubblico applaudirà (la previsione ha un alto grado di probabilità), mentre nessuno avrà applaudito nei brevi intervalli tra un movimento e l'altro, e al massimo qualcuno si sarà esibito in una raffica di tossicchiamenti (previsione con altissimo grado di probabilità, una volta presupposte circostanze ottimali, che cioè ci si trovi di fronte a un pubblico abitudinario, nel corso di una serie di concerti per abbonamento, eccetera). Ora ciò che permette la previsione non è un calcolo sul calcolo razionale degli spettatori. È un calcolo sul modo in cui culturalmente anche il meno razionale degli spettatori è abituato a reagire a un concerto. Quella che si sta manovrando è una legge semiotica che *esprime abiti interpretativi degli eventi*.

Non è necessario immedesimarsi in intenzioni, né riprodurre nella nostra mente i movimenti ottimali di un calcolo razionale. È sufficiente rifarsi a una logica (culturale) delle interpretazioni.

Ora il termine "interpretazione" ha una lunga e complessa storia: nella tradizione dell'esegesi biblica indica la ricerca di un senso nascosto, e nello sviluppo protestante di questa tradizione si accentua l'aspetto di libertà e molteplicità di questa ricerca (le interpretazioni di uno stesso testo possono essere multiple). In ogni caso pare caratteristico dell'interpretazione un movimento interrogativo rispetto a qualcosa il cui senso non è palese. Tanto più il testo è oscuro (testo sacro) o lontano dalla nostra capacità di comprensione (reperto di epoca remota), tanto più occorre interpretare. Attraverso Schleiermacher il concetto di interpretazione si associa sempre più a quello di ricerca storica e di decifrazione testuale, ed è comprensibile perché in tal senso sia acquisito dai teorici neostoricisti della comprensione – e nella stessa chiave ripreso dall'ermeneutica contemporanea heideggeriana e post-heideggeriana.

Ma il termine interpretazione traduce il termine greco *hermēneia* e cosí come viene usato da Aristotele (si pensi alla fortuna del così tradotto *De Interpretatione*, che rimane citato con questo titolo anche ai giorni nostri) esso significa primariamente *espressione*, nel senso che il linguaggio esprime, manifesta, è segno delle affezioni dell'anima (ovvero dei concetti). Ora il filosofo che ha elaborato una teoria dell'interpretazione nel modo più aderente a questo significato originario è Peirce.

Noi elaboriamo segni per rendere ragione di oggetti del mondo, ma l'oggetto in quanto stimola la formazione dell'espressione (per Peirce, il *representamen*) è Oggetto Dinamico (se vogliamo, la cosa in sé), qualcosa di cui non abbiamo mai piena rappresentazione attraverso il segno. Il *representamen* configura (e rinvia a) un Oggetto Immediato (possiamo chiamarlo significato, contenuto). L'Oggetto Immediato presenta l'Oggetto Dinamico solo *sotto un certo profilo*. Ora il problema nasce quando ci si chiede quale è l'oggetto immediato di un segno, e la risposta di Peirce è che possiamo definirlo solo attraverso un altro segno, detto l'*interpretante* del primo. Questo secondo segno si presenta nuovamente come un *representamen* che rinvia a un Oggetto Immediato, il quale a propria volta può essere interpretato da un altro segno, e così via *all'infinito*.

Per capire questo processo di interpretazione, e la sua infinità potenziale, occorre chiarire due punti. Anzitutto quando Peirce parla di segni non pensa solo a parole o termini isolati, ma anche a definizioni, frasi, interi testi; e non solo a segni verbali, o visivi, ma anche a comportamenti, e a qualsiasi cosa sia esibita come interpretante di un segno precedente. C'è un passo dove Peirce suggerisce che, per chi non conosca il significato del comando "at-tenti!", la sua interpretazione è data dal corrispondente comportamento dei soldati. La seconda osservazione è che qualsiasi interpretante chiarisce il contenuto di un segno precedente aggiungendovi qualcosa di più, o di diverso. Poniamo che io chieda il significato della parola acqua e che qualcuno mi mostri dell'acqua: è un processo di interpretazione, attraverso il quale apprendo alcune proprietà fisiche dell'acqua (che è liquida, che è trasparente, che è inodora eccetera). Ma io domando ancora cosa voglia dire ciò che mi è stato mostrato. Mi si risponde che è H_2O: nuova interpretazione, attraverso cui mi viene ancora chiarito cosa voglia dire *acqua,* ma facendomene conoscere alcune proprietà chimiche; e se poi il significato di questa formula viene interpretato attraverso la formula di struttura, conoscerò della molecola di acqua nuove proprietà ancora.

Quindi una interpretazione è un fenomeno semiotico: ogni segno, ogni artificio simbolico in senso lato è una interpretazione. Il concetto di interpretazione non si identifica necessariamente con quello della ricerca di un senso oscuro: è un artificio per rendere in qualche modo esplicito *un* senso (ogni espressione di cui non conosciamo il significato è qualcosa di oscuro). Da un lato si può dire che l'interpretazione è una attività semplice e non misteriosa, e una carta d'identità è una interpretazione di una fotografia (e la fotografia è l'interpretazione di un nome proprio). D'altro lato l'interpretazione mira sempre ad approfondire, ed è sempre in qualche modo angolata ovvero agisce "sotto un certo rispetto o profilo". La fotografia interpreta il nome proprio in modo diverso da quello in cui lo interpretano i dati anagrafici sulla pagina opposta – eppure il contenuto di quel nome proprio è *tutte quelle cose* e altre ancora.

Tralasciamo il fatto che per Peirce si ha interpretazione anche a livello della percezione (e si tratta di idea in altro modo elaborata dalla fenomenologia, o dalla psicologia di Piaget, e da altre scuole ancora). Ma si deve mettere in chiaro, ai fini del discorso che seguirà, che *anche una pratica è una interpretazione.* Elaborando alcuni suggerimenti di Luis Prieto,[7] supponiamo che abbia davanti a me un bicchiere di carta, un pesante portacenere di cristallo e un martello. Sono oggetti fisici dotati di proprietà precise e descrivibili. Ma sarà una mia pratica (un mio progetto d'uso) che li interpreterà rendendo pertinenti certe proprietà a scapito di altre. Se io ho bisogno di un contenitore per materia fluida, bicchiere di carta e portacenere di cristallo, visti (interpretati) entrambi come contenitori concavi, si porranno nella stessa classe, contro al martello – e non conterà che il bicchiere sia più leggero e meno resistente del portacenere. Se invece cerco qualcosa da lanciare come un missile a scopi violenti, martello e portacenere si porranno nella stessa classe, contro al bicchiere di carta – e non importerà che il portatacenere sia concavo e il martello no. La pratica, il progetto d'uso, *interpreta l'oggetto*, lo fa entrare in un quadro di *precomprensione*.

Andiamo ora a rintracciare in un altro autore (per tanti versi vicino agli storicisti citati prima, a causa delle comuni origini neokantiane) una serie di concetti fortemente legati a quello di interpretazione. Parlo di Ernst Cassirer e della sua *Filosofia delle forme simboliche*. Per Cassirer la conoscenza (e quindi la scienza) non rispecchia la natura delle cose in quanto cose-in-sé. Pone i propri oggetti di conoscenza come "simboli intellettuali liberamente creati". Cassirer si rifà a una concezione (che trovava in Hertz e in Helmholtz) degli oggetti scientifici come simboli o *simulacri* "tali che le conseguenze idealmente necessarie delle immagini siano sempre a loro volta le immagini delle conseguenze naturalmente necessarie degli oggetti rappresentati". L'attività simbolica si manifesta nel linguaggio, nella religione, nell'arte, nel mito, e in forme diverse produce quelle che credo di poter chiamare (senza tradire il pensiero di Cassirer) interpretazioni degli oggetti, o degli eventi. "Così ogni pensiero veramente rigoroso e esatto trova il suo punto fermo solo nella simbolica, nella semiotica sulla quale esso poggia".

Habermas, nell'opera già citata, sottolinea energicamente che la posizione di Cassirer trasforma quella degli storicisti neokantiani, portando a una diversa visione del rapporto tra scienze naturali e scienze umane. La scienza naturale, per rendere ragione dei propri dati, produce simboli (una legge espressa verbalmente o matematicamente, un diagramma, una formula, eccetera). Le scienze dell'uomo devono invece produrre simboli (teorie, interpretazioni) a proposito di sistemi di forme simboliche. Le scienze umane sono così *promosse al rango di una metateoria*. "Le scienze nomologiche, all'interno di sistemi di segni stabiliti in maniera formale, producono enunciazioni sulla realtà. In tal modo esse si pongono sullo stesso piano del mito, dell'arte e della religione che ugualmente, all'interno del loro campo specifico, rappresentano una realtà compresa per selezione. Invece le scienze della cultura si rifanno alle relazioni formali tra le forme simboliche. Esse non danno nessuna informazione sulla realtà, ma fanno asserzioni sulle informazioni che si trovano già date. Il loro compito non è l'analisi empirica dei settori rappresentabili della realtà, ma l'analisi logica delle forme della rappresentazione".[8]

Ecco quindi che si profila una *distinzione semiotica* tra scienze della natura e scienze della cultura: le prime sono *interpretazioni di dati*, ovvero interpretazioni *di primo grado*, le seconde sono *interpretazioni di interpretazioni*, ovvero interpretazioni *di secondo grado* (o come vedremo di grado *n*).[9]

Per rendere fruttuosa questa distinzione dobbiamo ora porre una discriminante tra le interpretazioni non scientifiche e le interpretazioni scientifiche. Diciamo che le interpretazioni non scientifiche (come le pratiche, forse la stessa percezione, e poi le creazioni artistiche, i miti, e così via) mancano di alcuni requisiti che invece sono propri di una interpretazione scientifica (sia di primo che di secondo grado).

Sia chiaro che quando si suggerisce che i requisiti che seguono sono i requisiti minimi di una pratica scientifica si intende che ogni pratica degna di tale nome dovrebbe possederli; non si intende dire che le pratiche non scientifiche mancano *in toto* di questi requisiti. Una pratica non scientifica può soddisfare ad alcuni di questi requisiti, una pratica scientifica (scienza naturale o umana) dovrebbe possederli tutti, sia pure in gradi variabili.

Diciamo allora che una pratica scientifica, sia essa interpretazione di primo o secondo grado, è caratterizzata dai seguenti aspetti:

a) tende a produrre "simboli" di *validità generale*, che spieghino molti casi, una classe di casi;

b) pretende di rendere ragione nel modo migliore di un certo campo di dati. Le teorie scientifiche sono conflittuali tra loro, mentre le pratiche non scientifiche possono coesistere senza negarsi l'una con l'altra;

c) rappresenta attraverso i propri procedimenti oggetti che debbono poter essere pubblicamente osservati (ciò che non accade con pratiche non scientifiche come il mito o la religione);

d) deve consentire delle predizioni, sia pure a diversi gradi di esattezza. Anche una scienza umana come la linguistica può predire quali tipi di frasi saranno giudicate agrammaticali dalla media statistica dei parlanti;

e) dovrebbe poter essere sottoposta a prove di falsificazione;

f) può permettere, una volta conosciuto il proprio oggetto, programmi di modificazione di questo oggetto stesso. Anche una scienza sociale che stabilisce quale sarà il comportamento più probabile di molti individui in situazione di affollamento, può permettere operazioni per ridurre i rischi di tali situazioni.

Ci sono dunque caratteristiche unitarie per ogni interpretazione scientifica della realtà. A questo punto occorrerà allora insistere su ciò che distingue le interpretazioni di primo grado da quelle di secondo grado.

Una scienza naturale è interpretazione di *dati*. È vero che per riconoscere un dato come tale, e per riconoscerlo pertinente alla propria ipotesi interpretativa, la scienza naturale deve dipendere da alcune assunzioni filosofiche di cui diremo, ma questa è la sua condizione inevitabile.

È vero che la scienza naturale affronta dei dati che già sono il risultato di interpretazioni percettive, ma agisce in modo da rimettere in questione le abitudini e le inerzie stesse della percezione quotidiana: per così dire se ne libera, si pone al di qua. È interpretazione "fresca" di dati ancora immuni dall'interpretazione.

In tal senso la scienza naturale, pur riconoscendo i propri dati in base a una ipotesi, lavora su dati indipendenti dalla propria osservazione, nel senso che anche il laico, lasciato di fronte ad essi, sia pure attraverso un'altra interpretazione (meno controllata, meno intersoggettivamente riconoscibile, più idiosincratica), riconosce qualcosa. Dove un naturalista vede una angiosperma il laico vede comunque un albero, dove il fisico vede fenomeni elettrici il laico vede pur sempre un lampo, o avverte una scossa, e dove il fisico vede atomi e molecole il laico esperisce o potrebbe esperire qualche sensazione.

Inoltre nelle scienze naturali lo scienziato elegge a stimolo di indagine un campo di fenomeni che, in prima istanza e prudenzialmente, apparirebbero dello stesso ordine anche al laico, nel senso che il mineralogo sa che (in prima istanza) i fenomeni di predazione tra canidi non sono rilevanti per spiegare la formazione dei cristalli.

Le scienze umane sono invece interpretazioni di interpretazioni. Sostituiscono i loro modelli esplicativi (i segni del loro metalinguaggio che rinviano agli Oggetti Immediati che esse configurano) a un campo di fenomeni che sono già il risultato di una pratica organizzata, fisica o sociale che sia, e quindi all'oggetto di una precedente interpretazione. Quando la sociologia studia i ruoli, l'antropologia i sistemi parentali, la linguistica le regole sintattiche, queste discipline spiegano il modo in cui gli esseri umani di un certo gruppo agiscono in conformità ad abiti che sono il risultato di una interpretazione della realtà, per quanto i soggetti siano inabili a renderne ragione attraverso interpretazioni successive (verbali, per esempio) rigorosamente organizzate.

Se le scienze naturali sono interpretazioni di primo grado, le scienze umane sono interpretazioni di secondo grado, ma non nel senso che sono necessariamente interpretazioni di un'altra interpretazione soltanto. Sono interpretazioni di interpretazioni nel senso che sono interpretazioni di altri sistemi, o plessi di interpretazioni soggiacenti. Per esempio un antropologo culturale rileva che due persone hanno mutuo e regolare commercio sessuale, vivono nella stessa capanna, si occupano in comune dei figli nati dalla loro unione, e compiono regolarmente alcuni gesti nei confronti di altre persone unite all'uno o all'altro da vincoli di consanguineità. Se l'antropologo si limitasse a rilevare questi dati comportamentali e a dimostrarne la regolarità, lavorerebbe ancora al livello delle scienze naturali (lo scienziato naturale non dice cosa "intendono" significare i gravi quando cadono secondo certe leggi, dice solo che cadono secondo quelle leggi, e così farebbe l'antropologo se si limitasse a dire che i soggetti della sua indagine fanno regolarmente così).

L'antropologo cerca invece di definire i dati che interpreta come altrettante interpretazioni della realtà (e parlerà di comportamento simbolico, di interazione significativa). Per fare questo può ricorrere ad altri interpretanti. Il significato di una data azione può essere interpretato da un altro comportamento simbolico, per esempio il modo di disporre le capanne del villaggio; o da un comportamento verbale del soggetto, il quale dichiari che compie quel gesto nei confronti della tale persona perché la riconosce come il proprio suocero.

Cosa hanno di "più debole" le scienze umane rispetto alle scienze naturali? Entrambe esposte alla fallibilità di ogni attività inferenziale, tuttavia le scienze naturali decidono come interpretare qualcosa che è ancora libero da interpretazioni precedenti (per questo lo scienziato mette anzitutto tra parentesi quanto l'opinione comune "sa" intorno ai fenomeni). Al contrario lo studioso di scienze umane lavora sui risultati di interpretazioni precedenti e non è mai sicuro che le altre interpretazioni che sceglie come interpretanti delle interpretazioni che studia siano quelle giuste e gli pervengano senza falsificazioni. L'antropologo che interroga il nativo non sa mai sino a che punto esso gli dica la verità, e cioè interpreti nel modo giusto la pratica su cui è interrogato – e sovente ritiene modo "giusto" solo ciò che può accordarsi con la sua interpretazione di altre interpretazioni. Si veda come Marcel Mauss interpreti la pratica dello *hau* secondo un quadro esplicativo ben piú complesso di quello provvistogli dall'informatore indigeno.

Inoltre, non appena si entra nell'ordine delle interpretazioni di secondo grado, non si sa più come delimitare il campo di indagine. Lo studioso di mineralogia ha deciso autonomamente perché escludere i fenomeni predatori tra canidi dal novero di fenomeni pertinenti allo studio dei cristalli; l'antropologo invece non sa quali fenomeni siano rilevanti ai fini della comprensione dei rapporti parentali. Basta che il suo informatore gli dica (per autonoma interpretazione di altre interpretazioni) che la struttura del clan è determinata dalla struttura dello zodiaco, o dalla differenza tra canidi e bovidi, ed ecco che il suo campo di indagine si allarga potenzialmente, all'infinito.

Le scienze umane non possono ricorrere a test, protocolli, controlli definiti, perché ogni nuova interpretazione introdotta nel gioco potrebbe assumere la funzione di un nuovo interpretante e quindi di una nuova possibilità di controllo.

Cosa hanno tuttavia in comune scienze naturali e scienze umane oltre ai criteri di scientificità elencati nel paragrafo precedente?

In entrambi i casi esistono certi dati riconoscibili come tali anche al di fuori del quadro interpretativo che li ha definiti come pertinenti. Anche il turista disinteressato agli studi di antropologia culturale può rilevare che due persone vivono nella stessa capanna e compiono (non necessariamente in conseguenza) certi gesti nei confronti di una terza persona.

6. *Semiotica generale e filosofia*

A questo punto possiamo porre una distinzione definitiva tra semiotiche specifiche e semiotica generale.

Le semiotiche specifiche hanno quasi sempre le caratteristiche proprie delle scienze umane, come le abbiamo delineate nelle pagine precedenti. Esse descrivono quei sistemi di interpretazione che sono i vari sistemi di segni.

La semiotica generale invece *pone*, attraverso un gesto filosofico, lo stesso concetto generale di segno, proprio perché si possa parlare di fenomeni superficialmente difformi in modo unificato.

Le semiotiche specifiche descrivono, organizzano (se è possibile formalizzano) una lingua gestuale, una lingua verbale, un sistema segnaletico visivo, il codice semplice e decifrabile che presiede alla numerazione degli autobus in una data città. Molte di queste semiotiche possono aspirare a dignità di scienza, elaborano ipotesi falsificabili, provvedono strumenti previsionali. Possono decidere di chiamare o non chiamare segni le entità minime o massime di cui si occupano.

Ma una semiotica generale è una riflessione sulle condizioni di possibilità delle semiotiche specifiche, e quindi è una riflessione sul segno, o sulla segnità, o sui meccanismi profondi di ogni sistema di significazione. La molteplicità degli approcci semiotici (la loro apparente irriducibilità, il loro suonar scandalo per molti specialisti di sistemi significanti chiusi e conclusi) dice che questa semiotica generale non è una scienza: *è una attività filosofica*. Non ci sarebbero difficoltà a identificarla con la filosofia del linguaggio se oggi la filosofia del linguaggio ammettesse che il suo problema è veramente questo, le condizioni di possibilità della segnità, al di là e al di qua del verbale. Quando la filosofia del linguaggio è tale, dagli stoici a Peirce, essa si identifica con la semiotica generale.

Ma la semiotica generale deve andare al di là delle filosofie *del linguaggio* perché di fatto cerca le condizioni della segnità anche al di là dei linguaggi naturali, talora nelle pieghe stesse dei processi percettivi (e così spiega perché si parli e di significato delle parole e di significato del mondo, o dell'esperienza), al di là stesso dell'umano e dell'animale, nel profondo dei processi biologici (e questo spiega perché qualcuno abbia parlato di codice genetico, o delle basi materiali della significazione).

Una filosofia del linguaggio che si interroghi solo sulle condizioni per cui gli enunciati (e le proposizioni che veicolano) siano veri o falsi rappresenta ancora solo un capitolo di una semiotica generale. Una pragmatica che esamini le condizioni sociali dello scambio verbale, le regole conversazionali, le condizioni di felicità degli enunciati (sia il suo approccio filosofico o sociologico e statistico) non è ancora una semiotica generale, anche se a una semiotica generale porta lumi e le chiede di estendere alcune ipotesi al vasto universo delle pragmatiche del non-verbale.

Una semiotica generale è una filosofia dei linguaggi, nel senso che vuole esserlo non solo delle regole dell'*èrgon*, ma anche dei processi dell'*enérgheia*. Una semiotica generale è una filosofia della semiosi, e trova la semiosi anche al di là degli scambi intenzionali di informazione, nel profondo della natura, e al di là delle strutture convenzionali, dei rapporti codificati, nel meccanismo stesso del pensiero inferenziale, dell'azzardo ipotetico o abduttivo.

Il suo rischio è diventare la forma contemporanea della filosofia. Il suo dovere è tentare questo azzardo, criticando (nel senso kantiano del termine) i propri eccessi, ovvero i propri limiti. In questo senso una semiotica generale è aperta alla critica mortale che le rivolgono i suoi timidi avversari: che voglia sapere troppo, e mettere insieme cose che vanno tenute separate, perché qualcuno ha avvertito che c'è una differenza tra la parola /fumo/, la rappresentazione visiva di un fil di fumo e il meccanismo inferenziale per cui dal fil di fumo (vero) si risale al fuoco occulto (ma si può aggiungere che c'è ancora il fil di fumo "nominato" da Madame Butterfly, e dunque i segni rappresentati da altri segni linguistici, e le enunciazioni enunciate, e le inferenze raccontate, e l'universo della semiosi interno alla semiosi della narratività...).

Ebbene, il compito di una semiotica generale (del pensiero del segno) è proprio nell'andare al di sotto di queste differenze. Esse, le differenze, sono così palesi che non varrebbe la pena di metterle in luce, se non per superarle, se non per sospettarne. Si tratta di cose *troppo* diverse perché valga la pena di parlare della loro diversità, quindi si parli dell'aria di famiglia che circola tra loro. È noto a tutti che c'è differenza tra il significato della parola /fumo/ e quello che viene chiamato significato percettivo, quando da una serie sconnessa di dati sensoriali si costruisce il percetto *fumo*.

È proprio perché ciò è noto a tutti che una semiotica generale ha il dovere di domandarsi se al di sotto di questa differenza così palese vi sia una identità più profonda: e se non si risponde a questa domanda non si può fare semiotica specifica, né dalla parola /fumo/ né dell'immagine pittorica del fumo, né della narrazione di un fatto in cui qualcuno risale dal fumo al fuoco. Come ogni buona filosofia, il pensiero del segno deve giocare al limite.

[1] Roger Scruton, "Possible worlds and premature sciences", *The London Review of Books*, february 7, 1980.
[2] Torino, Einaudi, 1984.
[3] Cfr. Karl Popper, *The open society and its enemies*, London, Routledge, 1952.
[4] *Logica delle scienze sociali*, Bologna, il Mulino, 1970.
[5] Cfr. l'introduzione all'edizione italiana di David Thomas, *Naturalismo e scienza sociale*, Bologna, il Mulino, 1982.
[6] *Miseria dello storicismo*, Milano, 1954.
[7] *Pertinenza e pratica*, Milano, Feltrinelli, 1976.
[8] *Logica delle scienze sociali*, cit., pp. 13-14.
[9] Si veda per una prima proposta di questa distinzione, Massimo Bonfantini, "Le tre tendenze semiotiche del novecento", *VS* 30, 1981, pp. 21-38.

1. Un modello semantico "forte"

Ci sono due ideali di pensiero "forte". In un primo caso si aspira a un pensiero così complesso (ma al tempo stesso organico) che possa rendere ragione della complessità (e organicità) del mondo della nostra esperienza, o mondo naturale. Nel secondo caso si aspira a costruire un mondo-modello ridotto in modo tale che un pensiero, non così complesso da essere incontrollabile intersoggettivamente, possa rispecchiarne la struttura. In questo secondo caso, onde essere intersoggettivamente controllabile, il pensiero assume le forme di un linguaggio L dotato di regole proprie, tali tuttavia che queste regole siano le stesse del mondo-modello che il linguaggio esprime.

Nel primo caso il pensiero presume di procedere per regole *date* (e *trovate* nel farsi del pensiero stesso) che per una qualche ragione siano le stesse (peraltro ancora ignote) del mondo "naturale" che esso pensa. Nel secondo caso vengono *poste* sia le regole del linguaggio che quelle del mondo-modello ed entrambe, in quanto poste, debbono essere note in anticipo e formulate in qualche forma metalinguistica (resta naturalmente aperto il problema di cosa renda il metalinguaggio adeguato al linguaggio che esso descrive, ma è raro che questo punto venga problematizzato eccessivamente).

Per un pensiero forte del secondo tipo occorrono due requisiti che ne verifichino la forza. Il primo è che tutte le trasformazioni compiute sul linguaggio rivelino connessioni del mondo-modello tali che, benché le regole di quel mondo fossero poste, non risultassero così evidenti a chi le aveva poste: in tal modo ogni operazione (linguistica) di pensiero svela aspetti ancora inediti del mondo-modello. Ma se fosse rispettato solo questo requisito tale forma di pensiero rivestirebbe solo una funzione per così dire ginnastica, e verrebbe elaborata per amore del pensiero (nel senso di *gratia rationis*, *for the thought's sake*) e non per amore del mondo-modello, posto solo per permettere al pensiero di funzionare. Molti sistemi formali sono di questo tipo e rivestono indubbia utilità, ma se sono considerati utili è per la loro funzione vestibolare o strumentale, in quanto permettono a un pensiero di rinforzarsi per un qualche fine, e cioè per pensare – in ultima analisi – il mondo naturale. Questo fine è quello che costituisce la seconda e più completa verifica di un pensiero forte del secondo tipo: il mondo-modello (posto), le cui strutture il linguaggio rispecchia, deve presentare omologie con il mondo naturale della nostra esperienza, almeno sotto qualche aspetto.

Solo in tal caso le trasformazioni del linguaggio consentono, in prima istanza, di conoscere possibilità inedite del mondo-modello, ma nell'ipotesi che le possibilità inedite del mondo-modello (posto come omologo al linguaggio) risultino poi essere possibilità del mondo naturale (che come tale non è posto ma dato). In altri termini, un mondo-modello posto (e omologo al linguaggio costruito) appare suscettibile di certe trasformazioni che, opportunamente pantografate, prevedono, suggeriscono, consentono, incoraggiano trasformazioni del mondo naturale (anche se quest'ultimo, in quanto dato, non è noto in tutta la sua complessità strutturale).

Non è difficile accorgersi che questo pensiero forte di secondo tipo è quello a cui fa ricorso non solo la scienza sperimentale ma anche ogni disciplina assiomatizzata che peraltro consenta previsioni sul mondo naturale: il teorema di Pitagora non sancisce solo un comportamento necessario del mondo-modello delle entità geometriche in uno spazio bidimensionale (posto), ma permette di determinare comportamenti di certi aspetti del mondo naturale, per esempio la costruzione di solidi tridimensionali su superfici piane come quella terrestre, in condizioni molari ottimali.

Una delle tendenze dominanti nella teoria dei linguaggi naturali, sin dall'antichità, è stata quella di costruire un "pensiero linguistico forte" di questo tipo. L'ideale è stato cioè quello di una teoria linguistica che da un lato descriva un linguaggio-modello (posto in condizioni di laboratorio) ma dall'altro, grazie all'omologia tra metalinguaggio teorico e linguaggio-modello (da un lato) e tra linguaggio-modello e linguaggio naturale (dall'altro), consenta di avanzare previsioni sui comportamenti linguistici naturali (sia pure in condizioni ottimali).

Non si vuole alludere a quelle semantiche di linguaggi artificiali che *pongono* le regole di un linguaggio-modello fornito di numero ridottissimo di espressioni, collegate mutuamente da pochi postulati di significato, e articolabili secondo poche regole sintattiche. Si pensa piuttosto alle semantiche formali dei linguaggi naturali, alle grammatiche generativo-trasformazionali, alle semantiche generative, a tutti i sistemi di regole che cercano di render ragione del funzionamento di una lingua naturale tale quale viene parlata dai propri utenti in condizioni extra-laboratoriali.

Queste teorie *fingono* di lavorare su una lingua naturale, ma in realtà lavorano su campioni ridotti e controllati di tale lingua, come enunciati elementari, dove la lingua funziona al suo livello denotativo più semplice. Questa lingua-oggetto è dunque *simile* alla lingua naturale, ma in realtà ne rappresenta un modello ridotto.

Delle varie componenti di una lingua così regolata considereremo in questo saggio solo la componente semantica. Una lingua-modello posta, che possa presentare omologie di funzionamento con una lingua naturale data, deve avere un lessico e alle espressioni di questo lessico debbono essere correlati dei contenuti. Non ci interessa in questa sede il destino estensionale delle espressioni di tale lingua; e cioè se e come essa possa essere usata per designare stati di un mondo reale o possibile mediante espressioni che veicolano proposizioni vere o false. Ci interessa che della lingua possa essere fornita una analisi intensionale (anche se si può ammettere che in seguito le estensioni delle proposizioni formulate mediante questa lingua siano funzione delle intensioni delle sue espressioni elementari). Tuttavia il problema di ogni semantica che voglia caratterizzarsi come strumento per un pensiero "forte" del linguaggio (e quindi del mondo che esso linguaggio viene usato per designare) è che deve essere concepita come sistema di regole (espresse in un qualsiasi metalinguaggio teorico) che esprimono la struttura interna di una lingua-modello posta, in qualche modo omologa alla lingua naturale usata nel corso della nostra esperienza di parlanti.

In quanto posta, controllabile e suscettibile di trasformazioni rette da regole, questa lingua dovrebbe essere composta di un insieme finito di espressioni correlate a un insieme finito di contenuti.

L'unico modo per correlare un insieme finito di espressioni con un insieme finito di contenuti sarebbe ricorrere a un criterio piatto di sinonimia, per cui ad ogni espressione corrisponde, come contenuto, l'espressione di un altro linguaggio, o un'altra espressione dello stesso linguaggio, senza che siano ammessi casi di equivocità.

Per ragioni che qui non analizziamo, e di cui testimonia l'intera storia del pensiero semantico, tale criterio non pare fruttuoso perché in ogni caso non rispecchia la modalità di funzionamento di una lingua naturale.

Nel corso del pensiero semantico due altre soluzioni (peraltro mutuamente riducibili) si sono mostrate più fruttuose: la descrizione del contenuto avviene mediante *definizione* formulata nella stessa lingua-modello o mediante una serie più o meno gerarchizzata di componenti semantici elementari (semi, marche semantiche, nomi di proprietà), espressi nel metalinguaggio della teoria. In entrambi i casi sia la definizione che la serie delle marche sono reciprocabili col definiendum. /Uomo/ equivale a « animale razionale mortale » e viceversa, così come /uomo/ equivale a « umano + maschio + adulto » e viceversa.

In questa prospettiva semantica si pone immediatamente un problema fondamentale: pare, dal modo in cui noi usiamo una lingua naturale, che le definizioni o la serie di marche assegnabili al contenuto di un termine linguistico siano potenzialmente infiniti. Un uomo è animale razionale mortale ma è anche bipede, implume, ha due occhi, un sistema circolatorio venoso e arterioso, un pancreas, si accoppia di regola solo con esseri della propria specie, è suscettibile di aver barba e baffi, e così via. Questa infinità delle marche possibili rende difficile concepire una lingua utilizzabile per un pensiero forte. Quando la chimica inorganica definisce l'acido cloridrico HCl si preoccupa solo di quelle caratteristiche o proprietà del composto che possono permettere calcoli circa la sua combinabilità con altri composti e deve ignorare i vari usi a cui viene adibito industrialmente, le circostanze della sua scoperta, o il fatto che in certi romanzi di fantascienza siano stati concepiti esseri capaci di respirare in tale sostanza.

In questi casi una scienza decide quali sono quelle proprietà senza le quali il proprio oggetto non può essere definito come tale, relegando tutte le altre (non essenziali da quel punto di vista scientifico) tra le proprietà accidentali che appartengono indubbiamente a quella che viene detta la nostra conoscenza del mondo, ma non alle regole di quello specifico linguaggio. Così si potrebbe pensare che per predire il buon funzionamento e la comprensione della lingua italiana sia necessario o essenziale stabilire che /uomo/ significa maschio umano adulto, ma non che l'uomo è l'animale che nel XX secolo è salito sulla Luna. La distinzione tra i due tipi di rappresentazione semantica qui delineata è quella che va comunemente sotto il nome di differenza tra *semantica a dizionario* e *semantica a enciclopedia*.

Un pensiero forte deve pertanto cercare di costruire una semantica a dizionario che dia ragione della comprensibilità e funzionamento di una propria lingua-modello posta, omologa a una lingua naturale data, senza che le regole di questa lingua presumano di spiegare tutti i tipi di significazione o di designazione per attuare i quali, alla luce di determinati contesti, questa lingua può essere usata.

La caratteristica di un dizionario ideale è che

1. esso deve poter rappresentare il significato di un numero indefinito di unità lessicali attraverso l'articolazione di un numero *finito* di componenti;

2. queste componenti non debbono essere a loro volta interpretate in componenti minori (altrimenti non si soddisferebbe il requisito 1.) ma debbono costituire dei *primitivi*.

Le varie teorie – sia pure ciascuna in modo ampiamente insoddisfacente, cfr. Haiman 1980, Eco 1983 – affrontano in modi diversi sia il problema di come limitare le componenti sia quello della loro natura (costrutti teorici, idee platoniche, parole-oggetto primitive il cui significato non è definibile ma è dato da un'ostensione primaria che li ha collegati a un dato di esperienza elementare).

Deve essere chiaro che le nozioni di dizionario ed enciclopedia sono nozioni teoriche, appartenenti alle categorie di una semiotica generale, e in principio non hanno nulla in comune con quelli che sono detti i dizionari o le enciclopedie "in carne ed ossa". Questi ultimi sono strumenti empirici e spesso un cosiddetto dizionario contiene molta informazione enciclopedica (e naturalmente ogni enciclopedia contiene informazione dizionariale, il che sarebbe meno scandaloso, perché un dizionario rappresenta una serie di informazioni "linguistiche" ad esclusione di quelle enciclopediche, mentre una enciclopedia, rappresentando idealmente tutta la conoscenza del mondo, può includere in essa anche la conoscenza linguistica). È chiaro che un dizionario di questo tipo (e questo suo limite costituisce la sua "forza") non serve a stabilire le condizioni d'uso dei termini per riferirsi a cose o stati del mondo, ma garantisce semplicemente le condizioni di buona formazione delle espressioni di una data lingua. Esso quindi deve solo rendere ragioni di fenomeni quali la sinonimia, la parafrasi, le relazioni di ipo- e iperonimia, la differenza tra verità analitiche (dipendenti dalle marche o primitivi che costituiscono il dizionario) e le verità sintetiche (dipendenti dalla conoscenza del mondo di cui il dizionario non rende ragione), la contraddittorietà, l'inconsistenza, l'anomalia e la ridondanza semantica (cf. Katz 1972: 6).

Quello che si cercherà di mostrare in questo saggio è che l'idea teorica di un dizionario è irrealizzabile e che ogni dizionario rigoroso contiene elementi di enciclopedia che ne minano la purezza. In tal senso appare irrealizzabile l'idea di un pensiero forte del linguaggio.

La dimostrazione che ci proponiamo potrebbe partire dalle più aggiornate semantiche formali delle lingue naturali. In questa sede preferiamo compiere un altro tragitto, e cioè dimostrare che il crampo logico che affetta ogni dizionario teorico si manifesta all'origine stessa del problema e cioè nella teoria della definizione fornita (sulla base di idee aristoteliche, ma non in spirito di fedeltà ad Aristotele) nella *Isagoge* di Porfirio il Fenicio (scritta nel III secolo d.C.). L'equivoco porfiriano ci è trasmesso attraverso le decine di commentari dedicati al suo testo da tutti i filosofi medievali, a partire da Boezio e – come dovrebbe apparire dalle pagine che seguono – tale equivoco affetta ancora, anche senza che se ne riconosca l'origine, l'idea contemporanea di una semantica a dizionario. Mostreremo pure che molti pensatori medievali si sono resi conto di questo equivoco ma avevano alcune ragioni per non problematizzarlo troppo.

2. L'albero di Porfirio

2.1. Aristotele e la definizione

Aristotele (*Analitici Secondi*, II 90 b 30) dice che ciò che si definisce è l'essenza o la natura essenziale. Definire una sostanza significa stabilire, tra i suoi attributi, quelli che appaiono come essenziali e in particolare quelli che sono causa del fatto che la sostanza sia quale essa è, in altri termini la sua *forma sostanziale*.

Il problema è andare a caccia degli attributi giusti che possano essere predicati come elementi della definizione (96 a 15). Aristotele fa l'esempio del numero 3: un attributo come l'essere si applica certo al numero 3 ma anche a qualsiasi altra cosa che non sia un numero. Al contrario la disparità si applica al 3 in modo tale che, anche se ha una applicazione più vasta (essa si applica per esempio anche al 5) tuttavia non si estende al di là del genere numero. Questi sono gli attributi di cui dobbiamo andare alla ricerca "sino al punto che, benché ciascuno di essi abbia una estensione più ampia del proprio soggetto, tutti insieme abbiano la stessa estensione del soggetto: e questa sarà l'essenza della cosa" (96 a 35). Aristotele vuol dire che, se si definisce l'uomo come animale mortale e razionale, ciascuno di questi attributi, preso singolarmente, può applicarsi anche ad altre entità (i cavalli sono per esempio animali e mortali, e gli dei, nel senso neoplatonico del termine, sono animali e razionali) ma presa come un tutto, come un "gruppo" definizionale, "animale razionale e mortale" si applica solo all'uomo e in modo assolutamente reciprocabile. Una definizione non è una dimostrazione: mostrare l'essenza di una cosa non equivale a provare alcuna proposizione circa quella cosa; una definizione dice *cosa* qualcosa sia mentre una dimostrazione prova *che* qualcosa sia (91 a 1), e quindi in una definizione noi assumiamo ciò che la dimostrazione deve invece provare (91 a 35) – coloro che definiscono non provano che qualcosa esista (92 b 20). Ciò vuol dire che per Aristotele una definizione concerne *intensioni* e non incoraggia alcun processo (*estensionale*) di riferimento a uno stato del mondo. La definizione spiega il *significato* del nome (93 b 30).

In questo tentativo di trovare il metodo giusto per ottenere buone definizioni Aristotele sviluppa la teoria dei *predicabili*, e cioè dei modi in cui le categorie possono essere applicate a, o predicate di un soggetto. Nei *Topici* (101 b 17-24) egli individua solo quattro predicabili, genere, proprio, definizione e accidente. Porfirio parlerà di cinque predicabili (genere, specie, differenza, proprio e accidente) ma vi sono alcune ragioni, se non evidenti almeno "ragionevoli", per cui Aristotele non pone la differenza tra i predicabili: la differenza è "generica" per definizione, va registrata insieme al genere (*Top.* 1.101 b 20) e definire significa mettere il soggetto sotto il genere e quindi aggiungere la differenza (*Top.* VI 139 a 30). In tal senso la differenza, attraverso il genere e la definizione, è automaticamente compresa nella lista dei predicabili. In altri termini, la definizione (e quindi la specie) sono il risultato della congiunzione del genere e della differenza: se si mette nella lista la definizione non è necessario mettere la differenza, se si mette la specie non è necessario mettere la definizione, se si mettono genere e specie non è necessario mettere la differenza (e quindi Porfirio pecca di ridondanza). Inoltre Aristotele non può mettere la specie tra i predicabili perché la specie non si predica di nulla, essendo essa stessa il soggetto ultimo di ogni predicazione. Porfirio inserisce la specie nella lista perché la specie è ciò che viene espresso dalla definizione.

2.2. L'albero di Porfirio

In una lunga discussione in *Analitici Secondi* (II, XII 96 b 25-97 b 15) Aristotele traccia una serie di regole per sviluppare una giusta divisione che proceda dai generi più universali alle *infimae species*, individuando ad ogni passo della divisione la giusta differenza.

È il metodo che Porfirio adotta nella *Isagoge*. Il fatto che Porfirio sviluppi una teoria della divisione commentando le *Categorie* (dove il problema della differenza è appena menzionato) è seria materia di discussione (cfr. per esempio Moody 1935) ma non è di particolare rilievo per la nostra analisi. Nello stesso modo si può evitare la *vexata questio* sulla natura degli universali, questione che Boezio consegna al medioevo proprio partendo dalla *Isagoge*.

Porfirio manifesta l'intenzione (non si sa quanto sincera) di lasciar da parte la domanda se i generi e le specie esistano in sé o se siano mere concezioni della mente. Quello che ci interessa è che egli è primo a tradurre Aristotele in termini di albero e certo è difficile evitare il sospetto che così facendo egli sia tributario di una concezione neoplatonica della catena degli esseri. Ma possiamo benissimo trascurare la metafisica che si sottende all'Arbor Porphyriana, dato che ciò che ci interessa è il fatto che questo albero, indipendentemente dai suoi riferimenti metafisici e in quanto concepito come rappresentazione di relazioni logiche, ha influenzato tutte le teorie posteriori della definizione.

Non siamo interessati alle ragioni metafisiche per cui Porfirio delinea un *unico* albero delle sostanze, mentre si può supporre che Aristotele sarebbe stato più flessibile nell'immaginare molti più alberi, magari complementari tra loro, e volta per volta dipendenti dal tipo di problema definitorio che doveva risolvere. Aristotele usa il metodo della divisione con molta cautela e, si può dire, con molto scetticismo. Sembra dargli molto in *Analitici Secondi* ma appare molto più scettico in *De partibus animalium* (642 b sgg.) dove dà l'impressione di essere disposto a delineare alberi diversi a seconda del problema che si trova di fronte, anche quando si tratta di definire la stessa specie (si veda tutto il discorso sugli animali con le corna, di cui si dice in Eco 1981a).

Ma Porfirio ha tracciato un unico albero delle sostanze, ed è da questo modello, non dalla più problematica discussione del vero Aristotele, che l'idea di una struttura dizionariale della definizione ha preso origine, via Boezio, sino ai giorni nostri, anche quando il sostenitore di una semantica a dizionario non sa a chi essere debitore (d'altra parte l'idea di dizionario semantico si sviluppa appieno nei *campus* americani, e non si può pretendere, per legge tayloristica, che laggiù un esperto di semantica sia anche esperto di storia della filosofia). E quindi è dall'Arbor Porphyriana che occorre partire.

Porfirio – dicevamo – elenca *cinque* predicabili: genere, specie, differenza, proprio e accidente. I cinque predicabili stabiliscono il modo della definizione per ciascuna delle dieci categorie. Quindi è possibile pensare a dieci alberi di Porfirio, uno per le sostanze, che permetta per esempio di definire l'uomo come animale razionale e mortale, e uno per ciascuna delle altre nove categorie, per esempio un albero delle qualità in cui il porpora venga definito come una specie del genere rosso (Aristotele dice che anche gli accidenti sono suscettibili di definizione, anche se soltanto in riferimento a una sostanza, *Met*. VII 1028a 10- 1031a 10). Pertanto ci sono dieci alberi possibili, ma non c'è un albero degli alberi perché l'Essere non è un *summum genus*.

Senza dubbio l'albero porfiriano delle sostanze aspira ad essere un insieme gerarchico e finito di generi e specie: non è detto se gli altri nove alberi siano finiti o no, e Porfirio è piuttosto elusivo su questo argomento. La definizione che Porfirio provvede per il genere è molto formale: un genere è ciò a cui è subordinata una specie. Di converso, una specie è ciò che è subordinato a un genere. Genere e specie sono mutuamente definibili e quindi complementari. Ogni genere posto ad un nodo alto dell'albero comprende delle specie che ne dipendono, ogni specie subordinata a un genere è un genere per la specie che gli è subordinata, sino all'estremità inferiore dell'albero, dove sono collocate le specie specialissime o sostanze seconde. Al nodo superiore massimo c'è il *genus generalissimum* (rappresentato dal nome della categoria) che non può essere specie di niente altro. Così ogni specie postula il proprio genere superiore, mentre non si può asserire l'opposto. Un genere può essere *predicato* delle proprie specie, mentre le specie *sono incluse* in un genere. Il rapporto da specie a genere superiore è un rapporto da iponimi a iperonimi. Questo fenomeno garantirebbe la struttura finita dell'albero perché, posto un numero dato di specie specialissime, dato che per due (o più) specie vi è un solo genere, e cosí procedendo verso l'alto, alla fine l'albero non può che rastremarsi sino al nodo patriarca. In tal senso l'albero assolverebbe a tutte le funzioni richieste a un buon dizionario. Ma un albero di Porfirio non può essere composto di soli generi e specie. Se così fosse esso assumerebbe la forma della figura 1

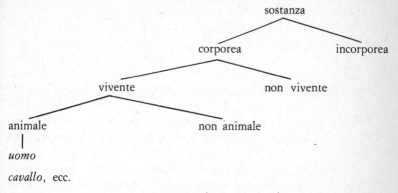

Figura 1

ed in un albero di questo tipo uomo e cavallo (o uomo e gatto) non potrebbero essere distinti l'uno dall'altro. Un uomo è diverso da un cavallo perché anche se entrambi sono animali, il primo è razionale e il secondo no. La razionalità è la *differenza* dell'uomo. La differenza rappresenta l'elemento cruciale, perché gli accidenti non sono richiesti per produrre una definizione e il proprio ha uno statuto molto curioso; appartiene alla specie, e solo a quella, ma non fa parte della sua definizione. Ci sono diversi tipi di proprio, uno che occorre in una sola specie ma non in ogni membro (come la capacità di guarire nell'uomo);

uno che occorre in una intera specie ma non in essa sola (come l'essere bipede); uno che occorre in tutta la specie e solo in quella, ma solo in un tempo determinato (come il diventare grigio in tarda età); ed uno che occorre in una e una sola specie, solo in quella e in ogni tempo (come la capacità di ridere per l'uomo). Quest'ultimo tipo è quello più frequentemente citato nella letteratura in argomento e presenta la caratteristica assai interessante di essere reciprocabile con la specie (solo l'uomo è ridente e solo i ridenti sono uomini).

In tal senso avrebbe tutte le ragioni per appartenere alla definizione essenzialmente e invece ne viene escluso e appare come un accidente sia pure con uno statuto particolare. La ragione più evidente per questa esclusione è che per scoprire il proprio è necessario un atto di giudizio abbastanza complesso, mentre si riteneva che il genere e la specie fossero "colti" intuitivamente (Tommaso e la tradizione aristotelico-tomista parleranno di *simplex-apprehensio*). In ogni caso, visto che il proprio è escluso dal gioco, non occorre che lo consideriamo, almeno nei limiti del presente discorso.

Torniamo allora alla differenza. Le differenze possono essere separabili dal soggetto (come essere caldo, muoversi, esser malato), e in questo senso altro non sono che accidenti. Ma possono anche essere inseparabili: tra queste alcune sono inseparabili ma sempre accidentali (come l'avere il naso camuso), altre appartengono al soggetto di per sé, ovvero essenzialmente, come essere razionale o mortale. Queste sono le differenze *specifiche* e sono aggiunte al genere per formare la definizione della specie.

Le differenze possono essere divisive e costitutive. Per esempio il genere "essere vivente" è potenzialmente divisibile nelle differenze "sensibile/insensibile" ma la differenza "sensibile" può essere composta col genere "vivente" per costituire la specie "animale". "Animale" a propria volta diventa un genere divisibile in "razionale/irrazionale" ma la differenza "razionale" è costitutiva, col genere che essa divide, della specie "animale razionale". Quindi le differenze dividono un genere (e il genere le contiene quali opposti potenziali) e vengono selezionate per costituire in atto una specie sottostante, destinata a diventare a sua volta un genere divisibile in nuove differenze.

L'*Isagoge* suggerisce l'idea dell'albero solo verbalmente, ma la tradizione medievale ha visualizzato il progetto, come appare nella figura 2:

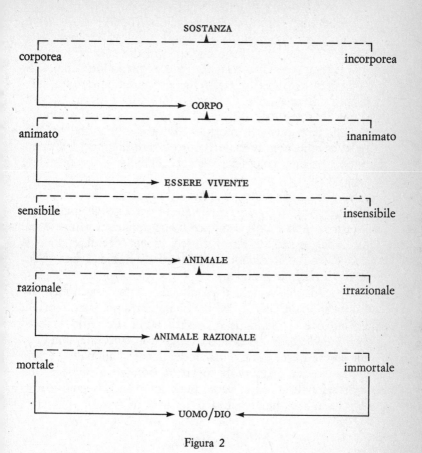

Figura 2

Nell'albero della figura 2 le linee tratteggiate marcano le differenze divisive mentre le linee continue marcano le differenze costitutive. Ricordiamo che il dio appare come animale e come corpo perché nella teologia platonica, a cui Porfirio si rifà, gli dèi sono forze naturali intermedie e non debbono essere identificati con l'Uno. La tradizione medievale riprende questa idea per pure ragioni di fedeltà all'esempio tradizionale, così come tutta la logica moderna assume, senza ulteriore verifica, che la stella della sera e la stella del mattino siano entrambe Venere, o che attualmente non esiste alcun re di Francia.

2.3. *Un albero che non è un albero*

Il difetto di questo albero è che esso definisce in qualche modo la differenza tra dio e l'uomo ma non quella tra il cavallo e l'asino, o tra l'uomo e il cavallo. Il difetto potrebbe essere solo apparente, dovuto al fatto che in ogni discussione canonica l'esempio che interessava instanziare era quello dell'uomo. Se si fosse voluto definire il cavallo l'albero avrebbe dovuto essere arricchito di una serie di disgiunzioni ulteriori sul proprio lato destro, in modo da isolare, insieme agli animali razionali, anche quelli irrazionali (e mortali). È vero che anche in questo caso il cavallo non avrebbe potuto essere distinto dall'asino, ma sarebbe bastato complicare ancora l'albero al proprio lato destro.

Ora, sarebbe sufficiente analizzare i problemi che Aristotele deve affrontare in *De partibus animalium* per accorgersi che questa operazione non è così semplice come appare a prima vista, ma basta, dal punto di vista teorico, dover decidere dove si porranno l'asino e il cavallo nell'albero di figura 2 per veder sorgere un serissimo problema.

Cerchiamo di distinguere il cavallo dall'uomo. Indubbiamente entrambi sono animali. Indubbiamente entrambi sono mortali. Dunque ciò che li distingue è la razionalità. Pertanto l'albero di figura 2 è sbagliato, perché la differenza "mortale/immortale" deve essere posta come divisiva del genere "animale", e solo in seconda istanza si dovrebbe porre la differenza divisiva "razionale/irrazionale". Ma si veda quali sono le conseguenze formali di tale mossa nella figura 3.

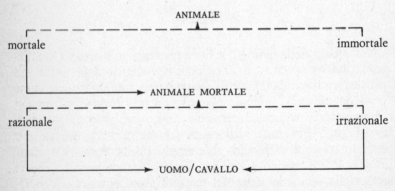

Figura 3

Come risolveremmo a questo punto la differenza tra uomo e dio? Per farlo occorrerebbe tornare alla figura 2 e avremmo di nuovo perduto la possibilità di distinguere l'uomo dal cavallo. La sola alternativa è che la differenza "mortale/immortale" occorra *due volte*, una sotto "animale razionale" e l'altra sotto "animale irrazionale", come appare in figura 4:

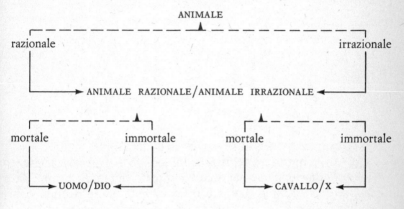

Figura 4

Porfirio non avrebbe scoraggiato questa decisione, dato che egli dice (18.20) che la stessa differenza "si osserva spesso in diverse specie, come quadrupede in molti animali che differiscono per specie" (trascuriamo che quadrupede debba essere un proprio e non una differenza, dato che come esempio di proprio è dato altrove "bipede").

Anche Aristotele dice che quando due o più generi sono subordinati a un genere superiore (come accade nell'uomo e nel cavallo, in quanto sono entrambi animali) nulla esclude che essi abbiano le stesse differenze (*Cat.* 1b 15 sgg; *Top.* VI 146b 10).

In *Analitici Secondi* (11 90b sgg) Aristotele mostra come sia possibile arrivare a una definizione non ambigua del numero 3. Posto che per i greci l'uno non era un numero (ma la fonte e la misura di tutti gli altri numeri), il tre può essere definito come quel dispari che è primo in entrambi i sensi (e cioè che non è né somma né prodotto di altri numeri). Questa definizione sarebbe del tutto reciprocabile con l'espressione /tre/. Ma è interessante ricostruire nella figura 5 il processo di divisione attraverso il quale Aristotele perviene a questa definizione:

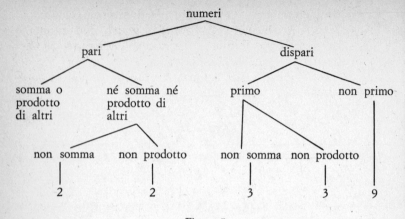

Figura 5

Questo tipo di divisione suggerisce due interessanti conseguenze: a) le proprietà registrate in corsivo non sono esclusive di una sola disgiunzione ma occorrono sotto più nodi; b) una data specie (per esempio due, tre o nove) può essere definita dalla congiunzione di più proprietà di cui sopra. Queste proprietà sono in effetti differenze. Così Aristotele mostra non solo che molte differenze possono essere attribuite a una stessa specie, ma anche anche la stessa coppia di differenze divisive può occorrere sotto diversi generi. Non solo, ma egli mostra anche che, una volta che una certa differenza è risultata utile a definire senza ambiguità una certa specie, non è importante tenere in considerazione tutti gli altri soggetti di cui è ugualmente predicabile. In altri termini, una volta che una o più differenze sono servite a definire il numero tre, è irrilevante che esse servano altrettanto bene, sia pure in altre combinazioni, a definire il numero due. Per una chiara e inequivoca precisazione di questo punto si veda *Analitici Secondi* (II, XII 97a 16-25).

A questo punto si può tentare un passo avanti. Una volta detto che, dati alcuni generi subordinati, niente impedisce loro di avere le stesse differenze, e poiché l'albero delle sostanze è completamente costituito di generi tutti subordinati al genere massimo, è difficile dire quante volte la stessa coppia di differenze possa occorrere.

2.4. Un albero di sole differenze

Molti commentatori medievali dell'*Isagoge* sembrano incoraggiare i nostri sospetti. Boezio (In Is. C.S.E.L.: 256.10-12 e 266.13-15) scrive che "mortale" può essere una differenza di "animale irrazionale" e che la specie "cavallo" è costituita dalle differenze "irrazionale" e "mortale". Egli suggerisce pure che "immortale" può essere una differenza valida per i corpi celesti che sono sia inanimati che immortali: "In questo caso la differenza immortale è condivisa da specie che differiscono tra loro non solo per genere prossimo ma per tutti i generi superiori sino a quel genere subalterno che occupa il secondo posto al sommo dell'albero" (Stump 1978: 257).

Il sospetto avanzato da Boezio è, secondo Stump, "sorprendente" e "sconcertante": invece è del tutto ragionevole. Sia Aristotele che Boezio sapevano che la differenza è più grande del proprio soggetto, e cioè ha una estensione più vasta, e ciò è possibile solo perché non sono i soli uomini a essere mortali o i soli dèi a essere immortali (e così per le altre differenze concepibili). Se la differenza "mortale/immortale" occorresse solo sotto un nodo, "mortale" e /uomo/ sarebbero reciprocabili, e quindi non avremmo a che fare con una differenza ma con un proprio. Ci sono più esseri mortali di quanto non ci siano uomini, proprio perché questa coppia di differenze ricorre anche sotto altri generi. Ed ecco perché, come Aristotele sapeva (*Topici* VI 144a 25), uomo è reciprocabile con tutta la definizione ma non coi suoi singoli elementi: non con il genere ("animale razionale"), perché il genere ha una estensione maggiore della specie, e non con la differenza perché (sia pure in modo diverso) anche la differenza ha una estensione maggiore della specie. Ci sono più esseri mortali di quanti non siano gli animali razionali. Ma il problema da affrontare ora riguarda esattamente la natura ambigua di maggiore estensione della differenza rispetto alla specie che costituisce.

Abelardo nella sua *Editio super Porphyrium* (157v 15) suggerisce anch'egli che una data differenza sia predicata di più di una specie: "falsum est quod omnis differentia sequens ponit superiores, quia ubi sunt permixtae differentiae, fallit". Quindi: a) la stessa differenza comprende molte specie, b) la stessa coppia di differenze può occorrere sotto diversi generi, c) diverse coppie di differenze occorrenti sotto diversi generi possono però essere espresse (analogicamente) dagli stessi nomi, d) rimane impregiudicato quanto in alto nell'albero stia il genere comune rispetto a cui molti sono i generi subordinati che ospitano la stessa coppia di differenze. Di conseguenza si è autorizzati a riproporre l'albero di Porfirio secondo il modello della figura 6:

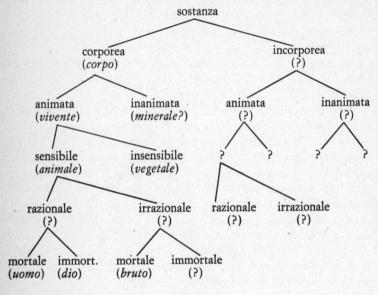

Figura 6

Questo albero presenta interessanti caratteristiche:

a) consente la rappresentazione di un universo possibile in cui possono essere previsti e collocati molti generi naturali ancora ignoti (per esempio delle sostanze incorporee, animate ma irrazionali);

b) mostra che ciò che eravamo abituati a considerare generi e specie (qui rappresentati in corsivo tra parentesi) sono semplici nomi che etichettano gruppi di differenze;

c) non è retto da relazioni da iponimi a iperonimi: in quest'albero non si può stabilire che, se qualcosa è mortale, allora è razionale, o che se è irrazionale allora è un corpo, e così via;

d) come conseguenza di c) esso può essere di continuo riorganizzato secondo diverse prospettive gerarchiche tra le differenze che lo costituiscono.

350

Per quanto riguarda la caratteristica a) abbiamo visto ciò che Boezio diceva sui corpi celesti. Per quanto riguarda la caratteristica b) è chiaro che questo albero è composto di pure differenze. Generi e specie sono solo *nomi* che diamo ai suoi nodi. Boezio, Abelardo e altri pensatori medievali erano ossessionati dal problema della *penuria nominum*, e cioè dal fatto che non c'erano a disposizione abbastanza items lessicali per etichettare ogni nodo (altrimenti si sarebbe trovata un'espressione in luogo di "animale razionale", che, come si vede, viene nominato ripetendo il nome del genere prossimo e quello della differenza specifica). Ammettiamo che il lamento dei medievali sia dovuto a ragioni empiriche: dato che nella loro esperienza (come nella nostra) non si erano mai incontrati altri animali razionali se non l'uomo e (sotto forma di forza naturale) il dio, il cui legame attraverso un genere comune non era certo intuitivo e non poteva dunque essere registrato dal linguaggio, ecco spiegata l'origine accidentale di quel caso di penuria. Ma a ben vedere non c'è alcuna ragione per cui dovesse esistere un nome per quell'altro nodo superiore risultante dalla congiunzione del genere "vivente" con la differenza "sensibile", e il ragionamento si potrebbe ripetere per tutti i nodi superiori. In realtà i nomi dei generi sono insufficienti perché essi sono *inutili*: un genere altro non è che una congiunzione di differenze.

Aristotele non aveva elencato le specie tra i predicabili, perché la specie è il risultato della congiunzione di un genere con una differenza; ma per la stessa ragione avrebbe dovuto eliminare dalla lista anche il genere, che è la pura congiunzione di una differenza con un'altra differenza congiunta con un'altra differenza e così via sino al sommo dell'albero – dove sta l'unica entità che forse è un genere, la sostanza, ma la sua genericità è così vasta che si potrebbe leggere l'albero a rovescio e dire che la sostanza altro non è che la matrice vuota di un gioco di differenze. Generi e specie sono fantasmi verbali che coprono la vera natura dell'albero e dell'universo che esso rappresenta, *un universo di pure differenze.*

Per quanto riguarda la caratteristica c), siccome le differenze inferiori non postulano necessariamente quelle del nodo superiore, l'albero non può essere finito: rastremabile verso l'alto, non c'è criterio che stabilisca quanto esso possa ramificare ai lati, e verso il basso.

Come vedremo in 2.5. le differenze, che provengono dal di fuori dell'albero delle sostanze, sono accidenti, e gli accidenti sono potenzialmente infiniti. Si aggiunga che, non essendo proprietà analitiche, in termini contemporanei, le differenze saranno proprietà sintetiche, ed ecco che l'albero si trasforma, in forza di quanto si è discusso nei primi paragrafi di questo saggio, da dizionario in enciclopedia, dato che si compone di elementi di conoscenza del mondo.

Infine, per quanto riguarda la caratteristica d), quest'albero potrà continuamente essere risistemato secondo nuove prospettive gerarchiche. Dal momento che "mortale" non implicita "razionale", cosa proibisce di porre "razionale" sotto "mortale" anziché viceversa, come invece accade nell'albero classico della figura 2? Boezio lo sapeva benissimo e a interpretare un passo di *De divisione* VI.7 è chiaro che date alcune sostanze come la perla, il latte, l'ebano e alcuni accidenti come bianco duro e liquido, si possono costruire alberi alternativi come in figura 7:

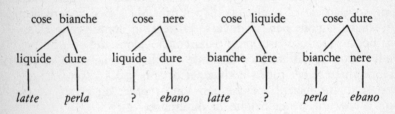

Figura 7

È vero che in questo passaggio Boezio sta parlando di soli accidenti, ma in *De Divisione* XII.37 egli applica lo stesso principio ad ogni divisione di genere: "generis unius fit multiplex divisio".

La stessa cosa è detta da Abelardo in *Editio super Porphyrium* (150 v. 12): "pluraliter ideo dicit genera, quia animal dividitur per rationale animal et irrationale; et rationale per mortale et immortale dividitur; et mortale per rationale et irrationale dividitur". Vale a dire, come mostra la figura 8:

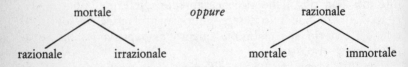

Figura 8

In un albero composto di sole differenze, queste possono essere riorganizzate di continuo *secondo la descrizione sotto la quale* un dato soggetto è considerato. L'albero è una struttura *sensibile ai contesti*, non un dizionario assoluto.

2.5. *Le differenze come accidenti e come segni*

Le differenze sono accidenti e gli accidenti sono infiniti o almeno indefiniti per numero.

Le differenze sono qualità (e non è un caso che mentre generi e specie, illusioni di sostanze, sono espressi da nomi comuni, le differenze siano espresse da aggettivi). Le differenze provengono da un albero che non è quello delle sostanze e il loro numero non è noto a priori (*Met*. VIII 2.6.104b 2 - 1043a). È vero che Aristotele dice queste cose delle differenze non essenziali, ma a questo punto chi può dire quali differenze siano essenziali e quali no? Aristotele gioca su pochi esempi (razionale, mortale) ma quando parla di specie diverse dall'uomo, come bestie o oggetti artificiali, egli diventa molto più vago, le differenze si moltiplicano... In linea teorica siamo autorizzati ad avanzare l'ipotesi che egli non avrebbe saputo costruire un albero di Porfirio finito, ma anche in linea pratica (ovvero in base all'evidenza filologica) quando leggiamo *De partibus animalium*, vediamo che egli *di fatto* rinuncia a costruire un albero unico e riaggiusta alberi complementari a seconda della proprietà di cui vuole spiegare la causa e la natura essenziale (cfr. Eco 1981a e Balme 1975). La nozione di differenza specifica è, retoricamente parlando, un ossimoro. Differenza specifica significa accidente essenziale. Ma questo ossimoro cela (o svela) una contraddizione ontologica ben più grave.

Chi ha capito il problema senza infingimenti (ma ne ha dato atto con molta prudenza, come al solito) è Tommaso. Nel *De ente et essentia* si dice che la differenza specifica corrisponde alla forma sostanziale (altro ossimoro ontologico, se così si può dire, dato che la cosa più sostanziale che possiamo concepire viene identificata con uno o più accidenti). Ma il pensiero di Tommaso non dà adito a equivoci: la differenza corrisponde alla forma e il genere alla materia, e come forma e materia costituiscono la sostanza, così genere e differenza costituiscono la specie. Il ragionamento è palesemente analogico, ma il ricorso all'analogia non esclude il fatto che ciò che definisce la forma sostanziale sia la differenza come accidente.

Per giustificare una conclusione cosí scandalosa, Tommaso e-scogita – con uno dei suoi consueti colpi di genio – una soluzione molto brillante: "in rebus sensibilibus etsi ipsae differentiae essentiales nobis ignotae sunt: unde significatur per differentiae accidentales quae ex essentialibus oriuntur, sicut causa significatur per suum effectum, sicut bipes ponit differentia hominis" (*De ente* VI). Quindi: esistono differenze essenziali; cosa esse siano non lo sappiamo; quelle che conosciamo come differenze specifiche non sono le differenze essenziali stesse, ma ne sono per così dire dei segni, dei sintomi, degli indizi; sono manifestazioni superficiali di qualcosa d'altro, per noi inconoscibile. Noi inferiamo la presenza di differenze essenziali attraverso un processo semiotico, a partire dagli accidenti conoscibili.

Che l'effetto sia segno della causa è idea consueta all'Aquinate (molto della sua teoria dell'analogia dipende da questa assunzione, in ultima analisi di origine stoica: gli effetti sono segni *indicativi*). L'idea è ribadita per esempio in *S.Th.* 1.29 2 ad 3, o in *S.Th.* 1.771 ad 1: una differenza come "razionale" non è la vera differenza specifica che costituisce la forma sostanziale. La *ratio* come *potentia animae* appare all'esterno *verbo et facto*, attraverso azioni esteriori, comportamenti psicologici e fisici (e le azioni sono accidenti, non sostanze!). Noi diciamo che gli uomini sono razionali perché manifestano la loro potenza razionale attraverso atti di conoscenza, sia quando compiono tali azioni attraverso un discorso interno (e si immagina che questa attività di pensiero sia colta per introspezione) sia quando la manifestano attraverso il discorso esterno e cioè attraverso il linguaggio (*S.Th.* 1.78.8. co). In un testo decisivo della *Contra Gentiles* (III.46) Tommaso dice che l'essere umano non sa che cosa esso sia (*quid est*) ma conosce che esso è così (*quod est*) in quanto si percepisce come attore di attività razionale. Noi conosciamo cosa siano in realtà le nostre potenze spirituali "ex ipsorum actuum qualitate".

Così anche "razionale" è un accidente e così sono tutte le differenze nelle quali l'albero porfiriano si dissolve.

Tommaso capisce che le differenze sono accidenti, ma non trae da questa scoperta tutte le conclusioni che avrebbe dovuto circa una possibile natura dell'albero delle sostanze: non può permettersi (non può "politicamente" ma probabilmente neppure "psicologicamente") di mettere in crisi l'albero come strumento logico per ottenere definizioni (ciò che avrebbe potuto fare senza rischio) perché tutto il medioevo è dominato dalla persuasione (anche se inconscia) che l'albero mimi la struttura del reale, e questo sospetto neoplatonico affetta anche i più rigorosi aristotelici.

Ma noi possiamo dire senza infingimenti che l'albero dei generi e delle specie, comunque venga costruito, esplode in un pulviscolo di differenze, in un turbine infinito di accidenti, in una rete non gerarchizzabile di *qualia*. Il dizionario (perché come tale l'albero ci interessa oggi, e possiamo guardare con distacco alla "fissione" di un universo neoplatonico) si dissolve necessariamente, per forza interna, in una galassia potenzialmente disordinata e illimitata di elementi di conoscenza del mondo. Quindi diventa una enciclopedia e lo diventa perché di fatto era una enciclopedia che s'ignorava ovvero un artificio escogitato per mascherare l'inevitabilità dell'enciclopedia.

3. L'enciclopedia come Labirinto

3.1. Enciclopedia

Se un dizionario è una enciclopedia mascherata allora l'enciclopedia è l'unico mezzo con cui noi possiamo rendere ragione, non solo del funzionamento di una data lingua, non solo del funzionamento di qualsiasi sistema semiotico, ma anche della vita di una cultura come sistema di sistemi semiotici interconnessi. Ma come si è mostrato in altre sedi (cfr. per esempio Eco 1975) nel momento in cui si imbocca la via dell'enciclopedia cadono due distinzioni teoricamente cruciali: anzitutto quella tra lingua naturale e lingua-modello e quindi quella tra metalinguaggio teorico della semantica e lingua oggetto.

Cade la prima distinzione perché l'enciclopedia è il modello teorico che rende ragione di una lingua naturale in tutta la sua complessità e contraddittorietà, e l'idea di una enciclopedia nasce proprio perché il modello "forte" del dizionario si rivela non solo inadeguato ma strutturalmente insostenibile. In altri termini, per avere una teoria semantica forte occorre costruire (porre) un modello ridotto di lingua in qualche modo omologa nel suo funzionamento a una lingua naturale: ma non solo questa lingua posta non è omologa a quella data, ma non può essere posta, perché nel momento in cui viene posta si indebolisce da sé, esplode.

Cade la seconda distinzione perché è impossibile costruire

un metalinguaggio come costrutto teorico composto di primitivi universali in numero finito: tale costrutto, come si è visto, esplode, e nell'esplodere rivela che i propri costrutti teorici altro non erano che termini del linguaggio oggetto dato. Gli universali semantici (e tali sono i generi e le specie) sono puri nomi della lingua naturale. Come tali vanno *interpretati*, e possono essere interpretati attraverso differenze, le quali ontologicamente sono *qualia* assunti come sintomi, indizi, segni (e quindi si presentano come puro materiale semiotico usabile a fini congetturali) e linguisticamente sono a loro volta *nomi di indizi*.

L'enciclopedia è dominata dal principio peirciano della *interpretazione* e quindi della *semiosi illimitata*. Ogni pensiero che il linguaggio esprime non è mai a fondo pensiero "forte" dell'*oggetto dinamico* (o cosa in sé) ma pensiero di *oggetti immediati* (puro contenuto) a loro volta interpretabili da altre espressioni che rinviano ad altri oggetti immediati in un processo semiotico che si autosostiene, anche se, nella prospettiva peirciana, questa fuga degli interpretanti genera abiti e quindi modalità di trasformazione del mondo naturale: ma il risultato di questa azione sul mondo – come Oggetto Dinamico – deve a propria volta essere interpretato mediante altri oggetti immediati, e così il circolo della semiosi, che si apre continuamente al di fuori di se stesso, continuamente su se stesso si richiude (cfr. Eco 1979, 2).

Un pensiero semantico a enciclopedia è "debole" non nel senso che non riesca a spiegare come usiamo il linguaggio per significare. Ma sottomette le leggi della significazione alla determinazione continua dei contesti e delle circostanze. Una semantica a enciclopedia non rifiuta di fornire regole per la generazione e l'interpretazione delle espressioni di una lingua, ma queste regole sono orientate ai contesti, e la semantica incorpora la pragmatica (il dizionario incorpora, sia pure semiotizzata, la conoscenza del mondo). Ciò che rende fruttuosamente debole l'enciclopedia è il fatto che di essa non si dà mai rappresentazione definitiva e chiusa, e che una rappresentazione enciclopedica non è mai globale ma sempre locale, viene fornita in occasione di determinati contesti e circostanze, costituisce una prospettiva limitata sull'attività semiotica. Come vedremo in seguito, se il modello enciclopedico provvede algoritmi, questi algoritmi non possono essere che miopi, come quelli che consentono di percorrere un labirinto. L'enciclopedia non fornisce un modello completo di *razionalità* (non rispecchia in modo univoco un universo ordinato) ma fornisce regole di *ragionevolezza*, cioè regole per contrattare ad ogni passo le condizioni che ci consentono di usare il linguaggio per render ragione – secondo qualche criterio provvisorio di ordine – di un mondo disordinato (o i cui criteri di ordine ci sfuggono).

Non è in questa sede che possiamo tentare una rassegna dei modelli di semantica a enciclopedia che oggi la letteratura semiotica (in senso lato) ci propone. In questa sede non si può che rinviare alle rassegne (parziali) abbozzate in Eco 1975, 1979, 1981 b, 1983. Grammatiche casuali, rappresentazioni per selezioni circostanziali e contestuali, semantiche a istruzioni cotestualmente orientate, esperimenti di Intelligenza Artificiale che anziché provvedere codici definitivamente sistemati, provvedono modelli inferenziali sulla base di *frames, scripts, goals...* Questi ed altri esempi potrebbero essere portati, di un sapere a enciclopedia.

I modelli a enciclopedia non escludono dalla rappresentazione semantica le eventuali proprietà analitiche, ma solo in quanto sanno che esse possono funzionare come artifici stenografici per includere altre proprietà e cercano piuttosto di inserire nella rappresentazione stereotipi che rendono ragione del modo in cui gli utenti di una lingua naturale si rappresentano i contenuti delle espressioni a seconda dei contesti e delle circostanze.

Il modello a enciclopedia reca un colpo mortale ai modelli a dizionario perché esclude definitivamente la possibilità di gerarchizzare in modo unico e incontrovertibile le marche semantiche, le proprietà, i semi.

3.2. *Labirinti*

Il progetto di una competenza enciclopedica è governato da una metafisica (molto influente) che si può esprimere attraverso la metafora del labirinto (che a propria volta rinvia al modello topologico della rete polidimensionale). L'albero di Porfirio rappresenta (sempre, nel corso della storia del pensiero forte) il tentativo di ridurre il labirinto, polidimensionale, a uno schema bidimensionale. Ma abbiamo visto che l'albero rigenera a ogni passo il labirinto (delle differenze).

Ci sono tre tipi di labirinto. Il labirinto, classico, quello di Cnosso, è *unicursale*: come vi si entra non si può che raggiungere il centro (e dal centro non si può che trovare l'uscita). Se il labirinto unicursale fosse "srotolato" ci ritroveremmo tra le mani un unico filo. Il filo d'Arianna, che la leggenda ci presenta come il mezzo (estraneo al labirinto) per uscire dal labirinto, mentre di fatto altro non è che il labirinto stesso. Incidentalmente, in questo labirinto deve esservi un Minotauro, per rendere la vicenda interessante, dato che il percorso (al di là dello smarrimento iniziale di Teseo che non sa dove andrà a finire) porta sempre là dove deve condurre e non può non condurre.

Il secondo tipo è il labirinto manieristico o *Irrweg*. L'*Irrweg* propone scelte alternative, tutti i percorsi portano a un punto morto, salvo uno, che porta all'uscita. Se srotolato, l'*Irrweg* assume la forma di un albero, è una struttura a vicoli ciechi. Vi si possono commettere errori, si è obbligati a tornare sui propri passi. Potrebbe essere utile, in questo secondo caso, un filo di Arianna. Non c'è bisogno del Minotauro, il Minotauro è il visitatore capace di autoingannarsi sulla natura dell'albero.

Il labirinto di terzo tipo è una *rete*, in cui ogni punto può essere connesso con qualsiasi altro punto. Non si può srotolarlo. Anche perché, mentre i labirinti dei primi due tipi hanno un interno (il loro proprio intrico) e un esterno, da cui si entra e verso cui si esce, mentre il labirinto di terzo tipo, estensibile all'infinito, non ha né esterno né interno. Può essere finito o (purché abbia possibilità di espandersi) infinito. In entrambi i casi, poiché ogni suo punto può essere connesso con qualsiasi altro punto, e il processo di connessione è anche un processo continuo di correzione delle connessioni, sarebbe sempre *illimitato*, perché la sua struttura sarebbe sempre diversa da quella che era un istante prima e ogni volta si potrebbe percorrerlo secondo linee diverse. Quindi chi vi viaggia deve anche imparare a correggere di continuo l'immagine che si fa di esso, sia essa una concreta immagine di una sua sezione (locale), sia essa l'immagine regolatrice e ipotetica che concerne la sua struttura globale (inconoscibile, e per ragioni sincroniche e per ragioni diacroniche). Una rete non è un albero. Il territorio italiano non obbliga nessuno a raggiungere Roma da Milano passando da Firenze: si può passare da Genova, Pisa, Civitavecchia, si può decidere di fare il percorso Rimini, Napoli, Roma. Una rete (suggerisce Pierre Rosenstiehl 1979) è un albero più infiniti corridoi che connettono i nodi dell'albero. L'albero può diventare (multidimensionalmente) un poligono, un sistema di poligoni interconnessi, un immenso megaedro. Ma questo paragone è ancora ingannevole, un poligono ha limiti esterni, l'astratto modello della rete non ne ha. Il modello della rete è un modello, non una metafora.

A metà tra il modello e la metafora, sta il *rizoma* (Deleuze e Guattari 1976). Ogni punto del rizoma può essere connesso a qualsiasi altro suo punto; si dice che nel rizoma non vi sono punti o posizioni ma solo linee, però questa caratteristica è dubbia, perché ogni intersezione di linee crea la possibilità di individuare un punto; il rizoma può essere spezzato e riconnesso ad ogni punto; il rizoma è antigenealogico (non è un albero gerarchizzato); se il rizoma avesse un esterno, con questo esterno potrebbe produrre un altro rizoma, quindi non ha né dentro né fuori; il rizoma è smontabile e reversibile, suscettibile di modificazioni; una rete di alberi aperta in ogni direzione crea rizoma, il che significa che ogni sezione locale del rizoma può essere rappresentata come un albero, purché si sappia che si tratta di una finzione dovuta a ragioni di comodità provvisoria; non si dà descrizione globale del rizoma, né nel tempo né nello spazio; il rizoma giustifica e incoraggia la contraddizione: se ogni suo nodo può essere connesso con ogni altro suo nodo, da ogni nodo si può pervenire ad ogni altro nodo, ma da ogni nodo si può anche non riuscire mai a pervenire allo stesso nodo, tornando sempre al punto di partenza, e quindi nel rizoma è altrettanto vero asserire che *se p allora q* e *se p allora non q*; del rizoma si danno sempre e solo descrizioni locali; in una struttura rizomatica priva di esterno, ogni visione (ogni prospettiva su di essa) proviene sempre da un suo punto interno e, come suggerisce Rosenstiehl, esso è un *algoritmo miope*, ogni descrizione locale tende a una mera ipotesi circa la globalità, nel rizoma la cecità è l'unica possibilità di visione, e pensare significa muoversi a tentoni, e cioè congetturalmente.

Il labirinto di terzo tipo non è un modello dell'assenza di ragione, o di un universo irrazionale. È il modello che è stato scelto da un pensiero debole per eccellenza, quello degli enciclopedisti del XVIII secolo, un pensiero della *ragionevolezza* illuministica, non della *razionalità* trionfante. Si rileggano le pagine introduttive dell'*Encyclopédie*, dovute a D'Alembert:

... Il sistema generale delle scienze e delle arti è una specie di labirinto, di cammino tortuoso che lo spirito affronta senza troppo conoscere la strada da seguire ... Ma questo disordine, per quanto filosofico sia per la mente, sfigurerebbe, o almeno annienterebbe del tutto un albero enciclopedico nel quale lo si volesse rappresentare. D'altra parte, come già abbiamo rilevato a proposito della logica, la maggior parte delle scienze che consideriamo come racchiudenti in sé i principi di tutte le altre, e che per questa ragione devono occupare il primo posto nell'ordine enciclopedico, non tengono il primo posto nell'ordine genealogico delle idee, perché non sono state inventate per prime ... Inoltre il sistema delle nostre conoscenze è composto di diverse branche, di cui molte hanno uno stesso punto di riunione; e poiché partendo da questo punto non è possibile imboccare contemporaneamente tutte le vie, la determinazione della scelta risale alla natura dei diversi spiriti ... La stessa cosa non avviene invece per l'ordine enciclopedico delle nostre conoscenze. Quest'ultimo consiste nel riunirle nel più breve spazio possibile, e nel porre, per così dire, il filosofo al di sopra di questo vasto labirinto, in un punto di vista molto elevato da dove gli sia possibile scorgere contemporaneamente le scienze e le arti principali; vedere con un sol colpo d'occhio gli oggetti delle sue speculazioni e le operazioni che può fare su questi oggetti; distinguere le branche generali delle conoscenze umane, i punti che le separano o le accomunano, e intravedere persino, a volte, le vie segrete che le riuniscono. È una specie di mappamondo che deve mostrare i principali paesi, la loro posizione e le loro vicendevoli dipendenze, il cammino in linea retta che v'è dall'uno all'altro; cammino spesso interrotto da mille ostacoli, che non possono essere noti in ciascun paese che gli abitanti e ai viaggiatori, e che non potrebbero essere mostrati che in carte particolari molto minute. Queste carte particolari saranno i diversi articoli della Enciclopedia, e l'albero o sistema figurato ne sarà il mappamondo.

L'*Enciclopédie* non ha centro, presenta una serie di pseudo-alberi che assumono l'aspetto tentativo di mappe locali.

Quando si parla di crisi della ragione si pensa alla ragione globalizzante che voleva provvedere una immagine "fortemente" definitiva dell'universo su cui si applicava (dato o posto che esso fosse). Il pensiero del labirinto, e dell'enciclopedia, è debole in quanto congetturale e contestuale, ma è ragionevole perché consente un controllo intersoggettivo, non sfocia né nella rinuncia né nel solipsismo. È ragionevole perché non aspira alla globalità; è debole come è debole il lottatore orientale che fa proprio l'impeto dell'avversario, e inclina a cedervi, per poi trovare nella situazione che l'altro ha creato i modi (congetturabili) per rispondere vittoriosamente. Il lottatore orientale non ha regola preordinata, ha matrici congetturali per regolare, provvisoriamente, ogni evento dato dal di fuori. E trasformarlo in una propria proposta risolutiva. È "debole" di fronte a chi crede che la lotta dipenda da un dizionario. È forte e vince, talora, perché si accontenta di essere ragionevole.

BALME, D. M.
1975 "Aristotle's Use of Differentiae in Zoology", in J. Barnes (a cura di), *Articles on Aristotle, 1, Science,* London, Duckworth, pp. 183-193.
DELEUZE, G. E GUATTARI, F.
1976 *Rhizome*, Paris, Minuit.
ECO, U.
1975 *Trattato di semiotica generale*, Milano, Bompiani.
1979 *Lector in fabula*, Milano, Bompiani.
1981a "Guessing: From Aristotle to Sherlock Holmes", in *VS* 30, pp. 3-19.
1981b "Significato", in *Enciclopedia XII*, Torino, Einaudi, pp. 831-876.
1983 *Semiotic and Philosophy of Language*, Bloomington, Indiana University Press (*Semiotica e filosofia del linguaggio*, Torino, Einaudi, 1984).
HAIMAN, J.
1980 "Dictionaries and Encyclopedia" in *Lingua* 50, pp. 329-357.
KATZ, J. J.
1972 *Semantic Theory*, New York, Harper and Row.
MOODY, E. A.
1935 *The Logic of William of Ockham*, New York, Sheed and Ward.
ROSENSTIEHL, P.
1979 "Labirinto" in *Enciclopedia VIII*, Torino, Einaudi, pp. 3-30.
STUMP, E.
1978 "Differentiae and the Porphyrian Tree", Introduzione a Boezio, *De Topicis differentiis*, Ithaca, Cornell.

RIFERIMENTI

SUGLI SPECCHI
Versione riveduta e ampliata del saggio "Catottrica vs Semiotica" apparso in *Rassegna* 13/1, marzo 1985 ("Attraverso lo specchio").

IL SEGNO TEATRALE
Intervento alla tavola rotonda *Per una semiotica del teatro*, Venezia, 23 settembre 1972.

IL LINGUAGGIO DEL VOLTO
1984.

L'ILLUSIONE REALISTICA
L'Espresso, 27 ottobre 1974.

IL MILIONE: DESCRIVERE L'IGNOTO
L'Espresso, 28 novembre 1982.

LE TENTAZIONI DELLA SCRITTURA
L'Espresso, 20 giugno 1982.

DELLA CATTIVA PITTURA
1984.

DIECI MODI DI SOGNARE IL MEDIOEVO
Versione riveduta della relazione tenuta il 12 novembre 1983 al convegno di San Gimignano *Il sogno del medioevo*.

IL GRUPPO 63, LO SPERIMENTALISMO E L'AVANGUARDIA
Conferenza tenuta a Valenza Po il 19 maggio 1984.

IL TESTO, IL PIACERE, IL CONSUMO

Versione ridotta dell'intervento al convegno *Letteratura tra consumo e ricerca* (Palermo, novembre 1983). Atti nel volume omonimo a cura di Luigi Russo, Bologna, il Mulino, 1984.

IL TEMPO DELL'ARTE

Inedito in italiano. Condensa il saggio "Le temps de l'art" in AA.VV., *L'Art et le temps*, Bruxelles, Société des Expositions du Palais des Beaux-Arts, 1985.

L'INNOVAZIONE NEL SERIALE

Questo saggio riunisce l'intervento al convegno *La ripetitività e la serializzazione nel cinema e nella televisione* (organizzato nel luglio 1983 a Urbino, ora come "Tipologia della ripetizione" in *L'immagine al plurale*, a cura di Francesco Casetti, Venezia, Marsilio, 1984) e una conferenza a Reggio Emilia, "L'innovazione nel seriale", tenuta all'Istituto Banfi il 25 novembre 1983.

ELOGIO DEL "MONTECRISTO"

1984.

L'ABDUZIONE IN UQBAR

Inedito in italiano. Scritto come introduzione alla edizione tedesca dei *Sei problemi per don Isidro Parodi* di Borges e Casares (München, Hanser, 1983).

I MONDI DELLA FANTASCIENZA

Versione ridotta della comunicazione al convegno su scienza e fantascienza, tenuta a Roma il 2 maggio 1984.

RITRATTO DI PLINIO DA GIOVANE

Inedito in italiano. Una prima versione è stata presentata al Simposio *Synopsis 2: Narrative Theory and Poetics of Fiction* (Porter Institute, Tel Aviv-Jerusalem, giugno 1979). Una seconda versione in inglese è pubblicata come "A Portrait of the Elder as a Young Pliny", *Versus* 35/36, 1983.

LA COMBINATORIA DEI POSSIBILI E L'INCOMBENZA DELLA MORTE

Relazione al colloquio *Le frontiere del tempo* (Fermo, aprile 1980). Atti in *Le frontiere del tempo,* a cura di Ruggiero Romano, Milano, Il Saggiatore, 1981.

L'EPISTOLA XIII, L'ALLEGORISMO MEDIEVALE, IL SIMBOLISMO MODERNO

Versione accresciuta di una "Lectura Dantis" tenuta a Bologna il 10 maggio 1984 e pubblicata, in forma originale, in *Carte semiotiche* 0, 1984.

IL SEGNO DELLA POESIA E IL SEGNO DELLA PROSA

Prolusione tenuta il 22 febbraio 1982 alle Decime Giornate Filologiche Genovesi organizzate dall'Istituto di Filologia Classica e Medioevale dell'Università di Genova. Gli atti sono raccolti in *Prosimetrum e Spoudogeloion,* Università di Genova, Pubblicazione dell'Istituto di Filologia Classica e Medioevale, 1982.

PIRANDELLO RIDENS

Inedito del 1969, apparso in inglese nel volume *Altro polo,* Miscellanea di studi italiani, Università di Sydney, 1978, quindi in italiano in *Rivista italiana di drammaturgia* 9/10, 1978.

MA CHE COSA È QUESTO CAMPANILE?

Introduzione a A. Campanile, *Se la luna mi porta fortuna,* Milano, Rizzoli, 1975.

HUIZINGA E IL GIOCO

Introduzione a J. Huizinga, *Homo Ludens,* Torino, Einaudi, 1973.

SEGNI, PESCI E BOTTONI. APPUNTI SU SEMIOTICA, FILOSOFIA E SCIENZE UMANE

Questo testo rielabora e fonde interventi diversi. In particolare, alcuni aspetti della voce riassuntiva "Segno" del volume *Sistematica dell'Enciclopedia* Einaudi, XV; le voci "Sign" e "Denotation/Connotation" per lo *Encyclopedical Dictionary of Semiotics* (in corso di stampa); l'intervento al convegno *Una scuola per l'adolescenza,* San Marino, aprile 1983; la Patten Foundation Lecture "On Fish and Buttons" tenuta alla Indiana University, Bloomington, settembre 1982 (successivamente pubblicata con lo stesso titolo su *Semiotica* 48, 1/2, 1984).

L'ANTIPORFIRIO

Da *Il pensiero debole* a cura di Gianni Vattimo e Pier Aldo Rovatti, Milano, Feltrinelli, 1983.

INDICE DEI NOMI
E DEGLI AUTORI CITATI

INDICE

TASCABILI BOMPIANI
Periodico settimanale anno XII numero 452 - 13/7/1987
Registr. Tribunale di Milano n. 133 del 2/4/1976
Direttore responsabile: Giovanni Giovannini
Finito di stampare nel febbraio 1990 presso
il Nuovo Istituto Italiano d'Arti Grafiche - Bergamo
Printed in Italy